# 呼叫中心运营与管理

主　编　陈育林　张　博
副主编　于海明　杨　楠

北京理工大学出版社
BEIJING INSTITUTE OF TECHNOLOGY PRESS

## 内容简介

本书根据经管类专业人才培养目标、教师教学特点和学生学习需求，认真整合了产业相关的资源，务求从源头开始梳理出一些思路，用最原始的方法做基础性的工作。本书的基本定位是为国内呼叫中心工作人员提供一本“有体系”的教材，力求为那些奋斗在呼叫中心行业中的可爱的人提供工具，让他们少走些弯路。参考 CC-CMM 呼叫中心能力成熟度模型国际标准体系，形成了本书的整体框架，务求与国际接轨；本书编撰团队的主要成员同时也身处教育教学一线，保证了本书的内容体系与国家标准保持一致。本书既适合于高等职业院校、本科院校相关专业的教学需要，也可作为成人教育、函授、自考人员参考用书。本书务求基于规范形成系统，长期有效地对产业人才的培养发挥支撑和指导的作用。



---

图书在版编目（CIP）数据

呼叫中心运营与管理 / 陈育林，张博主编. -- 北京 ：北京理工大学出版社，2023.6

ISBN 978-7-5763-2458-7

Ⅰ. ①呼… Ⅱ. ①陈… ②张… Ⅲ. ①呼叫中心-运营管理-高等学校-教材 Ⅳ. ①F626.3

中国国家版本馆 CIP 数据核字(2023)第 105924 号

---

责任编辑：徐艳君　　文案编辑：徐艳君
责任校对：周瑞红　　责任印制：施胜娟

---

出版发行 / 北京理工大学出版社有限责任公司
社　　址 / 北京市丰台区四合庄路 6 号
邮　　编 / 100070
电　　话 / (010) 68914026（教材售后服务热线）
　　　　　(010) 68944437（课件资源服务热线）
网　　址 / http://www.bitpress.com.cn

---

版 印 次 / 2023 年 6 月第 1 版第 1 次印刷
印　　刷 / 涿州市京南印刷厂
开　　本 / 787 mm × 1092 mm　1/16
印　　张 / 15.75
字　　数 / 370 千字
定　　价 / 79.00 元

---

# 前　　言

《呼叫中心运营与管理》是一本为培养呼叫中心从业人员的业务能力、现场运营管理能力而编写的系统性教材。本书兼顾理论知识和实操技能，按照教育部“1+X 呼叫中心客户服务与管理职业技能等级证书”核心内容的要求，依托教育部“1+X 呼叫中心客户服务与管理职业技能等级证书”试点企业——北京华唐中科科技集团有限公司，以该公司呼叫中心系统为主要参照对象进行示范讲解，涵盖了呼叫中心的基础性知识、呼叫中心的基本结构和功能、呼叫中心的发展历史、呼叫中心的运营规则和常规操作流程等，并有呼叫中心岗位特征、座席代表的职业技能与训练技巧、呼叫中心常规管理体系等内容。

呼叫中心是一个信息密集、智力密集、劳动力密集的复合型现代服务产业，若希望通过学历教育批量培养合格的呼叫中心从业者，则必须结合产业特点，且兼顾知识的灌输和技能的训练。以呼叫中心为代表的现代服务业人才的培养重点首先是“服务意识”和“服务精神”，其次才是“服务技能”，因此本书以培养学生的“职业素养”和“职业技能”为核心来构建编写体系。

本书以培养合格的呼叫中心从业者为目标，从多角度介绍客户沟通、情绪调节、营销技巧、客户互动、人力资源管理、成本绩效管理、商务流程管理、运营现场管理、技术平台操作及维护等内容，涵盖了呼叫中心运营与管理的方方面面，帮助将要进入呼叫中心行业的人员深入学习相关理论，切实掌握相关技能，并通过课程配套的实习与实训环节获得成长与提高。

本书适用于工商企业管理专业（高职专业代码 530601）、市场营销专业（高职专业代码 630701）、呼叫中心服务与管理专业（高职专业代码 590319）、客户服务管理专业（高职专业代码 620503）及高职、本科相关专业的教学与实践。本书的编写特点如下：

● 从零开始，由浅入深，符合呼叫中心职业教育教学要求，且兼具内容深度与覆盖广度。

● 从深入理解到全面应用，以翔实的案例、丰富的图表、缜密的结构、全面的内容来打造专业的呼叫中心从业人员。

● 灌输以客户为中心、以客户为导向的基本理念，帮助呼叫中心从业人员在“客户时代”站稳脚跟，谋求长远的职业化发展之路。

● 理论全面，重在引导，职业化道路导向明确，未来职业化发展目标一目了然。

● 全面接轨人力资源和社会保障部、工业和信息化部、商务部、国家信息中心等主管单位呼叫中心从业人员资格认证体系，致力于培养复合型的实用人才。

本书以其专业性为呼叫中心一线及初中级管理人员了解和掌握呼叫中心的基础应用知识奠定了基础，呼叫中心的从业人员只有充分了解和掌握这些知识，才能真正做到规范作业，为客户提供良好的服务，并与企业的发展同步成长。

呼叫中心应该始终把“一切为了客户”作为根本出发点，全面提升呼叫中心服务能力，切实提高人工接通能力和服务满意率，应该锚定更高标准和要求，坚持攻坚克难、久久为功，继续在保障人工热线畅通、快速解决来电问题、提升人员效能等方面下功夫，用心、用情为客户打造高品质服务，把党的二十大精神落实到为人民群众做实事上，把客服工作做到群众心坎上，把客户反映的“操心事、烦心事、揪心事”办成“放心事、顺心事、暖心事”，为实现人民对美好生活的向往贡献力量。

编　者

# 目　　录

# 项目一　呼叫中心概论

## 学习目标

**知识目标：**

了解呼叫中心的概念、形态和行业构成、重要作用。

**能力目标：**

能够区分出呼叫中心的不同类型，能够明确地认识到呼叫中心在当今社会中起到的重要作用。

**素质目标：**

对呼叫中心的发展趋势有清晰的认知，能够通过对呼叫中心的了解，树立正确的客户服务意识，端正客户服务态度。

## 项目描述

呼叫中心就是在一个相对集中的场所，由一批服务人员组成的服务机构。通常利用计算机通信技术处理来自企业、客户的电话咨询，尤其具备同时处理大量来话的能力，还具备主叫号码显示，可将来电自动分配给具备相应技能的人员处理，并记录和储存所有来电信息。

呼叫中心，又称客户服务中心，起源于20世纪30年代，最初是把用户的呼叫转移到应答台或者专家处。此后，随着要转移的呼叫和应答次数增多，开始建立起交互式语音应答系统，这种系统能实现由“自动话务员”机器来应答和处理客户部分常见问题。传统意义上的呼叫中心，是指以电话接入为主的呼叫响应中心，为客户提供各种电话响应服务。

呼叫中心的主要任务可能会影响许多重要决定，这些决定关乎呼叫中心功能、呼叫处理措施、内部或外部联络措施，以及呼叫中心结构——集中型或分散型。

呼叫中心通常首先处理大多数客户询问或基本种类的服务，这说明呼叫中80%以上的呼叫可以得到回复，而不需要分配到公司的其他部门，通过开展足够的培训和发展技术系统，也可以处理更为复杂的询问。

呼叫中心的首要目标是提供高质量的服务令客户满意，提供高品质服务的基础是增加与客户的联系。

本项目要求学生掌握呼叫中心的发展历史沿革，了解前沿领域，从而提高对呼叫中心以及相关岗位工作的认知。

## 项目内容

- 呼叫中心认知
- 呼叫中心概念
- 呼叫中心发展前沿

随着社会分工的日趋完善及产品与产品间的激烈竞争，呼叫中心作为企业客户关系管理的重要一环，日益变得同研发和销售一样，成为企业活动的重要组成部分。随着呼叫中心的不断发展，它被广泛应用在金融、电信、电子商务、医疗、法律等各行各业，成为一个服务于各个行业的信息集散平台，是信息时代最具发展前景的网络商务形式。

现在，呼叫中心这一概念的内涵已经十分丰富，它涵盖了一个规模庞大的行业。在国内，最近几年出现了各种各样的关于呼叫中心的定义，有的从强调呼叫中心服务形式上定义，有的从强调呼叫中心的技术构成上定义，有的从强调呼叫中心的功能和作用上定义，例如服务热线、热线电话、服务中心、联络中心等；但不管是哪种定义，都充分体现了呼叫中心的核心功能和特征。

【思政话语　润物无声】

在学习贯彻二十大报告精神的过程中，我们对呼叫中心也产生了更深的认知，写作本书要从服务客户入手，通过对本书的学习，促进各级各类呼叫中心采取更多惠民生、暖民心举措，着力解决好客户急难愁盼问题，确保将二十大“增进民生福祉，提高人民生活品质”的举措落到实处。

### 1. 呼叫中心概念

呼叫中心是指充分利用现代通信与计算机技术，如IVR（交互式语音应答系统）、ACD（自动呼叫分配系统）、CTI（计算机电话集成系统）、CMS（技术和呼叫管理系统）、CRM（客户关系管理系统）等，可以自动灵活地产生大量各种不同的呼入和呼出业务和服务的运营操作场所。

不同企业的呼叫中心（Call Center）根据其工作方式和工作内容不同也有不同的称谓，这些称谓大都力图去概括和反映其特色，常见的别名有客户服务中心（Customer Service Center）、客户联络中心（Customer Care Center）、客户关系中心（Customer Connect Center）、客户支持中心（Customer Support Center）、多媒体接入中心（Multimedia Access Center）及电话销售中心（Telemarketing Center）等。各种各样的呼叫中心的别名从不同侧面反映了呼叫中心这一概念的复杂性和内容的广泛性。我们可以笼统地理解为：呼叫中心是企业利用现代通信手段集中处理与客户的交互过程的机构。呼叫中心座席代表典型的工作方式就是戴着耳麦，一边通过电话与客户交流，一边通过计算机查询和记录。

呼叫中心最初是把用户的呼叫转移到应答台或者专家处。此后，随着要转移的呼叫和应答增多，开始建立起交互式语音应答系统。传统意义上的呼叫中心，是指以电话接入为主的呼叫响应中心，为客户提供各种电话响应服务。但随着通信技术及互联网技术的发展，呼叫中心与客户沟通的渠道不仅局限于通话语音服务这一种形式，依托于新技术的电商客服、在线客服、新媒体平台客服、视频客服等也逐渐被纳入呼叫中心业务范围内。

### 2. 呼叫中心的作用

对于一个企业而言，客户服务质量的高低将是决定企业生存和发展的重要因素之一。随着社会经济和科学技术的进步，企业向客户提供服务的种类越来越丰富，服务的规模和内容迅速增加。呼叫中心利用先进的科技手段和管理方法，让企业的客户服务质量有一个质的飞跃，为企业带来无可估量的效益和价值，最终赢得丰厚的利润。我国主流行业的呼叫中心已经逐步从“成本中心”发展为“利润中心”。

【思政话语　润物无声】

“坚持以人民为中心”贯穿于党的二十大报告的字里行间，也是呼叫中心行业“十四五”逐梦蓝图上最鲜明的底色。每一通电话背后都是客户的“急难愁盼”，我们的学生要学习好呼叫中心的课程，落实好“高品质服务行动计划”，聚焦为客户排忧解难，提升智慧服务手段水平，推进客服代表专家化，不断优化客户问题解决方案，提供便捷、专业、有温度的服务。

呼叫中心主要具有以下几个方面的作用：

（1）提高客户的满意度和忠诚度

对于一个企业来说，如何将客户和企业有机地结合起来，建立通畅快捷的沟通渠道让客户感受到企业的关注，并且不断增加使客户感到满意的服务内容，已成为企业在当今时代取得成功的一个重要因素。传统呼叫中心建立的初衷就是解决客户的疑问，提升客户的满意度和忠诚度。

（2）降低服务成本，有效地管理资源

客户服务工作需要一个庞大的支持系统，从客户服务的角度来讲，需要的资源包括人力资源、数据资源、设备资源及通信线路资源。只有将先进的服务手段和这些系统紧密集成起来，才能实现高质量的客户服务。随着 CTI 技术、互联网技术的飞速发展和良好融合，产生了由先进计算机集成的呼叫中心。这种系统极大地改善了企业与客户接触的广度和深度，引发了一场企业与客户服务方式的革命。同时，越来越多的先进运营管理思维也融入了呼叫中心的核心设计中，使得企业对资源的管理可以更加切实、有效。实践证明，管理系统的完善可以极大地提高呼叫中心的工作效率，使规模更大、业务更复杂的呼叫中心得以实现。

（3）提高服务人员的工作效率

呼叫中心座席代表是呼叫中心的一线人员，通过他们在企业与客户之间架起沟通的桥梁，客户对企业的认可很大程度上体现在对呼叫中心座席代表服务质量的认同上。呼叫中心的形成就预示着市场需要大批高素质的呼叫中心座席代表，需要利用先进的技术手段对他们进行合理的培训、组织，使其服务水平不断提高，从而提高工作效率。

（4）保持并增强现有的市场渠道，挖掘新的客户资源

在现代市场竞争中，各种销售手段的灵活组合是取胜的有力武器，而将客户的投诉和抱怨转化为销售机会更是一种高明的销售技巧。当一个客户打电话进入呼叫中心，呼叫中心座席代表可以通过及时访问数据库信息将客户问题转化成销售机遇，也可能将客户的误解、抱怨通过自身的技巧轻松转化为客户对企业的信任，甚至能够通过这些抱怨发现新的市场需求。在许多情况下，呼叫中心座席代表通过向客户介绍新增的服务项目和业务方案解决客户的提

问。而在许多服务过程中，如果呼叫中心座席代表能够轻松地访问客户的概况和业务记录，那么就可以获得所需的信息，同时也能得到丰富的可选择的服务项目。另外，呼叫中心还能够主动访问客户，为之提供具有针对性的服务，挖掘潜在的客户。

（5）为企业提供市场分析数据

呼叫中心直接面向客户，接触的是最真实的市场需求。将这些真实数据利用计算机技术加以科学的统计分析，将对企业业务的开拓起到巨大的促进作用。这些珍贵的市场数据是每个企业梦寐以求的，也是呼叫中心在运营中不断升值的原因之一。

客户服务是与客户交互的一个完整过程，包括听取客户的问题和要求、对客户的需要做出反应、提供解决方案，并包括探询客户新的需求、整理客户意见帮助企业改善等，绝不仅仅是外人所说的“接电话”那么简单。客户服务可以用一个复杂的循环来表示，其中不仅仅包括了客户和客户服务部门，实际上包括了整个公司，即把公司整体作为一个受客户需求驱动的对象。

### 3. 呼叫中心的特征

（1）无地域限制

传统服务行业一般都采用开店营业的方式，客户必须到营业网点才能得到相应的服务或办理业务。对于企业来说，一方面会带来较高的房租和运营成本，另一方面服务的客户会受到居住地的限制。而采用呼叫中心则解决了这两方面的问题，企业不用再考虑地理的限制，远距离服务甚至跨国家、跨海岸的离岸服务外包都可以通过通信网络实时进行交流和服务。

（2）无时间限制

传统企业考虑员工的劳动力和经营场所的限制，一般的营业时间为 8～12 小时，但在呼叫中心，可以借助于人员排班和自动语音应答设备，实现 24 小时全天候的服务。例如，一些民生机构、通信企业、救援企业、商旅服务企业都会为客户提供 7×24 小时的人工服务。

（3）个性化服务

呼叫中心可为客户提供更好的，而且往往是普通营业网点提供不了的服务。例如，在呼叫到来的同时，呼叫中心即可根据主叫号码或被叫号码提取出相关的信息传送到座席的终端上，简化了电话处理的程序。另外，呼叫中心还可以收集并建立数据库，利用大数据分析及挖掘技术为企业经营提供更好的支撑，改善服务流程，为客户提供个性化的完整服务，这样便会带来最大的竞争优势。

### 4. 呼叫中心的产生及发展

近年来互联网技术、人工智能技术、大数据分析技术的不断进步与成熟，逐渐改变着各行各业的传统的运营模式，呼叫中心也深受影响。为了满足逐年多样的呼叫需求，提升用户体验、提高工作效能，目前全球几乎所有的呼叫中心已经不再局限于简单的语音接入，而是不断实现智能化的改造。

根据我国的“十四五”规划，战略性新兴产业摆在经济社会发展更加突出的位置，进一步发展壮大新一代信息技术、高端装备、新材料、生物、新能源汽车、新能源、节能环保、数字创意等战略性新兴产业。战略性新兴产业的发展，离不开新一代信息技术产业的支持，而呼叫中心建设作为各行业及领域信息化的重要手段，也将迎来新的发展机遇。

综上，呼叫中心业务需求领域横纵发展，推动了整个呼叫中心行业规模的不断扩大。呼叫中心需求前景向好，企业规模增加。截止到 2019 年年底，国内呼叫中心中经营已成一定规模的企业数量为 2 200 余家，较 2018 年增长了 16.8%，2010—2019 年复合增长率达 7.54%，截止到 2020 年第一季度，我国呼叫中心座席规模将达到 244 万个。预计在各行业线上业务的进一步发展和普及的吸引下，呼叫中心行业入局企业将持续保持增长。图 1-1-1 为 2019—2023 年我国呼叫中心投资规模预测。

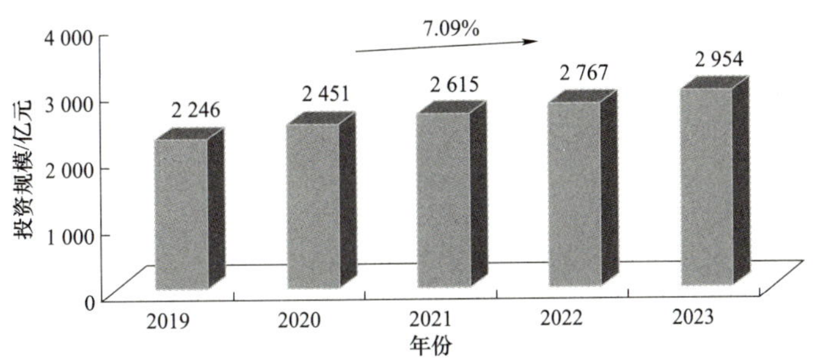


图 1-1-1　2019—2023 年我国呼叫中心投资规模预测

### 5. 呼叫中心分类及应用

一般来讲，当中心拥有两个或两个以上专门进行人工服务的人员时，即可被认为是呼叫中心。从技术角度来看，系统拥有一个自动呼叫分配模块（ACD）或自动媒体分配模块（AMD）时，即可认为是呼叫中心。

呼叫中心从事人工服务的人员通常被称为客户服务代表（CSR），或业务代表，或座席代表，代表组成的小组被称为业务组或座席组。一个呼叫中心可以由几百个甚至上千个座席代表组成，而有些企业也可以根据需要非常经济地建立只有几个座席代表的小型呼叫中心。通常，50 个座席代表以下的呼叫中心为小型的呼叫中心，51～200 个座席代表的呼叫中心为中型的呼叫中心，200 个座席代表以上的呼叫中心则为大型的呼叫中心。

（1）呼叫中心的类型

1）按呼叫业务类型可分为呼入型、呼出型和混合型（既有呼入也有呼出）。

2）按呼叫中心之间的相关性可分为单点呼叫中心和多点呼叫中心。

3）按采用的接入技术可以分成基于交换机的呼叫中心与非交换机的呼叫中心。

4）按媒体形式可分为电话呼叫中心、IP 呼叫中心、多媒体呼叫中心。

5）按功能可分为资讯信息中心、售后服务中心、电话营销中心、信用卡中心。

6）按使用性质可分为自用型呼叫中心、外包型呼叫中心和 ASP（应用服务提供商）型呼叫中心。这里 ASP 型是指租用别人的设备和技术，而座席代表则是本公司的员工。

在实际中，更多的呼叫中心根据应用和不同的情况和场合，同时将这些分类有机地结合在一起。

（2）呼叫中心的分类形态

在呼叫中心产业中，存在着自建、外包、托管及设备租赁等多种分类形态。

自建呼叫中心指的是企业投资建设呼叫中心的目的在于利用呼叫中心来开展自身业务，从始至终与其他机构无关。

在外包呼叫中心领域里，则分成发包方和接包方。发包方指的是企业委托第三方全面管理或部分管理其呼叫中心的业务。而接包方则是指企业投资建设呼叫中心的目的在于利用所建呼叫中心为其客户提供企业自身的呼叫中心功能性业务，或客户服务，或商业营销。

呼叫中心托管服务，顾名思义就是企业把呼叫中心系统交给专业公司来建设和管理。而企业自身把稀缺的人力和财力资源集中到核心业务上，有关呼叫中心的建设、维护、升级改进等工作都由提供呼叫中心托管服务的专业公司来负责。

呼叫中心设备租赁业务是指企业全部或部分租用第三方提供的呼叫中心系统设备及应用软件来构建呼叫中心，此呼叫中心设在客户方，租赁方按租赁时间付费给出租方，当合同解除时，租赁业务结束。

前两种形态占呼叫中心现时市场的绝大部分份额，后两种形态仅仅在近几年中才出现，规模较小。

（3）呼叫中心工作现场布局

呼叫中心工作现场的布局可以采用不同的方式，一般经常采用的是直线型（见图 1–1–2）和集束型（也称岛型，见图 1–1–3）。一般来说，第三方专业的呼叫中心由于承接的项目来自不同的公司，考虑到信息安全性及项目的独立性，往往会设置多个独立的集束型现场，方便独立管理，不相互影响，项目内部员工沟通也会比较便利。从管理者的角度出发，集束型呼叫中心视觉感也会比较强，便于管理。

图 1–1–2　直线型呼叫中心工作现场

图 1–1–3　集束型呼叫中心工作现场

（4）呼叫中心行业应用

目前中国大陆地区应用呼叫中心的主要行业包括电信、金融（银行、保险、证券、基金）、邮政、物流、民航、电视购物、互联网、IT、消费电子、零售业、交通旅游、传媒、公共事业（电力、自来水及燃气）、烟草、石化、制造业、医疗卫生、统计调查、政府、电子商务和咨询服务等。呼叫中心的应用领域相当广泛，任何需要语音、数据通信，特别是那些把计算机网和通信网结合起来，完成基于语音、文字、视频等数据交换的系统都会用到呼叫中心。也可以简单理解为：每一个企业热线、400、800 的服务号码后面都有一个呼叫中心在支持。

以下为呼叫中心的一些典型应用案例。

1）电信业呼叫中心是我国呼叫中心产业快速发展的带动者，在整个呼叫中心市场中占有主要的份额，并且在过去的几十年中影响着整个呼叫中心市场的发展；从最早的 112、114 到现在的中国三大电信运营商中国移动 10086、中国联通 10010、中国电信 10000 的客户服务号码都深入人心。同时，电信运营商也积极利用自身的客户资源，与其他商家合作，开展商业呼叫中心服务，为社会提供包括信息查询、服务中介等业务。电信行业呼叫中心发展仍然左右着我国呼叫中心市场的格局及发展走向。

2）金融业是仅次于电信业的呼叫中心应用第二大市场，主要包括银行、保险、证券和基金等四个分支行业。

银行：就金融业而言，呼叫中心在银行业的规模最为庞大和集中，应用也最为成熟。国内四大国有商业银行的呼叫中心规模都在几千座席，此外，几乎所有的商业银行都建起了软硬件设施非常完备的呼叫中心，管理水平先进，其中很多呼叫中心是国内行业的标杆。银行因为对客户数据安全性要求非常高，所以全部采用自建呼叫中心，在呼叫中心业务开展早期主要用于客户服务。而国内银行除了利用呼叫中心提供服务，也不断在尝试把呼叫中心从成本中心转变成利润中心。

保险：保险业应用呼叫中心，实现了保险业一年 365 天、每天 24 小时无间断为客户提供服务的目的，大大提升了沟通效率，基本实现了为客户提供及时、有效、合理的保险服务。另外以产品销售为导向的保险电销中心也是保险企业的重要营收来源。

证券和基金：随着通信技术和数据安全系统的不断升级，现在大多数证券基金交易以非现场交易为主，加之券商、基金公司、期货公司等逐步意识到未来客户服务会成为继业绩、规模、人才团队竞争之后的又一重要竞争力方向，所以，各企业大力投资 CRM 系统（呼叫中心是 CRM 最主要的平台之一），从而有效地扩展服务能力、提升服务水平。

3）零售电销：呼叫中心将使零售业从传统的柜台、会客室的客户接待方式，转变为以计算机技术、网络技术、通信技术为基础的，不受时间、地点、场合限制的高效率的自助服务、人机对话相结合的现代化服务体系。呼叫中心可以通过 7 天 24 小时的集中式服务，建立一个全新的在线商场，随时提供诸如商品咨询、日常订货受理、产品供应商热线、客户投诉等多方面的服务，达到留住老客户、发展新客户，从而提高零售商家的效益、增强竞争力的目的。因此发展呼叫中心是零售业服务手段革新的创举，必将产生较大的社会效益，同时也能带来良好的经济效益。

4）物流行业：2005 年，中国依据加入 WTO 的承诺全面开放物流市场，国际物流巨头已具备直接参与国内物流市场竞争的条件，国内外物流企业同台竞技的局面在所难免。激烈的竞争态势下，所有厂家都会不约而同地更加重视企业的客户服务和客户营销工作，呼叫中心对企业的重要性以及在企业内的地位会进一步得到提升。DHL、宅急送等公司的呼叫中心是物流行业呼叫中心的标杆性代表。

5）政府呼叫中心：这是利用有线、无线通信设备向公众、企业提供服务的机构，服务包括与政府相关的咨询、投诉、查询等。把电话、传真与互联网有机结合就是基于电子政务平台的政府呼叫中心。除政府热线呼叫中心之外，政府各职能部门有很多类似的业务需求，如市长热线、“12315”消费者投诉举报专线、人力资源和社会保障局呼叫中心等。

6）交通商旅呼叫中心：一类是以民航、高铁为代表。例如，每个航空公司都建立了自己的电话订票系统和旅客俱乐部服务系统，每个机场都设立有相关旅客查询热线号码。12306铁路客服中心在每年的春运期间每天都要接听上万通的客户咨询、查询电话。另一类是以携程、飞猪、途牛为代表的商旅电商服务平台，兼具订单预订、客户服务、电话销售等多种功能，每年为上百万的消费者提供旅游出行服务。

7）电子商务：近些年，我国的电子商务发展可以说是日新月异，从技术上看，作为一个综合服务平台，呼叫中心信息服务方式之于 ISP 信息服务方式更适用于电子商务的运作。除传统呼叫中心的语音服务外，在线客服、网店客服和新媒体客服也都为呼叫中心的未来发展提供了更多的机会。

### 6. 客户服务价值

（1）客户的定义

企业是为社会的需要而存在的，而客户则是社会需要的组成体，从经济意义的角度上分析，也可以说“客户”是社会需要的代名词。从广义上讲，在工作领域任何依赖你的人都可以是你的客户；从狭义上讲，客户是指那些直接从你的工作中获益的人或组织。

客户对于企业的重要性是不言而喻的，水可载舟亦可覆舟。满意的客户可以为企业带来利益和发展的机会；不满意的客户则会给企业带来危机，而且，这些不满意的客户还有可能成为企业竞争对手的满意客户。客户对企业满意度的高低，一方面关系着企业未来市场竞争力的高低，另一方面也是企业产品策略的最佳评判准则。

对于客户信息服务工作而言，客户可以分为两个层面：一是通过客户服务渠道（如电话、在线、新媒体等）获得服务和收益的最终端客户；二是对于外包型呼叫中心来说，客户是为呼叫中心提供业务的发包方企业或组织。

（2）客户的分类

在呼叫中心服务过程中，我们按照客户的表现，可以将客户分为以下三种类型：

1）要求型客户：这类客户对所提供的产品或服务有直接的需求，较有主见，思路清晰，控制欲较强，通常会明确提出自己的想法和很多的疑问。

2）困惑型客户：这类客户对于产品或服务的专业知识缺乏了解，对于某个问题不清楚或有误会，需要座席代表为其解决或详细介绍。

3）激动型客户：这类客户往往在使用产品或接受服务过程中感到不满意，情绪激动，急于表达自己的不满，需要座席代表的理解支持，并解决他们的问题，他们往往语速偏快、语调高亢，个别人还会有不礼貌的表达。

出色的座席代表对于不同的客户会采取不同的方式。在同一个电话中客户的需求可能也会发生转变，为适应客户的变化，座席代表需要具备良好的适应性、灵活性和较强的分析能力。对于客户来说，座席代表通常是他们与公司接触的窗口，在客户的认识中，座席代表不仅代表着自己，而是代表着整个公司。在接听客户电话的那一刻起，座席代表采取的沟通方法和满足客户需要及愿望的程度决定了客户对公司的满意度和忠诚度，最重要的是决定了是否会再次选择该企业的产品或服务。

（3）客户的需求

客户有两种需求：个人需求和业务需求。分析及回应客户的这两种需求时要让客户知道你的理解、关心和负责，座席代表要满足客户的合理需求，即为客户提供产品或服务。

1）每个客户都有需求。每个客户都有两种需求：个人需求和业务需求。个人需求是不必通过语言表达出来的、个人内在的需求。客户不会通过言语来要求，但座席代表通过理解、关心的语言可以满足这种需求。业务需求是客户对公司业务的需求，即解决客户问题的需求。

优秀的座席代表要先满足客户的个人要求，再满足业务需求。

2）满足客户的基本要求。基本需求包含三个方面的内容：被理解、被尊重和安全感。

客户需要座席代表完全地理解他的处境和感受，倾听是一种使客户感到被理解的方法。

客户需要座席代表给予他们信心，让他们感到有安全感，让他们认为座席代表有能力解决问题。

3）满足客户的业务需求。满足客户的基本需求以后就该关注客户的业务要求了，也就是座席代表经常会说的："先解决情绪，再解决问题。"想要解决客户的业务问题就先要理解客户为什么打电话来。大多数客户会马上告诉你他的需求，但有些客户的问题就需要座席代表进行有效的提问和挖掘才能够真正了解。

（4）客户服务的价值

1）前文中我们介绍了客户的定义，要做好客户服务，我们还需要进一步理解客户服务的价值，服务好客户才是企业持续发展的根本。

2）客户创造了市场。企业时刻关注着客户，关注着客户的需求，针对客户的需求生产产品，只有真正迎合客户需求的产品，才会有更大更好的市场。

3）客户创造了未来。当迎合客户的产品是客户所需要的，客户自然会持续或大量购买，给企业带来盈利。

4）客户创造了质量。当迎合客户同样需求的产品越来越多时，客户便开始关注产品的质量了，企业要为客户着想，通过提高自己的产品质量来打消客户的顾虑，赢得更多的客户。

5）客户创造了机遇。在企业持续满足客户各种需求时，客户与企业之间便产生信任和依赖感，客户愿意主动为企业提供好的建议，愿意主动为企业提供商机。

6）客户的利益观念。企业在为客户提供产品或服务的时候，也要以客户为中心，急客户之所急，想客户之所想，秉承客户的利益观念，赢得客户对企业的更多信任。

7）优化服务，创造了客户。由于企业真正树立了良好的客户服务意识，为客户提供优质的客户服务，企业与客户之间就形成了良性互动关系，互动自需求而始，以反馈而提升。因此，通过优化服务可达到创造客户的效果。

（5）树立良好的客户服务意识

客户服务意识就是人们从事服务活动的主导思想，反映人们对服务活动的理性认知。

客户服务意识表现在全心全意地站在客户的立场，真心实意地为客户提供帮助、解决问题等。

座席代表只有树立了良好的客户服务意识，才能真正地投入服务工作中，在工作中真正理解客户的难处，从工作中享受到更多的乐趣，总结出更多的服务方法。只有树立良好的客户服务意识才能实现真正的客户满意。

树立良好的客户服务意识，应做到以客户需求为导向。企业的一些服务工作开始都要以客户的需求为导向，客户服务工作的内容、标准也都是据此而规定的，这已经形成了共识。

想要实现以客户需求为导向，首先应该了解客户的需求，然后分析客户需求，充分迎合并满足客户的需求。一般来说，客户的需求包括四大方面，把握好这个四个方面的需求，也就抓住了客户服务工作的重心，从而形成以客户需求为向导的服务意识和工作方式。

1）便利的需求。没有一个客户不对便利产生好感。看看今天所有的企业，都是尽最大努力去优化自身的工作流程，增加更多的附加服务，延长工作时间，采取更为灵活的工作方式（例如短信、自助服务、新媒体渠道等）提高工作效率，给客户带来更多的便利，节约客户的时间和成本，从而占有更多的客户资源和市场份额，呼叫中心在这一点上占尽了优势，既可以大量节约客户的时间，同时也给客户带来很大的便利。

2）对价格的参与需求。对价格确定过程的了解和参与是客户的第二大需求。互联网的高速发展与应用，使得现在的人们比以往任何时候都更加容易了解到同一产品不同的价格以及其他相关情况。通过互联网，客户可以在几分钟内知道某一商品价格和各个厂商的情况，例如型号、价格、存量、储存地点、运输方式等。作为呼叫中心，因为其运营成本比其他商品营销渠道的运营成本低，所以产品的价格自然也低，这同样也会吸引更多的客户。

3）对专业信息的及时需求。如前所述，现在几乎所有行业都被要求提供及时的、标价明确的服务，如金融行业、航空订票系统、农业市场、酒店行业等。如果该行业不能提供及时准确的定价，客户很可能就走掉了，甚至去找企业的竞争对手。呼叫中心座席代表有责任为客户提供最专业的知识，让客户足不出户就能及时得到需要的信息。

4）对情感上获得理解和认同的需求。要想提供卓越的客户服务，关键就是留住客户的心，也就是要满足客户的情感需求。只有满足了客户的情感需求，企业才能真正做到留住客户。通常客户都有被赞赏、被同情、被认可、被尊重的情感诉求，客户服务工作也应该围绕这些方面开展。

以上提到的客户需求，几乎在所有的客户服务中都必不可少，同时根据行业的不同、市场环境的不同，客户的需求也会多有不同。但企业的客户服务工作要以客户需求为导向是确信无疑的。为使客户满意，在了解客户的需求后，企业应该根据客户的需求，为客户提供个性化的服务。

### 7. 呼叫中心岗位职业能力分析

（1）呼叫中心岗位概述

在我国，社会对呼叫中心从业人员的定位并不是很高，很多人认为座席代表“不过就是一个接电话的”，甚至座席代表的潜意识里也有这种认识，对职业缺少认同感和归属感。但其实，呼叫中心除了基层的客服岗位，还有很多管理和技术型岗位。座席代表积累了丰富的工作经验后，就可以逐步实现岗位晋级，实现自身的职业生涯发展。以下几个岗位比较适合初级呼叫中心从业人员。

1）座席代表。人们习惯把在呼叫中心的工作人员称作客户服务代表，也叫业务代表或座席代表，意思是代表企业为客户提供服务的人。客户服务部门的座席代表代表企业向客户提供服务，作为服务营销战略的重点，在客户数据资源的基础之上，座席代表要做的不仅仅是解答客户的疑问，提供简单的咨询、查询等信息传递的服务，而且需要在此基础之上最大限度地发挥客户信息服务部门的作用，为客户提供如信息处理、营销等全方位的服务。通过对客户各种消费行为的统计与分析，对客户提供的各种信息进行总结和分析，为客户提供个性化的针对性的服务，为企业营销部门提供及时的、有利的各种信息，辅助营销决策。

座席代表是现代社会工作种类中压力较大的一个群体，在呼叫中心现场，每个人必须全神贯注，满足客户的合理需求、为客户提供支持和服务。

2）呼叫中心培训岗位。座席代表是呼叫中心的一线基层岗位，也是员工数量最多的岗位。除了客户服务部门，呼叫中心还有其他部门和岗位。

培训部门是呼叫中心的重要部门之一，培训师也是呼叫中心最重要的岗位之一。呼叫中心的服务水平、客户服务质量、解决问题的效率等 KPI（关键绩效指标）都要通过培训来提升和改进。培训部门会对呼叫中心座席代表的工作绩效进行整体分析，针对存在的问题进行有针对性的业务培训，如客户服务礼仪、沟通技能、电话销售技巧以及投诉处理技巧等方面的培训，也会针对某个员工所出现的问题进行个别辅导，帮助员工提升个人绩效，以达到提升整个项目绩效指标的目的。

在呼叫中心内，培训师不仅承担着培训新员工的任务，同时也承担着在职员工的改善培训、业务更新培训以及基层管理干部的管理技能培训等。因此，培训岗位是呼叫中心不可缺少、至关重要的。

3）呼叫中心质检岗位。质检部门在员工的 KPI 绩效上起着质量把关作用。除了通过每天、每一时期的运营绩效报表分析 KPI，质检部门还会对每天的录音进行分析。通过运营报表分析座席代表的处理时长（也称通话时长）、接通量等相关指标数据，通过对不合格录音分析座席代表的问题，质检部门需要每天把监控到的问题反馈给运营及培训部门，再由培训部门针对问题制定出有效的培训方案，改进绩效。

概括地讲，呼叫中心质检部门的职责如下：

① 创建和维护呼叫中心服务品质标准，建立呼叫中心的控制体系；

② 规划监控方式，制定监听评分标准，完成抽样监听及评分工作；

③ 监听座席代表的通话，必要时给予指导；

④ 形成监听质量分析报告；

⑤ 提出培训需求，协助培训部检查培训效果；

⑥ 提出质量提升的建议及措施，提高呼叫中心绩效水平。

（2）呼叫中心主要岗位能力要求（见表 1－1－1～表 1－1－12）

表 1－1－1　呼叫中心呼入座席代表岗位能力要求

| 中文名称 | | 呼叫中心呼入座席代表 |
|---|---|---|
| 英文名称 | | Contact Center Inbound Agent |
| 岗位描述 | | 呼叫中心的一线岗位，主要接听客户来电，为客户提供公司相关业务的咨询、业务受理、售后支持以及投诉等 |
| 岗位能力要求 | 基础方面 | • 普通话标准<br>• 熟练运用计算机及基本的 Office 软件<br>• 掌握客户服务礼仪知识<br>• 遵守行业职业道德规范 |
| | 沟通方面 | • 良好的电话沟通技巧<br>• 良好的语言表达能力<br>• 良好的团队协作能力 |
| | 技术方面 | • 熟练操作呼叫中心系统 |
| | 管理方面 | • 能积极配合班组长及主管的工作，完成绩效目标 |

续表

| | | |
|---|---|---|
| 岗位能力要求 | 商务方面 | • 能明确理解对方所咨询的问题，并提供相关服务支持<br>• 良好的客户服务意识，具备一般的商务礼仪知识 |
| | 行业方面 | • 对行业及行业未来发展有一定认识 |
| | 其他方面 | • 具有本行业的职业生涯规划意识 |
| 工作职责 | | • 对已有客户的维护，为客户提供相关业务咨询<br>• 为客户提供售后服务及支持<br>• 针对不同的企业及业务工作职责会略有不同 |
| 发展路径 | 前序岗位 | 无 |
| | 后续岗位 | 座席代表班组长 |
| | 相关岗位 | 呼出座席代表 |

表 1-1-2　呼叫中心呼出座席代表岗位能力要求

| | | |
|---|---|---|
| 中文名称 | | 呼叫中心呼出座席代表（电话销售） |
| 英文名称 | | Contact Center Outbound Agent |
| 岗位描述 | | 呼叫中心的一线基础岗位，以电话外呼的方式进行企业客户的联络、维护以及销售活动 |
| 岗位能力要求 | 基础方面 | • 普通话标准<br>• 熟练运用计算机及基本的 Office 软件<br>• 掌握客户服务礼仪知识<br>• 具备基本的销售知识及技能 |
| 岗位能力要求 | 沟通方面 | • 良好的电话销售技巧<br>• 良好的语言表达能力<br>• 良好的团队协作能力 |
| | 技术方面 | • 熟练操作呼叫中心系统 |
| | 管理方面 | • 能积极配合班组长及主管的工作，完成绩效目标 |
| | 商务方面 | • 能正确掌握产品知识，准确介绍产品知识，满足客户<br>• 良好的客户服务意识，具备一般的商务礼仪知识 |
| | 行业方面 | • 乐于从事挑战性的工作，喜欢电话销售工作 |
| | 其他方面 | • 具有在本行业的职业生涯规划意识 |
| 工作职责 | | • 通过电话，维护新客户/老客户，进行产品销售<br>• 掌握销售进度，正确记录客户信息<br>• 完成销售目标并达成各项绩效考核标准 |
| 发展路径 | 前序岗位 | 无 |
| | 后续岗位 | 电销主管 |
| | 相关岗位 | 呼入座席代表 |

表 1-1-3　呼叫中心班组长岗位能力要求

| | | |
|---|---|---|
| 中文名称 | | 呼叫中心班组长 |
| 英文名称 | | Contact Center Team leader |
| 岗位类别 | | 咨询（Consult）或销售（Sales） |
| 岗位描述 | | 呼叫中心的一线管理岗位，主要从事呼出座席代表或呼入座席代表的日常工作，并对本组座席代表的日常工作进行管理和负责 |
| 岗位能力要求 | 基础方面 | ● 普通话标准<br>● 善于学习新知识<br>● 掌握客户服务礼仪知识<br>● 遵守行业职业道德规范 |
| | 沟通方面 | ● 良好的电话沟通技巧<br>● 良好的团队协作能力 |
| | 技术方面 | ● 熟练操作呼叫中心系统 |
| | 管理方面 | ● 能对本组座席代表的工作负责，保证本组人员的工作绩效，并能积极配合主管的工作，完成绩效目标 |
| | 商务方面 | ● 具有良好的语言表达能力<br>● 能明确理解对方所咨询的问题，并提供相关服务支持<br>● 具备一般的销售知识及销售技巧 |
| | 行业方面 | ● 对行业及行业未来发展有一定认识 |
| | 其他方面 | ● 具有在本行业的职业生涯规划意识 |
| 工作职责 | | ● 维护客户，为客户提供相关业务咨询<br>● 为客户提供售后服务及支持<br>● 负责管理本组座席成员的日常工作，保证绩效目标<br>● 针对不同的企业及业务工作内容会略有不同 |
| 发展路径 | 前序岗位 | 呼叫中心座席代表 |
| | 后续岗位 | 呼叫中心运营主管 |
| | 相关岗位 | 呼叫中心培训师、质检专员、排班师 |

表 1-1-4　呼叫中心质检专员岗位能力要求

| | | |
|---|---|---|
| 中文名称 | | 呼叫中心质检专员 |
| 英文名称 | | Contact Center Quality Assurance |
| 岗位类别 | | 技术（Technology） |
| 岗位描述 | | 通过对呼叫中心座席代表的录音、在线交流记录的检测，做好质量控制规范，保证呼叫中心的客户服务质量 |
| 岗位能力要求 | 基础方面 | ● 熟练计算机操作，熟练运用常用的办公软件<br>● 良好的客户服务意识，敏锐的观察力和判断力<br>● 较强的书面表达能力和基本的英语阅读能力<br>● 遵守行业职业道德规范 |

续表

<table>
<tr><td rowspan="6">岗位能力要求</td><td>沟通方面</td><td>● 良好的人际沟通能力<br>● 具有团队合作精神</td></tr>
<tr><td>技术方面</td><td>● 熟练操作呼叫中心系统<br>● 熟练运用数据分析工具</td></tr>
<tr><td>管理方面</td><td>● 能积极配合质检主管及运营主管，保证运营部门的服务质量</td></tr>
<tr><td>商务方面</td><td>● 具备基本的英语阅读能力</td></tr>
<tr><td>行业方面</td><td>● 从事过呼叫中心客服工作者优先</td></tr>
<tr><td>其他方面</td><td>● 积极主动、上进心强</td></tr>
<tr><td colspan="2">工作职责</td><td>● 抽查服务案例（包括客服电话录音、在线及邮件沟通记录），并对被抽查座席代表的表现进行客观的评估和记录<br>● 将抽查案例中的问题进行通报、整改，确保服务质量<br>● 对质检结果做出相应的日报、周报，并能提出合理化建议<br>● 配合部门经理将质检情况纳入员工业绩考核指标中</td></tr>
<tr><td rowspan="3">发展路径</td><td>前序岗位</td><td>呼叫中心座席代表</td></tr>
<tr><td>后续岗位</td><td>呼叫中心质检主管</td></tr>
<tr><td>相关岗位</td><td>呼叫中心培训主管、培训师</td></tr>
</table>

表 1-1-5　呼叫中心运营主管岗位能力要求

<table>
<tr><td colspan="2">中文名称</td><td>呼叫中心运营主管</td></tr>
<tr><td colspan="2">英文名称</td><td>Contact Center Agent Supervisor</td></tr>
<tr><td colspan="2">岗位类别</td><td>管理（Management）</td></tr>
<tr><td colspan="2">岗位描述</td><td>处理呼叫中心的日常管理工作，并对班组长的工作负责，与班组长配合做好呼叫中心的运营现场监控，确保运营现场有序运营</td></tr>
<tr><td rowspan="7">岗位能力要求</td><td>基础方面</td><td>● 良好的语言表达能力<br>● 持续学习新知识的能力<br>● 掌握客户服务礼仪知识<br>● 遵守行业职业道德规范</td></tr>
<tr><td>沟通方面</td><td>● 较强的组织协调能力<br>● 优秀的沟通能力<br>● 良好的团队合作能力</td></tr>
<tr><td>技术方面</td><td>● 熟练操作呼叫中心系统<br>● 熟悉电话服务及电话销售流程</td></tr>
<tr><td>管理方面</td><td>● 管理下属班组长及座席团队，配合项目经理做好呼叫中心的现场监控，达成绩效目标</td></tr>
<tr><td>商务方面</td><td>● 具备基本的谈判技巧<br>● 熟悉电话服务及电话营销模式<br>● 具备基本的英语阅读、口语交流能力</td></tr>
<tr><td>行业方面</td><td>● 具有两年以上呼叫中心行业经验</td></tr>
<tr><td>其他方面</td><td>● 良好的敬业精神和责任感，能承受较大的工作压力</td></tr>
</table>

续表

<table>
<tr><td colspan="2">工作职责</td><td>● 负责呼叫中心现场管理及团队建设<br>● 不断完善服务标准及服务流程，不断提高员工服务意识和水平<br>● 与各部门良好沟通，督促执行呼叫中心的各项规章制度<br>● 组织团队达成绩效或销售目标</td></tr>
<tr><td rowspan="3">发展路径</td><td>前序岗位</td><td>呼叫中心座席班组长</td></tr>
<tr><td>后续岗位</td><td>呼叫中心运营经理</td></tr>
<tr><td>相关岗位</td><td>呼叫中心培训师质检主管、排班师</td></tr>
</table>

表 1–1–6 呼叫中心质检主管岗位能力要求

<table>
<tr><td colspan="2">中文名称</td><td>呼叫中心质检主管</td></tr>
<tr><td colspan="2">英文名称</td><td>Contact Center Quality Assurance Supervisor</td></tr>
<tr><td colspan="2">岗位类别</td><td>技术（Technology）</td></tr>
<tr><td colspan="2">岗位描述</td><td>负责质检部门的管理工作，组织实施呼叫中心的质量控制工作，制定质量规范体系，保证呼叫中心的客户服务质量</td></tr>
<tr><td rowspan="7">岗位能力要求</td><td>基础方面</td><td>● 熟练计算机操作，熟练运用常用的办公软件<br>● 良好的客户服务意识，敏锐的观察力和判断力<br>● 较强的书面表达能力<br>● 遵守行业职业道德规范</td></tr>
<tr><td>沟通方面</td><td>● 良好的人员引导能力<br>● 良好的人际沟通能力<br>● 良好的团队建设能力</td></tr>
<tr><td>技术方面</td><td>● 熟练操作呼叫中心系统<br>● 熟练运用呼叫中心常用软件<br>● 具有敏锐的数据分析能力</td></tr>
<tr><td>管理方面</td><td>● 做好质检部门的质量控制工作，协助培训部门制订培训计划</td></tr>
<tr><td>商务方面</td><td>● 具备基本的英语阅读能力</td></tr>
<tr><td>行业方面</td><td>● 有呼叫中心质检部门的相关经验</td></tr>
<tr><td>其他方面</td><td>● 责任感强、细心，能承受一定的工作压力</td></tr>
<tr><td colspan="2">工作职责</td><td>● 定期进行服务质量监控校准，保证质检专员对监控标准理解的一致性<br>● 协助运营部门制定呼叫中心质量控制体系及规范<br>● 协助运营部门制定呼叫中心各岗位 KPI<br>● 负责质检部门的管理工作<br>● 通过报表分析结果，指导部门提出改进建议和方案<br>● 对监控结果进行分析与评估，协助培训部门制定培训方案</td></tr>
<tr><td rowspan="3">发展路径</td><td>前序岗位</td><td>质检专员</td></tr>
<tr><td>后续岗位</td><td>呼叫中心项目经理</td></tr>
<tr><td>相关岗位</td><td>呼叫中心培训师、培训经理</td></tr>
</table>

表 1-1-7　呼叫中心数据分析师岗位能力要求

<table>
<tr><td colspan="2">中文名称</td><td>呼叫中心数据分析师</td></tr>
<tr><td colspan="2">英文名称</td><td>Contact Center Data Analyst</td></tr>
<tr><td colspan="2">岗位类别</td><td>技术（Technology）</td></tr>
<tr><td colspan="2">岗位描述</td><td>负责呼叫中心业务数据收集、分析与整理，提供分析报告，为相关决策提供数据支持，制定数据质量 KPI，为销售或服务提供支持或建议</td></tr>
<tr><td rowspan="7">岗位能力要求</td><td>基础方面</td><td>● 具备数据处理能力，有一定的数据敏感性<br>● 较强的逻辑思维能力和归纳分析能力<br>● 良好的职业道德规范</td></tr>
<tr><td>沟通方面</td><td>● 良好的语言表达能力<br>● 优秀的沟通能力<br>● 良好的团队合作能力</td></tr>
<tr><td>技术方面</td><td>● 精通 Excel、Access、SPSS 等基本的数据处理软件<br>● 精通 PPT 工具应用</td></tr>
<tr><td>管理方面</td><td>● 配合项目经理、运营经理的整体运营指标，提供数据支持，完成整体的绩效目标</td></tr>
<tr><td>商务方面</td><td>● 具备一定的作报告、演讲能力<br>● 具备基本的英语阅读、口语交流能力</td></tr>
<tr><td>行业方面</td><td>● 具有呼叫中心、市场调研、数据挖掘等工作经验<br>● 具备数学、统计学等相关专业背景</td></tr>
<tr><td>其他方面</td><td>● 良好的敬业精神和责任感，能承受较大的工作压力</td></tr>
<tr><td colspan="2">工作职责</td><td>● 负责呼叫中心业务数据收集与整理，对多种数据源进行组合、分析、挖掘，日常运营数据分析模式的建立<br>● 分析数据对业务需求，进行完整真实描述<br>● 提供分析报告，为运营决策、产品方向、销售策略提供数据支持<br>● 制定数据质量 KPI，为相关部门提供 KPI 标准及支持<br>● 呼叫中心信息库规划、建立及完善</td></tr>
<tr><td rowspan="3">发展路径</td><td>前序岗位</td><td>质检专员、质检主管、数据分析、数据挖掘等相关岗位</td></tr>
<tr><td>后续岗位</td><td>呼叫中心项目经理、呼叫中心运营经理</td></tr>
<tr><td>相关岗位</td><td>呼叫中心质检主管、质检专员、运营主管</td></tr>
</table>

表 1-1-8　呼叫中心排班师

<table>
<tr><td colspan="2">中文名称</td><td>呼叫中心排班师</td></tr>
<tr><td colspan="2">英文名称</td><td>Contact Center Schedule Specialist</td></tr>
<tr><td colspan="2">岗位类别</td><td>管理（Management）</td></tr>
<tr><td colspan="2">岗位描述</td><td>根据呼叫中心的运营指标安排合理的人员科学化合理化的排班</td></tr>
<tr><td>岗位能力要求</td><td>基础方面</td><td>● 具备数据处理能力，有一定的数据敏感性<br>● 较强的逻辑思维能力和归纳分析能力<br>● 了解呼叫中心的基本构架与运营知识</td></tr>
</table>

续表

| | | |
|---|---|---|
| 岗位能力要求 | 沟通方面 | ● 良好的语言表达能力<br>● 优秀的沟通能力<br>● 良好的团队协作能力 |
| | 技术方面 | ● 精通呼叫中心排班软件<br>● 精通计算机及常用办公软件操作<br>● 精通数据统计工具 |
| | 管理方面 | ● 良好的现场管控能力，配合项目经理、运营经理达成整体运营绩效目标 |
| | 商务方面 | ● 具备一定的作报告、演讲能力<br>● 具备基本的英语阅读、口语交流能力 |
| | 行业方面 | ● 具有两年呼叫中心工作经验 |
| | 其他方面 | ● 良好的敬业精神和责任感，能承受较大的工作压力 |
| 工作职责 | | ● 负责呼叫中心话务预测、人力安排及现场调度<br>● 根据话峰值，调控各班次人员分布以适应话务需求<br>● 根据话务量、人员规模和服务水平，提供人力资源需求报告<br>● 完成综合工时利用率、话务峰值及话务量预测报表 |
| 发展路径 | 前序岗位 | 呼叫中心班组长 |
| | 后续岗位 | 呼叫中心项目经理、呼叫中心运营经理 |
| | 相关岗位 | 运营主管 |

表 1-1-9　呼叫中心培训师

| | | |
|---|---|---|
| 中文名称 | | 呼叫中心培训师 |
| 英文名称 | | Contact Center Trainer |
| 岗位类别 | | 技术（Technology） |
| 岗位描述 | | 负责呼叫中心的培训课程开发及座席代表培训 |
| 岗位能力要求 | 基础方面 | ● 良好的书面表达能力<br>● 熟练制作计划和各种文档<br>● 较强的授课能力<br>● 良好的行业职业道德意识 |
| | 沟通方面 | ● 良好的口头表达和沟通交流能力<br>● 较好的亲和力和感染力 |
| | 技术方面 | ● 熟练使用 Excel、Word、PowerPoint，Viso 等常用办公软件及熟悉呼叫中心常用业务软件；<br>● 较强的研发和分析能力，具备独立开发培训课程的能力 |
| | 管理方面 | ● 能配合培训部经理以及运营部门做好培训计划及培训课程，达成呼叫中心的整体绩效目标 |
| | 商务方面 | ● 良好的演讲能力<br>● 具备良好的创新意识和实践能力 |
| | 行业方面 | ● 具有呼叫中心工作经验，了解培训工作内容 |
| | 其他方面 | ● 在开发课程方面有自己独特的见解，具有创新意识<br>● 能承受一定的工作压力，敬业有责任感 |

续表

| | | |
|---|---|---|
| 工作职责 | | ● 协助培训部门经理做好培训工作的开展<br>● 完成上级布置的具体培训任务<br>● 完成部门的培训课程研发计划<br>● 呼叫中心培训需求调查<br>● 完成培训的结果评估 |
| 发展路径 | 前序岗位 | 呼叫中心座席代表 |
| | 后续岗位 | 呼叫中心培训经理、呼叫中心项目经理、呼叫中心运营经理 |
| | 相关岗位 | 运营主管、质检主管 |

表 1-1-10　呼叫中心培训经理

| | | |
|---|---|---|
| 中文名称 | | 呼叫中心培训经理 |
| 英文名称 | | Contact Center Trainer Management |
| 岗位类别 | | 管理（Management） |
| 岗位描述 | | 负责呼叫中心培训部门的管理及整个呼叫中心的培训计划制订与实施 |
| 岗位能力要求 | 基础方面 | ● 精通培训工具<br>● 精通办公软件，具备独立制作文档的能力<br>● 具备一定的管理经验 |
| | 沟通方面 | ● 优秀的口头表达和交流沟通能力<br>● 较强的亲和力和感染力<br>● 优秀的文字语言能力和表达能力 |
| | 技术方面 | ● 熟练使用 Excel、Word、PowerPoint，Viso 等常用办公软件及熟悉呼叫中心常用业务软件<br>● 较强的研发和分析能力，具备独立开发培训课程的能力 |
| | 管理方面 | ● 具备管理经验，能带领培训部门制定长期培训规划 |
| | 商务方面 | ● 良好的演讲能力<br>● 能与各部门良好沟通，进行培训需求调研<br>● 具备一定的英语阅读和沟通能力 |
| | 行业方面 | ● 具有呼叫中心培训管理工作经验，熟悉行业培训发展需求 |
| | 其他方面 | ● 在开发课程方面有自己独特的见解，具有创新意识、思维敏捷<br>● 能承受一定的工作压力，敬业有责任感 |
| 工作职责 | | ● 制定培训部门的培训制度和培训流程<br>● 负责完成客户服务部门、质检部门、培训部门的沟通<br>● 审核培训课程和培训教材<br>● 定期向相关部门提供培训报告、反馈、培训效果评估报告<br>● 跟进培训效果，对培训部门工作进行改进 |
| 发展路径 | 前序岗位 | 呼叫中心培训师 |
| | 后续岗位 | 呼叫中心运营经理 |
| | 相关岗位 | 呼叫中心运营主管、质检主管、项目经理 |

表 1-1-11　呼叫中心项目经理

<table>
<tr><td colspan="2">中文名称</td><td>呼叫中心项目经理</td></tr>
<tr><td colspan="2">英文名称</td><td>Contact Center Project Management</td></tr>
<tr><td colspan="2">岗位类别</td><td>管理（Management）</td></tr>
<tr><td colspan="2">岗位描述</td><td>负责呼叫中心运营部项目的调研、分析、实施</td></tr>
<tr><td rowspan="7">岗位能力要求</td><td>基础方面</td><td>● 思维敏捷，快速学习能力强<br>● 较强的分析问题和解决问题的能力</td></tr>
<tr><td>沟通方面</td><td>● 优秀的语言表达和沟通交流能力<br>● 具有较强团队精神和团队建设能力</td></tr>
<tr><td>技术方面</td><td>● 熟练使用 Excel、Word、PowerPoint、Viso 等常用办公软件及熟悉呼叫中心常用业务软件<br>● 精通呼叫中心项目成本核算</td></tr>
<tr><td>管理方面</td><td>● 具备管理经验、较强的现场管理经验及对外包商的管理能力</td></tr>
<tr><td>商务方面</td><td>● 具备一定的谈判能力<br>● 能适应出差（根据不同公司业务内容情况而定）</td></tr>
<tr><td>行业方面</td><td>● 具有呼叫中心项目管理经验</td></tr>
<tr><td>其他方面</td><td>● 具有创新意识、思维敏捷<br>● 对电子商务有清晰的认识</td></tr>
<tr><td colspan="2">工作职责</td><td>● 完成各类项目的执行、数据调取、项目分析，与呼叫中心执行人员沟通<br>● 执行过程中管控进度、质量，与客户沟通及协调项目运作过程中情况<br>● 保证项目执行结果达到或超过既定指标，控制成本并合理调配资源以保证项目利润<br>● 负责市场调研分析，同时协调内部项目开发和沟通，参与项目业务规划和推动方案的制定</td></tr>
<tr><td rowspan="3">发展路径</td><td>前序岗位</td><td>呼叫中心运营主管</td></tr>
<tr><td>后续岗位</td><td>呼叫中心运营经理</td></tr>
<tr><td>相关岗位</td><td>呼叫中心培训经理</td></tr>
</table>

表 1-1-12　呼叫中心运营经理

<table>
<tr><td colspan="2">中文名称</td><td>呼叫中心运营经理</td></tr>
<tr><td colspan="2">英文名称</td><td>Contact Center Operation Management</td></tr>
<tr><td colspan="2">岗位类别</td><td>管理（Management）</td></tr>
<tr><td colspan="2">岗位描述</td><td>负责呼叫中心整个运营部的日常管理及运营</td></tr>
<tr><td rowspan="3">岗位能力要求</td><td>基础方面</td><td>● 思维敏捷，较强的学习能力和解决复杂问题的能力<br>● 较强的分析问题和解决问题的能力<br>● 认真、敬业、责任心强</td></tr>
<tr><td>沟通方面</td><td>● 优秀的语言表达和沟通协调能力<br>● 具有较强团队领导，擅于激励</td></tr>
<tr><td>技术方面</td><td>● 熟悉呼叫中心常用业务软件<br>● 熟悉呼叫中心质检、培训、数据分析等相关业务内容</td></tr>
</table>

续表

| | | |
|---|---|---|
| 岗位能力要求 | 管理方面 | ● 具备管理经验、优秀的团队管理经验与项目管理经验 |
| | 商务方面 | ● 具备一定的商务谈判能力<br>● 具备商务礼仪知识<br>● 具备一定的销售能力和客户导向意识 |
| | 行业方面 | ● 具有呼叫中心大型团队管理经验 |
| | 其他方面 | ● 具有创新意识、思维敏捷<br>● 能承受压力及攻克目标 |
| 工作职责 | | ● 负责提升客户服务中心的运营能力，监控运营质量，建立与客户的良好关系，并通过呼叫中心业务监督质量规范，密切关注客户需求变化<br>● 负责呼叫中心的成本控制和资源有效利用<br>● 呼叫中心运营部的整体管理工作与整体绩效考核<br>● 带领团队完成呼叫中心运营绩效指标<br>● 收集呼叫中心各项数据，为公司决策提供依据 |
| 发展路径 | 前序岗位 | 呼叫中心项目经理　呼叫中心培训经理 |
| | 后续岗位 | 无 |
| | 相关岗位 | 呼叫中心培训经理 |

### 8. 呼叫中心从业人员职业要求

呼叫中心从业人员是呼叫中心的重要组成要素，也是呼叫中心的核心，尤其是座席代表每天在一线与客户接触，其所表现出来的服务品质、服务精神也都通过呼叫中心传递给客户，所以我们要对从业人员进行必要的职业素养和职业能力培训，提升其服务观念与素质，满足客户千变万化的需要。

（1）呼叫中心从业人员的职业道德

职业道德是一般道德在职业行为中的反映，是社会分工的产物。所谓职业道德，就是人们在进行职业活动过程中，一切符合职业要求的心理意识、行为准则和行为规范的总和。它是一种内在的、非强制性的约束机制，是用来调整职业个人、职业主体和社会成员之间关系的行为准则和行为规范。

职业道德不仅是从业人员在职业活动中的行为标准和要求，也是本行业对社会所承担的道德责任和义务。职业道德是社会道德在职业活动中的具体化。

每个从业人员，不论是从事哪种职业，在职业活动中都要遵守道德。如教师要遵守教书育人、为人师表的职业道德，医生要遵守救死扶伤的职业道德。呼叫中心从业人员应遵守服务至上、客户为先的职业道德，用优质的服务、不断创新的精神提升客户满意度。

1）爱岗敬业。爱岗就是热爱自己的工作岗位，热爱本职工作。所谓敬业，就是用一种严肃的态度对待自己的工作，勤勤恳恳、兢兢业业、忠于职守、尽职尽责。热爱本职工作，就是呼叫中心从业人员以积极的态度对待客户服务工作岗位，努力培养热爱客户服务工作的幸福感、荣誉感。一个人一旦爱上了自己的职业，就会全身心地投入工作中，就能在平凡的岗位上做出不平凡事业。

2）诚实守信。诚实守信是为人处世的一种美德。所谓诚实，就是忠诚老实，不讲假话。诚实的人能忠实于事物的本来面目，不歪曲、不篡改事实，同时也不隐瞒自己的真实思想，光明磊落，言语真切，处事实在。所谓守信，就是信守诺言，说话算数，讲信誉，重信用。诚实守信不仅是做人的准则，也是做事的基本准则。诚实是我们对自身的一种约束，也是自己需要履行的义务。作为呼叫中心从业人员，也要做到讲信誉、守信用，不但自身要遵守社会公德，也要维护企业的社会形象。

3）办事公道。所谓办事公道，是指从业人员在办事情、处理问题时，要站在公正的立场上，按照同一标准和同一原则办事的职业道德规范。呼叫中心从业人员在日常工作中也偶尔会面临即席判断的问题，需要保持公正的立场，忠于实际情况，不以个人好恶作判断。

4）服务大众。所谓服务大众就是为社会大众服务。服务大众指出了呼叫中心从业人员的职业与社会大众的关系，其工作的主要服务对象是社会大众，因此应当依靠社会大众，时时刻刻为大众着想，急大众所急，忧大众所忧，乐大众所乐，做到尊重客户、真心对待，认真做好工作中的每一件小事。

5）奉献社会。所谓奉献就是不期望等价的回报和劳动，愿意为他人、为社会或为真理、为正义献出自己的力量，包括宝贵的生命。奉献社会不仅要有明确的信念，而且要有崇高的行动。奉献社会是一种人生境界，是一种融在一生事业中的高尚人格。与爱岗敬业、诚实守信、办事公道、服务大众这四项规范相比，奉献社会是职业道德中的最高境界，同时也是做人的最高境界。

【思政话语　润物无声】

《中华人民共和国公民道德建设实施纲要》中明确指出："要大力倡导以爱岗敬业、诚实守信、办事公道、服务群众、奉献社会为主要内容的职业道德，鼓励人们在工作中做一个好建设者。"因此，我国现阶段各行各业普遍适用的职业道德的基本内容，即"爱岗敬业、诚实守信、办事公道、服务群众、奉献社会"。

爱岗敬业、诚实守信是对从业人员职业行为的基础要求，是首先应当做到的。做不到这两项要求，就很难做好工作。办事公道、服务大众比前两项要求高了一些，需要有一定的道德修养做基础。奉献社会，则是这些要求中最高的境界。个人只要达到一心为社会做贡献的境界，他的工作就一定能做得很好，也一定会得到社会的承认。

（2）呼叫中心从业人员的基本职业意识

所谓职业意识是指人们对职业的认识、意向以及对职业所持的主要观点。职业意识的形成不是突然的，而是经历了一个由幻想到现实、由模糊到清晰、由摇摆到稳定、由远至近的产生和发展过程。呼叫中心从业人员的职业意识包括：

1）客户服务意识。客户服务是全面深入履行现代市场营销观念的有效方式之一。现代营销学观念，从以生产产品为中心的生产观念转变到满足客户需求为中心的客户服务观念和大客户服务观念。在此，客户的需求已经变成了企业经营活动中的核心问题。

呼叫中心座席代表在工作过程中应牢记"客户是最重要的""为客户尽快解决问题"，努力发现客户的需求并予以满足，积极热情地表达服务意愿并尽可能满足客户的期望。

2）团队合作意识。呼叫中心是一个人员相对集中的场所，一项工作的完成是很多人共同协作的结果，所以需要从业人员积极主动地做好团队中自己的工作，及时提出有利于企业发展的合理化建议；尊重和服从领导，关心与爱护同事；建立团队内部的协作，开展有效、健康的部门及同事之间的合作竞争，互为平台、互通商机、共同进步。同时必须保守团队的商业秘密。

3）学习意识。呼叫中心从业人员要有对工作相关知识的精通了解、扩展和运用的欲望，或拥有指导他人有关工作的知识。自主学习人力资源业务知识和技术，能熟练操作、运用计算机，熟悉办公自动化软件。具备独立工作和解决问题的能力，为以后的职位晋升做好准备。

4）保密意识。保障客户信息的安全是呼叫中心从业人员的基本准则，是从事信息服务工作的法律底线，也是呼叫中心企业生存发展的头等大事。呼叫中心从业人员在工作中接触到的相关客户的合同、委托项目的目标/内容、产品/服务细节、用户资料、策略和促销计划、企业的内部网络结构、设备、技术参数等信息都属于信息保密范畴之内。

侵犯公民个人信息

5）主动性。在工作中，应自愿自发地去做更多的工作，主动采取措施预防失误，提高工作成绩，发现或创造新的机会。

6）灵活性。灵活性指一个人在不同环境下，与不同个人或团体工作时表现出的适应环境变化需求的能力。灵活性表现为一个人理解并重视事物的不同变化，使自己适应多样的环境，可以依照情况变化来转变做事的方式，或易于接受变化。例如在与客户的电话中，不要一开始就强行引导客户，应该先去适应客户的语言习惯和沟通方式。改变或者引导客户的想法，这也是呼叫中心的服务宣言，要求座席代表做到“倾听、倾谈、倾情服务”。

### 9. 呼叫中心从业人员职业技能要求（《呼叫中心客户服务与管理职业技能等级标准》）

（1）职业技能等级划分

呼叫中心客户服务与管理职业技能分为三个等级：初级、中级、高级。三个级别依次递进，高级别涵盖低级别技能要求。

1）呼叫中心客户服务与管理（初级）：根据业务需要，能够完成呼入、呼出、电话销售及投诉处理等客户接待与业务受理工作。

2）呼叫中心客户服务与管理（中级）：根据业务需要，能够针对呼叫中心座席代表的服务质量、服务水平等进行有效的甄别和管理，能够为一线座席代表提供必要的辅导和培训。

3）呼叫中心客户服务与管理（高级）：根据业务的需要，对呼叫中心业务数据进行整理、分析和运用，对运营过程的流程、绩效、人员、成本等各个环节进行有效的控制、改进和管理。

（2）职业技能等级要求描述（见表 1－1－13～表 1－1－15）

表 1－1－13　呼叫中心客户服务与管理（初级）

| 工作领域 | 工作任务 | 职业技能要求 |
| --- | --- | --- |
| 1. 呼入电话处理 | 1.1　了解客户需求 | 1.1.1　能够通过倾听，了解客户所反映的主要问题 |
| | | 1.1.2　能够迅速归纳总结客户表达重点，理解客户真正意图 |
| | | 1.1.3　能够通过提问有效引导客户表达需求 |
| | | 1.1.4　能够熟悉掌握运用各项电话礼仪和电话沟通技巧 |
| | | 1.1.5　能够对工作中接触到的公司商业机密及客户数据严格保密 |

续表

| 工作领域 | 工作任务 | 职业技能要求 |
| --- | --- | --- |
| 1. 呼入电话处理 | 1.2　提供解决方案 | 1.2.1　能够熟悉各项产品和业务处理流程 |
| | | 1.2.2　能够熟练掌握系统搜索、查询及操作能力 |
| | | 1.2.3　能够有效管理客户期望值，与客户达成协议 |
| | | 1.2.4　能够根据客户需求为客户提供最佳解决方案或多种选择方案 |
| | 1.3　结果记录及反馈 | 1.3.1　能够正确使用呼叫中心业务平台，准确、快速记录和核对客户信息 |
| | | 1.3.2　能够准确用文字描述客户主要问题及处理意见 |
| | | 1.3.3　能够根据业务类型选择正确的分类反馈渠道 |
| 2. 呼出电话处理 | 2.1　外呼前准备 | 2.1.1　能够通过互联网工具搜索获得有效数据 |
| | | 2.1.2　能够做好自我心态调整 |
| | | 2.1.3　能够熟练掌握脚本内容 |
| | | 2.1.4　能够根据当前客户做好话术准备 |
| | | 2.1.5　能够合理安排外呼时间 |
| | 2.2　电话外呼 | 2.2.1　能够准确阐述来电意图，对外呼客户提出符合主题和目的的问题 |
| | | 2.2.2　能够准确运用产品及业务知识、业务流程处理客户问题 |
| | | 2.2.3　能够根据业务类型不同，设计和编写脚本、回访问题、话术等 |
| | 2.3　结果记录及反馈 | 2.3.1　能够运用核对技巧准确记录客户信息 |
| | | 2.3.2　能够准确地用文字描述客户主要问题及处理意见 |
| | | 2.3.3　能够根据业务类型选择正确的反馈渠道 |
| | | 2.3.4　能够根据本次通话情况合理制订跟进计划 |
| 3. 电话销售 | 3.1　销售前准备 | 3.1.1　熟悉电话销售的一般流程 |
| | | 3.1.2　能够在电话中给客户建立良好的印象 |
| | | 3.1.3　能够掌握一般的销售技巧、产品知识、话术脚本 |
| | | 3.1.4　能够主动收集企业所在行业的产品市场销售状况 |
| | | 3.1.5　能够明确本企业的营销目标和营销理念 |
| | | 3.1.6　能够了解客户对于产品性能形态等各个方面的需求与期望 |
| | 3.2　客户联络及产品销售 | 3.2.1　能够通过有效倾听提问，获得客户潜在需求信息 |
| | | 3.2.2　能够了解客户心理并进行有效沟通 |
| | | 3.2.3　能够熟练运用销售技巧、异议处理技巧，妥善处理客户提问和异议 |
| | | 3.2.4　能够通过话术脚本的执行及各种促销手段的落实完成销售任务 |
| | | 3.2.5　能够有效管理客户期望值 |
| | 3.3　信息记录及反馈 | 3.3.1　能够准确地用文字描述客户的主要问题及处理意见 |
| | | 3.3.2　能遵守销售规定，准确核实信息，生成订单，确保订单正确 |

续表

| 工作领域 | 工作任务 | 职业技能要求 |
|---|---|---|
| 3. 电话销售 | 3.3 信息记录及反馈 | 3.3.3 能够根据本次通话情况合理制订跟进计划 |
| | | 3.3.4 能够服从工作安排和管理，配合团队共同完成企业下达的销售目标 |
| | 3.4 通过多次回访促成销售 | 3.4.1 能够运用多种销售技巧促成销售 |
| | | 3.4.2 能够有效跟进客户，与客户建立良性的合作关系 |
| 4. 投诉处理 | 4.1 了解投诉诉求 | 4.1.1 能够准确快速了解客户投诉的原因并对原因进行深入分析 |
| | | 4.1.2 能够熟练掌握公司产品知识及常见问题处理方法 |
| | | 4.1.3 能够针对客户提出的投诉问题进行准确记录 |
| | 4.2 情绪管控 | 4.2.1 能够具备良好的服务意识和投诉处理技巧，有效化解客户疑问 |
| | | 4.2.2 能够灵活应对客户情绪，并进行有效管理 |
| | | 4.2.3 面对客户投诉时具备较好的压力承受能力并能够进行自我调节，缓解工作压力 |
| | 4.3 投诉解决 | 4.3.1 能够掌握运用客户投诉处理的一般规则和处理方式 |
| | | 4.3.2 能够运用同理心，让客户感受到企业对于客户的关心和重视，提出客户乐于接受且不损害企业利益的解决方案 |
| | | 4.3.3 能够针对客户反映的问题灵活处理异议，对投诉未能一次解决的客户，要及时提交上级，并能按承诺回复客户 |
| | | 4.3.4 能够对相应的投诉问题进行整理归纳，形成固定的投诉处理话术 |
| | 4.4 客户回访 | 4.4.1 能够准确分析客户反馈意见并记录 |
| | | 4.4.2 能够针对反馈信息进行有效客户关系管理 |
| | | 4.4.3 能够针对客户反馈信息进行二次开发 |
| 5. 在线客服 | 5.1 掌握产品知识 | 5.1.1 能够准确掌握产品基本信息，包括品名、属性、包装、重量等信息 |
| | | 5.1.2 能够掌握产品的具体使用方法，并给予客户指导 |
| | | 5.1.3 能够快速总结归纳产品特点和卖点，有效地介绍产品 |
| | | 5.1.4 能够针对客户提出的问题，结合产品知识进行推荐 |
| | 5.2 客户接待 | 5.2.1 能够熟练使用计算机及沟通工具 |
| | | 5.2.2 能够妥善全面地为多点客户提供服务 |
| | | 5.2.3 能够掌握在线客户服务的服务规范、服务技巧及平台规则 |
| | | 5.2.4 能够迅速了解客户需求，有效引导客户需求 |
| | 5.3 订单促成 | 5.3.1 能够通过提问，引导客户需求 |
| | | 5.3.2 能够了解客户心理，并提供最佳方案 |
| | | 5.3.3 能够准确录入销售信息 |
| | | 5.3.4 能够根据客户需求推荐匹配产品或服务 |
| | | 5.3.5 能够合理处理客户异议 |
| | | 5.3.6 能够有效管理客户期望值并提供超值服务 |

表 1-1-14　呼叫中心客户服务与管理（中级）

| 工作领域 | 工作任务 | 职业技能要求 |
| --- | --- | --- |
| 1. 座席管理 | 1.1 现场管理 | 1.1.1 能够熟练运用监控系统并结合排班进行考勤管理 |
| | | 1.1.2 能够具备良好的沟通技巧，做好各部门间的工作协调 |
| | | 1.1.3 能够熟练掌握运用各项预案，妥善处理突发事件 |
| | | 1.1.4 能够严格执行现场管理制度，维持工作秩序和员工工作效率 |
| | | 1.1.5 能够及时发现、总结和传递客户服务的危机事件，并及时报送上级领导 |
| | | 1.1.6 能够定期收集、整理和分析客户投诉意见，形成有效的改善建议后进行汇报 |
| | 1.2 数据监控与干预 | 1.2.1 能够正确使用业务系统提取员工效率及工作质量的相关数据 |
| | | 1.2.2 能够根据数据监控系统反馈进行现场人员管理 |
| | | 1.2.3 能够熟练掌握 KPI 的定义、计算方法和影响因素 |
| | | 1.2.4 能够熟练运用各项指标的关联特性，及时调整员工工作状态，确保 KPI 达成 |
| | 1.3 员工辅导 | 1.3.1 能够具备良好的表达能力和亲和力，做好上传下达工作 |
| | | 1.3.2 能够对员工的日常工作进行正确的评价和绩效反馈 |
| | | 1.3.3 能够熟练掌握各项业务知识及系统操作，指导员工完成现场工作 |
| | | 1.3.4 能够掌握质检标准，对于员工工作质量进行监控和指导 |
| | | 1.3.5 能够收集、整理日常工作中的常见问题并形成辅导案例 |
| | | 1.3.6 能够通过培训分享员工工作经验 |
| | 1.4 组织会议 | 1.4.1 能够通过组织早晚会、例会等有效激励员工士气 |
| | | 1.4.2 能够熟练掌握组织会议流程，清晰地表达和总结会议成果 |
| | | 1.4.3 能够分析和解决会议搜集的遗留问题 |
| | | 1.4.4 能够制订详细的计划，对下一周的工作任务进行部署和安排 |
| | 1.5 团队建设 | 1.5.1 能够有效识别员工心态和工作情况并及时进行沟通调整 |
| | | 1.5.2 能够计划和实施员工激励方案 |
| | | 1.5.3 能够具备良好的组织和执行能力，定期开展团建活动 |
| | 1.6 报表制作 | 1.6.1 能够熟练运用 Excel 进行报表制作 |
| | | 1.6.2 能够运用数据统计工具获取有效数据，并进行数据整理和运算 |
| | | 1.6.3 能够针对数据分析结果提出优化方案 |
| 2. 质量管控 | 2.1 录音监听 | 2.1.1 能够熟练操作录音系统设备、业务平台系统等 |
| | | 2.1.2 能够按质检工作流程完成日常检测任务 |
| | | 2.1.3 能够准确客观进行录音评定 |
| | | 2.1.4 能够精准描述录音评语 |
| | | 2.1.5 能够严格按照质检标准进行监测 |
| | | 2.1.6 能够合理运用多种录音监听方法进行监控 |

续表

| 工作领域 | 工作任务 | 职业技能要求 |
|---|---|---|
| 2. 质量管控 | 2.2 录音分析 | 2.2.1 能够掌握质检规则和业务知识系统操作要求 |
| | | 2.2.2 能够结合客户服务标准进行服务质量分析 |
| | | 2.2.3 能够结合客户反馈提出产品优化建议 |
| | | 2.2.4 能够根据 KPI 分析指标达成/未达成原因 |
| | | 2.2.5 能够结合客户反馈提出业务流程修改建议 |
| | 2.3 问题反馈及汇报 | 2.3.1 具备迅速归纳整理问题的能力 |
| | | 2.3.2 能够全面分析问题，制定有效的改进措施，并跟踪改进措施的实施效果，完善质量监控评估体系 |
| | | 2.3.3 能够结合录音分析结果进行员工辅导，共同制定改进目标，并跟进监督 |
| | | 2.3.4 能够熟练运用 Excel 进行表格制作 |
| | | 2.3.5 能够运用数据统计工具获取有效数据，并针对数据分析结果提出优化方案 |
| | | 2.3.6 能够按照汇报要求及时准确地提交质检报告 |
| 3. 员工培训 | 3.1 确认培训需求 | 3.1.1 能够熟练掌握培训需求的一般收集方法 |
| | | 3.1.2 能够掌握了解培训对象基础水平的方法 |
| | | 3.1.3 能够通过典型案例、质检报告、KPI 达成情况分析发现问题，提炼培训需求 |
| | 3.2 制订培训计划 | 3.2.1 能够熟练运用各类办公软件，撰写工作文档、培训课件等 |
| | | 3.2.2 能够将培训计划有效传达并及时沟通 |
| | 3.3. 培训准备 | 3.3.1 能够掌握各项业务知识和系统操作，并梳理培训内容 |
| | | 3.3.2 能够及时掌握各项业务知识的更新，为员工解答疑难问题 |
| | | 3.3.3 能够完成培训手册、培训资料的收集和制作 |
| | | 3.3.4 能够结合培训需求选择恰当的培训方式 |
| | | 3.3.5 能够结合业务要求，编制考核试卷和评价标准 |
| | 3.4 培训实施 | 3.4.1 具备较强的表达能力、现场感染力和亲和力 |
| | | 3.4.2 能够采用多种形式调动学员的积极性 |
| | | 3.4.3 能够与学员进行恰当的互动沟通 |
| | 3.5 培训评估总结 | 3.5.1 熟练掌握呼叫中心知识体系，具备一定的考核评价能力 |
| | | 3.5.2 能够制作评估调查问卷及评估报告，总结培训过程中反馈的问题 |
| | | 3.5.3 能够针对培训的效果进行跟踪，对培训工作进行改进 |

表 1-1-15　呼叫中心客户服务与管理（高级）

| 工作领域 | 工作任务 | 职业技能要求 |
|---|---|---|
| 1. 数据分析运用 | 1.1 数据提取和整理 | 1.1.1 能够熟练使用呼叫中心业务平台及系统查询及调取数据 |
| | | 1.1.2 能够熟练运用 Excel、数据分析软件收集和整理呼叫中心数据 |
| | | 1.1.3 能够负责报表系统的参数维护及各项数据的配置 |
| | | 1.1.4 能够维护基础数据的准确性和及时性 |
| | 1.2 数据分析 | 1.2.1 能够结合 KPI 进行运营数据的变化趋势分析 |
| | | 1.2.2 能够通过数据分析结果找到典型数据及问题 |
| | | 1.2.3 能够进行数据趋势分析及挖掘，能够进行图表化呈现 |
| | | 1.2.4 能够通过对话务数据的分析整理，形成话务模型并进行话务量预测 |
| | | 1.2.5 能够通过数据报表追踪座席代表人均效能成长曲线，并提出改善优化方案 |
| | 1.3 制作分析报告 | 1.3.1 能够编制呼叫中心各种报表，建立分析模型、报表模板 |
| | | 1.3.2 能够开发和维护客户满意度模型 |
| | | 1.3.3 能够通过文字准确描述突出重点问题 |
| | | 1.3.4 能够按照报送制度及时准确地完成汇报 |
| | 1.4 数据报表管理 | 1.4.1 制定数据质量 KPI，按不同维度分析数据质量及特质 |
| | | 1.4.2 能够优化呼叫中心数据分析及报表体系 |
| | | 1.4.3 能够为职能部门提供关于数据统计、数据整理等相关服务 |
| | | 1.4.4 能够针对数据的运用、维护进行统筹管理和规划 |
| | 1.5 排班管理 | 1.5.1 能够有效监控业务量，合理地进行排班规划 |
| | | 1.5.2 能够根据话务量，合理安排座席班次及休息时间，制定排班应急方案 |
| | | 1.5.3 能够根据业务及运营部门的反馈情况，进行排班优化 |
| | | 1.5.4 能够有效管控各业务节点，确保运营整体指标的达成 |
| | 1.6 数据运用与跟踪 | 1.6.1 能够参与数据库体系的完善和数据库产品设计 |
| | | 1.6.2 能够完成呼叫中心数据标准化指标体系的建立和完善 |
| | | 1.6.3 能够按要求将数据及时汇报、传达给相关部门 |
| | | 1.6.4 能够充分与其他部门沟通标准方案的执行 |
| | | 1.6.5 能够持续跟踪问题的解决及数据改善 |
| 2. 运营管理 | 2.1 流程管理 | 2.1.1 能够制定及优化各类业务流程 |
| | | 2.1.2 能够制定 FAQ 话术规范和更新流程 |
| | | 2.1.3 能够制定、梳理、持续改善跨部门合作的工作流程 |
| | | 2.1.4 能够制定及优化质量和培训管理流程 |

续表

| 工作领域 | 工作任务 | 职业技能要求 |
| --- | --- | --- |
| 2. 运营管理 | 2.2 绩效管理 | 2.2.1 能够建立核心指标监控体系，根据质量要求制定呼叫中心各岗位 KPI |
| | | 2.2.2 能够熟练掌握 KPI，并根据 KPI 制定绩效管理制度 |
| | | 2.2.3 能够制定并监督执行呼叫中心的各项规章制度 |
| | | 2.2.4 能够有效评估岗位绩效 |
| | | 2.2.5 能够通过管理手段不断提升绩效 |
| | | 2.2.6 能够积极、正面地针对个人、团队进行绩效反馈 |
| | 2.3 现场管理 | 2.3.1 能够制定有效的现场管理制度 |
| | | 2.3.2 能够及时应对现场突发事件，协调各方面资源 |
| | | 2.3.3 能够有效协调现场管理人员 |
| | | 2.3.4 能够有效监控现场指标并进行监控重点调整 |
| | 2.4 人才培养与发展 | 2.4.1 能够制定组织架构、岗位职责及招聘标准 |
| | | 2.4.2 能够制定管理制度并监控制度执行 |
| | | 2.4.3 能够有效控制员工流失率，控制人力资源成本 |
| | | 2.4.4 能够根据话务量、人员规模和服务水平，提出人力资源需求报告 |
| | | 2.4.5 能够制订呼叫中心人员素质提升计划，培养成熟的运营团队及运营人才 |
| | | 2.4.6 能够完成培训制度、培训体系、培训规范及流程的制定，建立培训管理架构 |
| | | 2.4.7 能够定期开展员工满意度调查，根据反馈结果完善员工关怀制度 |
| | 2.5 团队管理 | 2.5.1 能够完成座席代表职业发展规划，增强团队凝聚力 |
| | | 2.5.2 能够培养并激励下属，并带领团队稳定成长 |
| | | 2.5.3 能够协助高层领导建立和推广公司企业文化 |
| | | 2.5.4 能够管理和带领团队为客户提供高质量的服务 |
| | | 2.5.5 能够定期召开工作例会，开展与业务相关的各项总结研讨、培训交流等 |
| | | 2.5.6 能够完成运营、质检、培训等部门梯队建设，促进运营团队的健康发展 |
| | 2.6 客户管理 | 2.6.1 能够针对不同类型客户制定服务内容 |
| | | 2.6.2 能够针对不同客户群制定营销方案 |
| | | 2.6.3 能够与客户进行沟通，掌握业务项目背景、服务合同、指标要求，提出解决方案，确保项目顺利完成 |
| | | 2.6.4 能够建立与客户的良好关系，并通过呼叫中心业务监督质量规范，密切关注客户需求变化 |

续表

| 工作领域 | 工作任务 | 职业技能要求 |
| --- | --- | --- |
| 2. 运营管理 | 2.7　成本控制 | 2.7.1　能够合理规划呼叫中心人力需求与业务发展相匹配，合理控制人力资源成本 |
| | | 2.7.2　能够合理规划信息系统与业务模式的匹配，控制系统建设及维护成本 |
| | | 2.7.3　能够控制办公用品的合理使用 |
| | | 2.7.4　能够合理制定收益目标，确保项目目标达成 |
| | 2.8　风险管控 | 2.8.1　能够有效识别和预防各类风险，并指定预案 |
| | | 2.8.2　能够明确风险的相关负责人，制定风险责任制度 |
| | | 2.8.3　能够制定风险管理体系，定期维护，确保可靠性和有效性 |
| | | 2.8.4　能够及时更新风险管理的知识、技术和方法 |

### 10. 呼叫中心常用术语

（1）座席/客户服务代表（Agent/CSR）

座席/客户服务代表是呼叫中心接听客户来电或呼出进行客户联络的人员总称。

（2）关键绩效指标（Key Performance Indicator，KPI）

关键绩效指标是衡量呼叫中心绩效的指标。一般来说，它是指对企业部门和事业部门进行绩效管理的单一且关键的指标，但是在呼叫中心领域，许多呼叫中心都有很多关键绩效指标来进行绩效的综合衡量。

（3）座席登入或登出（Agent Log on/Log off）

自动呼叫分配（ACD）系统显示座席代表的可用程度，它能按照预先设定的策略，将大量、并发的呼叫合理地分配到相应的座席。

（4）平均处理时长（Average Handle Time，AHT）

平均处理时长是指呼叫中心座席代表接听一个电话所花的平均时间。这一数据可从ACD 中获取，但需要注意的是，不同的 ACD 对其统计标准不同，有的 ACD 将事后处理时长也算为该项指标的一部分，有的则不包含事后处理时长。

（5）首次解决率（First Call Rate，FCR）

首次解决率也称一次解决率，指客户的服务需求在第一次呼叫的过程中由第一个座席代表完全解决的比例。

（6）平均应答速度（Average Speed Answer，ASA）

平均应答速度是指在来电被座席代表接听前，来电者平均等待的时长。这个数据可以从ACD 中提取，是呼叫中心用来衡量服务质量的指标之一。

（7）基准评估（Benchmark Review）

基准评估是指对呼叫中心运营管理的全面评估，为该中心提供一个绩效参照，并说明它与同类呼叫中心相比所处的位置。

（8）客户满意度（Customer Satisfaction Index，CSI）

客户满意度是衡量客户满意的指标，即有多少客户感到满意。

（9）排班（Schedule）

排班是呼叫中心按不同时段安排座席资源的管理措施。

（10）预测（Forecast）

呼叫中心通过分析历史业务量和业务到达模式，结合业务平均通话时长和损耗，来估计未来业务量和业务到达模式，以进行更科学的排班及人力资源管理。

（11）员工利用率（Agent Utilization/Occupancy Rate）

员工利用率表示某一座席用于处理业务的时间与该座席处于可用、交谈和工作状态的总时间的比值的百分数。

（12）事后处理时长（After Call Work，ACW）

事后处理时长也称后处理时长或话后处理时长，是指座席代表在处理完一通电话后需要跟进完成交易所花的时间。工作通常包括录入数据、填表以及电话呼出等。座席代表在该状态下无法接听其他呼入电话。

（13）排班契合度（Adherence to Schedule）

排班契合度是表明座席代表遵守排班表程度的通用术语，包含以下两项指标：

1）在座席代表当班时有多少时间可以接受呼入电话，这既包括用在处理呼叫上的时间，也包括等待呼入的时间（也称利用率）。

2）座席代表在什么时间接受呼入电话（也称服从度或遵守度）。

（14）呼叫放弃率（Abandon Rate）

呼叫放弃率是指某段时间内，客户电话被接入 ACD 队列，但是由于迟迟没有座席代表将电话接起来，客户自己挂断的比例。

呼叫中心往往通过衡量呼叫放弃率来判断排班的合理性、服务水平所处的状况以及系统的稳定性。呼叫放弃率高则表明呼叫中心在那个时间段没有安排适量的座席代表在线，同时服务水平也必然会受到一定的影响。

（15）自动呼叫分配系统（Automatic Call Distributor，ACD）

自动呼叫分配系统是呼叫中心中转接呼入电话的软件应用程序。

（16）业务流程外包（Business Process Outsourcing，BPO）

业务流程外包是指企业将一些重复性的非核心或核心业务流程外包给供应商，以降低成本，同时提高服务质量。呼叫中心是 BPO 中的一个典型外包服务。

（17）自动呼叫管理（Automatic Call Manager，ACM）

这一术语使用在综合电话呼入分配和自动外拨系统中，电话营销、账务催收等业务也适用这一系统。

（18）平均排队时长（Average Delay to Handle，ADH）

平均排队时长指在某时段内，来电者被 ACD 接入并排入队列后直到座席代表应答前的平均等待时长。该数据可从 ACD 中获取。平均排队时长是影响客户满意度的重要指标，如果客户排队等待时间过长，就会放弃本次呼叫，并再次进行提打，因此，客户会产生不满，同时也增加了交换机的负担。直接影响平均排队时长的因素主要有座席代表数量和呼叫量的匹配、事后处理时长等。

（19）人员班次遵守程度（Adherence）

人员班次遵守程度用于衡量呼叫中心的员工是否遵照所排的班次工作。如果他们能遵守，则称为“人员班次遵守程度高”，反之，称为“人员班次遵守程度低”。而造成这一现象的原因，可能是有的员工生病了，也可能是有的员工用餐时间未把握好，还有可能是有的员工想晚些再休息等。他们没想到这么做会将原来排好的班次搞得一团糟。因此，呼叫中心排班管理软件非常重要的一项功能是测算人员班次遵守程度，不断地追踪非正常班次人员的信息。

（20）人员班次遵守程度的监控（Adherence Monitoring）

人员班次遵守程度的监控意味着将实时数据与预测数据进行对比，特别是在座席代表层次上。了解实际情况与预测误差将有助于提高未来预测准确率。使用排班管理软件可以在人员班次遵守程度低的情况下，起到警示作用。如果不用排班管理软件，则很难实现对人员班次遵守的监控，尤其是那些大规模的呼叫中心。排班管理软件能实时跟踪人员在岗情况等，它可以提供非常有价值的实时数据，来反映呼叫中心的状况，尤其是当来电排队数据恶化时。此外，人员班次遵守程度监控作为该软件的一项关键功能，能管理来自虚拟呼叫中心以及联网并使用基于技能路由的多个呼叫中心的信息。

（21）座席绩效报告（Agent Performance Report）

它是指一个从 ACD 中获取的报表，用于显示每个座席代表的工作状态的信息，主要包括登入和登出时间或时长、在线时长、空闲时长以及未就绪时长等。

（22）平均振铃时长（Average Ring Time）

平均振铃时长是指某时段内，来电者听到 IVR 或座席代表直接接起电话之前的电话振铃平均时长。该数据可从 ACD 中获取。平均振铃时长是影响客户满意度的重要指标，如果振铃时间太长，客户会失去耐心而抱怨，也会造成呼叫放弃率上升。

（23）平均等待时长（Average Wait Time，AWT）

平均等待时长指来电者在放弃电话前，或座席代表接听前的平均持线等待时长，也称平均持线时长。这一数据可从 ACD 中获取。很显然，这一数据越短越好，特别是公司支付客户来电费用时。如果呼叫中心需要增加人员来降低这一指标时，就应当在以下两个成本之间找到平衡点：一个是增加的人员成本；另一个是客户来电的费用成本+放弃电话的成本。

（24）平均工作时长（Average Work Time，AWT）

平均工作时长有时也称平均事后处理时长或平均案面时长，可从 ACD 中获取，是指座席代表通话完毕后继续进行一些记录和处理工作，这个时间长短能够反映出座席代表的个人能力和人员的工作效率。有些呼叫中心管理者一味地缩短这一指标，使座席代表在进行事后处理时为追求速度而忽视质量，造成很多信息录入错误。客户来电的事后处理工作是客户来电处理过程中非常重要的一部分。

# 项目二　呼叫中心呼入业务

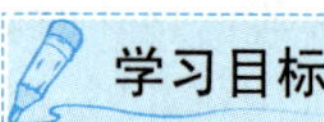

## 学习目标

**知识目标：**

了解呼叫中心的主要业务分类、服务指标的基本概况。

**能力目标：**

能够掌握呼叫业务咨询的常用话术，能够掌握提升服务指标的手段和方法。

**素质目标：**

对呼叫中心的业务有正确的认知，提高政治站位，树立客户服务理念，端正客户服务态度。

## 项目描述

只有了解呼叫中心常见的业务类型及处理流程，才能在工作的过程中得心应手。按电话是主动拨打还是被动接收，可以将呼叫中心的业务分为呼入业务和呼出业务。呼入业务即座席代表被动地接收来自客户的电话进行业务处理；呼出业务即座席代表主动给客户拨打电话进行业务处理。一般而言，呼入业务主要包括客户查询业务、客户咨询业务、客户投诉业务等常见的以客户服务为主的业务类型。

呼叫中心的呼入业务包含的内容十分广泛，基本的呼入业务主要包括电话咨询业务、技术支持业务、网络咨询业务、订单业务和客户投诉业务等。作为呼叫中心的座席代表，了解呼叫中心的客户服务的业务类型是执行呼叫中心各种项目和业务的基础。

本项目要求学生全面掌握呼叫中心呼入业务的类型和流程，从而为以后从事呼叫中心客户服务工作打下坚实的基础。

## 项目内容

- 电话咨询业务受理
- 技术支持业务受理
- 订单处理业务受理
- 客户投诉业务受理

# 任务一 电话咨询业务受理

电话咨询业务是呼叫中心座席代表的一项重要业务内容。通常来讲，客户来电咨询一般是对企业有所需求，在客户的眼里，第一次接触最能表明企业能否满足他们的需求，也是决定后来交往的关键。因此，电话咨询业务是企业客户服务工作的重要环节。

同时，想要成为一位优秀的座席代表，扎实的电话咨询业务知识和良好的服务技巧不仅会提高客户满意度，更重要的是可以为企业带来更多的效益。因此，学习和掌握电话咨询业务的基础知识及其在各行业的应用，对座席代表来讲是十分重要的。

## 任务情景

**花花**：师傅，我们是不是要从今天开始学习电话咨询业务的受理了？

**糖糖**：是啊，随着我们公司业务的不断拓展，各类咨询电话随之增加，我们要做好呼入电话的业务咨询工作啊。

**花花**：师傅，我想成为一名优秀的座席代表，就要做好电话咨询业务，这个应该很简单吧。

**糖糖**：相比很多投诉类业务来说，电话咨询业务确实简单，挑战不是很大，但是想要做得非常优秀也是需要下一番功夫的。首先要热情、礼貌、耐心地接听每一位客户的来电，准确、详细地解释业务内容，用自己的专业和服务来树立自己的形象、维护公司的形象。其次，你还要注意收集关于公司概况、新产品动态、产品性能功能、技术服务、促销活动等相关内容的资料，以便迅速、准确地为客户的咨询提供解答。

**花花**：原来作为一名座席代表还需要掌握这么多知识啊！

**糖糖**：那当然了，让我们一起努力吧！

## 任务分析

电话咨询业务包括业务流程的咨询、活动的咨询、政策的咨询以及业务办理的咨询等内容，简单来说，只要客户有疑问或者因为对产品（服务）不明白而需要解答帮助，就会打电话去咨询座席代表。不管客户咨询何种信息，作为座席代表都应该热情地回复，并能够做到很专业地解答客户的咨询。这是作为一般业务咨询的座席代表需要具备的最基本的素质。更为优秀的座席代表还应该在与客户的对话过程中，通过倾听和提问的方式挖掘客户需求，一方面可以为客户解决问题的时候有的放矢，另一方面还可以为公司争取二次销售的机会。

在本任务中，学生学会应用呼叫中心客户管理系统查询咨询业务的相关知识信息、咨询业务的受理流程以及电话咨询业务的服务指标，以便提高电话咨询业务的受理质量和效率。

## 任务实施

作为座席代表，受理一般的电话咨询业务，一方面掌握受理电话咨询的一般话术流程，另一方面需要能够熟练应用呼叫中心业务查询系统迅速查找客户咨询的相关信息。

### 1. 电话咨询业务话术应答一般流程

（1）问候语/开场白

尽管在呼入型通话中，客户是发起沟通的人，他们知道在与谁（客服中心）通话，也知道呼叫的具体原因，但是座席代表仍要礼貌地问候客户，介绍公司和自己，让客户知道是在与谁通话，并为通话营造一个友好、信任的气氛。通话的最初几秒钟对建立一个友好的人际关系至关重要，所以座席代表要通过问候语告知客户自己的名字或工号、公司名称、部门和所能提供的服务等。

电话咨询业务中座席代表可使用的问候语举例：

“欢迎致电××客服中心，我是××，请问有什么可以帮您？”

“您好，欢迎致电北京联通客服热线，客服代表张云很高兴为您服务，请问您需要什么帮助？”

“早上/中午/下午好，××公司，我是客服专员××，请问有什么可以帮您？”

“新年好！××客服中心，请问有什么可以帮您？”

（2）倾听与回应

在客户打电话进来的时候，座席代表应该先了解客户的问题，融入客户的世界，让客户感受到你在听他诉说。一旦通过客户的诉说了解来电原因后，就可以通过发问的技巧，让客户慢慢跟着你的脚步走，直到最后提出解决方案，并得到客户认可。

在客户表达自己的问题的时候，可以对客户所讲述的事情适时地回应，让客户感觉到你在用心地听他说话，并且理解了他的意思，这样有利于建立融洽和谐的沟通氛围。当然，当客户喋喋不休没有重点时，座席代表也可以有技巧地适时打断，对客户所述的事情进行总结和重复，使业务能顺利进行下去。

座席代表可使用的语言举例：

“先生，如果我的理解是正确的，您是否需要……”

“先生，现在让我们来确认一下，您之前打来电话反映过，但没有收到回复，您现在需要我们尽快为您办理，是吗？”

“您的意思是您无法上网了，是吗？”

“听起来您对我们今天可以完成您的要求感到很高兴。”

（3）提出合适的问题

在客户服务工作中，需求分析通常就是寻找客户需求的具体内容，并把产品或服务的好处与这些需求紧密结合。

提出恰当、即时和相关的问题能帮助座席代表建立与客户的信任关系，因为客户看出你对他的具体问题很关心。如果座席代表不提问题，客户就会感觉你在勉强为他想出一个一般性的解决方案，而没有真正考虑他的想法。因此，通过恰当的提问找到信息至关重要。座席代表可以通过一些简单的问题来找到客户的需求。

座席代表可使用的语言举例：

“请问您考虑的是哪方面呢？”

“您希望我们什么时间完成呢？”

对于结果固定的问题，座席代表可以说：

“您是否依然要买……？”

“我现在为您下单可以吗？”

（4）给出解决方案

客户的需求一旦得到确认，下一个步骤就是寻找并给出相应的解决方案。由于呼叫类型不同，因此解决方案也有相应的不同形式。在这里方案可以是对客户提问的简短回答，可以是对复杂的技术问题的诊断和解决，也可以是产品的购买建议等。

根据在需求分析中了解的情况，向客户解释解决方案，这有助于客户接纳座席代表的建议，从而有利于挖掘新客户、巩固老客户。

（5）核实信息

当座席代表确认服务的客户已经拥有了他需要的方案，这时需要再次核实客户的主要信息，以确保整个服务过程的完整性。

座席代表可使用的语言举例：

“先生，方便留下您的联系方式以便以后为您提供更好的服务吗？”

“女士（视情况说“对不起”），我不太了解您名字的写法，您能具体说一下吗？”

“赵女士，帮您核实一下，您的邮寄地址是……”

（6）结束通话

通话结束前，座席代表首先应询问客户是否还需要其他帮助；其次，要对客户的来电表示感谢，让客户感受到你的诚意。

座席代表可使用的语言举例：

“请问还有什么可以帮助您？”

“请问您还有其他问题需要解决吗？”

“还有什么是我可以为您做的？”

“感谢您致电××公司，请您记下您的订单号码，以便将来我们可以迅速地查到您的资料。”

“非常感谢您对我们工作的支持。”

“谢谢您与××公司的合作，祝您工作顺利，再见。”

“感谢您使用我们的服务，祝您生活愉快，再见。”

### 2. 快速查询呼叫中心业务系统

客户咨询电话，大部分都是咨询和产品、服务相关的内容，有的问题需要座席代表即时通过呼叫中心业务系统进行查询，并提供给客户所需的方案供其选择。例如在商旅行业中，客户来电要求预订机票或者酒店，座席代表就要随即查询客户要求的酒店或机票信息，并为客户在线预订。

在接听客户来电咨询的同时，边讲话边查询系统，要求座席代表具备快速的听打录入能力，熟练掌握呼叫中心系统的功能和业务查询操作流程。例如：图 2－1－1 是机票预订查询系统，客户在要求订机票的时候，座席代表就要快速打开机票查询系统，录入客户要求的始发地、目的地以及起飞时间。如果客户还有特殊需求，比如折扣机票、航空公司等信息，还要快速检索出符合客户条件的信息并告知客户，与客户再次核实信息后进行在线预订，并将机票预订信息发送给客户。

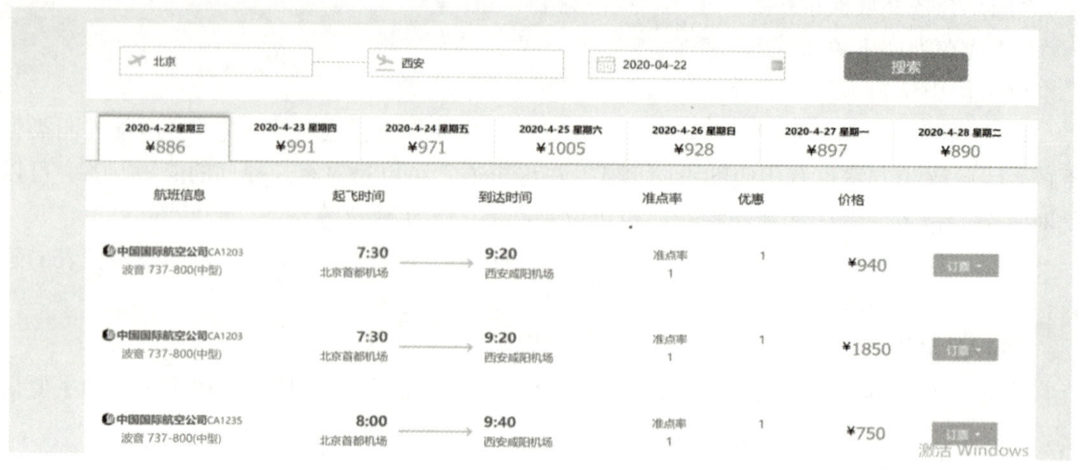


图 2–1–1　机票预订查询系统

## 必备知识

### 1. 了解呼叫中心知识查询系统

呼叫中心知识查询系统是为了座席代表能够快速、高效地解答客户问题而在企业和客户之间搭建的一座信任桥梁。试想如果客户遇到问题，座席代表总是找不到解决问题的办法，说话支支吾吾没有自信，那么，不满和郁闷的情绪会让客户慢慢失去耐心。所以，呼叫中心知识查询系统就显得尤为必要。同时，在客户心中塑造一个专业、自信、工作高效的良好企业形象符合当今企业追求的目标。

除此之外，呼叫中心知识查询系统具有以下特点：

（1）实现服务信息化、网络化

呼叫中心知识查询系统，是充分利用电信通信技术、计算机应用技术及网络技术相结合，多功能集成化的综合信息服务系统，利用现代的通信手段，有效地为客户提供高质量的服务。

（2）知识库功能为决策服务

呼叫中心知识库可以说是共享的常见问题归类汇总，系统在建设前期及运行期间，添加大量信息数据形成结构化的业务应答知识体系。可通过查询检索方式，为座席代表受理和解答问题提供更为全面专业及时的储备资料，从而进一步提高应答效率和服务质量，并可依据知识库的更新情况来调整业务决策服务。

### 2. 掌握咨询业务的知识查询方法

在呼叫中心，无论是呼入还是呼出，其业务核心的本质，都是信息的传递、知识的解答，它把产品或服务相关的信息传递给客户，同时又要把客户的需求、疑问和建议反馈给产品的生产者，能够专业、高效地解答客户的问题是企业提高客户满意度和忠诚度的关键，这里作为给座席代表强大支撑作用的知识库，可以支持知识搜索和查询功能，支持对知识正文、关键字的搜索，支持对附件文档内容的搜索，协助座席代表快速找到信息。下面介绍几种咨询业务的知识查询方法，见图 2–1–2。

（1）目录定位查询

座席代表通过知识库目录进行分类查询，利用主要及次要分类逐层打开，将知识库内容进行有系统的分门别类查询，浏览知识条目。目录查询因为内容较多、知识范围的关联等原因，一般需要座席代表二次定位，相对而言就会延长整个检索时间，影响工作效率。

（2）关键字查询

一般而言，知识库在上传时，系统会自动控制上传者在每个文档中添加“关键字”字段，非常便于查询。另外，系统对存在相似或者内容相关联的知识支持知识关联功能，关键字录入的时候也可以进行关联查找。

（3）重要信息查询

重要信息查询需要座席代表清楚客户所要解决的关键问题，然后有针对性地输入相对应问题的类别、产生问题的原因，并检索出正确、有效的解决方法。

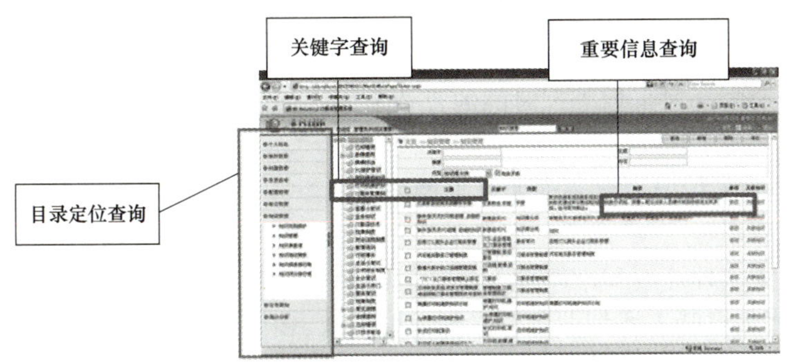


图 2-1-2　咨询业务的知识查询方法

### 3. 了解呼叫中心服务指标基本概况

在呼叫中心领域中，其服务指标就是 KPI，这是通过对组织内部某一流程的输入端、输出端的关键参数进行设置、取样、计算、分析，衡量流程绩效的一种目标式量化管理指标，是把企业的战略目标分解为可运作的远景目标的工具，是企业绩效管理系统的基础。KPI 可以使部门主管明确部门的主要责任，并以此为基础，明确部门人员的业绩衡量指标。

建立明确的切实可行的 KPI 体系，是做好绩效管理的关键。因此，在呼叫中心，KPI 起着非常关键的作用：

第一，作为公司战略目标的分解，KPI 的制定有力地推动公司战略在各单位各部门得以执行。

第二，KPI 为上下级对职位工作职责和关键绩效要求有了清晰的共识，确保各层各类人员努力方向的一致性。

第三，KPI 为绩效管理提供了透明、客观、可衡量的基础。

第四，作为关键经营活动绩效的反映，KPI 帮助各岗位员工集中精力处理对公司战略有最大驱动力的方面。

第五，通过定期计算和回顾 KPI 执行结果，管理人员能清晰了解经营领域中的关键绩效参数，并及时诊断存在的问题，采取行动予以改进。

电话咨询业务中常用的服务指标如下：

（1）呼叫放弃率

放弃电话是指已经被接通到呼叫中心，但又被呼叫者在座席代表接听之前自动挂断的电话。呼叫放弃率是指放弃电话数与全部接通电话数的比率。呼叫中心系统可以每日、每周和每月为中心提供此相关数据，来测试“短时放弃”的时间长度是多少，是否高于或低于标准时长20秒等问题。

我们这里提到的呼叫放弃率指标，目前全行业大多数的标准为3%，建议3%～5%。由于这项指标完全依赖于客户，因此可能会因为客户打电话时的动机和紧急程度及电话是否是免费等因素而有所不同，它是许多因素共同作用的结果，并不都是因为呼叫等待时间太长而挂断电话，或者客户认为自己拨错了号码，或者被人/事打断，或者临时要接另外一通电话等，都有能导致呼叫放弃率的增长。

如果呼叫放弃率过高，客户平均等待的时间过长，就会使客户难以忍受，促使客户满意度下降。

（2）事后处理时间

事后处理时间是指一次呼叫电话接听完后，座席代表完成与此呼叫有关的整理工作所需要的时间。这个指标按班组和个人进行统计，制成日表、周表和月表，与过去的记录进行比较。呼叫中心行业中，对事后处理时间的行业平均时间为60秒，可供参考或建议目标时间是30～60秒。

### 4. 运用以上服务指标提高咨询业务受理速度

（1）呼叫放弃率

提高咨询业务受理速度和呼叫放弃率之间是负相关的关系，也就是说呼叫中心呼叫放弃率越低，一定程度上意味着咨询业务的受理速度越快。由于呼叫放弃率受客户的影响比较大，是一个不能够完全控制的数据，因此，在考虑呼叫放弃率的时候就应该结合平均等待时间和平均通话时间等几项指标综合定位。

一般而言，在座席代表基本素质与业务能力都充分发挥的条件下，如果一个呼叫中心电话咨询业务的呼叫放弃率太高，有以下两种情况可供参考：一是证明岗位座席代表数量短缺，可以适当增加人员。增加人员就会增加呼叫中心的运营成本，是所有呼叫中心最不愿意看到的结果。但是，如果一定程度的成本付出可以换来低的呼叫放弃率，那么对企业而言也是值得采取的措施。二是通过检查放弃的数目及没有拨通的情况的排队时间，看是否存在呼叫者拨不进来的情况，来检测座席代表的利用率。

（2）事后处理时间

事后处理时间与提高咨询业务受理速度之间同样是负相关的关系。显而易见，如果事后处理时间越长，那么系统显示座席代表忙的状态时间就越长，这势必会影响咨询业务的受理速度。

针对以上情况，有如下措施可供参考：一是加强演练，通过缩减无用的程序来减少事后处理时间。例如，我们可以让每一个座席代表，把呼叫结束后处理业务所需的动作都做一遍，认真观察并评价每个动作，看是否所有程序都必需，如果存在可有可无的小程序或者小习惯，建议减去或改掉。二是鼓励座席代表在谈话时做好信息处理。一般情况下，座席代表会在通话结束后继续将数据录入客户账户中，如果能够在通话过程中录入数据，座席代表就不必在通话结束之后花费大量时间确保数据被记录了，这样就能相对减少事后处理时间。

## 任务拓展

**实训任务：** 电话咨询业务受理。

**任务形式：** 2人一组，每个人独立完成后进行互评。

**任务时限：**20 分钟。

**任务要求：**

（1）小组成员熟悉背景资料，2 人一组完成客户和座席代表的电话咨询业务受理。

（2）模拟客户的同学请按照背景资料提出和产品或服务有关的问题，模拟座席代表的同学熟悉资料后要求快速、准确地回答客户咨询的相关问题。

（3）一组扮演结束后进行总结评价，并在时间允许的情况下互换角色，模拟实训练习。

**背景资料：**

**【企业资料】**

## 华唐短租

华唐短租是中国领先的短租民宿预订平台，致力于为家庭出游提供一种全新的住宿方式。为满足用户“个性化”的住宿需求，华唐短租平台上的房源类型包括独栋别墅、酒店式公寓、民宿、客栈、四合院、木屋、树屋、房车、帐篷等。截止到目前，华唐短租在中国 300 多个城市及旅游目的地拥有 30 多万套房源。2016 年是华唐短租向“品质安心”发力的一年：2 月推出“优质住宿计划”，从房源品质、房屋设施、房东服务 3 大维度细致拆分，涉及 9 大标准、27 个细节。华唐短租将“品质高”“设施全”“服务佳”的优质房源标记为“出游优选”，方便房客快速找到优质且满意的房子。10 月又推出“房客安心计划”，该计划包括预订、入住、客服 3 大环节，涉及 9 个标准、16 条细则，旨在国内建立短租行业服务保障新标准。“房客安心计划”是继“优质住宿计划”后，华唐短租为进一步给用户提供全方位服务保障的又一次行业首创。为了让用户更放心预订短租房，“房客安心计划”制定了一套极为严格的服务保障体系，其中理赔标准甚至高于酒店业。

**1. 华唐短租特色**

（1）家庭出游新选择：

1）自驾游、自助游住宿首选，尤其适合家庭游、闺蜜游、团建等多人游群体的旅游住宿。

2）独栋别墅、酒店式公寓、民宿、客栈、四合院、木屋、树屋、房车、帐篷等多种房型。

3）“一站式”旅行服务，景点门票优惠及代买、接送机、租车、本地导游等。

4）“私人定制”旅行攻略，房东推荐只有当地人才知道的特色餐馆、只有当地人才会去的度假景区，令您的自由行与众不同。

5）超乎想象的性价比，1 套短租房 = 2 间酒店房间，比同等酒店便宜 50%，花一半的钱，住更舒适的房。

（2）方便快捷的预订方式：

1）“临海房”“主题公园房”“周边游房”“毕业旅行房”等各种专题房源，通过专题入口能轻松地选到满意的独栋别墅、酒店式公寓、民宿、客栈、四合院、木屋、树屋、房车、帐篷等。

2）“一键选房”，房客一键发布房源需求，系统自动推送给符合条件的房东，坐等一大波好房来供您选择。

3）如果对房源细节还有疑惑，可通过手机客户端与房东随时沟通。蚂蚁短租为优秀房东开通电话直拨功能，令沟通更方便。

4）支付方式自由选：信用卡、储蓄卡、微信、支付宝。

（3）住宿安全，华唐来保障：

1）30分钟内答复客诉结果，24小时内完成客诉处理。

2）到店无房赔付首晚，房源实际与描述不符赔首晚，恶意涨价补差价。

3）为确保资金安全，房客在线支付的房款会由蚂蚁短租先行保管，待正常入住后，华唐短租才会按天支付给房东。

4）华唐短租为房东房客免费上财产险、意外伤害险，保障双方权益。

**2. 房客指南**

可以通过搜索找到满足您要求的房屋租住。房客预订房间后经过房东确认、支付订金即可看到双方的联系方式并入住。订金会在每天入住完成后支付给房东，以确保您的利益。用住旅店的价格享受星级酒店的待遇，给您家一般的住宿体验。

**3. 房东指南**

可以将自己的房间发布到华唐短租进行出租，在享受缤纷生活的同时还可以获得不错的经济回报，何乐而不为？并且相比传统的长租，网上操作免去了您带房客看房的辛苦，价格上更有优势，短租形式将为您带来更多的经济回报。

**【座席代表资料】**

你是华唐短租客户服务中心的一名座席代表，入职已经半年多的时间，你主要的工作职责有：

（1）负责为客户提供来电咨询、业务办理等服务工作。

（2）负责收集客户意见，提供客户服务业务流程的优化改善意见和建议。

（3）负责受理各类客户投诉，根据客户投诉发生原因选择相应解决措施，及时解决客户问题。

**【客户资料】**

你叫梁军，由于工作需要，你被公司派往外地出差1～3个月，具体时间要根据工作情况确定。由于出差时间较长，你觉得在酒店住宿的成本太高了。你听说华唐短租房源多、设施全，不仅价格较低，还能提供厨房，所以你想具体了解一下价格、如何办理入住、支付方式以及续租的方法。

## 任务二　技术支持类业务受理

### 任务情景

**花花**：师傅，上一节课学习了电话咨询业务的受理，呼入业务中还有哪些业务类型呢？

**糖糖**：接下来我们学习另外一种典型的呼入业务——技术支持类业务受理。

**花花**：师傅，技术方面的问题一线座席代表能处理得了吗？听上去好像有一些难度。

**糖糖**：一些大型企业的产品，都有一般故障问题处理的标准化步骤。一线座席代表主要解决客户遇到的一些故障，这类故障或者产品问题由一线座席代表按照一般的故障解决办法通过电话指导客户解决，这就减轻了公司技术工程师一半以上的工作。其余解决不了的问题，应该是比较复杂的故障问题，一线座席代表解决不了再转交给公司技术工程师处理。

**花花**：这样的话，一线座席代表真的是发挥了很大的作用啊！

**糖糖**：是的，我们今天就来学习技术支持类业务受理的相关知识。

## 任务分析

技术支持类业务是指公司为其产品用户提供售后服务的一种形式，帮助用户诊断并解决其在使用产品过程中出现的由产品导致的技术问题。座席代表在实际工作中常会遇到技术支持类业务来电，这就需要正确地了解与认识技术支持类业务，以便更好地处理此类业务。

技术支持类业务的产品一般是面向 C 端（客户端）的消费群体，C 端消费群体数量庞大，产品有一点小故障小问题不可能都找企业的技术工程师。例如像联想、苹果这样的大型电子产品企业，客户非常多，在有产品故障问题后客户就会第一时间联系客服进行咨询，座席代表会根据产品故障类型帮助客户解决，50%以上的问题都可以由一线座席代表解决。

在本任务中，学生能够掌握技术支持类业务的一般流程及服务规范。

## 任务实施

技术支持类业务受理的一般流程与电话咨询业务流程差异不是很大，都是需要明确客户所咨询的问题，不同在于，由于咨询的是技术类问题，需要座席代表对产品故障类解决手册里提供的解决方案非常熟悉，能够在客户咨询问题的第一时间指导客户排除故障解决问题，而不是现场去翻阅解决手册。当然，座席代表也可以在非常了解知识库系统的情况下，快速检索到相应的故障问题的知识库位置，按照提示步骤去指导客户完成，但是一定要反应非常迅速。对于座席代表无法解决的问题，转交到公司其他技术部门去解决，并承诺回复客户的时间。

技术支持类业务一般流程见图 2–2–1。

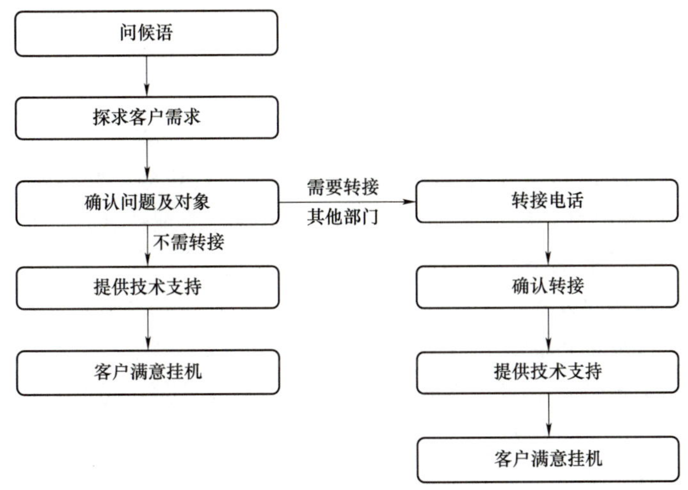


图 2–2–1　技术支持类业务一般流程

### 1. 规范播报问候语

向来电客户致欢迎语、问候语，自我介绍并询问客户来电需求。例如：

“您好，我是联想公司 022 号客户专员，请问有什么可以帮您？”

### 2. 探求客户需求

在问候语之后，客户会告知座席代表诉求。无论面对什么样的客户，一定要学会认真倾听，并快速地理出客户的主要诉求。有的客户因为产品出了问题而心焦气躁，说话重点不突出，或者带着抱怨来陈述问题，这时一定不要被客户的情绪所影响，应通过安抚、重复客户问题的方式来确认客户陈述的产品主要问题。

### 3. 确认问题及对象

确认客户来电问题，判断客户问题应由哪个部门负责解决。如果座席代表可以解决，则迅速为客户提供解决方案，如果已超出座席代表的技术范围，则告知客户需要转接相关人员或部门。

### 4. 转接电话及确认转接

当客户所咨询的问题不在座席代表的服务范围之内，在征得客户的同意后可以为其转接电话。将客户电话进行转接时需要注意：要向客户解释转接电话的原因，以及将电话转接至哪里，并且要确保转接的电话有人接听，同时将客户的姓名和电话内容一起转接过去。

### 5. 提供技术支持

了解客户的需求之后，要尽快提供技术支持，解决客户来电问题。当客户的问题有多重解决方案时，不仅要为客户罗列出各种解决方案，还要为客户详细说明各方案之间的优缺点，最终由客户决定使用哪种解决方案。

### 6. 客户满意挂机

客户的问题如果已经通过座席代表的帮助解决了，那么就询问是否还有其他需要帮助的，如果没有，就告知客户可以挂断电话。如果公司有要求，可以请客户在挂机后对服务进行满意度评价。在客户挂断电话后，座席代表做好工单录入。

## 必备知识

### 1. 技术服务类业务流程

（1）明确客户需求

1）获取基本信息的询问。探询客户需求时，首先需要获得一些基本信息，如客户需求产生的原因、与产品应用有关的环境和信息等，以便更好地理解客户的需求。例如：

“请问，您的电脑目前状态是否为蓝屏？”

“您的手机是否接触过水？”

“您的电视长期摆放的位置，周围是否有其他家用电器？”

2）引发现有问题的询问。获得客户的基本信息之后，还需要知道客户对现有产品的应用或质量等方面的态度，这样有助于将来进一步激发客户的明确需求。例如：

“您是不是觉得每个季度都需要重新下载安装杀毒软件很麻烦？”

“观看直播时，是否感觉不流畅，有拖尾现象？”

“对现有系统您最不满意的地方在哪里？”

3）激发需求的询问。发现客户对现状不满时，可通过提出激发需求的问题，将客户的不满扩大，从而引起客户高度重视，提高客户解决这类问题的紧迫性。例如：

“您电脑的开机速度是多少？”

“您电脑的杀毒软件是正版的吗？”

“我想更多地了解您的需要，您能告诉我您理想中的新电脑是什么样子吗？”

“您是已经有了一个产品配置表呢，还是需要我为您推荐？”

“您希望得到对计算机哪些方面的技术支持？为什么这对您很重要？”

“您准备如何用这台计算机？”

4）引导客户解决问题的询问。当客户已经意识到现在所面临的问题的严重性后，通过引导客户，让客户看到解决这些问题后可以给他带来的积极影响，从而促使客户下决心行动。例如：

“这些问题解决以后对您有什么有利的地方？”

“目前您最需要尽快解决的产品问题是什么？”

（2）确认客户需求

客户的需求往往是多方面的、不确定的，需要座席代表去分析、引导。当客户已经购买了产品，对产品的功能、具体用途不了解时，座席代表应该详细地询问客户的具体需求，重复客户的需求点并给予确认。例如：

“您要求我们对产品进行升级，对吗？”

“您确定已经将手机内重要文件备份，并且要求我们将系统刷机，对吗？”

“您需要我们帮您做产品的硬件维护，对吗？”

（3）受理客户问题

1）提出解决方案。了解客户需求后，要尽快提出相应解决方案。

2）提供技术支持。了解客户需求，并知道技术解决方案的，要立即为客户提供技术支持。

3）联系相关部门。无法解决客户提出的问题时，要先安抚客户并及时联系相关部门给出支持方案。

（4）确认客户满意

座席代表给客户提供了解决方案或技术支持后，要与客户确认是否已经帮助其解决问题，并询问满意度。

### 2. 技术支持类业务特点

（1）受理途径多样

1）通过接听客户咨询或投诉电话，对客户做技术指导或问题解答，为客户提供硬件维护或软件支持。

2）通过网络工具、计算机数据库、操作手册、相关函件或其他内部资源帮助客户解决问题。

3）通过电子邮件、内网工具等方式及时将客户反映的技术问题上报给技术支持组长。

（2）支持类型多样

技术支持包括电话技术支持、上门服务技术支持等。领域不同，技术支持工作性质也不相同。如在软件领域中的技术支持可分为售前技术支持和售后技术支持，且此领域对技术支持的技术要求较高，要随时进行更新。

（3）技术专业过硬

技术支持的座席代表就像“医生”，每天都要面对各种“疑难杂症”。任何一种产品在使用过程中都可能会出现问题，客户首先想到的就是通过热线电话找技术支持的座席代表。这就要求座席代表经验丰富，且能解决大多数问题。同时，座席代表还负责向产品生产和研发部门提供反馈信息，为产品技术更新提供第一手资料。

## 任务拓展

**实训任务：**技术支持类业务受理。

**任务形式：**2人一组，每个人独立完成后进行互评。

**任务时限：**20分钟。

**任务要求：**

（1）小组成员熟悉背景资料，2人一组完成客户和座席代表的技术支持类业务受理。

（2）客户根据背景资料中提供的产品故障处理办法进行提问，座席代表根据背景资料内容完成技术支持类业务的受理。

（3）一组扮演结束后进行总结评价，并在时间允许情况下互换角色进行模拟实训练习。

**背景资料：**

**【企业资料】**

华唐科技有限公司本着“引领科技发展，追求非凡生活”的品牌精神，拥有全球顶尖的科研团队，为追求科技与时尚的前端用户，提供智慧终端产品和服务。产品范围包括智能手机、笔记本、平板电脑、智慧屏、穿戴设备等多款电子产品。

华唐电话客服中心技术支持部始终坚持“把客户需求放在首位”的原则，为一站式解决客户的问题而持续努力。

**【座席代表资料】**

你是华唐电话客服中心技术支持部的一名座席代表，入职已经半年多的时间；你主要的工作职责有：

（1）帮助客户了解产品，包括：查看产品使用手册、常见问题、软件及驱动，提供服务查询、维修支持，了解产品相关服务活动等。

（2）帮助客户进行维修相关服务，包括：查询产品保修期及权益查询，备件价格，申请寄修、预约等维修服务等。

（3）其他常见问题的处理，如：查找常见问题，帮助客户快速定位故障，提供有效解决方案等。

**【客户资料】**

你叫陈明，在前两个月刚购买了一部华唐牌笔记本电脑，最近经常发生笔记本没有声音、运行中频繁死机的问题，于是你打了笔记本厂商的客服电话进行咨询。

**【产品资料】**

### 笔记本电脑一般故障处理指南

#### 一、笔记本不加电（电源指示灯不亮）

1. 检查外接适配器是否与笔记本正确连接，外接适配器是否正常工作。

2. 如果只用电池为电源，检查电池型号是否为原配电池，电池是否充满电，电池安装是否正确。

3. 检查 DC 板是否正常。

4. 检查、维修笔记本主板。

**二、笔记本电源指示灯亮但系统不运行，LCD 也无显示**

1. 按住电源开关并持续 4 秒钟后关闭电源，再重新启动检查是否启动正常。

2. 检测外接 CRT 显示器是否正常显示。

3. 检查内存是否插接牢靠。

4. 清除 CMOS 信息。

5. 尝试更换内存、CPU、充电板。

6. 维修笔记本主板。

**三、显示图像不清晰**

1. 检测调节显示亮度后是否正常。

2. 检查显示驱动安装是否正确，分辨率是否适合当前的 LCD 尺寸和型号。

3. 检查 LCD 连线与主板连接是否正确，LCD 连线与 LCD 连接是否正确。

4. 检查背光控制板工作是否正常。

5. 检查主板上的芯片是否存在冷焊和虚焊现象。

6. 尝试更换主板。

**四、无显示**

1. 通过状态指示灯检查系统是否处于休眠状态，如果是休眠状态，按电源开关键唤醒。

2. 检查连接外接显示器是否正常。

3. 检查是否加入电源。

4. 检查 LCD 连线两端连接正常。

5. 更换背光控制板或 LCD。

6. 更换主板。

**五、电池电量在 Windows 10/Windows Me 中识别不正常**

1. 确认电源管理功能在操作系统中启动并且设置正确。

2. 将电池充电 3 小时后再使用。

3. 在 Windows 10 或 Windows Me 中将电池充放电两次。

4. 更换电池。

# 任务三　订单业务受理

## 任务情景

**花花：** 师傅，上一节课学习了技术支持类业务的受理，您上次说呼入业务中有好几类典型的业务，那还有哪些其他业务类型呢？

**糖糖：** 接下来我们学习另外一种典型的呼入业务——订单业务受理。

**花花**：订单业务是不是需要后台操作很多订单数据呢？

**糖糖**：订单业务在呼叫中心领域也占据着重要份额。在呼叫中心行业，订单业务大致分为网上订单业务和电话订单业务两种。而订单业务的类型无外乎有订单查询业务、订单修改业务、取消订单业务等内容。

**花花**：那就是说在一个客户与公司下了订单后，有关订单后续的咨询、支持等相关业务都由呼叫中心座席代表来处理吗？

**糖糖**：是的，也不一定是订单下单之后的工作，有的客户在下一个订单之前可能就会有相关的服务需要支持和帮助。但是目的都是围绕一个订单展开的。

**花花**：我明白了，那我们继续学习一些有关订单业务的知识吧。

## 任务分析

订单业务在呼叫中心领域也占据着重要份额。在呼叫中心行业，订单业务大致分为网上订单业务和电话订单业务两种。当客户购买产品时，也就是下订单，呼叫中心座席代表需要迅速受理。这种类型的服务较为多见，如机票酒店的预订、旅游度假产品的预订、网上商品的订购等。座席代表主要对来自客户的电话、传真、书面订货等进行记录并对其需求的产品机型、数量、价格、配送方式、交货日期等处理。

订单处理既是业务的开始，也是服务质量得以保障的根本。订单业务的相关服务都会由一线座席代表操作完成，因此，在本任务中，学生主要学习订单业务的一般流程以及订单咨询、订单查询、订单修改、订单取消等内容。

## 任务实施

### 1. 呼叫中心订单业务受理流程

呼叫中心订单业务流程，是为了高效率集约化地去处理大量的订单而产生的。在当今的互联网时代，尤其是在手机互联时代，绝大部分个人消费者的订单都是在电子商务网站上产生的，每个人随时随地只要愿意，都可以拿起手机下一个订单。现在的中国，已经有着非常成熟的电子商务模式，如果一个消费者在手机上下了订单，没有意外情况，交易就可以直接顺利完成，产品快递到消费者手中。但是，往往会发生订单快递滞后、退换货、质量、退款等问题，需要呼叫中心介入来协调解决，并跟踪一个订单的处理结果。还有一类订单是在客户拨打呼叫中心电话之后，在与座席代表沟通的同时生成的。因此，无论是线上还是线下订单，每个企业都会有规模不同的呼叫中心作为后台服务进行处理，有标准的订单服务处理流程来提高订单处理的效率。

图 2－3－1 是呼叫中心订单业务受理流程。

订单处理是企业的一个核心业务流程，是实现企业客户服务目标最重要的影响因素。改善订单处理过程，缩短订单处理周期，提高订单满足率和供货的准确率，提供订单处理全程跟踪信息，可以大大提高服务水平与客户满意度，同时也能够降低库存水平，在提高客户服务水平的同时降低物流总成本。

从整个订单业务受理流程来看，可以分为三个大的流程：一是订单呼入电话受理，也就是电话接入阶段；二是订单录入，按照客户的订单处理需求，进行订单录入或订单操作；三是订单追踪，在订单生成之后所产生的订单状态查询、订单取消、订单修改等相关内容，都属于订单追踪业务。

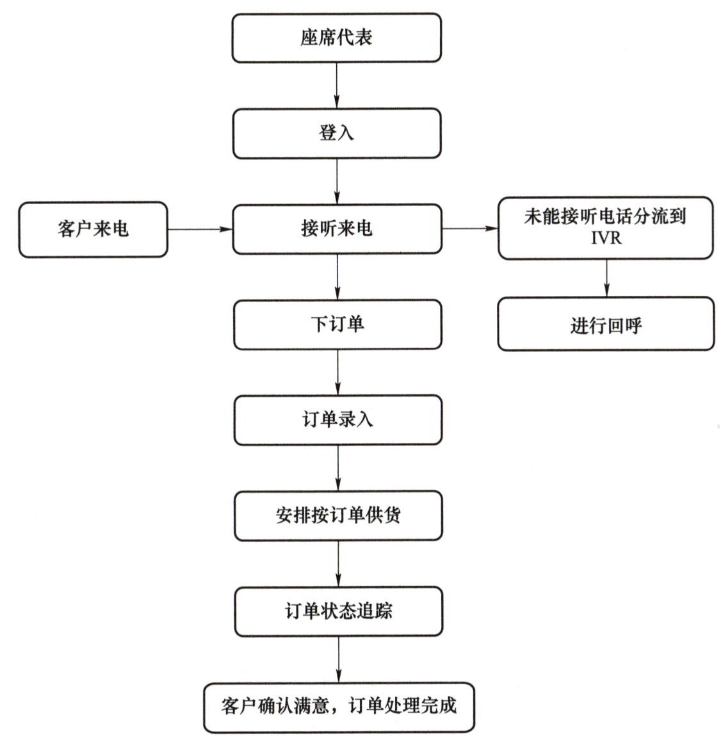


图 2–3–1　呼叫中心订单业务受理流程

### 2. 订单呼入电话受理

对于传统企业来说，会产生很多的电话订单，企业座席代表通过接听客户打进来的业务电话，进行下单操作，帮助客户完成订单。有的客户已经有了购买意向，这时座席代表只要帮助客户完成购买流程就可以了。座席代表不用对客户再进行推介，而是应快速准确地将交易程序完成。另外，当客户是来订货时，会说出产品的名称或编号、什么时间要货或取货等信息，这时，座席代表不仅要将这些仔细记录下来，还应该向客户复述一遍，以确认信息无误。

以上就是一个客户通过电话直接产生订单的过程。这类电话受理需要座席代表有良好的倾听能力，能够熟练使用业务查询和操作系统为客户生成订单。

### 3. 订单录入/操作

订单录入是指在订单实际操作前，也就是订单商品在实际发出之前所进行的各项工作。这个工作一般是座席代表在接听电话的同时以及电话挂断之后操作完成的，主要包括：

（1）核对订货信息（如商品名称与编号、数量、价格等）的准确性

一般在客户提出订购需求之后，座席代表需要在结束电话之前重新核实一遍订单信息，包括订单的收件地址、收件人身份等信息，以确保订单货物能准确无误地到达客户手中。

（2）检查所需商品是否可得

当客户提出订单信息时，作为一线座席代表首先要快速在业务系统里查询库存情况，以免产生库存不足而导致给客户承诺不兑现的情况。如果发现库存不足情况，要及时告知客户暂时缺货或者到货时间可能延迟等实际情况。

（3）订单录入

在确定订单生成时，录入订单商品信息、客户信息、地址等。

（4）其他需要备注的订单信息

除了在系统中录入标准信息，客户很多时候还有一些额外的个性化需求，比如要求在什么时间段送货，都需要以备注的形式录入系统，以便线下人员在订单发送和配送时满足客户需求。

### 4. 订单追踪

订单处理过程的最后环节，是通过不断向客户报告订单处理过程中或货物交付过程中的任何延迟，确保优质的客户服务。具体包括：在整个订单周转过程中跟踪订单，与客户交换订单处理进度、订单货物交付时间等方面的信息。

## 必备知识

### 1. 呼叫中心订单业务的类型

（1）电话订单业务

所谓电话订单业务，就是座席代表接听客户通过企业对外公布的电话号码，并进行业务受理。电话订单业务在 10 年以前，占据了呼叫中心订单业务一半以上的份额。例如，肯德基、麦当劳的外卖服务有统一的 400 订餐电话，座席代表接听客户来电，知悉客户的购买需求，并及时进行受理。不过随着近几年移动互联网的快速发展，过去大部分电话订单业务都变成了网上下单，呼叫中心座席代表主要是接听客户对产品的咨询以及订单的后续处理服务工作。

（2）网上订单业务

所谓网上订单业务，是指座席代表受理客户通过登录企业网站进行网上预订商品、退订商品等业务办理。在这个过程中，座席代表通过计算机接收客户订单，开具发货单，并将发货单送交物流部。

总的来讲，订单业务类的座席代表主要负责以下三个方面的工作：一是售前支持，主要是通过对企业产品的介绍，引导并说服客户达成交易；二是售中跟踪，主要是对客户订单的发出、物品的发货以及物流状况的跟进；三是售后服务，主要是对客户反馈的信息或问题、客户的投诉及退换货进行处理。

### 2. 订单业务内容

在呼叫中心领域，常规的订单业务大致包括以下几个方面：

（1）订单查询业务

客户下了订单之后，可通过电话、电子邮件、传真、即时聊天等方式向呼叫中心座席代表就订单信息进行查询，比如酒店房间信息的查询，机票、车票预订的查询等。例如客户登录返利网去合作商城下单后，合作商城系统判断订单来源于返利网，将会立刻把订单信息自动反馈给返利网的代表，座席代表就可以在“我的返利网–订单查询”处查询到订单，如果订单符合返利规则就会返利给客户。

（2）订单处理业务

客户下了订单之后，当发现需要对订单信息进行修改，甚至取消订单时，可通过电话、电子邮件、传真、即时聊天等方式向呼叫中心座席代表寻求帮助，座席代表通过电话、电子邮件、传真、即时聊天等方式，受理客户所申办的各类业务，生成派单并转发相应部门进行处理。等处理结果通过网络返回到呼叫中心后，座席代表以电话、传真、短信息、电子邮件等方式回复客户。客户订单见表 2–3–1。

表 2–3–1　客户订单

<table>
<tr><td>订单号</td><td></td><td>品　　类</td><td></td><td>数　　量</td><td></td></tr>
<tr><td>客户姓名</td><td></td><td>联系方式</td><td></td><td>下单日期</td><td></td></tr>
<tr><td>支付方式</td><td colspan="5">客户选择：<br>○货到付款　　　○网银支付<br>○银联支付　　　○其他</td></tr>
<tr><td>受理人员</td><td colspan="2"></td><td colspan="2">受理时间</td><td></td></tr>
</table>

### 3. 常见订单业务的话术脚本

（1）催单话术

座席代表：“您好，很高兴为您服务，请问有什么可以帮您？”

客　　户：“我刚才来电话要你们过来收件的，但到现在都没有来。”

座席代表：“请您提供一下当时来电的电话或联系电话。”

客　　户：“××××××××××××。”

座席代表：“与您确认一下，您的取件地址是陕西省西安市武阳区朝阳路 56 号对吗？”

客　　户：“对。”

座席代表：“好的，我马上为您处理，请问还有什么可以帮您？”

客　　户：“没有了，谢谢！”

座席代表：“感谢您对我们工作的支持，祝您工作顺利，请您先挂机。”

（2）改单话术

座席代表：“您好，很高兴为您服务，请问有什么可以帮您？”

客　　户：“我刚才来电话要你们过来收件，我想换个地方。”

座席代表：“请您提供一下当时来电的电话。”

客　　户：“××××××××××××。”

座席代表：“与您确认一下，您的取件地址是陕西省西安市武阳区朝阳路 56 号对吗？”

客　　户：“是的，没错。”

座席代表：“好的，请告诉我您的新取件地址。”

客　　户：“陕西省西安市光明区新建路 89 号，张元女士收。”

座席代表：“好的，我马上为您申请，如有问题稍后将有工作人员与您联系，请问还有什么可以帮您？”

客　　户：“没有了，谢谢！”

座席代表：“感谢您对我们工作的支持，祝您工作顺利，请您先挂机。”

（3）销单话术

客　　户：“我刚才来电话要你们过来收件，现在不需要了，你们取消吧。”

座席代表：“请您提供一下当时来电的电话号码。”

客　　户：“×××××××××××。”

座席代表：“与您确认一下，您的取件地址是陕西省西安市武阳区朝阳路 56 号对吗？

客　　户：“是的，没错。”

座席代表：“好的，请问是否方便告诉我取消订单的原因吗？”

客　　户：“……”

座席代表：“好的，我已经为您取消了，请问还有什么可以帮您？”

客　　户：“没有了，谢谢！”

座席代表：“感谢您对我们工作的支持，祝您工作顺利，请您先挂机。”

## 任务拓展

**实训任务：**订单业务受理。

**任务形式：**2 人一组，每个人独立完成后进行互评。

**任务时限：**30 分钟。

**任务要求：**

（1）小组成员熟悉背景资料，2 人一组完成客户和座席代表的订单支持业务受理。

（2）现有一批日常消费饮料要运往 A、B、C、D 四家公司，其中包括名称、外包装规格、单位、数量、金额等基本涉及项，由于超出了配送时间，客户来电咨询订单情况。座席代表要完成订单的核实并确认订单。

（3）一组扮演结束后，进行总结评价，并在时间允许的情况下互换角色进行模拟实训练习。

**背景资料：**

武汉某物流配送中心，主要为其加盟店企业提供商品配送服务。该中心目前有加盟店 4 家，分别为 A、B、C、D 公司。在订货方式上，该公司的订货方式有两种：一种是各加盟店每周一次或两次向相应的配送中心订货；另一种是联合订货，即各加盟店在指定日期（一般为每周一次或两周一次）通过计算机系统直接向各供应商订货，供应商将各连锁店的订货进行汇总后，定期将货物送往相应的配送中心，各配送中心在统一验收入库后将货物分发至各加盟店。

一般情况下，加盟店下了订单以后，按照流程都能准确无误地送达。可是随着订单量的不断增加，也会经常出现一些本来是发给 A 公司的货却发给了 B 公司、本来是发给 C 公司的货却发给了 D 公司的情况，这让管理者非常头痛，客户的满意度也开始下降。

A 公司订单
订单编号：O2010415C01
业务单号：F20100504－01

| 订货方编号 | K05t001 | 订货单位名称 | A 公司 | | | |
|---|---|---|---|---|---|---|
| 订货单位联系人 | 张水方 | 订货单位联系电话 | 80885888 | | | |
| 公司地址 | 武汉市经济技术开发区 | | | | | |
| 序号 | 名称 | 外包装规格（mm） | 单位 | 数量 | 单价（元） | 金额（元） |
| 1 | 农夫山泉 | 330×200×230 | 箱 | 13 | 28.00 | 364.00 |
| 2 | 百事可乐 | 450×250×280 | 箱 | 12 | 52.00 | 624.00 |
| 3 | 雪碧 | 330×240×240 | 箱 | 23 | 48.00 | 1 104.00 |
| 4 | 脉动饮料 | 542×341×521 | 箱 | 4 | 45.00 | 180.00 |
| 总计 | 人民币大写：贰仟贰佰柒拾贰圆整 | | | | | 2 272.00 |
| 经办人： | | 部门主管： | | | | |

B 公司订单
订单编号：O2010415C02
业务单号：F20100504－02

| 订货方编号 | K05t002 | 订货单位名称 | B 公司 | | | |
|---|---|---|---|---|---|---|
| 订货单位联系人 | 李洪斌 | 订货单位联系电话 | 80886888 | | | |
| 公司地址 | 武汉市武昌区裕华东路江山花园 406 号 | | | | | |
| 序号 | 名称 | 外包装规格（mm） | 单位 | 数量 | 单价（元） | 金额（元） |
| 1 | 农夫山泉 | 330×200×230 | 箱 | 15 | 28.00 | 420.00 |
| 2 | 百事可乐 | 450×250×280 | 箱 | 10 | 52.00 | 520.00 |
| 3 | 雪碧 | 330×240×240 | 箱 | 14 | 48.00 | 672.00 |
| 4 | 冰红茶 | 400×300×240 | 箱 | 12 | 54.00 | 648.00 |
| 总计 | 人民币大写：贰仟贰佰陆拾圆整 | | | | | 2 260.00 |
| 经办人： | | 部门主管： | | | | |

C 公司订单

订单编号：O2010415C03

业务单号：F20100504－03

| 订货方编号 | | K05t003 | 订货单位名称 | | C 公司 | |
| --- | --- | --- | --- | --- | --- | --- |
| 订货单位联系人 | | 王强国 | 订货单位联系电话 | | 80887888 | |
| 公司地址 | | 武汉市江岸区江岸路 12 号 | | | | |
| 序号 | 名称 | 外包装规格（mm） | 单位 | 数量 | 单价（元） | 金额（元） |
| 1 | 农夫山泉 | 330×200×230 | 箱 | 10 | 28.00 | 280.00 |
| 2 | 百事可乐 | 450×250×280 | 箱 | 18 | 52.00 | 936.00 |
| 3 | 雪碧 | 330×240×240 | 箱 | 15 | 48.00 | 720.00 |
| 4 | 脉动饮料 | 542×341×521 | 箱 | 5 | 45.00 | 225.00 |
| 总计 | 人民币大写：贰仟壹佰陆拾壹圆整 | | | | | 2 161.00 |
| 经办人： | | 部门主管： | | | | |

D 公司订单

订单编号：O2010415C04

业务单号：F20100504－04

| 订货方编号 | | K05t004 | 订货单位名称 | | D 公司 | |
| --- | --- | --- | --- | --- | --- | --- |
| 订货单位联系人 | | 赵力平 | 订货单位联系电话 | | 80889888 | |
| 公司地址 | | 武汉市中山大道 1388 号 | | | | |
| 序号 | 名称 | 外包装规格（mm） | 单位 | 数量 | 单价（元） | 金额（元） |
| 1 | 农夫山泉 | 330×200×230 | 箱 | 10 | 28.00 | 280.00 |
| 2 | 百事可乐 | 450×250×280 | 箱 | 9 | 52.00 | 468.00 |
| 3 | 雪碧 | 330×240×240 | 箱 | 6 | 48.00 | 288.00 |
| 4 | 冰红茶 | 400×300×240 | 箱 | 13 | 54.00 | 702.00 |
| 总计 | 人民币大写：壹仟柒佰肆拾捌圆整 | | | | | 1 748.00 |
| 经办人： | | 部门主管： | | | | |

# 任务四　客户投诉业务受理

## 任务情景

**花花**：师傅，上一节课学习了订单业务受理，还有其他的典型呼入业务类型吗？

**糖糖**：是的，下面我们要学习一类最为典型和重要，且有一些挑战性的呼入业务类型——客户投诉业务。

**花花**：客户投诉业务就是专门处理客户投诉问题的吧？为什么说具有挑战性呢？

**糖糖**：因为来电投诉的客户，基本上是对企业产品或服务已经产生了非常的不满，从而主动打客服电话来解决问题的。因此，一般来说，这个时候客户不仅要解决问题，而且大致是很生气地在抱怨，对座席代表来说，不仅仅要解决问题，而且还要安抚好客户的情绪。

**花花**：嗯，师傅，这样说来确实是很有挑战性的。

**糖糖**：所以作为座席代表面对投诉电话时一定要有一个清醒镇定的头脑，能够从客户不满的情绪和语言中，快速地理出客户所陈述的问题，并能够快速解决。

**花花**：我明白了，师傅，那我们就来学习这一节课的内容吧。

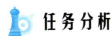

## 任务分析

当客户对企业产品或服务不满意时，常会采取口头或书面的方式进行投诉。从行为学的角度看，投诉从来都是一种主动行为，是用具体的措施来表示不满。这种表示不满的行为一般都有明确的对象，而且必须有相应的结果来使这种不满得到释放和疏解，否则可能产生两种结果：一种是客户会采取更进一步的行为，使不满上升为更激烈的愤怒，从而出现更多的矛盾；另一种是客户消极地放弃，从而使导致不满产生的被投诉一方，也就是企业在不知情的情况下遭受信任危机。由此可见，以上两种结果都会对企业产生不良的后果和影响。因此，对于来电投诉的客户，不管客户出于什么原因投诉，企业一定要非常重视，因为对于这一类客户，企业还有挽回的机会。由此看来，恰当处理客户投诉事件对于企业来讲尤为重要。

本任务主要针对客户投诉业务的相关知识进行系统的介绍，希望通过本任务的学习，学生能对常见的客户投诉业务进行处理，了解客户投诉处理的基本方法和技巧，在面对客户的投诉时，能设身处地地为客户着想，提高客户的满意度，从而将满意客户培养成忠诚客户。

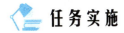

## 任务实施

对于呼叫中心专业处理投诉业务的座席代表来说，一要学会快速分析客户投诉的原因，二要非常熟悉处理投诉的流程，三要掌握一些处理投诉的技巧。具备以上素质，才能够比较有把握地处理投诉业务。

### 1. 了解客户投诉的原因

通常情况下，导致客户不满并引起投诉的原因不外乎以下几种类型：

（1）产品问题

由于产品问题引起客户投诉的事例种类比较多，一般可以归纳为产品质量、产品规范、销售和价格四个方面，这些方面都与产品的生产和提供过程有着密切的联系。

1）因产品质量引起的投诉。包括：产品不符合要求，如客户在超市里购买了保质期内的牛奶，可在饮用时发现牛奶的味道已经变质；设计缺陷，如汽车厂商因为汽车系统的设计缺陷，使刹车管被轮胎磨损，在行驶中造成汽车刹车失灵；未按时交货，也属于因产品引起的投诉。

2）因产品规范引起的投诉。包括：不符合规范要求，如引用的纯净水因为在生产过程中没有按照国家强制规定的卫生检测标准进行成品检验，客户发现水桶内的底部存在沉淀物；标准滞后，如儿童玩具没有按照国家有关儿童最新的安全规范明确标明玩具的适用年龄和危险警示标志等。

3）因销售问题引起的投诉。包括：虚假宣传，如广告中宣传的治疗失眠的特性药，客户使用后没有任何效果；销售承诺，如在销售时承诺不满意可以无条件退货，可是当客户对产品不满意时却附加了若干条件等。

4）因价格不合理引起的投诉。这类投诉占比较少，一般来说在客户下单时就已经接受了价格。但是有些特殊情况，例如客户刚买完该产品后该产品立马大降价，也会引发客户的不满而产生投诉。

（2）服务问题

服务问题引起的投诉主要集中在服务质量、客户感受、服务保证、工作差错和商业欺骗等方面。

服务质量引起的投诉具体包括：服务不规范，如到银行办理开户手续时向银行交了相关资料，可 3 天后通知客户有 2 份资料需要重新提交，原因是在做资料审核时发现少了；业务不熟悉，如在申请电信业务时，询问营业厅服务人员关于该项新业务的具体功能时，问了两个人都说不清楚。

## 案例

座席代表：“您好，很高兴为你服务。”

客　　户：“我打电话问你们送快件的价格，说是 10 元，现在你们要收 15 元。”

座席代表：“很抱歉，是我们新来的同事说错了。”

客　　户：“那我不管，我现在就要按你们报的价格 10 元付款。”

座席代表：“很抱歉，那是不行的，您现在还想不想送这个快件呢？”

客　　户：“已经包好了，你说要不要送？”

座席代表：“那您现在是什么要求呢？反正 10 元是不行的。”

客　　户：“是你们报错价格，还有理了，我要投诉！”

**案例分析：**这则案例主要反映的是由于座席代表业务不熟练给客户报错价格，当客户反映问题时，座席代表又一味地推卸责任并且态度傲慢，引起客户不满进而要投诉。

### 2. 客户投诉处理流程

（1）常规客户投诉的一般流程

作为呼叫中心处理投诉电话的座席代表，要非常熟悉企业内客户投诉处理的流程。每个企业虽然产品不同，但是都会遵循客户投诉处理的大致流程。

（2）投诉工单的处理流程（见图 2-4-1）

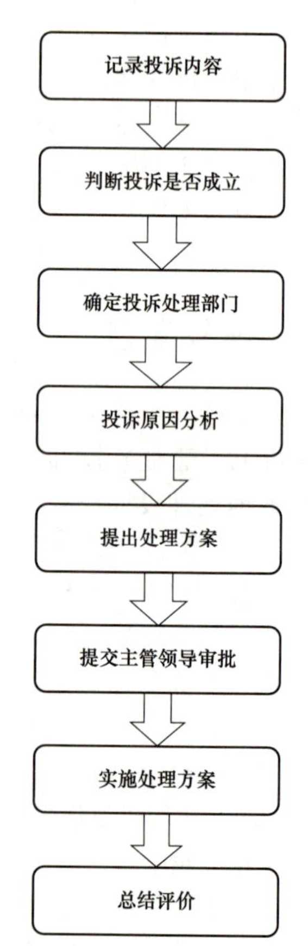

图 2-4-1　投诉工单的处理流程

工单的处理是客户投诉处理流程中一个非常重要的环节。投诉处理问题工单是指座席代表制作并转向相应的责任部门，责任部门分析客户投诉原因，提出处理方案并将写好处理意见的工单转回到座席代表处，由座席代表与客户取得联系，告知客户处理结果。

1）记录投诉内容。根据客户投诉工单（见表 2–4–1）的条目记录客户投诉的全部内容，如投诉客户名称、投诉内容和客户要求等。

表 2–4–1　客户投诉工单

<table>
<tr><td>投诉客户名称</td><td colspan="3"></td></tr>
<tr><td>投诉内容和客户要求</td><td colspan="3"></td></tr>
<tr><td>客户联系地址和电话</td><td colspan="3"></td></tr>
<tr><td rowspan="4">受理人意见</td><td>质检人员</td><td>销售人员</td><td>备注</td></tr>
<tr><td></td><td></td><td></td></tr>
<tr><td></td><td></td><td></td></tr>
<tr><td></td><td></td><td></td></tr>
<tr><td>业务主管签字</td><td colspan="3"></td></tr>
</table>

2）判定投诉是否成立。在了解客户投诉的内容后，要判断客户投诉的理由是否充分，投诉要求是否合理。如果投诉不能成立，就要以委婉的方式答复客户，以取得客户的谅解，消除误会。在倾听客户投诉并记录的过程中，分析客户投诉的原因是否合理；如果确实是因为遇到产品问题没有得到很好的解决而产生的投诉，就要立即做出处理方案回复客户；对于不成立的投诉，例如客户因为企业确实无法满足的原因而无理取闹发脾气，只能以安抚客户情绪为主。

3）确认完责任部门后，责任部门分析投诉原因，再提出处理方案。

4）实施处理方案。座席代表在接到相关责任部门已经处理完成的工单后，应主动与客户取得联系，告知其投诉处理结果。如果客户对处理结果满意的话，座席代表应再次向客户表达歉意，并表示公司对此次事件非常重视，以后会尽量避免此类事件的再次发生，并对客户表示感谢。如果客户对处理结果不满意，座席代表应将客户意见再次记录到工单中，并将工单转给相关责任部门，由责任部门再次进行处理。

该流程让投诉处理责任更加明确，处理结果也会使客户更满意。

### 3. 编制投诉记录

完整的客户投诉记录（见表 2–4–2）是座席代表为客户提供更好的服务的基础。座席代表通过记录查询，在客户致电的时候可以为其提供更加完善的服务，令服务过程更加愉快。相对而言，客户的投诉记录应当更加完整。

投诉记录的编写可以像写记叙文一样大致包括六个基本要素：时间、地点、人物、事情的起因、经过以及解决方案。对于客户在交流过程中所持的观点和态度，有必要的话也要进行记录，便于今后其他同事在为客户解决问题时避免因类似问题导致客户不满或激怒客户，也为了避免过多地令客户重复自己的观点。一则电话的完整记录一般包括以下几个方面：

1）完整的客户信息，主要包括姓名、地址、联系方式等基本信息。

2）详细的服务记录，主要包括客户致电投诉的原因、询问的问题等信息。

3）可查询的客户服务合约内容、续约、到期等记录。

4）针对客户购买产品的零部件更换记录管理。

表 2–4–2　客户投诉处理记录

| 客户姓名 | | 投诉日期 | |
|---|---|---|---|
| 投诉原因 | | | |
| 客户联系方式 | | 客户联系地址 | |
| 解决方案 | | | |
| 受理人员 | | 受理时间 | |
| 投诉结果 | | 审核人 | |

客户投诉处理通知书见表 2–4–3。

表 2–4–3　客户投诉处理通知书

| 客户名称 | | 单位 | |
|---|---|---|---|
| 订单编号 | | 问题发生单位 | |
| 订购年月日 | | 制造日期 | |
| 索赔个数 | | 制造号码 | |
| 索赔金额 | | 订购数量 | |
| 再发率 | | 处理期限 | |
| 发生原因调查结果： | | 客户希望<br>○换新品　○退款<br>○打折扣　○其他 | |
| 公司对策： | | 公司对策实施要领： | |
| | | 对策实施确认： | |
| 审核人签字： | | | |

### 4. 处理客户投诉的关键步骤

（1）客户发泄，充分道歉

在客户发泄的过程中，座席代表需要细心聆听，发现对解决问题有效的信息。也许此时客户更多表达的是自己的感受和观点，但同样对解决问题有一定的参考价值。

当客户发泄时，座席代表可以采用以下几种方式回应客户：

“我理解您的感受!”

“我明白您的意思!”

“是的，谁遇到这种情况都不会开心。”

“王先生，对不起，让您感到不愉快了，我非常理解您此时的感受。”

（2）收集信息，转移客户注意力

有些座席代表被客户的情绪牵着走，客户愤怒，他也愤怒，结果只能更糟。座席代表越能把客户的注意力转移到事实上来，就越不容易被卷入情感的旋涡，问题才能得到解决。因此，座席代表可以这样表达：

“先生，您好，我很愿意继续听您说话，但为了尽快地解决问题，您需要提供给我一些必要的信息。”

通过提问的方式，可以收集足够多的相关信息，以便解决客户的问题。类似的提问还有：

“请告诉我您的姓名或电话号码。”

“为了便于我尽快找到您的购买记录，请告诉我您的订单号。”

“请描述一下，当您打开机器时发生了什么情况？”

“机器不运转了？是机器没有按照说明高速运转了，还是机器在不该停的时候停下来了？您指的机器不运转是哪方面呢？”

（3）明确客户问题

当座席代表明确了客户的需求后，还要确认自己的理解和客户所表达的是否一致。因此，座席代表可以这样说：

“您觉得……”

“如果我没理解错的话，您的意思是……对吗？”

“我想确认一下，您刚才说的意思是不是……？”

（4）协商解决，处理问题

在实际的工作中，当遇到客户投诉时，有时可以通过重开订单、去掉零头、完善维修或者更换产品等措施就能很快得到解决。但是有些时候遇到客户投诉的情况会复杂一些，当提出的解决方案未能得到客户的认可时，可以采用以下几种方法解决：

1）征询客户的意见。通过征询客户的意见，按照客户的要求去解决投诉问题，基本上客户的需求都是可以满足的。个别客户的要求可能超出了座席代表的岗位权限，则需要移交主管或客户服务经理处理。如果在自己的权限范围之内，座席代表则应该尽自己最大的努力满足客户的要求，即使错在客户。常用的语言如下：

“您看怎么样做才会让您满意？”

“您觉得怎么处理会比较好呢？”

“您看除了刚才您提到的两点，还有没有我们双方都能够接受的建议呢？”

2）适当给予补偿。为了弥补企业操作中的一些失误，座席代表可以在自己的职权范围内给予客户一些额外补偿。通常情况下成功的企业在处理完客户投诉事件后，往往会采取一些补偿性的措施。需要注意的是，座席代表在提出补偿性措施时不要承诺送不了的东西，承诺时留点余地，兑现诺言时尽力而为。

3）答复客户。经过客户与企业双方协商共同努力将投诉处理完毕后，座席代表应该给客户一个明确的答复。答复客户的方式是多种多样的，如面对面的答复、电话答复、电子邮件答复等。无论是哪种方式，都应该包括对处置结果的说明以及表示对客户的感谢之意。

4）跟踪服务。跟踪服务的形式有打电话、发电子邮件或发信函。通过跟踪服务，向客户了解解决方案是否得到执行，是否有用，是否还有其他问题，是否满意。

如果座席代表与客户联系后发现客户对解决方案不满意，就需要继续寻求一个更可行的解决方案。在对客户的跟踪服务中，无论是打电话还是发邮件和信件，都应遵循一定的要求。

跟踪服务可以强调企业对客户的诚意，打动客户和给客户留下深刻印象，所以要善于运用跟踪服务，而不仅仅是在投诉中。

【思政话语　润物无声】

"投诉是金"，投诉的客户虽然对产品存在不满，但还是对产品和企业抱有一定希望的。通过客户的投诉企业能够重新审视自己的产品或服务，因此企业要做好投诉处理工作，这才是"顾客就是上帝"的一种体现。

## 必备知识

### 1. 客户投诉的期望

在客户投诉中往往因投诉内容不同，客户的心理需求也存在差异，能够正确把握客户投诉期望的座席代表在处理投诉时才能树立起自信，处理任何类型投诉才会变得游刃有余。常见的客户投诉的期望有以下几种：

（1）期待问题解决

如果客户期待问题尽快解决，这意味着客户心理尚没有达到信任危机的状态，只要相关部门密切配合，在客户可以容忍的时限内解决了问题，那么客户的满意度和忠诚度不会受到影响。所以，把握住"客户期待问题尽快解决"的心理后，应马上采取行动。

在呼叫中心，如果是常见的可控问题，就应该给客户承诺，提出一个解决问题的期限，来安抚客户。当然，如果是不可控的问题或者需要进一步确认的问题，那么更应灵活地对客户表示呼叫中心会尽快地为他解决问题，并会及时与他联系，也欢迎和感谢客户主动沟通。

（2）渴望得到尊重

自尊心的一个重要表现，就是听不得别人说自己的缺点，会因被指出缺点而产生不满情绪。客户总希望他的投诉是对的，是有道理的，他们最希望得到的是同情、尊重和重视。处理投诉的座席代表及时向其表示歉意，承诺进一步追查，并感谢客户的建议和支持，是化解客户因为自尊心受损导致不满的有效途径。

（3）希望得到补偿

一般来说，客户希望得到适当补偿的心理越急切而又无法得到补偿时，其投诉升级的可能性就越高。投诉升级后，客户满意和忠诚度都会严重下降，而且导致客户离开的可能性也极大。因而，从一开始把为什么没有补偿、在何种情况下可以得到补偿、怎么补偿等问题向客户解释明白，远比处理投诉升级来得快捷、有效。

任何企业都不可能确保自身产品或服务不发生任何差错。对座席代表的工作来说，一旦差错出现，就意味着服务失败。服务失败对"口碑传递"影响极大，而"口碑传递"又是影响服务组织（呼叫中心）经营极其重要的一环。

客户投诉时心情十分急切，打客服电话就是希望很快有人能意识到问题的存在并解决问题。因此设计服务补救系统时，应当有适当程度的员工授权。对于小的投诉问题，一线座席代表就能解决；对于大问题，也必须有一个迅速传递信息的渠道，使有权处理者能迅速解决客户问题。

（4）发泄不满情绪

客户在带着怒气和抱怨进行投诉时，有可能只是为了发泄不满情绪，让郁闷或不快的心情得到释放和缓解，来维持心理上的平衡。直接发泄不满意的情况多于重复投诉。在处理具有这类心理的客户时，座席代表的耐心尤为重要。座席代表应以恰当的语词以及和善的态度安抚客户，并需要及时与相关部门联系确认问题所在，分清责任后再给予客户合理解释。

面临客户投诉时，座席代表采取什么样的心态来对待十分重要。座席代表千万不要一时控制不住自己，心里产生对抗情绪。撇开新员工缺乏服务素质和服务技巧不谈，领班、主管处置客户投诉时，应从有效解决问题的角度来分析问题，排除阻碍，与客户达成共识，取得客户的谅解，赢得客户的好评和尊重，忌将个人情绪化的思维带进处理过程中。

座席代表在处理投诉时，如果能够有效地维护客户的尊严，使之受到礼遇，挽回了客户的面子和尊严，那么危机就会变成机遇，就有可能将流失的客户变成忠实客户。因此，彻底摒弃指责，用积极的、乐观的心态看待客户所要的理想结果，解决投诉的过程就会顺畅得多。

当客户发泄时，座席代表可以采用以下几种方式回应客户：

“我明白您的意思”。

“我能明白您为什么觉得是这样。”

当客户不满的时候，他只想做两件事：表达他此时的心情和迅速将问题解决。而座席代表需要做的就是鼓励客户发泄，因为客户只有在发泄完，才会听座席代表说话。

### 2. 处理客户投诉技巧

一般来说，求发泄、求尊重、求补偿，是客户投诉的三种心理，相应地，座席代表可用LSCIA 模型处理客户投诉。

1）倾听（Listen）：当客户提出异议及反映问题时，座席代表首先要学会倾听，收集数据，做好必要的记录。然后，要弄清问题的本质及事实。切记不要打断客户的谈话。在倾听的过程中不妨多运用提问的技巧，比如：发生什么事？这事为什么会发生？您是如何发现的？这样将会有助于了解事情的真相。

2）分担（Share）：如果基本弄清问题的本质及发生原因时，座席代表可以采用分担的方式，举例来说：“您讲得有道理，我们以前也出现过类似的事情。”总之，不管是产品本身，还是使用不当等原因，都不能责备客户，这样，客户才会感受到自己被重视。

3）澄清（Clarify）：根据上述两种方法已基本了解客户异议的本质及动向，此时应对问题加以定义，是产品本身问题还是客户使用不当？如果是产品本身问题，应立即向客户道歉，并以最快时间给客户解决；若是客户使用不当，要说明问题的实质。

4）陈述（Illustrate）：此时，应立即帮助客户解决问题，说明产品正确的使用方法（性能、特点、特性），并用鼓励的话语感谢客户提出的异议，无论正确还是非正确。必要时予以精神及物质奖励。

5）要求（Ask）：在客户异议基本解决后，还要再问客户是否有其他问题，以诚恳的态度告诉客户，假如还有其他问题，请随时致电呼叫中心，并感谢客户提出的宝贵意见和建议。

### 3. 客户投诉受理的基本原则

在受理客户投诉业务时，掌握客户投诉的受理原则是十分必要的，主要有以下几个原则：

（1）积极面对原则

很多座席代表在面对客户投诉的时候总是有很大的压力和抵触情绪，好像客户来投诉就是和他们过不去，这是因为座席代表没有一个良好的心态，存在着心理障碍。能否保持积极、主动、热情的心态对解决客户投诉起着非常重要的作用。座席代表在面对客户时不是仅仅代表自己，而是代表企业的形象。所以，座席代表应保持一个良好的心态，以积极的态度为客户服务。座席代表要牢记一点：客户不是永远都是对的，但是客户永远都是第一位的。

（2）迅速处理原则

客户在投诉的时候往往都带着怨气，他们最大的希望就是能够快速、简便地得到解决和补偿。这个时候的客户在心理上是很脆弱的，如果出现服务不佳、推卸责任或耽误延办等情况，就会使客户的不信任和抱怨升级，这样客户将彻底地离开企业。

因此，对于现场能够立即处理的情况，座席代表应当场答复客户，并快速、有效地处理客户投诉。对于一些因涉及多部门、多个环节，流程复杂的、当场不能解决的投诉，座席代表也要向客户作出合理的解释，具体步骤见表 2–4–4。

**表 2–4–4　迅速处理客户投诉具体步骤**

| 序号 | 当场解决客户投诉的受理答复 | 当场不能解决客户投诉的受理答复 |
|---|---|---|
| 1 | 感谢客户的投诉 | 感谢客户的投诉 |
| 2 | 询问客户还有什么不满意及需要改进的意见 | 阐明处置投诉的方针 |
| 3 | 阐明处置投诉的方针和服务宗旨 | 说明投诉处置的流程和方法，告诉客户需要的时间、联系人、联系电话等，一定别忘记说声“对不起”和处置客户投诉的服务承诺 |

（3）以诚相待原则

处理客户投诉的目的是获得客户的理解和再度信任，这就要求企业在处理客户投诉时必须坚持以诚相待的原则。诚信是处理客户投诉的必备条件，在日常经营活动中常有类似辜负客户期待、说谎骗人等令人不愉快的行为。这些做法即使获得了暂时的利益，客户也不会再上门。另外，如果客户感觉到企业在处理投诉时是没有诚意的敷衍，他们不仅下次不会再来，还可能在外大肆宣传企业的服务不周，从而对企业的发展造成巨大的损失。因此，诚意是打动客户的法宝。

（4）换位思考原则

从某种程度上来讲，客户投诉一旦发生，客户的心理自然会强烈地认为自己是对的，并会要求企业赔偿等值的商品或道歉。但是作为企业通常会将投诉不合理化，尽量把损失压至最低。基于买方和卖方两者各自的立场，双方往往互相较劲都不肯退让。对于企业来说，和客户发生争执是一点好处都没有的，即使赢了，客户也不会再来第二次，从长远来讲，损失更大。

因此，在与客户交涉的过程中，一定要避免发生争执。为了不使客户产生反感情绪，座席代表一定要站在客户的立场来考虑问题：如果自己是客户会怎么做？会不会也提出投诉？通过这样的换位思考，才能拉近与客户之间的距离，让客户感受到座席代表是在真诚地为他们着想，为他们解决问题。

## 任务拓展

**实训任务：** 客户投诉业务处理。

**任务形式：** 2 人一组，分别担任呼叫中心座席代表与客户，对背景资料中描述所产生的投诉过程进行模拟。

**任务时限：** 20 分钟。

**任务要求：**

（1）小组成员熟悉背景资料，2 人一组完成客户和座席代表的客户投诉业务受理。

（2）根据公司规定，实际已经发生的资费，座席代表是没有办法为客户减免的。

（3）座席代表运用所学的沟通技巧和投诉处理办法来处理这一起投诉。

（4）模拟完成后，请将所运用的处理技巧写在下方横线处并做分享。

**背景资料：**

你是中国移动北京地区的座席代表，刚才你接到了一个客户打来的投诉电话，其大致内容是这样的：他发现他本月的话费非常高，打客服电话查询话费后，发现在他不知情的情况下开通了语音信箱以及未接来电提醒业务，这为每个月增加了 50 元的话费开支。座席代表告知已经产生话费，并且在系统中有开通记录。于是客户打了投诉专线，希望对此有一个解释。

作为座席代表，你需要针对这位客户的投诉问题，运用你的专业知识和投诉服务技巧进行处理。

**投诉处理技巧：**

________________________________________________

项目综合实训

# 项目三　呼叫中心呼出业务

## 学习目标

**知识目标：**

了解呼叫中心的主要业务分类、服务指标的基本概况，了解客户满意度调查的主要内容，掌握市场调研和电话邀约的方法。

**能力目标：**

能够掌握呼出业务咨询的常用话术，能够掌握提升服务指标的手段和方法，能够进行客户满意度调查和客户清洗业务。

**素质目标：**

对呼叫中心的业务有着正确的认知，提高政治站位，树立客户服务理念，端正客户服务态度。

## 项目描述

呼出业务是一线座席代表的必备工作任务，通过呼叫系统自动往外拨打客户电话，它是电脑、电话集成一体的现代客户服务中心系统不可或缺的一个组成部分。呼出服务，可以用于市场分析，例如可以通过它按照名单自动拨通大量客户，调查业务需求或服务满意度，或者进行客户回访等活动。

本项目要求学生掌握各种类型外呼业务的实施技巧、流程、话术及 FAQ（Frequently Asked Question，常见问题解答）编写，能够运用所学的沟通技巧及业务知识完成呼出业务。

## 项目内容

- 市场调研业务实施
- 电话邀约业务实施
- 满意度调查业务实施
- 数据清洗业务实施

# 任务一　实施市场调研业务

## 任务情景

**花花**：师傅，最近我们要换项目类型了，我所在的项目组接到一个外呼项目，我感觉心里压力有点大。

**糖糖**：那很好啊，为什么会感觉到心里压力呢？

**花花**：呼入项目都是客户打来，感觉是客户需要我们；而外呼项目是我们主动联系客户，会面对不同的客户，不知是否能取得好的业绩。

**糖糖**：没关系，我们在项目开始之前，先要了解外呼项目的类型，学习外呼项目的流程和主要技巧，做到胸有成竹，外呼项目也就没有我们想象得那么大压力了。

**花花**：好的，师傅，那我最近就跟着您学习外呼项目的实施技巧和相关知识吧。

## 任务分析

近年来，随着企业对市场调研的重视度提高以及越来越多的咨询调研公司的成立，电话调研业务在呼叫中心已成为典型的呼出业务，被广泛地应用于各个企业的市场调研。电话调研通常是针对整个行业市场上的消费者的，无论是否为自己企业的客户，都可以成为调研对象，目的在于了解市场需求，从而为进一步开拓市场提供依据。

电话调研不仅仅是按部就班地对现有调研问卷通过电话形式进行调查，作为客户信息服务专业的学生，通过本任务的学习，能够具备更专业的电话调研的素养和能力，熟练掌握电话调研业务技能，为将来从事呼叫中心电话调研业务打下坚实的知识和能力基础。

本任务要求学生掌握电话调研的流程及电话调研各个流程中的常用话术，掌握电话调研的技巧，掌握市场调研的类型及相关理论知识，并能够将电话调研业务应用于各个行业的市场调研。

## 任务实施

进行电话调研，不仅仅是按照企业所提供的调研问卷或话术提问这么简单，在电话调研过程中，要取得良好的调研效果，需要掌握比较全面的电话调研知识，具备电话调研的技巧。

### 1. 了解电话调研的一般流程

电话调研流程大致可以划分为 6 个阶段，见图 3－1－1。

（1）做好准备，拨打电话

呼出任何电话之前都需要做好充分的准备。首先了解调研项目和调研目的，这样便于整体理解调研问卷的内容，而不是机械地提问。了解调研项目和调研目的之后，对于客户提出的问题，也可以灵活自如地应答。

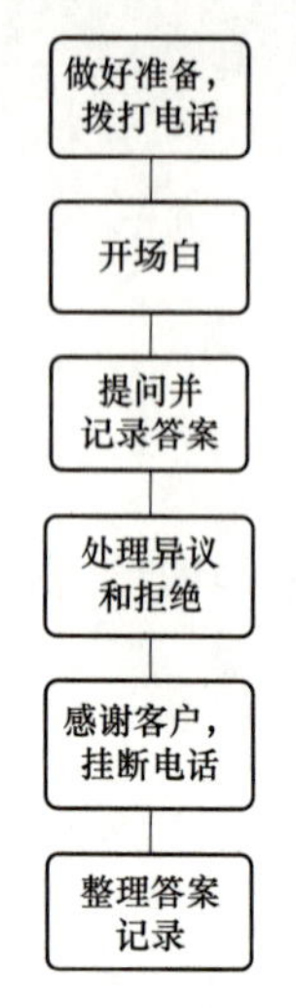

图 3-1-1 电话调研流程

不同的客户，反应也会不同，有可能有的客户正好比较忙，不会配合电话调研，因此需要座席代表做好话术准备，调整好心态，例如准备好 FAQ、做好心理调整、降低周围的噪声、准备好纸笔等。

（2）开场白

开场白一般包含的信息有自我介绍、打电话的目的、对占用客户时间表示感谢等。这部分内容最好要能够吸引人并强调打电话的目的，否则很可能会使客户误认为是电话销售而主动挂断电话。

（3）提问并记录答案

得到客户允许之后就要进行提问，提问要严格按照问卷中的问题进行。而且要控制好提问的时间，一般在 10 分钟左右，超过的话会严重影响问卷调研的完成率。调研过程中不能跳题或者自己增加问题，也不应该根据个人喜好来影响客户的回答。在客户回答问题的时候要及时对答案进行记录。

（4）处理异议和拒绝

在提问之前以及提问的过程中都可能遭到客户的异议和拒绝，此时要根据事先准备好的 FAQ 来进行解答，使客户配合完成问卷调查。处理异议的原则是耐心、专业、礼貌、果断。不可让客户觉得你不专业，或者觉得你有其他不好的目的。

（5）感谢客户，挂断电话

无论客户是否配合你完成了调研，在挂断电话之前都应该向客户表示感谢，礼貌挂断电话。

（6）整理答案记录

挂断电话后，不能直接就结束本次的调研任务，而是要仔细回忆通话过程，检查调研答案的记录是否准确，以及一些开放性问题的答案记录是否周全等。否则，一段时间之后再整理就很容易混淆记忆。完成这些工作之后，就可以进行下一个调研电话呼出了。

### 2. 编写电话调研话术

调研话术是按照调研者的目的设计的一套固定的问卷。虽然对于一线的外呼座席代表来说，在进行外呼调研的过程中一般都是按照公司项目提供的调研问卷来进行的，但是问卷所设计的问题或回答话术毕竟是有限的，而客户有可能在此过程中会有不同的反应和问题，所以如果了解项目调研背景之后，能根据经验自己编写调研问卷，掌握编写调研问卷的关键技能，面对客户便可应对自如。

一般来说，编写电话调研话术主要包括以下几个部分：

（1）编写开场白

开场白需要包含的内容包括自我介绍和说明调查原因，有时候还需要征求客户的意见，是否愿意配合调查，有的问卷在开场白还需要确定客户的身份是否符合调查要求。开场白可分为两种形式：

1）需要筛选。这类开场白一般是面向一些特定客户，在不太确定他们是否符合调研条件的情况下，需要在开场介绍自己身份之后，用提问的方式来筛选精准客户。例如：

“您好！我叫××，是××调研统计研究所的调研员，我有一些问题要询问拥有国产汽车的用户，请问您的汽车是国产的还是进口的？”

如果开场提问后客户反馈是非国产汽车，则感谢后结束提问。如果是目标客户，则进行调研。

2）不用筛选。一般不用筛选客户类型的调研问卷是面向大众消费群体的，只要客户没有拒绝，在开场白表明身份和得到客户允许之后就可以进行调研。例如：

“您好！我叫×××，是××调研统计研究所的调研员，我有一些关于房子装修的问题，想了解一下您的看法。打扰您了！”

××县 2019 年度乡镇群众满意度电话调研问卷

在开场白的设计编写中，一般需要先表明自己致电的目的，很客气地说明想占用客户短暂的时间，并在等到客户允许后进行下一步的问卷内容。

（2）根据调研目的编写问卷

1）编写结束语。无论客户在甄别部分是否合格，结束时都要表示感谢。例如：

“非常感谢您的配合，我们的工作已经结束，祝您生活幸福。”

“我的访问结束了，感谢您的配合，祝您生活愉快，请您先挂机。”

2）编写 FAQ。虽然在电话调研进行的过程中，座席代表通常会拿着调研问卷进行电话沟通，但是由于客户类型、客户需求以及客户配合度的不同，所以客户经常也会提一些在问卷之外的问题。为了应对这类情况，调研者需要预估客户可能会遇到的哪些问题，作为 FAQ 补充在问卷后面，并且收集调研过程中产生的客户其他问题，一并记录到 FAQ 中，这样有助于提高座席代表应对常见客户问题的能力。

**电话调研 FAQ 汇总**

（1）（确认电话号码时）你怎么知道我家电话？

您家的电话是我们的访问系统在 0～9 这十个数字中随机抽取的，没有具体的针对性，请您放心。我们拨过很多空号，好不容易才接通这个电话，耽误您一点时间，帮个忙。

（2）（开场白）你是哪位？有什么事？

我姓×，是××公司的访问员，我们正在进行一项关于××的研究，希望您能抽出一点时间，接受一个简短的访问。

（3）（被误会是电话推销）我不需要（不想买东西）。

请您放心，在访问过程中和访问之后，我们都不会向您推销任何商品，我们只是听取您的意见。

（4）哪个公司委托你们做这访问？

我们是一家独立的市场咨询公司，我们不受任何公司的委托，是独立来做访问调查的。

（5）你们为什么要做这个访问？我有什么好处？

我们收集消费者的意见和观点进行统计分析，然后反馈给相关企业，帮助他们改善产品和服务。作为消费者的您也会从中受益。

（6）参加这个访问有礼物吗？

（如实告知）老实讲，本次调研是没有礼品赠送的，相信您也不会因为礼品而接受或者拒绝我们吧。

（7）没有兴趣（没有时间），你找别人吧。

您的电话是电脑随机选中的，您的意见很有代表性，我们希望能听取您的观点。麻烦您帮帮忙，抽出一点时间好吗？

（8）你们不会泄露我的私人信息吧？

请您放心，您的个人资料绝对保密。我们会将您的回答与其他人的一起汇总分析，编写报告时，不包含任何识别个人身份的信息。

（9）对不起，我现在在开会。

那我几点再打给您合适呢？（如果被访者以此推诿不提供时间）那我明天这个时间打过来再试下可以吗？我在××点（约定的时间）再联系您，请问怎样称呼您？

（10）我现在没空/不方便。

我们的问题很简单，都是有关日常生活的，不会耽误您太久。

（11）太长了，我不想做了。

➢ 剩下的问题不多了，我会尽快询问，能找到您这样的被访者很不容易，非常感谢您！

➢ 如果现在中断访问，那我之前的工作就白费了，现在问题也不多了（如果问题确实不多，可以强调这一点）希望您可以帮我这个忙。

### 3. 实施电话调研

在做好电话调研的充分准备之后，就可以电话调研外呼了。在开始外呼电话之前，调整好心态，可以将调研问卷演练几遍，并熟悉客户常见问题的答案，做到胸有成竹。

通过自我介绍说明来意之后，需要得到客户的允许再开始提问，否则会显得很没有礼貌，客户挂断的概率也会提高。

在提问过程中，如果遇到客户出现不耐烦的情绪，尽可能地安抚。优秀的座席代表在这个时候要学会能用自己的沟通技巧去安抚客户情绪，而不是机械地要求客户配合进行后面的调研问卷。

最后在问卷结束后，给予客户非常诚挚的感谢。

### ❀ 问卷设计小技巧

**设计问卷时 10 个“不应该”**

（1）问题不应该假设不明显存在的标准；

（2）问卷不应该超越应答者的能力和经历；

（3）问题不应该用特例来代替普遍状况；

（4）应答者只记得大致的情况，不应该询问细节；

（5）问题不应该要求应答者通过判断来猜测；

（6）不应该过多询问无关的问题；

（7）问题中不应该使用夸张的词语；

（8）问题中不应该使用有分歧的词语；

（9）不应该将两个问题并为一个；

（10）不应该引导应答者回答某一特定答案。

## 必备知识

### 1. 市场调研类型介绍

（1）消费需求调研

对竞争对手的客户和自己的客户进行研究，摸清消费者的消费变动趋势，挖掘潜在需求，以采取更好的服务策略，并为产品或服务的创新奠定基础。

（2）竞争动态调研

对竞争对手的产品或服务进行研究，摸清竞争者的一些营销战略、战术，以及营销政策、产品优劣势等。

（3）市场环境调研

必须对目标市场进行诸如国家政策、地方政策，特别是物价、市场监督、行业监管部门、传播媒体、社区管理等市场环境进行充分调研。

（4）渠道通路调研

主要对目标市场的经销商网络、零售商网络等渠道通路进行充分调研，以确定自身产品的通路方向、渠道政策。

（5）市场轻重调研

主要对目标市场进行市场细分调研，以确定目标市场的轻重缓急。对消费者根据其习惯、所处区域和生活形态等方面进行细分，是企业深层服务和延长产品生命周期的有效策略。

### 2. 了解电话调研问卷的格式

一份完整的调研问卷通常包括标题、问卷说明、被调查者基本情况、调查内容、编码、调查者情况等内容。

（1）问卷的标题

问卷的标题就是为了让人一目了然问卷的主题是什么，而且还能使被调查者对所要回答什么方面的问题有一个大致的了解。

（2）问卷说明

问卷说明是在正式做问卷调研之前对被调查者做的关于本次调研的宗旨、目的、意义等的一个简要的说明。

（3）被调查者基本情况

这是指被调查者的一些主要特征。例如，在消费者调查中，消费者的性别、年龄、婚姻状况、文化程度、所在地区、收入、民族、家庭人口、职业、单位等；在企业调查中，企业名称、所有制性质、地址、职工人数、主管部门、商品销售额（或产品销售量）等情况。根据问卷需要，此部分有时放在问卷的最后进行提问，因为很多时候被调查者比较排斥被询问自己的基本情况，产生抵触心理，不愿意配合。

（4）调查主题内容

调查主题内容是调查问卷中最重要的部分，这部分内容设计的好坏直接影响整个调查的价值。

（5）编码

对调查内容进行编码，主要是为了考虑最后的统计分析。编码的过程其实就是将问卷中的调查项目变成数字的过程。目前大多数市场调研问卷均需加以编码，以便于整理和进行计算机处理及统计分析。通常是在每一个调查项目的最左边按顺序编号。如：① 您的姓名；② 您的职业；……。

### 3. 调研问卷的问题设计

调研内容，也就是问题，是问卷的核心，在设计问卷时，必须对问题的提问方法和类别仔细考虑，否则会使整个问卷产生很大的偏差，导致结果没有效用。因此，在设计问卷时应对问题设计的方式有清楚的了解，并善于根据调查情况和调查目的选择适当的询问方式。

（1）问题的主要类型及询问方式

1）开放性问题和封闭性问题。所谓开放性问题，是指所提出的问题并不列出所有可能的答案，而是由被调查者自由做答的问题。开放性问题一般提问比较简单，答案比较真实，大多出自被调查者的真实感想和观点，但结果难以作定量分析。在对其作定量分析时，通常是将答案进行分类，例如对某项政策持反对态度，可对反对的理由进行分类。

所谓封闭性问题，是指已事先将问题的各种可能的答案设计好了，被调查者只能从中选定一个或几个现成答案的提问方式。封闭性问题由于答案标准化，不仅回答方便，而且易于进行各种统计处理和分析。但缺点是被调查者只能在规定的范围内被迫回答，有时候由于选项的局限性，无法反映其他各种有目的的、真实的想法。

2）直接性问题、间接性问题和假设性问题。直接性问题是指在问卷中通过直接提问方式得到答案的问题。直接性问题通常给被调查者一个明确的范围，所问的是个人基本情况或意见，比如“您最喜欢的洗发水是什么牌子的”“您的年龄”“您的职业”等，这些都可获得明确的答案。这种提问对统计分析比较方便，但遇到一些窘迫性问题时，采用这种提问方式，可能无法得到答案。

间接性问题是指那些不宜于直接回答，而采用间接提问的方式得到答案的问题。通常是指那些被调查者因对所需回答的问题产生顾虑，不敢或不愿真实地表达意见的问题。例如，“您认为妇女的权力是否应该得到保障？”大多数人都会回答“是”或“不是”，而实际情况则表明，许多人对妇女权力有着不同的看法。如果改问：

A：有人认为妇女权力应该得到保障的问题应该得到重视。

B：另一部分人认为妇女权力问题并不一定需要特别提出。

您认为哪些看法更为正确？

对 A 看法的意见：

① 完全同意；② 有保留的同意；③ 不同意

对 B 看法的意见：

① 完全同意；② 有保留的同意；③ 不同意

采用这种提问方式会比直接提问方式收集到更多的信息。

假设性问题是先假设某一情景或现象存在，然后询问被调查者对这种情景或者现象的看法或者意见。例如：“有人认为目前的食品安全问题已经到了一个非常严重的程度，您的看法如何？”“如果在购买住宅和汽车中您只能选择一种，您会选择何种？”这些语句都属于假设性提问。

3）事实性问题、行为性问题、动机性问题、态度性问题。事实性问题是要求被调查者回答一些有关事实性的问题，其主要目的是获得有关事实性资料。例如，“您通常什么时候看电视？”

行为性问题是对被调查者的行为特征进行调查。例如，“您是否做过××事？”“您是否拥有××物？”

动机性问题是关于被调查者行为的原因或动机的问题。例如，“您为什么做××事？”“您为什么购买××物？”

态度性问题是关于被调查者的态度、评价、意见等的问题。例如，“您是否喜欢××牌子的自行车？”

以上是从不同的角度对各种问题所作的分类。应该注意的是，在实际调查中，几种类型的问题往往是结合使用的，问卷设计者可以根据具体情况选择不同的提问方式。

（2）问题的答案设计

在电话调研中，无论是何种类型的问题，都需要事先对问题的答案进行设计。在设计答案时，可以根据不同的情况采用不同的设计形式。

1）二项选择法。二项选择法是指提出的问题仅有两种答案可以选择，一般是“有”或“无”、“是”或“否”、“好”或“坏”等。这两种答案是排斥的、对立的，被调查者的回答非此即彼，不能有更多的选择。例如：

您是否喜欢海飞丝的广告？

① 喜欢；② 不喜欢

这种方法的优点是：易于理解和可迅速得到明确的答案，便于统计处理，分析也比较容易。但对于被调查者选择这种选项的原因还不能够进行深入了解。

2）选择法。选择法是指就所提出的问题事先预备好两个以上的答案，被调查者可任选其中的一项或几项。例如：

您至今没有上网的主要原因是（可选多项）：

① 家里没有电脑；② 工作太忙，没时间上网；③ 担心孩子受不好影响；④ 对上网不感兴趣；⑤ 电脑不够好，速度跟不上；⑥ 上网费用太贵；⑦ 家里没装电话；⑧ 不知道怎么用；⑨ 其他（请说明）________________________

由于所设答案不一定能表达出被调查者所有的看法，所以在问题的最后通常可设“其他”项目，以便让被调查者表达自己的看法。

这种方法的优点是答案有一定的范围，也比较便于统计处理。但采用这种方法时，设计者要考虑以下两种情况：

第一，要注意根据选择答案的排列顺序。如果把那些最有可能被选择的选项放在前面的话会导致很多被调查者根本不考虑就选择前面的选项。此外，答案较多的话往往容易使被调查者无从选择，产生厌烦。一般这种多项选择答案应控制在 8 个以内。

第二，要考虑到全部可能出现的结果，及答案可能出现的重复和遗漏。

3）顺位法（排序题）。顺位法是列出若干项目，由被调查者按照自己的意愿决定先后顺序。例如：

您选购空调的主要条件是？（请将所给答案按重要顺序 1，2，3…填写在□中）

价格便宜□；维修方便□；外形美观□；牌子有名□；

噪声低□；经久耐用□；制冷效果□；其他□

顺位法调查项目不宜过多，特别是在电话调研中，被调查者无法亲眼看到题目，只能由调研者来读题和选项，选项太多的话被调查者往往只能记住最后的两三个，这样就很难再做出排序了。这种方法适用于要求答案有先后顺序的问题。

4）填空式。填空式也是很常见的答案设置方法。例如：

您的职业_________。

您的文化程度______。

您的出生年月______。

这种题型一般适用于填写被调查者的一般信息。

5）比较法。比较法是采用对比提问方式，要求被调查者作出肯定回答的方法。例如：

请比较下列不同品牌的可乐，哪种更好喝？（在您认为好喝的牌子□中画√）

可口□　天府□　奥林□　百事□

比较法适用于对质量和效用等问题作出评价。应用比较法要考虑被调查者对所要回答问题中的商品品牌等项目是否相当熟悉，否则将会导致空项发生。

6）列举式。列举式一般也称回忆式，是让被调查者自己通过回忆列举出答案。例如：

请列举您所知道的出版社的名称：________、________、________。

7）矩阵式。这种形式的题型一般适用于想同时了解被调查者对多种同级项目的评价。例如：

您对××品牌的洗衣机的评价是？（请在相应选项打√）

| 项目 | 非常满意 | 比较满意 | 一般 | 不满意 | 很不满意 |
|---|---|---|---|---|---|
| 功能 | | | | | |
| 价格 | | | | | |

8）开放问答题。开放问答题是指被调查者可以自由发表意见，并已经拟定好的答案。例如，“您觉得易拉罐包装的啤酒有哪些优、缺点？”“您认为应该如何改进小学教育？”这种方法适用于那些不能预期答案或不能限定答案范围的问题。

## 任务拓展

**实训任务：**调研问卷及FAQ设计。

**任务形式：**2人一组，每个人独立完成后进行互评。

**任务时限：**45分钟。

**任务要求：**

（1）根据提供的项目背景描述，设计一份关于大学生隐形眼镜使用情况的调研问卷。

（2）根据已经给出的大学生服装消费情况调研问卷，写出调研问卷的FAQ。

（3）小组2人进行模拟扮演，然后谈一谈感受和心得。

**背景资料：**

最近，华唐呼叫中心承接了两个电话调研项目，一个是关于隐形眼镜在大学生中的市场前景的电话调研，另一个是关于大学生服装消费的电话调研。为了尽快熟悉电话调研业务，提高呼叫中心团队的业务技能，你作为华唐呼叫中心的项目主管，同时负责这两个项目的开展。

你决定将这两个电话调研的项目同时进行，并分派给呼叫中心的两个小组开展业务。小组1进行隐形眼镜的问卷调研项目，小组2进行大学生服装调研项目。下面是这两个项目的背景材料。

（1）隐形眼镜问卷调研项目背景：

① 调研目的：隐形眼镜使用最为广泛的五大品牌与价位，了解价位并用于精准销售。

② 调研群体：隐形眼镜用户。

③ 调研数据：北京50家眼镜店的隐形眼镜购买者数据。

根据以上背景写出一份调研问卷，并进行模拟练习。

（2）大学生服装消费调研问卷FAQ编写：

**关于大学生服装消费的调查问卷**

您好！我们是××公司的市场调查员，我们正在进行一项有关于大学生服装消费的市场调查，现在耽误您几分钟的时间配合我们做一份问卷，您的答案将对我们很有帮助。非常感谢您的配合！

1. 您最近是否购买过服装？（　　）

A. 是　　B. 否

2. 您觉得比较能接受的服装价位是（　　）？

A. 100元以内　　B. 100～200元　　C. 200～300元　　D. 400元以上

3. 在购买服装时，您是否会受产品品牌的影响？（　　）

A. 完全没有影响　　B. 有一定影响　　C. 有较大影响　　D. 完全由品牌影响

4. 您购买服装的主要原因是（　　）？

A. 赠送礼品　　B. 追求潮流　　C. 一时冲动　　D. 生活需要

E. 其他

5. 请问您一般选择在什么时候购买服装？（　　）

A. 新品上市　　B. 促销打折　　C. 换季打折　　D. 节假日

E. 随意（无所谓）

6. 在选择品牌服装时，你最重视哪些因素？（多选）（　　）

A. 品质　　B. 价格　　C. 服务　　D. 款式

E. 体现个性　　F. 品牌形象　　G. 流行性　　H. 其他

7. 您购买服装的频率是（　　）？

A. 不固定　　B. 一月购买一次

C. 一季度购买一次　　D. 一年购买一次

E. 其他________

8. 您购买前的信息来源主要是？（多选）（　　）

A. 亲友介绍　　B. 媒介广告宣传　　C. 网络资料　　D. 销售人员的介绍

E. 个人经验　　F. 逛街偶尔发现　　G. 其他

9. 在选择品牌服饰时，你最重视哪些因素？（多选）（　　）

A. 款式　　B. 价格　　C. 流行性　　D. 舒适程度

10. 您最喜欢哪种风格的服饰设计？（　　）

A. 凸现个性　　B. 清新自然　　C. 传统雅致　　D. 时尚动感

E. 其他

11. 您最经常购买的服装品牌是（　　）？

A. 阿迪达斯　B. 真维斯　C. 耐克　D. 李宁
E. 森马　F. 无固定品牌

12. 哪些促销推广方式吸引您？（多选）(　　)
A. 折扣促销　B. 赠品促销　C. 特价促销　D. 累计消费返现
E. 有奖销售　F. 贵宾卡促销　G. 其他________

13. 请问您认为选择以下哪种人士作服饰的品牌代言人比较合适？
A. 影视明星　B. 歌星　C. 模特　D. 成功人士
E. 体育明星　F. 其他

14. 您认为最易令您留下深刻印象的广告是什么？（多选）(　　)
A. 电视广告　B. 户外广告　C. 车身广告　D. 报纸杂志广告
E. 广播　F. 服装展览会　G. 互联网广告　H. 其他

15. 请问您通常在以下哪个场所购买服饰？(　　)
A. 品牌专卖店　B. 普通服装店铺　C. 百货商场　D. 服装批发市场
E. 网店　F. 其他

16. 请问您选择该购买地点的主要原因是什么？（多选）(　　)
A. 周边环境　B. 购物方便
C. 从众心理　D. 店铺装潢
E. 服务水平　F. 个人习惯或喜好
G. 其他

17. 请问您每个月的生活费是多少？(　　)
A. 800～1 000 元　B. 1 000～1 500 元
C. 1 500～2 000 元　D. 2 000～2 500 元
E. 2 500 元以上

18. 您平均每月用于购买服饰的金额是(　　)？
A. 1 000 元以内　B. 1 000～2 000 元
C. 2 000～3 000 元　D. 3 000 元以上

19. 您的性别是(　　)？
A. 男　B. 女

再次感谢您的配合！再见！

就以上电话调研的问卷，小组合作写出尽可能多的 FAQ。每组将本组的 FAQ 进行展示，看看哪一组写得多，回答得好。教师予以点评。

# 任务二　实施电话邀约业务

## 任务情景

**花花：**师傅，我们呼叫中心最近接到一个电话邀约的项目，这类项目的要点您能否给我介绍一下呢？

**糖糖：**电话邀约也是外呼项目的一种重要业务类型，主要适用于大型的会议邀请、大型的人力资源招聘面试邀约。一般来说它有两个特点：一是邀请参与对象的人数规模较大，一般的企业人员无法在短时间内完成大规模的电话邀请；二是电话邀请的内容比较简单，一般的邀请不会直接产生销售和订单，而是通过电话邀请参与活动来为销售活动做准备或者促进销售。

**花花：**那是不是对我们一线座席代表来说，电话邀约项目相对比较简单呢？

**糖糖：**也不能这么说，如果要完成比较高的邀请成功率，还是要具备一定的技巧，我们的工作毕竟是与人沟通。如果只是按照话术去念的话，现在这个时代完全可以用语音机器人代替。我们作为座席代表，可以理解话术的意图，这样客户产生异议的时候可以与他们灵活沟通，从而达到成功邀约的目的。

**花花：**嗯，那我理解了。

## 任务分析

电话邀约业务是呼叫中心一种典型的呼出业务，一般来说都是为了公司的市场活动、销售活动而产生的邀请客户参与公司大型活动的项目。电话邀约主要的应用领域是电话销售。根据邀约对象的不同，电话邀约在电话销售行业的主要应用可以分为两类：一类是营销电话邀约，在会议营销之前通过电话邀约客户参加公司会议，这一类邀约通常被称为“会议邀约”，这类电话邀约业务也是最为常见的一类。另外还有一类电话邀约项目，邀请客户参与产品试用、产品体验，邀请客户免费试听课程等。无论是邀请客户参与会议还是参与其他活动，都是为了公司的销售市场活动而展开的，因此，电话邀约项目有时也被归并为电话销售业务的一个分类。

在本任务中，通过学习邀约业务实施过程中的相关理论知识，学生能够掌握电话邀约的主要应用分类，能够实施特定类型的邀约业务，能够编写邀约话术并针对在实施过程中存在的问题进行话术优化。

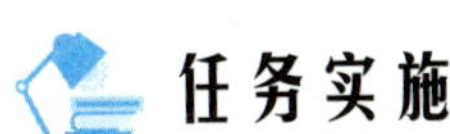

## 任务实施

目前，电话邀约应用最主要的领域之一是会议营销。会议营销是指通过寻找特定客户，通过产品说明会和亲情服务的方式销售产品的销售方式。会议营销的实质是对目标客户的锁定和开发，以专家顾问的身份对意向客户进行关怀和隐藏式销售。一般在会议之前需要收集客户名单，将适合自己产品功效的客户通过不同渠道收集到手，要求名单真实、实用；收集完名单后，确定时间、地点进行会议营销中间部分的准备工作，比如现场布置、控制与实施，之后，将名单根据不同的状况进行分类处理，然后通知客户到会议现场。这种通知工作就是电话邀约。比如电话邀约客户参加展会、参加大型会议、参加课程免费试听，在当前的互联网时代，有的电话邀约项目也会邀请客户参加一些线上活动。

需要了解的是，无论何种电话邀约内容，都是围绕一个企业的市场和产品来展开的，所以在电话邀约项目中，最重要的就是要了解邀约活动的内容、目的以及和邀约活动相关的产品等关键信息，编写好会议邀约话术，通过电话形式成功邀请到客户，为后续活动中的环节做好铺垫。

**1. 了解电话邀约目的**

很多座席代表都是拿着一份电话邀约话术机械地按照话术去和客户沟通，并没有对项目背景进行了解。机械沟通最大的问题就是成功率非常低，经常会遭到客户的拒绝，客户提出来的问题也无法很好地解答。对邀约项目的邀约目的、活动内容、产品相关信息了解得越多，才会有更多的机会去获得客户的认同和同意，才会提高成功率。

当然，电话邀约的目的（见图 3–2–1）最重要的是要邀请到客户参加活动，参加会议和见面，如果客户对活动感兴趣已经成功邀约了，就不要再谈话术以外的问题。座席代表要掌握好自己的职责范围，虽然了解一些产品信息和活动信息，但是作为座席代表毕竟了解有限，要注意拿捏好度，对于自己无法回答的问题，不要贸然回答而引起客户的误解。对于不太了解的问题，可以承诺客户过后由更专业的人员回复或者邀请客户参加会议，告诉客户会议上会有更专业的解答。

图 3–2–1　电话邀约的目的

**2. 实施电话邀约**

（1）电话邀约的一般程序

电话邀约与电话销售一样是带有销售性质的，所以，电话邀约不仅仅是通知客户参加一个会议的时间和地点而已，而是要尽可能提高邀请成功率，并在会议开始前进行追踪提醒客户参会时间，确保客户能够准时到场。电话邀约的一般程序见图 3–2–2。

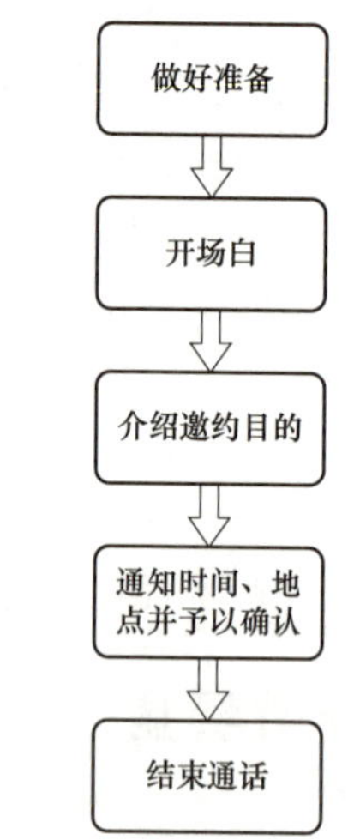

图 3–2–2　电话邀约的一般程序

1）做好准备：

① 使用合适的称谓。读错别人的姓名或和使用不当的称谓是一件很不礼貌的事情。中国姓氏和名字多样，而且读音多变，稍不注意就会读错。作为座席代表，使用错误的称谓称呼对方，是很不应该的事情。所以在遇到陌生的姓氏或字词不能正确读出时，不要想当然。这时桌面上准备一本《新华字典》是十分有必要的。

② 做好回答客户疑问的准备。电话邀约也是双向沟通的过程，虽然座席代表在进行电话邀约的过程中都有固定的邀约话术，但是很难避免客户会打断并问到邀约话术之外的一些问题，所以一般要对常见问题烂熟于心，而不能等到客户问到才去翻标准答案，这时已经来不及了，通常客户没有耐心等待。

③ 熟悉公司周边及当地交通。作为电话邀约项目的座席代表，必须对所邀请会议的地理位置以及到达会场的交通方式记得非常清楚，在电话邀约的过程中对于有意向或者没有拒绝的客户清楚地告诉参会地点。

④ 选择合适的时间拨打电话。拨打电话的时间最好是在上午 10～11 时，下午 2～5 时。尽量不要占用客户的私人时间，如用餐、午休、周末时间等。工作时间的电话邀约成功率会较高。

2）开场白。一般常用的开场白为：“您好！我是××公司的客服专员，我们想邀请您参加×月×日的××会议展览，本次会议主要是××××展览会。”这是最简单常见的开场白方式。

3）介绍邀约目的。开场白之后就是介绍邀约目的。如果是会议邀约，就会议内容和意义以及吸引客户的亮点做介绍。如果客户没有疑问，就可以通知时间地点，如果客户还有其他问题，就要及时回答客户的问题。

4）通知时间、地点并予以确认。在客户没有拒绝电话邀约之后，就要明确地告诉客户参加会议的时间和地点，并且要确定客户的时间是否方便，得到客户确认参会的承诺。这就算是一个比较成功的电话邀约。

会议邀约

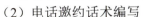

5）结束通话。一般在挂断电话之前要有一些感谢客户的礼貌用语，比如“感谢您，祝您生活工作愉快”，之后就可以让客户先挂断电话。

（2）电话邀约话术编写

在营销电话邀约中，话术要围绕以下的 5 个问题来设计：

1）我是谁？

2）我要跟客户谈什么？

3）客户有什么好处？

4）拿什么来证明我谈的是真实的、正确的？

5）客户为什么现在一定要来？

针对不同的客户类型，编辑相应的话术并不断进行优化。例如，根据房地产行业的三种客户类型需要有不同的话术，见表 3－2－1。

表 3－2－1　根据不同客户类型有不同的话术及话术要点

| 客户类型 | 客户表现形式 | 话术关键要点 | 经典话术 | 目标客户 |
| --- | --- | --- | --- | --- |
| 全依赖型 | 攀比心理强、个性化需求、目标不坚定 | 摆明立场，直接步入主题 | 我给您预订了座位以及停车位，请您到时候准时参加 | 年轻人婚房较多、第一次装修 |
| 半依赖型 | 问题多、犹豫不决 | 专业知识过硬，果断要求 | 我针对的是您家的装修，您是完全有必要听我们这堂课的 | 教师、律师较多、父母给子女买房，大多是第一次买房 |
| 独立自主型 | 傲慢、沉默不语，也不挂电话 | 软磨硬泡，凸显品牌优势，让其多说话寻找需求点，有必要时可以“骂” | 您看，我跟您说了这么久，您好歹也给我个面子吧，其实公司给我们的压力也很大啊，就当是您帮我一个忙吧 | 政府官员及私人企业老板 |

## 必备知识

### 1. 会议邀约的技巧

1）在传递会议价值时，尽量模糊化，记住要留一点悬念给客户，让客户有亲临会场来了解会议内容的兴趣。

2）电话邀约后可以使用手机短信跟催（例如：中餐时间以问候、关心为主，提醒回执为辅），这样可以避免客户频繁接听电话的厌烦感。

3）多问问题，尽量让客户说话。在面对面接触时，可以从客户的表情动作看出客户是否在专心倾听，但在电话交谈中，由于没有判断的依据，无法推测客户的内心想法，因此，要多问问题，尽量让客户发表意见，才能知道客户的真实想法。

4）自愿原则。明确告诉客户参加会议是自愿，不要让客户感受到浓烈的推销感觉，避免客户产生排斥情绪而拒绝参会。

### 2. 电话邀约流程（见表 3－2－2）

表 3－2－2　电话邀约流程

| 阶段 | 步骤 | 内容 | 细节要点举例 |
|---|---|---|---|
| 准备 | 1 | 信息、资源搜集整理 | 了解小区背景、户型结构、设计基础知识、方案报价、样板房、均价等，客户需求、竞争对手优劣势分析 |
| | 2 | 讨论客户需求 | 准确了解客户的背景、爱好、文化兴趣 |
| | 3 | 客户关怀 | 品牌宣传、祝福、笑话、天气预报、温馨提示等 |
| | 4 | 编辑与优化话术 | 注意提问和反问设计 |
| | 5 | 邀约人员培训 | 根据业务需求实施培训 |
| | 6 | 定邀约目标及奖罚 | 制定相应的目标管理制度 |
| 实战 | 7 | 电话邀约实战 | 充分运用电话邀约技巧 |
| 总结反馈 | 8 | 客户信息资源管理分类 | 电话结束后的明细登记：意向客户、准客户、潜在客户分别明细分析 |
| | 9 | 总结反馈 | 1. 收集到的信息，电话邀约要在 2 日内整理完毕，并把电话结果记录备案，制定下一次电话的沟通主题；<br>2. 当电话邀约完以后，需及时发送信息祝福感谢（对于重点客户，必须用自己手机编写祝福短信并注明自己的姓名），对于重要客户要立即反馈给部门主管；<br>3. 每天下班后，要把当天的电话邀约结果及重要客户名单汇报给部门主管；<br>4. 对潜在有效的信息，要制定相对合适的回访电话，持续电话跟踪；对于已无意向达成合作的客户，也要定期发送短信，不排除以后有机会成功 |

### 3. 电话邀约服务指标（见表 3－2－3）

表 3－2－3　电话邀约服务指标

| 序号 | 指标名称 | 指标定义 |
|---|---|---|
| 1 | 电话沟通成功率 | （电话邀约成功次数/总沟通电话数）×100% |
| 2 | 电话约见成功率 | （成功约见面的电话数/总拨打电话数）×100% |
| 3 | 客户电话沟通量 | 与客户进行电话沟通的数量 |
| 4 | 客户沟通及时性 | 一定周期内未及时同客户沟通的次数 |
| 5 | 短信通知及时性 | 一定周期内未及时短信通知的次数 |
| 6 | 客户到场率 | （成功到场客户人数/总计划邀约客户人数）×100% |
| 7 | 服务水平 | 回答时间少于 $N$ 秒钟的电话数/所呼出的电话总数 |

## 任务拓展

讲座电话邀约

**实训任务：**电话邀约面试。

**任务形式：**2人一组，分别熟悉背景资料后进行电话邀约角色模拟扮演。

**任务时限：**30分钟。

**任务要求：**

（1）根据提供的背景资料，小组成员每人设计一份关于本次电话邀约的话术和FAQ。

（2）根据设计好的邀约话术和FAQ进行模拟演练，轮流互换角色扮演，一人扮演座席代表，一人扮演客户。

（3）扮演完成之后，根据扮演过程小组成员进行自我评估，看看自己设计的话术和FAQ还有哪里需要完善和改进。

**背景资料：**

### COCAR车主俱乐部电话邀约面试

**【座席代表资料】**

你叫刘华，是COCAR车主俱乐部呼叫中心的一名座席代表，COCAR车主俱乐部是一家专业为用户提供汽车共享的平台，刘华主要的业务工作是邀请那些有租车意向的车主加入COCAR车主俱乐部，并对车主进行电话邀约面试。

刘华邀约的对象是有租车意向的车主，该车主必须具备如下条件：

（1）大专以上学历，20～40岁；

（2）具有良好的思想品行和职业道德素养，遵纪守法，无任何违法犯罪记录；

（3）爱车的市场价值在30万元以下；

（4）爱车到现在为止跑了10年以下；

（5）对于具备特殊背景的汽车行业的专业人才，可适当放宽要求。

✧ 用工方式：被租用车辆的车主隶属于人才派遣公司，由人才派遣公司办理其相关录用和“四金”缴纳手续。

✧ 薪资待遇：底薪1 000元+业务提成。

✧ 在邀约前你需要和你的同伴编写电话邀约面试的话术和FAQ。

✧ 根据问卷和话术对被邀约者进行电话邀约。

✧ 在调查过程中对于被邀约者提出的种种问题需要及时地回答和解决。

✧ 公司为你提供的应聘者的面试地址是：天津市南开区南开二马路47号，电话022-58642213；附近公交：百货大楼（新华路口）、南开五马路、蓉芳里等公交站点。

✧ 面试时间：2015年2月9日（周一）上午10:30。

**【被邀约者资料】**

你叫张亮，车辆工程专业大专毕业，之前曾在天津大众4S店从事汽车售后服务工作近一年。

你拥有一辆上海通用的君威2.0 t旗舰运动版汽车（市场价18万～27万元）。由于上班并不是很远，你一般都是坐地铁，所以很少开车。又因为最近一直在外地出差，自己家里小轿车也一直没有很好地利用。

你一周之前在赶集网上看到COCAR车主俱乐部呼叫中心正在招募有租车意向的车主，而且会免费获赠一台GPS和200元租车代金券。你觉得自己的爱车很合适，就投递了自己的简历。

你很关注爱车的业务问题，在电话邀约中，你希望大概了解自己的爱车每月可以为自己带来多少收入。

**【相关资料——COCAR车主俱乐部】**

（1）COCAR平台总部在上海。

（2）COCAR客服电话：4008 208 908。

（3）COCAR租车是基于P2P理念的在线私家车租赁平台，将私家车的闲置时间与租客的用车需求整合起来。COCAR租车公司核心团队来自盛大、腾讯、携程等一线互联网公司和汽车租赁巨头，互联网、汽车租赁行业实战经验丰富，整个团队配合默契、氛围和谐。

（4）COCAR是一家新型的互联网创业公司，COCAR租车目前正处在高速成长的上升期，加入本俱乐部的优秀人才将享有巨大的发展空间和成功机会。通过COCAR平台，可以让您的爱车每月为您轻松赚到上千元，只要登记一下简单的基本信息就可以了。

## 任务三　实施满意度调查业务

### 任务情景

**糖糖：** 最近你的工作表现挺出色的，你自我评价如何呢？

**花花：** 师傅，我最近感觉工作能力也提升了。以前因为经常做呼入业务，后来开始做呼出业务还挺有压力，最近几个月在您的指导下进行了调研和电话邀约的外呼项目，虽然压力比呼入项目大一点，但是感觉能力提升了，在成功沟通后，自己也挺有成就感的。

**糖糖：** 是的，外呼项目面对的客户具有更大的不确定性，因此特别提升我们的能力。接下来我们呼叫中心还会接包一个满意度调查的外呼项目，我希望你也能做好准备。

**花花：** 好的，师傅，那在项目开始之前您先给我做一个培训吧。

**糖糖：** 我们在培训之前先看一个案例，根据案例你可以先谈谈你认为企业为什么要进行满意度调查，满意度调查的价值何在。

### 任务分析

满意度调查是一种客户关怀业务，调查者（一般是企业）通过满意度调查问卷对客户进行访问，了解客户对公司的服务、产品、流程等的满意程度，以及通过询问了解客户满意或者不满意的原因，并征求客户的建议，其主要目的在于改进产品质量、提高服务水平、改善服务流程，为企业发展提供最可靠的依据。客户满意度可以很好地评估出企业提供的产品或服务是否让客户感觉到满意，在不同阶段了解客户态度的变化趋势，进一步发掘出有价值的客户群体进行细心维护。了解客户对产品或服务的满意度是企业进行客户维系的常用方法，更是企业完善客户数据库、提升客户满意度的重要方法。实践证明，充分利用在满意度调查实施过程中的沟通技巧可以为企业带来意想不到的效果。

一般来说对于一个面向 C 端的产品，企业自身无法在短时间内集中完成大规模的客户满意度调查，一般都是委托呼叫中心通过电话调研外呼项目来完成的。

本任务要求学生能够掌握满意度调查的问卷形式以及满意度调查与电话调研的区别，能够充分利用满意度调查业务实施过程中的沟通技巧维护企业客户关系，提升企业的市场竞争力和口碑。

## 任务实施

### 1. 满意度调查问卷的一般形式

满意度调查问卷是由标题、问卷说明、被调查者基本情况、调查内容、编码号、调查者情况等内容组成并以表格的形式展现（见表 3–3–1）。

满意度调查主要是了解客户的满意程度，在设计问卷时一般需要将答案设置成等级形式，供客户依据相应的满意程度进行选择。例如非常满意、满意、一般、不满意、非常不满意。这 5 个选项代表 5 种客户满意的等级。这种量表形式的问卷适合对客户满意度进行评分，得到确切数值形式的客户满意度。

表 3–3–1　客户满意度电话回访问卷形式

| 客户资料 | | | |
|---|---|---|---|
| 客户名称 | | 公司名称 | |
| 联系电话 | | 邮件地址 | |
| 联系地址 | | | |
| 购买的产品种类 | | | |
| 调查内容 | | | |
| 您是通过什么途径了解到本公司产品的 | □广告　□朋友介绍　□专业市场　□其他途径调查内容 | | |
| 产品质量和价格方面 | | | |
| 对产品的功能 | □非常满意　□满意　□一般　□不满意　□非常不满意 | | |
| 对产品的稳定性、兼容性 | □非常满意　□满意　□一般　□不满意　□非常不满意 | | |
| 对产品的外观造型 | □非常满意　□满意　□一般　□不满意　□非常不满意 | | |
| 对产品的价格 | □非常满意　□满意　□一般　□不满意　□非常不满意 | | |
| 服务方面 | | | |
| 1. 售后服务 | | | |
| 样品的交期 | □非常满意　□满意　□一般　□不满意　□非常不满意 | | |
| 订单的交期 | □非常满意　□满意　□一般　□不满意　□非常不满意 | | |

续表

| | |
|---|---|
| 我司业务人员的服务态度 | □非常满意 □满意 □一般 □不满意 □非常不满意 |
| 我司业务人员的责任心 | □非常满意 □满意 □一般 □不满意 □非常不满意 |
| 我司业务人员专业知识水平 | □非常满意 □满意 □一般 □不满意 □非常不满意 |
| 货物的运输方式 | □非常满意 □满意 □一般 □不满意 □非常不满意 |
| 2. 公司对渠道的支持 | |
| 广告投放 | □非常满意 □满意 □一般 □不满意 □非常不满意 |
| 装修支持 | □非常满意 □满意 □一般 □不满意 □非常不满意 |
| 工程信息开发 | □非常满意 □满意 □一般 □不满意 □非常不满意 |
| 人员培训 | □非常满意 □满意 □一般 □不满意 □非常不满意 |
| 为解决问题回复的及时率 | □非常满意 □满意 □一般 □不满意 □非常不满意 |
| 客户反馈及时性 | □非常满意 □满意 □一般 □不满意 □非常不满意 |
| 后台支持力度 | □非常满意 □满意 □一般 □不满意 □非常不满意 |
| 3. 维修服务 | |
| 产品出现问题后的处理流程 | □非常满意 □满意 □一般 □不满意 □非常不满意 |
| 维修品的修复质量 | □非常满意 □满意 □一般 □不满意 □非常不满意 |
| 维修产品的返回速度（及时性） | □非常满意 □满意 □一般 □不满意 □非常不满意 |
| 更换新品的速度（及时性） | □非常满意 □满意 □一般 □不满意 □非常不满意 |
| 维修工程师的服务态度 | □非常满意 □满意 □一般 □不满意 □非常不满意 |
| 对产品/服务的意见或建议 | □非常满意 □满意 □一般 □不满意 □非常不满意 |

### 2. 满意度调查中应注意的问题

（1）对于满意程度不同的客户，最后的结束语是不一样的

在客户满意度调查中，针对不同的客户，应选择采用不同的话术（见表 3–3–2）。一般在调查访问结束时，已经能够分辨出客户对企业的产品或服务总体的态度了。

**表 3–3–2 客户满意程度对应话术**

| 客户的满意程度 | 对应的结束话术 |
|---|---|
| 非常满意/满意 | 好的，非常感谢您对我们工作的理解和支持！您如果在使用的过程中还有需要帮助的话，可以随时与我们联系，24 小时服务电话是 0874–8870××××！我的回访到此结束，祝您生活愉快！再见！ |
| 一般 | 好的，非常感谢您对我们工作的理解和支持！对于我们工作中不足的地方向您致歉，我们会及时将信息反馈到售后服务部，我们将努力为您下次进店提供完美的服务。如果您在使用的过程中还有需要帮助的话，可以随时与我们联系，24 小时服务电话是 0874–8870××××！我的回访到此结束，祝您生活愉快！再见！ |
| 不满意/非常不满意 | ××先生/女士，非常抱歉，我已将您的问题记录并将立即反馈到售后服务总监处，在 3 个小时之内售后服务部相关负责人将会和您联系并制定处理方案，对于给您带来的不便再次表示歉意。如果您在使用过程中还有需要帮助的话，可以随时与我们联系，24 小时服务电话是 0874–8870××××！我的回访到此结束，祝您生活愉快！再见！ |

（2）满意度调查后应当有后续的感谢、改进及行动

在客户满意度调查结束之后，除了企业内部需要制定改进举措，给被调查者足够的反馈这一点也是不容忽视的，至少是对其参与表示感谢。例如，香格里拉酒店集团会定期对客户进行调查，调查结束之后，对于所有参与调查的客户，可以得到一张价值 80 元的餐券，并会在后期收到来自企业表示感谢参与的电子邮件，同时对回访者的一些建议给予相应的反馈。其实，在执行客户满意度调查时，客户满意度高并不表示客户就对企业百分百的放心和满意，也许在一次客户满意度调查之后，客户就明白哪些企业的服务才是真的好，哪些只是形式。

### 3. 满意度调查的流程（见图 3-3-1）

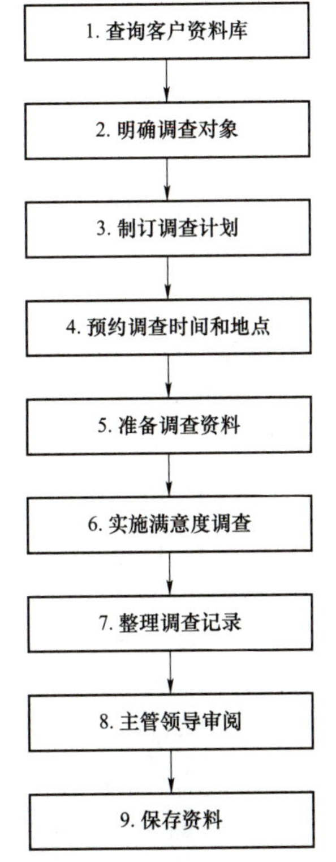


图 3-3-1　满意度调查的流程

戴尔公司满意度调查

## 必备知识

### 1. 影响客户满意度的因素

企业测定客户满意度的目的有两个：其一是改进产品或服务，其二是提高客户体验。但是由于一个企业的资源有限，不可能将任何影响客户满意度的问题全部立马解决，只能在一段时间内重点解决那些影响重大的问题。有一项对英国电信公司的研究可以帮助我们了解影响客户满意度的主要因素，其研究结果（见表 3-3-3），四个分项每增加 10 个满意度点数，对总体满意度的促进作用是不同的。

表 3-3-3　影响客户满意度的因素

| 下列分项每增长 10% | 总体客户满意度的相应增长比例 |
| --- | --- |
| 客户服务/失误响应 | 4.6% |
| 形象/美誉度 | 4.2% |
| 产品质量与可靠性 | 3.1% |
| 性能价格比 | 0.6% |

这项研究结果告诉我们：产品降价不会对客户满意度有多大影响；企业为提升客户满意度，首先要解决的是客户服务问题。

### 2. 满意度调查应该包含的主要问题

呼叫中心应该针对客户以及根据调查的目的来决定调查问卷所包含的主要内容。一般来讲，既要含有针对所服务的企业产品或服务特点的具体性问题，也要包含一些对服务整体评价的一般性问题。对于一般性的客户满意度调查来说，应该包含以下问题：

1）对服务业或产品整体质量的满意程度；

2）对服务代表或者顾问专业知识与技能水平的满意程度；

3）对质量的满意程度；

4）对解决客户问题的时效性或效率的满意程度；

5）对给客户提供的解决方案的有效性的满意程度；

6）对服务的评价或建议（开放性问题）。

### 3. 客户满意度调查问卷中量表的设置

（1）怎样设置客户满意度量表

我们一定听说过某个企业说自己的客户满意度是 100%，或者说自己的满意度超过了 96%等，那么这些数据是怎么衡量的呢？其实就是通过满意度调查量表得来的。

为什么要采用量表的形式呢？因为量表更利于统计分析。在设置问题的时候，将每个选项进行评分，客户选择哪个选项就得了多少分，最后综合统计，算出客户的总分，即客户的满意度。

通常量表的量尺以五点或四点的形式为多，五点量尺分为非常同意（非常满意）、同意（很满意）、没意见（基本满意）、不同意（不满意）、非常不同意（非常不满意），四点量尺则将“没意见（满意）”去掉（见图 3-3-2）。究竟五点量尺较佳还是四点量尺较佳，学者们各有不同的意见。有的学者认为比较不认真作答的人会有选“没意见”的倾向，结果造成所得的数据没有太大意义，因此采用四点量尺较能看出作答者的态度。而有的学者则认为四点量尺有强迫作答者表态的意思，事实上有的问题是作答者所不了解的，“没意见”一项还是值得保留的。这两种量尺各有其优缺点，编制问卷的人可视其需要而采用其中一种。有的学者将量表分成六点、七点甚至九点的量尺，因为人类的感觉知觉并不是那么灵敏，所以将量尺分得太多，其实并没有太大的意义。

（2）怎样给选项赋值

国际上通用的规则是将“很满意”赋值为 100 分，“满意”赋值 80 分，“基本满意”赋值 60 分，“不太满意”赋值 30 分，“不满意”赋值 0 分。

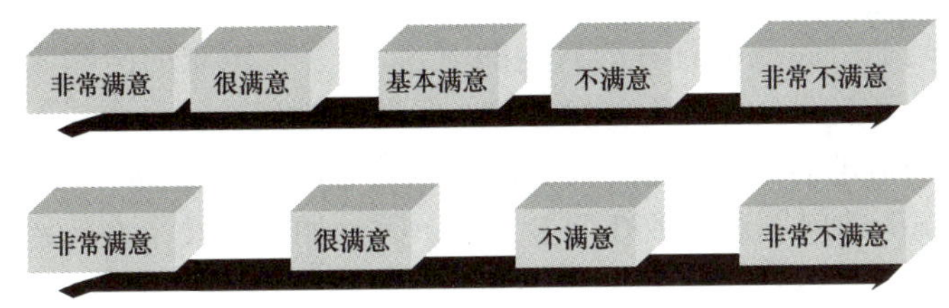


图 3-3-2　五点式和四点式满意度量表示意图

将“很满意”赋值为 100 分，“不满意”赋值为 0 分，这样赋值的原因主要考虑实际生活中的惯例，习惯上“很满意”是接近 100 分的概念，“不满意”则是接近 0 的概念。

“基本满意”定为 60 分，因为“基本满意”代表及格的意思，取值 60 分与日常习惯相符；另外，被调查者在填写“基本满意”时，所考虑的也基本是及格的意思。

“不太满意”取值 30 分，主要因为它是介于“基本满意”与“不满意”的中间程度，所以选择 0～60 的中间数 30 作为其所代表的分数。

同样的道理，“满意”介于“很满意”与“基本满意”的中间，所以选择 60～100 的中间数 80 作为其代表的分数。

有时候在这五个选项后面会再增添一个“不了解”“不清楚”等类似的选项。“不了解”选项代表被调查者不了解或者不清楚实际情况，或不关注该指标，这些情况并不能表现出该指标是好是坏，加与不加可视情况而定。

#### 4. 设计调查问卷的步骤

设计问卷是为了更好地收集调研者所需要的信息，因此，在设计问卷的过程中首先要把握问卷调查的目的和要求，同时要争取被调查者的充分配合，以保证最终问卷能提供准确有效的信息资料。一般调研问卷必须通过认真仔细的设计、测试和调整，然后才可以大规模地使用。通常问卷的设计可以分为以下步骤：

（1）根据调研目的，确定所需要的信息资料

在设计问卷之前，调研人员必须明确需要了解哪些方面的信息，这些信息中的哪些部分是必须通过问卷调查才能得到的，这样才能较好地说明所需要调查的问题，实现调查目标。在这一步中，调研人员应该列出所要调查的项目清单。这些在问卷设计时都应体现出来。根据这样的一份项目清单，问卷设计人员就可以进行设计了。

（2）确定问题的内容，即问题的设计和选择

在确定了所要收集的信息资料之后，问卷设计人员就应该根据所列调查项目清单进行具体的问题设计。设计人员应根据信息资料的性质，确定提问方式、问题类型和答案选项如何分类等。对于一个较复杂信息，可以设计一组问题进行调查。问卷初步设计完成后应对每一个问题都加以核对，以确定其对调查目的是有贡献的。仅仅是趣味性的问题应该从问卷中删除，因为它会延长所需时间，使被调查者不耐其烦，也就是说要确保问卷中的每一个问题都是必要的。

（3）决定措辞

措辞的好坏，将直接或间接地影响到调查的结果。因此对问题的用词必须十分审慎，要力求通俗、准确、客观。所提的问题应对被调查者进行预试之后，才能广泛地运用。

（4）确定问题的顺序

在设计好各项单独问题以后，应按照问题的类型、难易程度安排询问的顺序。如果可能，

引导性的问题应该是能引起被调查者的兴趣的问题。回答有困难的问题或私人问题应放在调查访问的最后，以避免被调查者处于守势地位。问题的排列要符合逻辑的次序，使被调查者在回答问题时有循序渐进的感觉，同时能引起被调查者回答问题的兴趣。有关被调查者的分类数据（如个人情况）的问题适合放在问卷最后，因为如果涉及个人问题，容易引起被调查者的警惕、抵制情绪，尤其在电话式问卷调查中。

（5）问卷的测试与检查

在问卷用于实施调查之前，应先选一些符合抽样标准的调查者来进行试调研，在实际环境中对每一个问题进行讨论，以求发现设计上的缺失，如：是否包含了整个调查主题，是否容易造成误解，是否语意不清楚，是否抓住了重点等，并加以合理的修正。

客户满意度电话回访问卷

（6）审批、定稿

问卷经过修改后还要呈交调研部部长，审批通过后才可以定稿、复印，正式实施调研。

## 任务拓展

**实训任务：**

（1）设计客户满意度调查问卷及 FAQ。

（2）模拟满意度调查外呼项目。

**任务形式：**2 人一组，分别熟悉背景资料后进行问卷设计，再以模拟方式实施外呼满意度调查项目。

**任务时限：**50 分钟。

**任务要求：**

（1）根据提供的项目背景资料，小组成员每人设计一份关于本次客户满意度调查话术和 FAQ。

（2）根据设计好的客户满意度调查话术和 FAQ 进行模拟演练，轮流互换角色，一人扮演座席代表，一人扮演客户。

（3）问卷所设计的问题不能少于 10 个，围绕“网络质量方面、缴费方面、营业厅服务方面、与客户沟通交流方面及整体服务”几方面展开。

（4）在电话回访过程中，座席代表需要用到以下的客户满意度电话回访的技巧：

① 规范灵活地使用话术；

② 成功地应对客户的拒绝；

③ 认真地记录客户的回答以及好的建议；

④ 赞美客户；

⑤ 能够很好地运用重复，耐心地引导客户进行回答。

（5）扮演客户方在接受满意度调查时，要求如下：

① 了解有关的背景资料；

② 和组员合作编写角色演练过程中需要的电话回访的问卷设置和话术脚本；

③ 按照背景资料中的流程和准备好的话术执行电话回访操作；

④ 在整个实训过程中比较配合调研者，但是也会提出自己的观点；

⑤ 禁止在实训通话过程中表达与情境无关的内容；

⑥ 在演练结束后对座席代表角色作出评价。

（6）在任务结束时，小组成员进行评价和总结。

**背景资料：**

**【座席代表资料】**

你叫李婷，是中国联通北京分公司的呼叫中心的一名座席代表，你主要的业务工作是对北京的中国联通的客户进行电话回访。

目前你电话回访的目的是了解北京联通手机客户对联通业务的网络质量方面、缴费方面、营业厅服务方面、与客户沟通交流方面及整体服务方面的满意度评价。

你需要和你的同伴设计客户满意度的问卷；你需要和你的同伴编写客户满意度的话术和FAQ；你需要根据问卷和话术对北京联通手机客户进行客户满意度调查；在调查过程中对于客户提出的种种问题需要及时地回答和解决。

**【客户资料】**

你叫张翔，是一个电子企业的销售人员，平时经常用手机和你的客户联系，因此你非常关注联通的服务质量，特别是收费方面，你觉得费用有些贵。

你很关注手机的新业务，只要是对销售有帮助的业务你一般都会尝试；你很少去营业厅，有需要的时候都是拨打10010客服进行解决，你觉得10010的客服的水平还有待提高，因为经常一件事情要打好几次电话才能解决；你对北京联通有很好的期待，对服务的提高方面提出了自己的一些建议。

**【相关资料——中国联通】**

中国联通是目前国内唯一一家三地上市（纽约、香港、上海）、受境内外证券监管机构的双重监管和投资者双重监督的电信公司。

中国联通天津分公司成立于1994年11月28日，在市委、市政府的关怀下，凭借雄厚的实力，以惊人的发展速度建成了一个覆盖范围广、技术领先、服务优质的综合业务通信网。用户可以在联通无处不在、方便快捷、体贴周到的庞大服务体系中享受到全方位的综合电信服务。

中国联通天津分公司始终以“成为电信服务的最佳提供者”为使命，本着“服务是电信企业的唯一产品”的经营理念，开拓创新，锐意进取，成为全市经营电信业务种类最为齐全的综合电信运营公司。目前经营的电信业务种类包括移动通信（GSM和CDMA）、本地电话、国内国际长途、数据通信、IP电话、互联网、无线寻呼及网络元素出租等。用户总数达200万，移动电话的新增市场占有率达到50%，1 500多个基站和300多个营业网点遍布全市，10010客户服务中心实行7×24小时的人工及自动电信服务。

# 任务四　数据清洗业务实施

## 任务情景

**花花：**师傅，最近我们在进行外呼项目的时候，我发现很多客户数据都不是很准确，导致我的工作效率非常低。这种问题怎么处理呢？

**糖糖**：是的，呼叫中心是通过精准的客户数据提供针对性的解决方案，如果所掌握的客户信息不是很准确，确实对整个项目有很大的影响。

**花花**：那针对这个问题，呼叫中心如何解决呢？

**糖糖**：一般来说，定期的数据清洗是必要的，通过数据清洗来剔除无效数据。

**花花**：什么是数据清洗呢？

**糖糖**：接下来我们做一个数据清洗的项目，并且在项目开始前学习和模拟训练数据清洗的业务知识和流程。

## 任务分析

现在走在大街小巷总能看到一些扫码送礼物的，那是做什么呢？我们都知道这种扫一扫送小礼物都是为了获取更多的潜在客户信息，通过这种形式为第三方搜集更多的客户信息。显而易见，客户的相关数据信息对于企业而言是非常重要的，企业能够根据这些客户数据进行产品或服务的推广、销售、回访等活动，从而产生订单。

客户数据信息随着时间推移日益剧增，导致企业数据库里的数据信息非常庞大，有些不活跃的客户已经很久没有更新过。企业虽然将数据视为宝贵的资源，但其自身又没有多余的精力去完成所有数据更新的工作，因此数据清洗业务就显得非常重要。将数据进行“清洗”，是指个人或企业委托呼叫中心对其现有数据进行校对或更新，对数据进行筛选过滤，提高数据质量，完善增加当下需要的额外数据资料，区分客户状态，从而为企业产生新的订单提供保障。

本任务要求学生能够掌握数据清洗业务实施流程及实施技巧，能够运用所学专业知识完成对客户数据信息的完善更新。

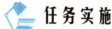

## 任务实施

### 1. 数据清洗的类型

准确的数据对企业有着非常重要的作用。准确的数字化客户数据信息能够帮助企业提高产品销售率。因此，我们将需要清洗的数据对象分为三类，见图 3-4-1。

| A | B | C | D | E | F | G | H | I | J |
|---|---|---|---|---|---|---|---|---|---|
| 序号 | 性别 | 年龄 | 身高 | 体重(公斤) | 成绩 | 班级 | | | |
| 1 | 男 | 20 | 178 | 10 | 89 | 高一 | | | |
| 2 | 女 | 22 | 165 | 51 | 90 | 高一 | | | |
| 3 | 男 | | 180 | 80 | 78 | 高二 | | | |
| 4 | 男 | 19 | 175 | 78 | | 高一 | | | |
| 5 | 女 | 20 | 170 | 60 | 70 | 高二 | | | |
| 6 | 女 | 22 | 167 | 58 | 85 | | | | |
| 7 | 女 | 22 | 167 | 58 | 90 | 高一 | | | |
| 8 | 女 | 19 | 158 | 48 | 87 | 高二 | | | |
| 9 | 男 | 21 | 173 | 73 | 83 | 高二 | | | |
| 10 | 女 | 21 | 160 | 50 | 95 | 高一 | | | |

错误数据

残缺数据

重复数据

图 3-4-1　数据清洗的类型

（1）重复数据

重复数据是指数据项或数据内容重复。将重复数据记录的内容导出来，让客户确认并整理。

（2）残缺数据

残缺数据是指数据项或数据内容不够完整，缺失部分相关信息。这类数据主要是一部分信息缺失，如供货商的名称、客户的位置区域信息、主表与明细表不能匹配、内容不全面等。

按缺失的内容分别写入不同文件向客户提交，要求在规定的时间内补全，补全后再重新写入数据库。

（3）错误数据

错误数据是指数据项或数据的内容有错误。这类错误数据产生的原因是初始业务系统不够完善，接收数据后没有进行判断就直接写入客户信息数据库。

### 2. 数据清洗业务的流程（见图 3–4–2）

图 3–4–2　数据清洗业务的流程

1）前期准备：需做好外呼前的资料准备，例如准备记录的纸笔、相关数据，并调整好心态。

2）外呼：利用呼叫中心拨号系统，登录系统拨打将要访问的客户电话。

3）数据清洗：利用专业沟通技巧和话术，根据要筛选审核的信息对客户访问，获得企业所需数据资料。

4）信息录入：将清洗数据过程中获取的内容登记到系统。

5）通话结束：对客户的配合致谢。

### 3. 数据清洗业务的实施技巧

数据清洗也是呼出业务中相对容易的项目，但也只有掌握了一定的数据清洗实施沟通技巧才能够提高所获取的客户数据的有效性，提升数据清洗的质量。

（1）开首语目的明确

开首语可用“问候语+自报家门+致电目的”的形式。例如，“您好，请问这里是××××公司吗？我是×××有限公司的，为了让更多的企业联系到您，现与您核实一下贵公司的信息。”

（2）信息核实把握进程

1）明确问题主次。

2）问题有针对性，以客户容易接受的方式提问，对客户的回答进行归纳、梳理，并整理数据信息。

3）实时掌握客户的情绪。当询问客户的问题较多时，要注意时间的把控，如确实需要较长时间，应征得客户同意。

例如：一共有 10 个问题，问完 7 个后已经感受到客户的情绪不耐烦了，这时怎么安抚客户并继续？

座席代表：女士您好，我这边还有最后 3 个问题。

座席代表：女士您好，就差 3 个问题了（或是“还有 1～2 个问题”）。

座席代表：女士您好，还有十几秒钟就结束了。

（3）记录工单快速、准确

根据呼叫中心 KPI 要求，座席代表每天成功完成清洗的数据数量是有规定的，用工单数量来体现每天业绩，因此，就要快速、全面、准确地对每条清洗的数据进行更新、录入。

（4）规范、礼貌的结束用语

使用规范的结束用语，表达对客户支持或配合的感谢，可以体现座席代表的职业素养，同时能够拉近与客户间的距离。例如："非常感谢您的支持，祝您工作顺利！"

## 必备知识

### 1. 数据清洗业务的特征

（1）周期性

数据清洗业务不是一蹴而就的，更不是一次就可以完成的。清洗数据是一个循环往复的过程，每次数据清洗都要不断地发现问题，进而解决问题。对于过滤、修正与否一般需要客户确认，对那些过滤掉的数据，需要重新录入客户数据系统或存储客户信息的数据表。

（2）数字化

为了便于后期长久地维护客户数据信息，通常是将客户信息数字化。数据清洗时，如果客户的信息已经是数字化的，就可直接进行数据清洗；如果是纸质的，就要对数据进行录入，将数据数字化，再进行数据清洗。

### 2. 数据清洗业务的完成途径

数据录入类似于我们之前提到的工单录入，而数据清洗涉及的录入是将清洗后的干净数据录入指定的客户数据库系统中，这是数据清洗业务的最后一步。

### 3. 数据录入的规则

录入的规则以原始资料为标准录入。为了避免数据在客户方使用时出现问题，就要规范所有数据，减少错误率。为了能够提高数据的使用效率，数据录入之前必须制定录入标准规范。

信息录入的常见规则：文字、阿拉伯数字、英文字母用全角或半角录入；无法识别的字一般以统一的代码或空白代替；区号与电话号码之间通常录入"－"。

例如：

公司名称：全角；不得略写，"×××公司"要录入全称。

电话：半角；区号与电话号之间录入"－"，手机号码中不得出现"－"。

负责人名称：全角。

邮编：半角。

地址：全角；从省、直辖市开始录入；"×号楼×层×室"中不得出现"－"或其他代码。

## 任务拓展

**实训任务**：客户数据清洗。

**任务形式**：2人一组，熟悉客户资料，并完成一次客户数据清洗的外呼业务。

**任务时限**：50分钟。

**任务要求**：

（1）两人模拟扮演客户和座席代表，座席代表需要按照背景资料中的客户信息进行数据清洗。

（2）在数据清洗过程中，客户的相关信息已经变化了，座席代表需要同步修改相关信息并更新录入呼叫中心系统中。

（3）变化的内容由扮演客户的一方设计，变化内容至少 50%，更新后的内容在实训系统同步更新完成。

（4）互相角色，重新扮演。

**背景资料**：以下是你所在呼叫中心 CRM 系统中的客户资料，录入时间为 2020 年，由于近期项目需要，需要对系统中的数据进行一次清洗工作。

| 公司名称 | 诚信贸易有限公司 |
|---|---|
| 注册号 | 11010501147××××|
| 公司地址 | 北京市海淀区成府路 45 号制造大街 |
| 法人代表 | 李华化 |
| 注册资本 | 60 万元 |
| 企业性质 | 内资企业 |
| 企业类别 | 有责任公司 |
| 登记地区 | 北京市朝阳区 |
| 成立日期 | 2019 年 11 月 28 日 |
| 经营年限 | 10 年 |
| 经营起止日期 | 2019－11－28 至 2029－11－27 |
| 经营范围 | 销售纺织品、电子产品、文具用品、体育用品、五金交电、建筑材料、日用品 |

项目综合实训

# 项目四　呼叫中心现场管理

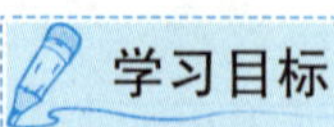

## 学习目标

**知识目标：**

了解呼叫中心的主要绩效指标。

**能力目标：**

能够掌握呼叫中心运营报表的制作方法，能够进行呼叫中心绩效指标的分析与监控，能够做好呼叫中心的班组长日常管理。

**素质目标：**

对呼叫中心的业务有着正确的认知，具备管理呼叫中心的各项素质，有着良好的职业精神和职业素养。

## 项目描述

花花经过两年的积累，终于走上了初级管理者岗位，通过企业内部竞聘，成功竞聘为班组长，即日起担任项目A组的组长，主管要求立即走马上任，开展小组的管理工作。

呼叫中心现场管理是一个动态的管理过程，主要由班组长现场实施管理。需要根据现场发现或发生的实际情况，及时对问题进行预测，并采取必要的措施，解决现有问题，同时避免潜在问题的发生，提供业务支持，保证服务和质量的连续性。班组长在现场管理过程中，必须进行现场走动式管理，实时控制现场服务质量，及时发现问题并解决问题。班组长现场管理内容包括数据监控、业务支撑、质量监控与辅导，还有现场控制。

本项目要求学生掌握呼叫中心现场管理的工作内容和方法，能够熟练运用KPI进行小组工作效率和效能的监控和管理，根据运营数据制作数据分析报表。

## 项目内容

- 呼叫中心关键绩效指标
- 呼叫中心绩效指标的分析与监控
- 呼叫中心运营报表制作
- 班组长日常管理

# 任务一　呼叫中心关键绩效指标

## 任务情景

**花花：**主管，你好，我是今天刚刚报到的A组的组长花花。

**主管：**欢迎你花花，班组长是呼叫中心基层管理第一线，俗称兵头将尾，你做好准备开启新的职业篇章了吗？

**花花：**主管，我已经在呼叫中心工作了将近2年的时间，在多个岗位进行了轮岗，这是第一次做管理，心里还是很忐忑的，不知道班组长都要做什么？

**主管：**不要慌张，从今天起，我会带着你们这批新的组长，从头开始学习，逐步掌握呼叫中心班组管理的工作内容和方法。

**花花：**好的，谢谢主管，那今天我们学习什么呢？

**主管：**作为班组管理的第一步，我们先学习呼叫中心关键绩效指标。

**花花：**好的，我一定认真跟你学习。

## 任务分析

KPI管理即关键绩效指标管理，它是呼叫中心管理工作的灵魂。KPI管理概念在呼叫中心行业得到了充分的表现，是数字化、精细化、目标化管理的一种有效形式。多种多样的数据指标组成了呼叫中心工作的经纬线，将整个呼叫中心的所有工作内容紧密联系在一起，通过一个数据就能反映出整个呼叫中心管理中存在的问题，而对关键数据的分析和预测，也是呼叫中心最基础的工作之一。

通过本任务的学习，班组长应掌握呼叫中心的KPI的定义、计算原理，了解各个指标之间的关联作用，以KPI数据为基础来指导小组日常工作。

## 任务实施

目前呼叫中心越来越趋向精细化、数字化管理，KPI管理就成为一种有效的管理手段。通常，呼叫中心的运营管理者们通过分解运营目标制定各种KPI，通过KPI来引导座席代表行为，从而完成项目运营目标。现在，先让我们掌握各类KPI的定义和计算方法。

### 1. 认识与电话接听相关的指标

（1）接通率（Call Capture Rate，CCR）

接通率也叫接起率，是指IVR终级服务单元的接通量与座席代表的接通量之和与进入呼叫中心的呼叫总量之比。对于呼出业务来说，接通率是指座席代表呼出电话后接通量与呼出电话总量之比。它是衡量呼叫中心服务质量好坏的重要指标之一。

该指标的行业标准大都会超过90%，但是现在每家公司通过对客户群的细分、对产品线的细分，也有低于90%的情况。

1）关联因素：

① 人员排班是否符合来电变化规律；

② 座席代表的数量；

③ 座席代表工作效率，主要指平均处理时长；

④ 系统软硬件性能。

2）计算公式：接通率=（接通电话总量/有效来电总量）×100%。

（2）接平均排队时长

该指标和服务水平指标接近，都反映呼叫中心的运营能力及客户的耐心。

1）关联因素：基本与电话接通率相同。

2）计算公式：平均排队时长=单通电话排队时长之和/来电总量。

（3）接呼叫放弃率

呼叫放弃率反映了呼叫中心的容量问题，行业标准通常在3%～5%。

1）关联因素：基本与服务水平相同。

2）计算公式：呼叫放弃率=用户等待过程中挂线数量/来电总量。

（4）接服务水平（Service Level，SL）

服务水平的概念经常被人误解为客户满意度水平，其实服务水平就是指在一定的时限内接通的电话量和总接通电话量之比，行业内常用的有15秒服务水平、20秒服务水平、30秒服务水平等。

设置该指标主要是为了衡量呼叫中心的运营能力，让客户的来电能够及时被接通。如果客户的电话在短时间内未被接通，客户则会丧失耐心，对该公司的服务产生怀疑。该指标的行业标准通常在80%～95%。

1）关联因素：

① 人员排班是否符合来电变化规律；

② 座席代表的数量；

③ 座席代表工作效率，即平均处理时长；

④ 系统软硬件性能。

2）计算公式：服务水平=（规定时间内电话接通量/电话接通总量）×100%。

（5）接日呼出量

日呼出量一般是针对呼出项目制定的KPI，是指座席代表每天需要呼出的电话量。数据来源主要是项目经理根据业务特点对处理时长、事后处理时长的分析，确定每个座席代表每天的呼出量，这是实行座席代表目标管理的一种有力措施。

管理者需要定期检查座席代表的呼出量完成情况，对于经常不能完成的座席代表进行问题分析，帮助座席代表提高业务知识、呼出技巧、控制非工作事务的浪费等。

关于该指标行业无统一标准，根据业务不同，范围在150～350个。

1）关联因素：

① 座席代表的工作效率，即平均处理时长；

② 座席代表的责任心；

③ 座席代表的业务能力。

2）计算公式：无，可以从CTI和ACD中提取所需要的数据。

### 2. 认识与通话效率相关的指标

（1）平均就绪时长（Average Idle Time）

平均就绪时长是指座席代表在准备接入电话到电话接起之间的时间长度，这个时间长度能够反映出人员安排的合理性，和人力成本直接关联。

呼叫中心系统可设置挂机后自动就绪的功能，座席代表也可手动调整“就绪/后处理”，所以这个指标很容易受到座席代表的人为影响，无法形成统一的标准。

1）关联因素：

① 人力安排；

② 来电量变化；

③ 座席代表责任心；

④ 座席代表业务能力。

2）计算公式：平均就绪时长=就绪时长总和/来电总量。

（2）平均事后处理时长

由于业务不同和工作内容不同，该指标没有行业标准。

1）关联因素：

① 座席代表的业务能力；

② 座席代表的打字速度；

③ 系统功能支持。

2）计算公式：平均事后处理时长=事后处理时长总和/来电总量。

（3）平均处理时长（Average Handle Time，AHT）

平均处理时长是指座席代表平均完成一次电话服务的时间，它能够有效地反映出呼叫中心处理问题的效率，也能体现出每个座席代表的工作能力水平。

该指标的行业标准也不一致，通常在 3～6 分钟，这主要和业务内容有关。平均处理时长越短就越能提高固定时间内的接通量。

1）关联因素：

① 座席代表的业务能力水平；

② 座席代表的沟通技巧；

③ 座席代表的打字速度。

2）计算公式：平均处理时长=（总处理时长+总事后处理时长）/总接通量。

也有部分企业将就绪时长计入平均处理时长，即：

平均处理时长=（总就绪时长+总处理时长+总事后处理时长）/总接通量。

（4）转接率（Handoff Rate）

由于随着呼叫中心的发展，座席代表也被分成了一线座席代表、二线座席代表，即使是没有这样进行分配，座席代表在工作过程中也会将部分电话进行跨队列转接、跨部门转接，也可能内部转接给二线座席代表或者组长处理。

转接率过高表示整个业务运营上存在很大的问题，使得效率降低，会引起客户满意度下降。

1）关联因素：

① 座席代表的工作能力；

② 软硬件问题；

③ 产品线设置问题。

2）计算公式：转接率=转接电话总量/电话接起总量×100%。

（5）成单率（Rate of Success）

成单率，也称成功率，指成功办理某业务的数量占电话接通量的百分比，是销售类呼入项目、呼出类项目的重要考核指标，例如套餐办理的成单率、保险销售的成功率、电销订购成单率等。成单率的管理是实行座席目标管理的常用且有效的措施。

成单率往往追求越高越好，成单率×单价=销售额，所以成单率也意味着该座席代表当天的收益情况。

1）关联因素：

① 电话接通量；

② 座席代表的工作能力；

③ 产品的相关性。

2）计算公式：成单率=成功办理的订单数/电话接通总量×100%。

### 3. 认识与服务质量相关的指标

（1）客户满意度

客户满意度是统计客户的反馈情况得出的结果，表现了客户在使用呼叫中心服务后的一个整体评价。通常情况下可以在 IVR 中进行直接选择，也可以通过短信、邮件、电话回访等方式进行统计。

该指标的行业标准差别比较大，主要考虑到客户的可操作性，通常范围在 80%～100%。由于这是客户的直接感受，所以很多呼叫中心非常重视客户满意度的指标，如果发现某些通话满意度低，就会安排回访，帮助客户解决问题。

1）关联因素：

① 服务水平；

② 座席代表的业务能力；

③ 座席代表的服务态度。

2）计算公式：

① 满意度=客户选择满意的电话数量/来电总数×100%；

② 满意度=客户选择满意的电话数量/参加满意度调查的电话数量×100%。

（2）重复来电率（Repeated Call Rate，RCR）

重复来电率主要表示客户就同一个问题来电多次寻求帮助，有的呼叫中心也用首次解决率来进行衡量，这体现了呼叫中心解决问题的能力。有的呼叫中心会对客户的多次来电进行 24 小时、48 小时、72 小时的监控，也有的呼叫中心将二次来电、三次来电、四次来电分开进行统计分析。

该指标的行业差别也比较大，主要还是和业务内容相关，也和计算方式有关，但是通常情况下都能够保持在 80%以上。

1）关联因素：

① 座席代表的业务能力；

② 座席知识库方案的完整性；

③ 座席代表的责任心。

2）计算公式：

① 重复来电率＝多次来电量/人工处理总话量×100%；

② 首次解决率＝1 次来电量/人工处理总话量×100%。

（3）投诉率（Complain Rate）

投诉率是指某一段时间内产生的客户投诉的比例。大多呼叫中心使用投诉率来进行计算，但是通常情况下投诉的量很小并且偶然性比较高，所以也有呼叫中心更愿意用数量来进行记录。

投诉率的数据统计就涉及了什么叫作投诉。虽然投诉的概念不同，但对于呼叫中心的管理者来说，主要关心的是部门内部人员自身问题引起客户的投诉，这是衡量部门工作的一个标准。而由于产品本身或者其他部门比如维修站或者经销商等引起的投诉，并非呼叫中心存在的问题。

投诉率直接反映了呼叫中心的服务品质、座席代表的能力素质水平。

关联因素：

① 座席代表的服务态度；

② 座席代表的业务能力。

（4）质检合格率（Quality Inspection Pass Rate）

质检合格率是指一段时间内，质检人员对抽取电话进行检查后的合格话量所占的比例。它是呼叫中心内部制定的一个指标，由质检部门主导，这个指标主要是用来反映座席代表的整体服务质量。

该指标有一定的人为因素，是否合格是根据公司要求来确定的，所以没有行业标准。但是对于同一个呼叫中心而言，尽量能够保持质检标准的统一性，这样的数据才有意义，才能给工作带来指导。

1）在监听录音时，建议按以下维度进行监测统计：

① 致命错误准确率（如监控电话的缺陷率）；

② 非致命错误准确率（如不会导致整个业务有缺陷的准确性错误，包括软技能专业化程度和许多数据输入错误）

2）关联因素：

① 客户满意度；

② 首次解决率；

③ 平均处理时长。

3）计算公式：质检合格率＝质检合格电话量/抽取电话量×100%。

### 4. 认识与员工效率相关的指标

（1）出勤率（Attendance Rate）

出勤率是指在某个统计时段内，某个班组实际出勤人数占计划出勤人数的百分比。出勤率对于保证呼叫中心项目正常运营具有非常重大的意义。如果某个项目的出勤率一直较低，要进行详细的问题调查，分析是座席代表个体行为还是整个项目普遍存在的问题，如果是个体的原因，需要与座席代表进行充分沟通。如果是普遍存在的问题，需要检查公司激励机制和管理制度。

该指标的行业标准为不小于 95%。建议根据项目数量的不同，制定不同的出勤率，但是基本要控制在 90%以上。

1）关联因素：

① 座席代表排班；

② 座席代表的责任心。

2）计算公式：出勤率=实际出勤人数/计划出勤人数×100%。

（2）员工利用率

员工利用率主要表示员工的有效工作时间。如果以 8 小时工作时为例的话，就是表示 8 小时工作中，员工有多少时间在进行工作。员工利用率是和成本息息相关的，利用率越高，员工越辛苦，而对于公司来说效率会越高，成本降低。

员工利用率通常和员工自身的关系不太大，而是与呼叫中心的运营能力相关，岗位的安排、人员的分配、班制的调整等都与员工利用率关系密切。有的公司领导看到员工利用率比较低的时候会认为员工工作不努力不认真，或者管理者管理不严格、要求太松导致的，这是完全错误的想法。

员工利用率直接反映了该呼叫中心的运营水平，但是员工利用率并非越高越好。员工感受也是管理者必须要考虑到的，因为满负荷的工作状态也会引起很多的其他问题。

该指标的行业标准在 70%～85%，不宜过高或过低。

1）关联因素：

① 日常排班；

② 人力安排；

③ 员工工作能力；

④ 部门策略。

2）计算公式：

① 员工利用率=（就绪时长+处理时长+事后处理时长）/登录系统时长×100%；

② 员工利用率=（处理时长+事后处理时长）/登录系统时长×100%。

关于员工利用率这个指标很多公司有不同的见解，就绪时间是否算工作时间？时间基数是按登录系统时长还是按工作制时间？会议和员工被调用怎么算？这些都是很多公司产生差异的原因。但是目标都是一致的，就是了解员工的工作状态，分析呼叫中心的整体效率。

（3）中文录入速度

中文录入速度是指座席代表每分钟录入中文的字数。中文录入速度是呼叫中心座席代表的一种基本技能，速度过慢会影响工作速度，增加呼叫中心的成本。所以管理者必须对录入速度作出明确的规定，并定期检查，将检查的结果与员工的奖金或其他工资挂钩，产生控制和激励的作用。

该指标的行业标准：≥60 字/分钟；建议标准：≥80 字/分钟。

1）关联因素：

① 座席代表事后处理时长；

② 座席代表处理时长。

2）计算公式：中文录入速度=正确的录入字数/总用时。

（4）考核合格率

考核合格率反映了呼叫中心座席代表对业务知识的掌握程度。呼叫中心需要明确规定座席代表的业务知识熟练程度。呼叫中心管理需要制定抽查或考核的方法、内容、周期，对于不合格的座席代表要对其业务掌握程度进行分析，并寻求培训部的帮助，及时对其进行指导和培训。

关于该指标，行业无统一标准，建议座席代表的业务知识的考核合格率在80%以上。

1）关联因素：

① 客户满意度；

② 首次解决率；

③ 平均处理时长。

2）计算公式：可以进行抽查和每月例行考核。

## 必备知识

### 1. 关键绩效指标定义

关键绩效指标，是通过对组织内部某一流程的输入端、输出端的关键参数进行设置、取样、计算、分析，衡量流程绩效的一种目标式量化管理指标，是把企业的战略目标分解为可运作的远景目标的工具，是企业绩效管理系统的基础。

运营管理 KPI 是呼叫中心日常管理的纲要。对一个以呼入为主的呼叫中心来说，常见的指标主要包含综合指标、效率指标和质量指标三大类，具体见表4－4－1。

表4－4－1　呼叫中心运营管理指标

<table>
<tr><td rowspan="5">综合指标</td><td colspan="2">来话接通率</td></tr>
<tr><td colspan="2">首次解决率</td></tr>
<tr><td colspan="2">客户满意率</td></tr>
<tr><td colspan="2">客户知晓率</td></tr>
<tr><td colspan="2">员工满意度</td></tr>
<tr><td rowspan="12">效率指标</td><td rowspan="3">接通量</td><td>总呼叫量</td></tr>
<tr><td>成功呼叫总量</td></tr>
<tr><td>成功呼叫率</td></tr>
<tr><td rowspan="4">座席代表</td><td>人均每小时电话处理量</td></tr>
<tr><td>在线利用率</td></tr>
<tr><td>工时利用率</td></tr>
<tr><td>出勤率</td></tr>
<tr><td rowspan="3">处理时长</td><td>平均处理时长</td></tr>
<tr><td>平均等待时长</td></tr>
<tr><td>平均事后处理时长</td></tr>
<tr><td rowspan="2">排班</td><td>排班有效率</td></tr>
<tr><td>排班契合度</td></tr>
</table>

续表

| | | |
|---|---|---|
| 效率指标 | 系统支撑 | 系统满负荷率 |
| | | 系统故障率 |
| | | 故障处理及时率 |
| 质量指标 | 招聘 | 人员招聘及时率 |
| | | 到岗及时率 |
| | | 新员工转正率 |
| | 培训 | 培训满意度 |
| | | 培训按时完成率 |
| | | 培训出勤率 |
| | | 培训合格率 |
| | 质检 | 质检差错率 |
| | 投诉 | 客户投诉率 |
| | | 投诉处理及时率 |
| | | 投诉处理满意率 |
| | 系统 | 支撑系统满意率 |
| | | 知识库满意率 |

### 2. KPI 管理的意义

（1）职责更加明确

KPI 体系的主要功能就是让管理者和员工都能够明确自身职责，如果出现问题能够快速找到原因，找到责任人。

（2）目标更加统一

由于 KPI 是依据公司的战略目标而制定的，所以通过 KPI 体系的带动，会使个人的目标、部门的目标和公司的目标相互一致，有利于公司整体的长期发展。

（3）竞争更加客观

量化的管理方式会建立良好的竞争机制。所有的绩效指标公开透明、数据客观公正，会督促大家努力做好工作，不断地提升整体水平。

（4）管理更加有效

公平公开透明的量化管理，减少了管理者的压力，能够让管理者更加有效地掌握工作重点，更加准确地确立工作目标，更加及时地掌握工作状况；通过对绩效指标的统计分析，还能够对工作中可能会出现的问题进行预测，制定相应措施。

（5）考核更加方便

有了统一公开的绩效指标后，对于工作的考核、员工的考核会变得非常方便。工作成绩的量化可以直观地反映某项工作的完成情况、某个员工的工作能力水平，可以看到工作变化的规律和趋势，通过这种相对科学合理的考核方式，能够使公司和员工达到双赢。

## 任务拓展

KPI 数据计算

# 任务二　呼叫中心绩效指标的分析与监控

## 任务情景

**花花**：主管，我已经掌握了呼叫中心常用 KPI，在工作中也掌握了各类指标的作用和数据计算方法，但我该怎么运用它们呢？

**主管**：是的，花花，作为基层管理者，要求我们不仅了解和掌握 KPI，而且要运用 KPI 进行运营管理，从而持续改善员工状态、运营质量和服务质量。

**花花**：是的，我发现我们组昨天的接通率非常的低，是全部小组的最后一名，我作为组长有不可推卸的责任。

**主管**：业绩不好，作为组长不仅仅要关注结果，还要关注过程，我们要逐一分析各类指标的影响因素和相互关联的作用，从而找到解决办法，更好地提升小组成绩。

**花花**：嗯，我略微明白了一些，主管，今天就请你给我讲讲该如何完成 KPI 的分析与监控吧。

## 任务分析

呼叫中心最常见的各项 KPI 中，有很大一部分是不需要组长进行长期关注和分析的，班组长需要关注的是与座席代表绩效直接相关的部分。基层管理者必须关注这部分 KPI，因为这些指标既关系到座席代表的绩效考核结果，也关系到了小组的绩效成绩，通过这些 KPI 数据，能够反映出当前的工作存在哪些问题，哪方面需要提升。所以做好 KPI 数据分析，是组长非常重要的能力之一。

## 任务实施

呼叫中心的数据比较繁杂，统计分析也是比较深奥的一门专业，所以我们这里所谈到的数据分析只是针对部分 KPI 所进行的简要解读，一起来了解某些指标发生变化的主要原因是什么，应该如何去改进，以便能够依据这些数据来指导自己的工作。

### 1. 分析数据的一般流程

1）目标确立。根据周例会、月总结会以及上级安排来确定小组绩效指标的目标情况。

2）通过各渠道收集呼叫中心的运营数据。

3）数据整理。根据目标内容，对现有的各项数据指标进行整理。

4）问题分析。对当前现有数据所反映出来的问题进行分析，寻找未能达成目标的原因。

5）数据预测。根据历史数据变化规律对后期的数据变化进行预测，有助于设定合理的目标。

6）出具分析报告，提出建议和方案。

### 2. KPI 关联性分析

下面我们举几个例子来进行解析，找出一些指标之间的关联性，并且看一下这些指标对于实际管理所具有的指导性。

（1）接通量

接通量是指整个小组或者每个员工接听电话的数量，这个指标比较简单，是一个最基础的数据，但是它又是在员工绩效计算中权重最大的一个指标，接通量越高，表面上来看表示员工工作越努力，所以我们在这里对它进行简单分析。

与这个指标相互关联的指标有：

1）直接相关指标：处理时长、事后处理时长、员工利用率。

2）间接相关指标：考核合格率、客户满意度、就绪时长、转接率、重复来电率。

在呼叫中心里，座席代表努力提高电话量的情况很普遍，当你发现某个座席代表电话量不断上涨的时候，通常其处理时长和事后处理时长一定要缩短，但是总的工作时长通常会增加，这样他的员工利用率就会提高。但是也存在着一定的风险，由于追求电话量，有意减少与客户沟通的时长，一方面可能会影响客户的感受，另一方面可能没有获取客户端相关的信息，导致问题处理不彻底，所以客户满意度会下降而重复来电有可能会增加。另外组长也要关注座席代表是否在增加接听电话的同时，增加了转接电话给二线座席代表的情况，因为转接相对来说疑难问题不需要自己进行处理，这样可以降低处理时长，从而提高接通量。而座席代表为了减少事后处理时长，也可能会减少录入的内容，导致录入系统的内容不符合要求。

反之，如果有座席代表近期电话量下降，那么可能直接关联的也是处理时长和事后处理时长，由于事后处理时长相对来说在短时间内不会发生太大变化，那么可能是座席代表处理时长增加了。处理时长增加会有两个原因：一个是新的业务掌握不好，在通话过程中查询知识库的时间增加，对问题的判断过程较长；另一个可能是座席代表为了提高客户满意度主动和客户增加沟通。

如果发现座席代表虽然电话量下降了，但是处理时长和事后处理时长并没有什么变化，就需要关注就绪时长，也就是座席代表等待电话接入的时间。座席代表可能有意少接入电话引起了接通量的下降，所以就绪时长可能会较其他座席代表短。如果发现电话量少了，处理时长、事后处理时长、就绪时长都没有问题，那么需要看一下座席代表利用率，也要分析座席代表的休息时间点，是否在电话量较多的时候该座席代表选择了休息，而电话量低的时候弥补了就绪时长。

所以，当一个座席代表能力水平和工作主动性上没有大的变化，而接通量发生明显变化时，他的 KPI 变化有可能如表 4-2-1 和表 4-2-2 所示。

表 4-2-1 接通量上升的关联影响因素

| | | |
|---|---|---|
| 接通量↑ | 事后处理时长 | ↓ |
| | 处理时长 | ↓ |
| | 员工利用率 | ↑ |
| | 考核合格率 | ↑ |
| | 客户满意度 | ↓ |
| | 就绪时长 | ↑ |
| | 重复来电率 | ↑ |
| | 转接率 | ↑ |

表 4-2-2 接通量下降的关联影响因素

| | | |
|---|---|---|
| 接通量↓ | 事后处理时长 | ↑ |
| | 处理时长 | ↑ |
| | 员工利用率 | ↓ |
| | 考核合格率 | ↓ |
| | 客户满意度 | ↑ |
| | 就绪时长 | ↓ |
| | 重复来电率 | ↓ |
| | 转接率 | ↓ |

（2）客户满意度

对于座席代表而言，绩效指标中的客户满意度主要是指客户参与满意度评价后对本次服务所给予的评价，所以这个指标主要能表现出座席代表的服务态度和业务能力水平以及沟通技巧。

与客户满意度指标相关联的有以下几项指标：

1）直接相关指标：处理时长、重复来电率、员工利用率。

2）间接相关指标：质检合格率、考核合格率、投诉量。

多数情况下，与客户进行较为深入的沟通，了解客户各项需求并给予帮助，往往能够带动客户参与满意度调查的热情，也就容易让该指标提升。在客户满意度上升的同时，处理时长一般都会增加，由于沟通很充分，问题得到了很好的解决，那么重复来电率就会下降，由于处理时间的增加员工利用率通常也会上升，而且与之相关的质检合格率也会提升。而要想提供给客户满意的解决方案，业务水平一定要好，所以业务考核成绩应该比较高；电话处理得好，客户满意度高，那么投诉量肯定会降低（见表 4-2-3）。

如果客户满意度发生明显下降的话，就会有几个可能，一种为了提高电话量而缩短处理时长，一种是业务能力存在问题，导致给予客户的解答让客户并不能完全满意；还有就是座席代表个人问题，情绪波动影响了服务态度，这样很容易产生投诉（见表 4-2-4）。

表 4-2-3　客户满意度上升的关联影响因素

| | | |
|---|---|---|
| 客户满意度↑ | 处理时长 | ↑ |
| | 重复来电率 | ↓ |
| | 员工利用率 | ↑ |
| | 质检合格率 | ↑ |
| | 考核合格率 | ↑ |
| | 投诉量 | ↓ |

表 4-2-4　客户满意度下降的关联影响因素

| | | |
|---|---|---|
| 客户满意度↓ | 处理时长 | ↓ |
| | 重复来电率 | ↑ |
| | 员工利用率 | ↓ |
| | 质检合格率 | ↓ |
| | 考核通过率 | ↓ |
| | 投诉量 | ↑ |

（3）员工利用率

员工利用率是员工的有效工作时长，也是工作饱和度的一个体现，这个指标很容易反映出员工的工作状态，而员工利用率和整个部门运营能力有着很大的关系。

从整个部门角度来说，与员工利用率直接相关的因素有人力配备、排班合理性、人员管理等。最简单的理解就是，如果电话量一定，安排的人越多，则员工利用率越低。电话量高峰时人少，低谷时人多，利用率就肯定下降。

员工利用率指标和哪些指标相互关联呢？

1）直接相关指标：服务水平、接通率、呼叫放弃率、就绪时长。

2）间接相关指标：客户满意度、处理时长、重复来电率、投诉量、员工流失率。

当某个时间段员工利用率明显提高时，通常的状态是来电量较大，人力不足，导致电话形成积压，对于座席代表而言的状态就是刚挂了上一个电话，下一个电话就已经响起。这种状态下，客户等待时长会增加，服务水平会下降，接通率也会下降，很多客户打来一直没有人接起，就会造成呼叫放弃率增加；座席代表的就绪时长肯定会很短，因为电话一直在排队，与之相关，座席代表会很疲惫，工作热情会下降；而客户等待时间又过长，于是导致了客户满意度下降，可能会产生投诉；管理者为了降低呼叫放弃率会让座席代表尽量多接听电话，那么就会导致处理时长缩短，由于没有充分沟通导致重复来电率提高；如果让座席代表长期处于这样一种高压的工作状态，很可能会引起员工的流失（见表 4–2–5）。

相反，如果员工利用率很低，说明安排的人很多，但是工作量不高，那么服务水平、接通率一定会提高，呼叫放弃率会减少，就绪时长会增长，因为座席代表都在等电话。由于时间充分，座席代表精神状态良好，与客户沟通充分，那么相关的客户满意度就会较高，处理时长增长，重复来电率下降，投诉量下降（见表 4–2–6）。

另外，员工利用率的变化和员工自身也有很大的关系，越努力利用率就一定会越高。

**表 4–2–5　员工利用率上升的关联影响因素**

| 员工利用率↑ | 服务水平 | ↓ |
|---|---|---|
| | 接通率 | ↓ |
| | 呼叫放弃率 | ↑ |
| | 就绪时长 | ↓ |
| | 客户满意度 | ↓ |
| | 处理时长 | ↓ |
| | 重复来电率 | ↑ |
| | 投诉量 | ↑ |
| | 员工流失率 | ↑ |

**表 4–2–6　员工利用率下降的关联影响因素**

| 员工利用率↓ | 服务水平 | ↑ |
|---|---|---|
| | 接通率 | ↑ |
| | 呼叫放弃率 | ↓ |
| | 就绪时长 | ↑ |
| | 客户满意度 | ↑ |
| | 处理时长 | ↑ |
| | 重复来电率 | ↓ |
| | 投诉量 | ↓ |
| | 员工流失率 | ↓ |

以上对三个 KPI 数据简单做了一下分析，这个结果只是基于座席代表自身状态和一些

外界条件不发生变化的前提之下的分析，当座席代表自身发生很大的进步或者部门运营上出现明显的问题时，这些关系又会不同。

比如座席代表业务能力提升，那么完全能在不影响任何其他指标的情况下，既能提高接通量也能提高客户满意度等指标；当排班合理性更强时，也能够在不影响其他任何指标的情况下提高员工利用率。

所以，KPI 的分析是一个动态的过程，它和其他很多因素相互关联。行业不同，KPI 的选取、标准、算法、关联性都有可能不同，所以 KPI 管理的行业标准和模式可以提供参考，但是具体还需要和自身特点结合。

### 3. 指标的影响因素分析

下面我们再举例对某项 KPI 的影响因素进行分析，来找出隐藏在指标背后的内容。

我们以 AHT 为例，见图 4-2-1。

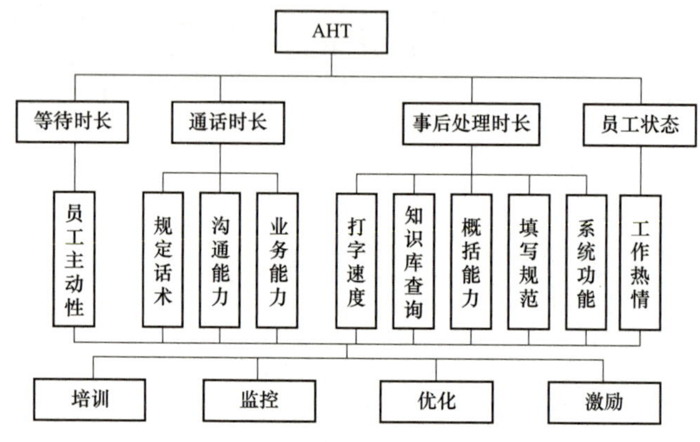


图 4-2-1　AHT 关联因素分析

从图 4-2-1 中我们可以看出，如果单独对 AHT 一个指标进行分解，我们会看到很多与之相关的因素，这些因素共同作用于 AHT 结果。要想对 AHT 指标进行调整，我们就要从与它相关联的几个因素入手，分析采取哪种方式来进行。所以，当某项指标发生变化时，我们要看到在它的背后可能发生了什么情况，需要通过什么方法来进行调整。

## 必备知识

目前，呼叫中心已经正式迈入大数据分析时代。分析解决方案所作的不是交易数量获取、呼叫评估这么简单，而是从数据中找出趋势，进而提出可作为行动依据的建议，用来改善运营绩效，或显示战略问题，或更多地提升价值。具体来说，呼叫中心数据分析管理的作用主要包括以下五个方面：

一是目标设定。无论是呼叫中心的整体工作目标（整体 KPI）还是以小组为单位或者是以个人为单位的工作目标（个体 KPI）的设定，均需要通过专业科学的数据来体现，同时数据还发挥着目标传递和分解的作用。

二是结果展现。既然设定的目标是以数据来展示的，那么工作的结果也必须用数据来展现，通过数据来验证目标完成的契合程度。

三是趋势预测。在呼叫中心的运营管理中，对于未来数据的预测是一项非常重要且常规性的工作，预测出的数据能够有效指导各项工作的开展，使呼叫中心未来的运营轨迹处在可监控、可预知的态势中。

四是业务分析。呼叫中心在企业中扮演中双重角色，一方面向客户传递企业的产品或服务信息，对外树立起企业的形象和品牌；另一方面也需要向企业各相关部门反馈客户的需求，使企业的产品或服务得以不断优化。而这些业务方面的意见和建议，正是通过对大量的客户数据进行综合分析后的结果，承载这些分析结果的则是业务类的分析报告。

五是反馈问题。在整个运营管理中，最直接、最快速、最客观反映问题的就是数据。比如：同时段同等的电话进量，接通率却出现下滑，这无异是向管理者传递着人力安排存在问题的讯号；相比前一天，客户满意度指标严重下滑，则要求管理者必须立即采取行动，调查客户不满意的真正原因并加以改进。

总之，通过数据反映出的问题需要立即加以分析并改进，否则运营将陷入失控状态。因此，可以通过数据在运营上控制三件事情：客户呼入控制、缩短处理时长、合理调整排班。

### 1. 呼叫中心制定 KPI 的原则

1）以目标为导向。用全局观念把个人和部门的目标与公司的整体战略目标联系起来，遵循从大到小的制定原则，采用层层分解的办法制定呼叫中心 KPI 体系（见图 4–2–2）。

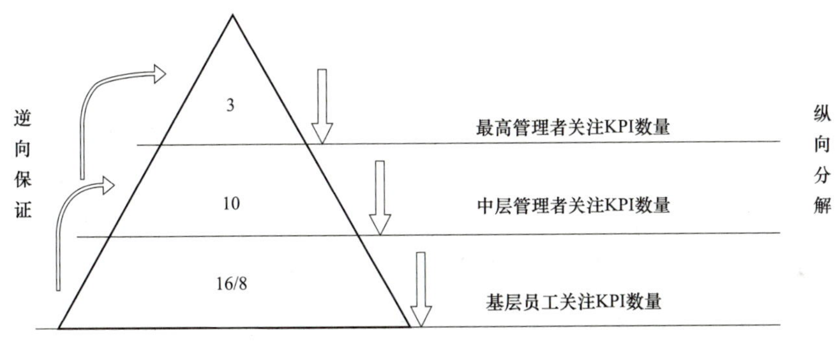


图 4–2–2　呼叫中心 KPI 体系

首先根据呼叫中心总体经营目标制定总的 KPI，这个总的指标中可能只有三五个指标，呼叫中心的总经理只需要关注这几个指标就可以清楚了解呼叫中心的运营情况。其次将呼叫中心总的 KPI 分解到各业务部门，再制定各业务部门的 KPI，这时部门关注的指标数量相较之下会有大幅增加。然后由部门经理根据部门指标制定部门员工的具体指标。这种层层分解的制定方法，最终可能会导致不同的管理层和业务部门关注的 KPI 各不相同，但是各种 KPI 最终保证了最高管理层 KPI 的实现。

2）以业务类型和客户需求为基础，设计不同的 KPI。在综合型的外包呼叫中心，业务类型非常多，要根据不同的业务类型制定不同的 KPI。一般根据电话进出可将呼叫中心分为呼入型和呼出型。例如，呼入型呼叫中心关注的 KPI 见表 4–2–7。

表 4-2-7　呼入型呼叫中心关注的 KPI

| 指标 | 高层管理 | 中层管理 | 基层 CSR |
| --- | --- | --- | --- |
| 客户满意度 | ☆ | ☆ | |
| 员工工作效率 | | ☆ | |
| 成本利润率 | ☆ | ☆ | |
| 平均单呼成本 | ☆ | ☆ | |
| 平均处理时长 | | | ☆ |
| 平均事后处理时长 | | | ☆ |
| 首次解决率 | | ☆ | ☆ |
| 投诉率 | | ☆ | ☆ |
| 平均等待时长 | | ☆ | |
| 服务态度 | | ☆ | ☆ |
| 行业服务水平 | ☆ | ☆ | |
| 人均接通量 | | | ☆ |
| 接通率 | | ☆ | |
| 考核合格率 | | ☆ | ☆ |
| 监听得分 | | ☆ | ☆ |

而对于呼出型业务来说，还要根据不同的呼叫业务制定具体 KPI（见表 4-2-8）。例如对于市场调查项目，客户关心的是呼叫中心能否按量、按质、按时提交最终的调查结果，而呼叫中心的高层管理者关心的是这个项目是否让客户满意、能否按时收回服务费用以及该项目最终能否赚钱，所以根据各个主体不同的关注内容制定 KPI 体系。

表 4-2-8　呼出型呼叫中心关注的 KPI

| 指标 | 高层管理 | 中层管理 | 基层 CSR |
| --- | --- | --- | --- |
| 客户满意度 | ☆ | ☆ | |
| 成本利润率 | ☆ | ☆ | |
| 员工工作效率 | | ☆ | |
| 平均单呼成本 | ☆ | ☆ | |
| 行业竞争力 | ☆ | ☆ | |
| 平均处理时长 | | ☆ | ☆ |
| 平均事后处理时长 | | ☆ | ☆ |

续表

| 指标 | 高层管理 | 中层管理 | 基层 CSR |
| --- | --- | --- | --- |
| 人均呼出量 | | ☆ | ☆ |
| 呼出接通率 | | ☆ | |
| 人均成功量 | | ☆ | ☆ |
| 出勤率 | | ☆ | ☆ |

3）注重工作质量，以工作质量建立 KPI。例如建立客户满意度、业务技能、监听分值、投诉率等 KPI。

4）KPI 具有明确的定义和可操作性，保证可以收集到相关的数据；制定的指标不应该太复杂，应该容易理解和接受。

5）强调流程管理，对关键的输入、输出端点设置 KPI，加强整体控制效果。制定的指标必须稳定，并且可以控制，在流程不变的情况下，KPI 最好不要经常变动。

### 2. 数据分析实施

数据分析过程的主要活动由识别信息需求、收集数据、分析数据、评价并改进数据分析的有效性组成。

（1）识别信息需求

识别信息需求是确保数据分析过程有效性的首要条件，可以为收集数据、分析数据提供清晰的目标。识别信息需求是管理者的职责，管理者应根据决策和过程控制的需求，提出对信息的需求。就过程控制而言，管理者应识别需求要利用哪些信息支持过程输入、过程输出、资源配置的合理性、过程活动的优化方案和过程异常变化的发现。

（2）收集数据

有目的地收集数据，是确保数据分析过程有效的基础。组织需要对收集数据的内容、渠道、方法进行策划。策划时应考虑：将识别的需求转化为具体的要求，如评价供方时，可能包括其过程、系统不确定度等相关数据；明确由谁在何时何处，通过何种渠道和方法收集数据。记录表应便于使用，采取有效措施，防止数据丢失和虚假数据对系统的干扰。

（3）分析数据

1）对比分析法。对比分析法也称比较分析法，是对客观事物进行比较，以认识事物的本质和规律并作出正确的评价。对比分析法通常是把两个相互联系的指标数据进行比较，从数量上展示和说明研究对象规模的大小、水平的高低、速度的快慢以及各种关系是否协调，从而得出有价值的决策信息。对比分析法简单且直观易懂，应用非常普遍。

① 对比分析法的作用。对比分析法的主要作用在于揭示客观存在的差异，是一种分析其数量关系、总结成绩、发现问题的方法。利用这种差异可以考察任务完成情况，显示指标变动趋势，从而评价呼叫中心团队成员的工作绩效。

② 对比分析法的分类。对比分析法按其比较基数不同，有实际与计划比较、不同时期比较、同类企业间、不同团队间、不同个体间的比较等形式。

a. 将实际数据与计划数值进行比较，能够检查指标的计划完成情况。

b. 将不同时期的指标数据进行比较，能够考察指标的变动趋势。不同时期比较分为同比和环比，其中同比也叫同期比，表示和上一年同一时间段的比较；环比表示本月和上月的比较。一般对比分析法会结合图形进行分析，结果更加明显。

2）结构分析法。结构分析法是对指标的内部构成以及各部分所占比重的变化情况进行分析的一种方法，也称比重分析法或构成分析法。它是在统计分组的基础上，计算各组成部分所占比重，进而分析某一总体现象的内部结构特征、总体性质、总体内部结构依时间推移而表现出的变化规律性的统计方法。

① 结构分析法的作用。结构分析法在呼叫中心运营报表中主要适用于业务组成、工单分类、质检错误分析、工作完成占比等项目的分析。在运营管理过程中，通过对指标内部构成变化情况的分析，可以及时发现问题，揭示总体内部构成的合理性，预测事物变化的趋势，掌握业务发展的规律。

② 结构分析法的使用规则。运用结构分析法，首先要确定总指标的内部构成，计算出各部分指标在总指标中所占比重，然后将各部分指标的比重数与前期（或计划）数比较，反映出内部结构的变化情况，并对变化的合理性进行分析。

结构分析法的基本表现形式是计算结构指标，其公式是：

$$\text{结构指标}=\frac{\text{总体中某一部分的量}}{\text{总体总量}}\times 100\%$$

3）平均分析法。平均分析法是指利用平均指标对社会经济现象进行分析的方法，也称平均数，是反映社会经济现象总体和单位在一定时间、地点条件下某一数量特征的一般水平。

① 平均分析法的作用：

a. 比较同类现象之间的本质性差距。

b. 对某一指标在不同时间上的水平进行比较，以说明想象的发展趋势和规律。

c. 分析现象之间的依存关系。

d. 进行数量上的推算。

② 评分分析法的特征：

a. 平均数是一个代表值，具有代表性。

b. 平均数是一个抽象化的数值，具有抽象性。

c. 平均数可用来说明总体内各单位标志值的集中趋势。

d. 平均数的值介于最小值和最大值之间。

e. 平均数可以有小数，对离散变量也是如此。

4）趋势分析法。趋势分析法主要通过对运营报表中各类相关的数字进行分析比较，尤其是将一个时间的报表与多个时期比较，得出它们的增减变动方向、数额和幅度，以揭示企业的运营状况和变化趋势的一种分析方法。

① 趋势分析法的作用。趋势分析法的作用在于确定引起公司运营状况和经营成果变动的主要原因，预测未来发展的趋势。

② 趋势分析的方法：

a. 趋势平均法。趋势平均法是根据时间数列资料，逐项递推移动，依次计算包含一定项数的扩大时距平均数，形成一个新的时间数列，反映长期趋势的方法。

b. 指数平滑法。指数平滑法是一种加权平均法，是给本期实际值和本期趋势预测值分别赋予不同权数进行加权，求得指数平滑值，作为下一期测值的预测方法。

c. 直线趋势法。直线趋势法是运用最小平方法进行预测，用直线斜率来表示增长趋势的一种外推预测方法，关键是求得趋势直线，以利用趋势直线的延伸求得预测值。

d. 非直线趋势法。非直线趋势法也叫作曲线趋势预测法，是指当变量与时间之间存在曲线而非直线联系时，通过变量（纵坐标）改用按指数值的差距刻度，将曲线关系直线化，形成一条对数线趋势线，再按直线趋势法求解的方法。

趋势分析法的计算可以借助于 Excel 自带函数的功能实现，不需要手工完成。

除此之外，呼叫中心还有很多种分析数据的图表工具和方法：老七种工具，即排列图、因果图、分层法、调查表、散步图、直方图、控制图；新七种工具，即关联图、系统图、矩阵图、KJ 法、计划评审技术、PDPCE、矩阵数据图。

### 3. 数据统计和分析维度

（1）数据报表统计的维度

不同的呼叫中心根据自身的业务会有不同的维度统计，同一张报表可以同时出现多个维度的限定统计，所以各类报表统计维度会略有差异。但数据统计维度一般为以下几类：

1）按不同时间维度划分：15 分钟、半小时、小时、日、周、月、季、年。

2）按不同区域划分：各省、各地市州。

3）按不同的技能组划分：根据自身的技能统计。

4）按不同的业务类型划分：根据自身的业务发展统计。

5）按组织架构划分：部门、小组。

6）根据自身的业务情况划分维度。

（2）数据报表横向分析和纵向分析思路

1）通过人员、班组、业务的相关数据作横向分析。

2）通过不同时间的数据对比作纵向分析。

例如，可以通过以下数据反馈信息：

① 座席代表接起电话以前电话铃响的时间：衡量座席代表的服务态度。

② 在座席代表通话以前，客户在 ACD 队列中等待时间：衡量呼叫中心资源分配是否合理。

③ 客户电话被挂起的次数和总的时间：衡量座席代表服务是否专业。

④ 客户和座席代表通话时间：衡量座席代表业务熟悉程度、业务流程的合理性。

⑤ 座席代表处于待机状态时间：衡量座席代表的数量是否合理。

⑥ 座席代表处理一个来电/外拨的时间：衡量座席代表的工作效率。

⑦ 座席代表输入资料的时间：衡量座席代表的业务熟悉程度。

（3）报表的内部分析和外部分析思路

呼叫中心分析系统主要可分为两种：内部分析——针对呼叫中心整体运营绩效和座席代

表的个人绩效；外部分析——针对客户。

1）内部分析应用一般包含以下几种功能：

① 质量保证/计分；测量座席代表对内部策略和程序的执行度。

② IVR 分析：采集、评估应用的绩效指标，判断座席代表的工作态度，以及需要加强的方面。

③ 绩效管理：通过将部门目标与企业整体目标相结合，改善呼叫中心的绩效。这类应用同样也能生成仪表盘（像仪表盘一样将所有数据展现在一起），用来测量个人、小组和呼叫中心整体的绩效。

④ 桌面分析：这是一种新应用，以测量座席代表与桌面服务之间的互动，并评估这些桌面支持系统的整体绩效。桌面数据分析是指通过分析业务支持系统、知识库系统等应用程序的桌面活动，鉴别座席代表使用应用程序的顺序、方式方法、起止时间和使用时长等，从而为系统和程序应用性能问题识别、流程自动化机会识别、座席代表培训和实时指导需求识别等提供支持。

2）外部分析应用包含的功能有以下几种：

① 语音分析：记录呼叫对话样本，结构与未结构化的内容，系统化识别客户问题、需求和想法的根本原因，提供行动建议。

② 预测分析：使用预测运算实时识别最恰当的服务和销售方式。这类解决方案能增加客户服务最佳方式的确定性，减少“猜测”工作。

③ 实时分析：从客户的 Email、传真、反馈表格、即时通信记录或其他文本格式的通信中采集结构和未结构化数据，识别客户需要、想法和智能。

④ Web 分析：评估、测量客户使用 Web 自助服务环境与企业进行互动的效率。这类解决方案能侦测出哪些功能执行良好、哪些需要改善，让企业网站更易于为客户使用。

⑤ 客户反馈：包括调研应用在内，用以收集并测量客户对公司产品或服务的满意度。

⑥ 客户价值分析：测量并向座席代表提示每一名客户或每一次呼叫的价值。这类应用已被市场部门使用多年，现在进入呼叫中心环境，被用来排定呼叫路由优先等级，以及协助座席代表决定如何正确处理不同的客户呼叫。

数据的分析永远都是为了解决问题的。通过以上的数据收集与分析，监控日常运营和战略实施的进展，发现问题，找出原因，并采取相应的解决措施直到问题彻底解决，这样的过程循环进行，以保证绩效的持续改善。

## 任务拓展

**实训任务**：结合近期的数据报表（见表 4-2-9 和表 4-2-10），分析团队及座席代表的工作状态，并提出改善建议。

**任务形式**：每 3 人为一组进行讨论，要求每组独立完成后进行互评。

**任务时限**：20 分钟。

**任务要求**：要求每个小组在限定时间内把发现的问题和改善方法呈现在白纸板上，并选派代表讲解本组的分析过程。

表 4-2-9 呼叫中心关键 KPI（周）

| | 指标名称 | 7 月 20 日 | 7 月 21 日 | 7 月 22 日 | 7 月 23 日 | 7 月 24 日 |
|---|---|---|---|---|---|---|
| 呼入量关键 KPI | 接通量 | 2 155 | 1 772 | 2 008 | 1 903 | 2 212 |
| | 放弃量 | 163 | 128 | 114 | 101 | 85 |
| | 总来电量 | 2 318 | 1 900 | 2 122 | 2 004 | 2 297 |
| | 接通率 | 92.95% | 93.28% | 94.62% | 94.95% | 96.28% |
| | 平均呼入处理时长 | 0:01:23 | 0:01:46 | 0:01:19 | 0:01:58 | 0:01:19 |
| | 平均应答速度 | 0:00:11 | 0:00:09 | 0:00:05 | 0:00:08 | 0:00:04 |
| | 上线座席数量 | 19 | 17 | 16 | 18 | 15 |

表 4-2-10 呼叫中心座席代表 KPI

| 姓名 | 通话次数 | 平均通话通长 | 工作时长 | 休息次数 | 总休息时长 |
|---|---|---|---|---|---|
| 刘巧 | 127 | 0:02:33 | 8:16:51 | 3 | 0:22:56 |
| 王勇 | 132 | 0:02:40 | 7:42:04 | 2 | 0:23:56 |
| 小丽 | 128 | 0:02:35 | 7:08:50 | 3 | 0:21:56 |
| 娜依 | 102 | 0:02:33 | 8:16:51 | 12 | 0:19:26 |
| 李强 | 103 | 0:02:40 | 7:42:04 | 8 | 0:29:26 |
| 月亮 | 129 | 0:02:35 | 7:08:50 | 3 | 0:24:56 |
| 张欣 | 130 | 0:02:33 | 8:16:51 | 3 | 0:23:16 |
| 宋玉 | 132 | 0:02:40 | 7:42:04 | 2 | 0:21:16 |
| 小蓉 | 122 | 0:02:35 | 7:08:50 | 4 | 0:02:18 |
| 张生 | 127 | 0:02:33 | 8:16:51 | 3 | 0:22:56 |
| 美丽 | 132 | 0:02:40 | 7:42:04 | 2 | 0:23:56 |
| 小芳 | 128 | 0:02:35 | 7:08:50 | 3 | 0:21:56 |
| 新员工 | 56 | 0:03:35 | 7:08:50 | 3 | 0:24:56 |
| 新员工 | 77 | 0:04:13 | 8:16:51 | 3 | 0:23:16 |
| 新员工 | 68 | 0:03:51 | 7:42:04 | 2 | 0:21:16 |
| 新员工 | 72 | 0:02:59 | 7:08:50 | 2 | 0:22:18 |
| 新员工 | 43 | 0:04:07 | 8:16:51 | 1 | 0:23:17 |
| 新员工 | 89 | 0:03:29 | 7:42:04 | 3 | 0:21:17 |
| 新员工 | 61 | 0:03:37 | 7:08:50 | 2 | 0:22:19 |

# 任务三　呼叫中心运营报表制作

## 任务情景

**花花**：主管，请问我昨天做的运营日报为什么给退回来了？

**主管**：是啊，花花，我今天也要跟你聊聊昨天的报表，昨天的报表中有很多数据引用错误了，格式也有不对的情况。

**花花**：主管，实在抱歉，我之前没有做过这项工作，昨天的报表也是按照模板照猫画虎做出来的，其中的确也有些不太理解的地方。

**主管**：没关系，趁今天线上不忙，我给你们几个新晋升的组长，把报表制作的要求培训一下吧！

**花花**：好的，谢谢您，我马上叫他们一起来听课。

## 任务分析

制作每日运营情况报表是班组长每日必备工作，无论是呼入还是呼出业务，每一次通话都会在业务系统中记录，每天都会产生大量数据。通过报表，不单能看出工作的各方面表现，还能从中看出可发扬之处和需改进之处。通过报表，不仅能看出个人表现，也能看出团队绩效。可以说，在管理中随时需要以报表为依据，报表是进行管理必不可少的工具之一。

在本任务中，学生通过对呼叫中心运营报表制作过程的学习，掌握报表格式的基本操作、呼叫中心数据整理与分析、呼叫中心常用函数与公式、报表的美化等知识和技能，最终能够独立完成业务报表的制作。

## 任务步骤

### 1. 呼叫中心运营报表的基本内容

（1）呼叫中心常用报表类型

从报表的类型上看，呼叫中心系统的报表可以涵盖呼叫中心管理的方方面面，如业绩统计、绩效统计、事件记录、销售报表等，报表助力于呼叫中心管理的每个角落。

报表可以从不同的维度制作。从内容方面分，可以分为人员管理报表、销售数据报表、工作事件报表等，也可以说，内容报表就是管理维度报表。从时间方面分，报表可以分为日报表、周报表、月报表、年报表等；从使用角度分，可分为座席人员报表、管理报表、客户报表等；从表现形式分，可分为数据图表、柱状图、饼形图、散点图等。

对于班组长来说，主要应掌握运营报表和业务报表的制作，其次在工作中要能够正确理解和引用其他管理报表内容，例如绩效报表、排班表、质检评估表、人员情况表、考试统计表等。

（2）呼叫中心运营报表内容

呼叫中心运营报表应包含各项目的业务数据，包括来电量、接通量等基本数据，还需包括订单量、成交量、成交率、成交金额等，对于销售型业务还需包括呼出电话数量、成功接通量，以及电话无效、关机、拒绝、预约等数量。通常通过时间维度、个人维度、团队维度进行统计和分析。

（3）个人工作表现报表

此报表可包括接通量、处理时长、平均处理时长、等待时长、离席时长、小休时长、事后处理时长、事后处理平均时长、置忙时长、在线时长、工作效率等。关于座席代表的指标组合形成的报表，通常从时间维度上加以统计（见表 4–3–1）。

表 4–3–1　座席代表工作表现数据

| 第一组运营数据报表 | | | | | | | | | | | |
|---|---|---|---|---|---|---|---|---|---|---|---|
| 序号 | 座席编号 | 座席姓名 | 未接量 | 接通量 | 接通率 | 合格量 | 合格率 | 成功客户量 | 成功客户率 | 处理时长 | 平均处理时长 |
| 1 | 1011 | 赵婷 | 0 | 0 | 0.00% | 0 | 0.00% | 0 | 0.00% | 0:00:00 | 0:00:00 |
| 2 | 1012 | 秦人枫 | 3 | 143 | 97.95% | 5 | 83.33% | 6 | 4.20% | 1:51:09 | 0:00:47 |
| 3 | 1013 | 李丹阳 | 0 | 0 | 0.00% | 0 | 0.00% | 0 | 0.00% | 0:00:00 | 0:00:00 |
| 4 | 1015 | 付莹哲 | 2 | 126 | 98.44% | 5 | 100.00% | 4 | 3.17% | 1:38:13 | 0:00:47 |
| 5 | 1016 | 李睿 | 4 | 97 | 96.04% | 8 | 100.00% | 8 | 8.25% | 1:53:56 | 0:01:10 |
| 6 | 1017 | 高素鸽 | 6 | 163 | 96.45% | 10 | 90.91% | 11 | 6.75% | 2:21:06 | 0:00:52 |
| 7 | 1018 | 杨玉菲 | 10 | 167 | 94.35% | 3 | 100.00% | 3 | 1.80% | 1:48:22 | 0:00:39 |
| 8 | 1019 | 张立波 | 4 | 170 | 97.70% | 6 | 100.00% | 6 | 3.53% | 2:01:23 | 0:00:43 |
| 9 | 1020 | 娄向丽 | 1 | 163 | 99.39% | 7 | 100.00% | 7 | 4.29% | 2:14:08 | 0:00:49 |

（4）团队工作表现报表

此报表可包括来电量、中继线来电量、接通量、20 秒接通量、放弃量、接通率、呼叫放弃率、服务水平、处理时长、事后处理时长、平均应答时长、平均放弃时长等。关于话务的指标组合形成的报表，通常从时间维度（见表 4–3–2）、团队维度（见表 4–3–3）加以统计和对比分析。

表 4–3–2　呼叫中心项目运营周报（以时间维度统计）

| ××××××项目运营周报 | | | | | | | |
|---|---|---|---|---|---|---|---|
| 制作日期：2019.10.19 | | | | | | | 制表人：××× |
| 本周总体运营情况 | | | | | | | |
| 本周汇总 | 出勤人数 | 平均登入时长 | 平均接通量 | 平均接通率 | 平均处理时长 | 平均工时利用率 | 20 秒服务水平 |
| | 134 | 8.52 | 76.85 | 99.07% | 125.15 | 0.94 | 74.78% |
| 每天运营情况 | | | | | | | |
| 日期 | 出勤人数 | 平均登入时长 | 平均接通量 | 平均接通率 | 平均通话时长 | 平均工时利用率 | 20 秒服务水平 |
| 10 月 14 日 | 27 | 8.39 | 78 | 99.19% | 126.63 | 95.08% | 75.56% |
| 10 月 15 日 | 27 | 8.50 | 78 | 99.33% | 123.68 | 92.97% | 75.56% |
| 10 月 16 日 | 26 | 8.80 | 83 | 98.85% | 122.40 | 96.18% | 80.15% |
| 10 月 17 日 | 28 | 8.08 | 71 | 98.68% | 125.41 | 92.49% | 69.54% |
| 10 月 18 日 | 26 | 8.84 | 74 | 99.31% | 127.62 | 92.71% | 73.12% |

表 4-3-3 呼叫中心项目运营周报（以团队维度统计）

| 华唐物流中心呼叫中心运营日报 | | | | | | | | | | |
|---|---|---|---|---|---|---|---|---|---|---|
| 制表时间：8 月 11 日 | | | | | | | | | | 制表人：张三 |
| 组别 | 呼入总量 | 呼入接通 | 呼入接通率 | 呼出总量 | 呼出接通量 | 呼出接通率 | 平均在线（登录）时长 | 平均处理时长 | 平均事后处理时长 | 平均座席利用率 |
| A 组 | 426 | 424 | 99.5% | 41 | 28 | 68.3% | 8:16:10 | 1:33:34 | 0:30:01 | 24.91% |
| B 组 | 314 | 314 | 100.0% | 34 | 27 | 79.4% | 9:29:49 | 1:15:19 | 0:16:36 | 16.13% |
| C 组 | 484 | 483 | 99.8% | 57 | 48 | 84.2% | 7:51:36 | 2:06:56 | 0:30:01 | 33.28% |

通常呼叫中心的报表都有统一的模板，班组长每天将各项统计好的数据进行整理和计算后，填写到模板中。但也要求能够根据报表内容独立制作和设计报表格式。

**试一试：**

制作一份“12306 项目运营日报”，要求体现整个团队本日汇总数据（包括出勤人数、平均接通量、平均处理时长、转接率、客户满意度、首次解决率）及每个座席代表的关键指标（包括平均接通量、平均处理时长、平均答应速度、转接率、客户满意度、座席主动挂机数等）。

### 2. 呼叫中心运营报表数据整理

数据分析的第一步是提高数据质量，统一数据标准，否则直接影响数据分析结论。针对拼写错误、数据异常点、数据缺失、无用信息等做初步处理，主要是文本、格式以及无效数据的清洗和转换。很多数据并不是直接拿来就能用的，需要经过数据分析人员的清理。数据越多，步骤花费的时间越长。图 4-3-1 所示为常见数据格式错误。

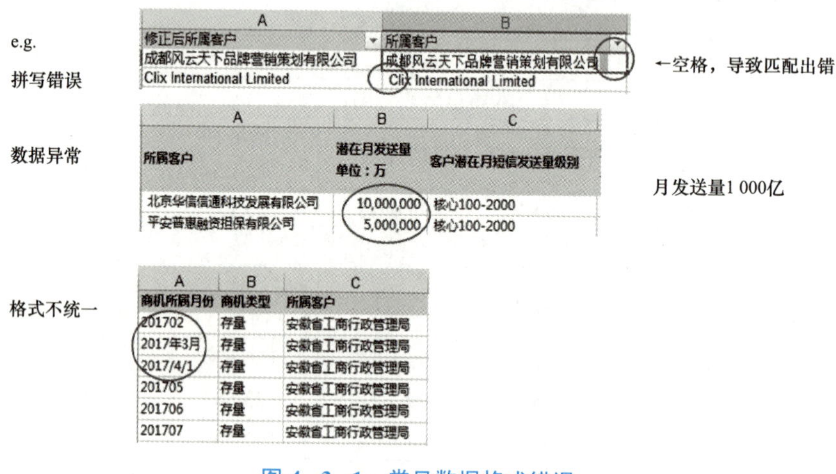


图 4-3-1 常见数据格式错误

（1）输入数据

输入 Excel 表格中进行处理保存的数据，无非就三种类型：数值型、文本或公式型、日期时间型。在输入这几类数据时，Excel 会自动识别数据类型，不需要再另外设置，但是会经常因为多加入了不必要的符号、空格，格式不对等，导致计算数据时出现较大的偏差，甚至无法进行接下来的数据计算分析。

1）数值型数据。数值型数据是用 Excel 处理的数据中最常见的类型，它是包括 0～9 中的数字以及含有正号、负号、货币符号、百分号等任一种符号的数据。在 Excel 默认情况下，这类数据自动沿单元格右边对齐（见图 4–3–2）。

D19　　$f_x$

| A | B | C |
|---|---|---|
| 工号 | 呼入总数 | 呼入接通数 |
| 8029 | 116 | 115 |
| 8071 | 102 | 101 |
| 8233 | 164 | 164 |
| 8214 | 60 | 60 |
| 8030 | 84 | 84 |
| 8073 | 63 | 61 |
| 8048 | 55 | 54 |
| 8027 | 61 | 61 |

图 4–3–2　数值型数据沿单元格右边对齐

如果输入的数值需要保留 2 位小数的话，则选中数值，在“开始”选项卡中“数字”功能区单击 ，增加小数位数；或者右键单击鼠标，在快捷菜单中选择“设置单元格格式”命令，出现“设置单元格格式”对话框，在分类列表中选择“数值”，小数位数设置为 2，单击“确定”按钮即可（见图 4–3–3）。

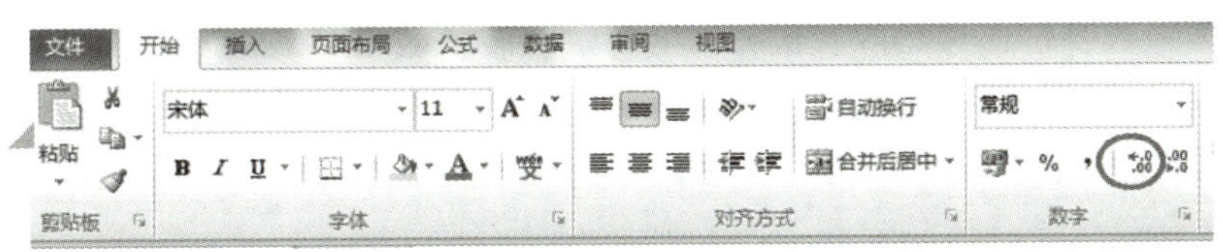


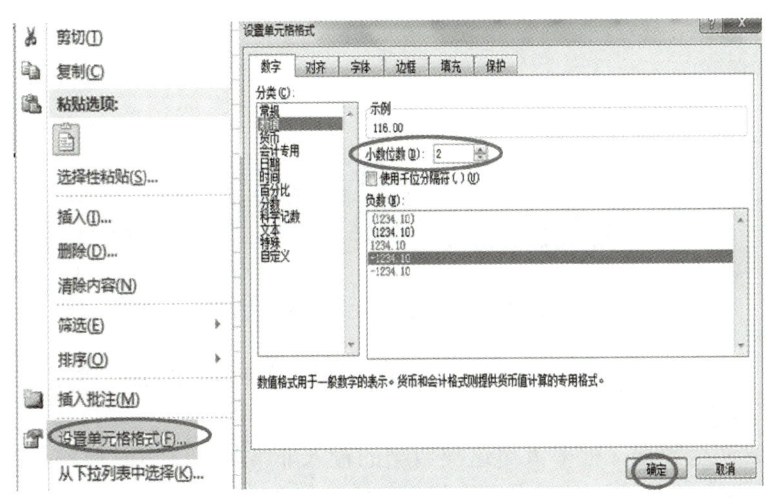


图 4–3–3　单元格格式设置

在输入过程中，有以下两种比较特殊的情况要注意：

① 负数：在单元格数值前加一个“–”号或把数值放在括号里，都可以输入负数。

② 分数：要在单元格中输入分数形式的数据，应先在编辑框中输入“0”和一个空格，然后再输入分数，否则 Excel 会把分数当作日期处理。

在单元格中直接输入 3/4 则显示出 3 月 4 日日期格式；在单元格中输入 3/4 前输入“0”和一个空格，则显示分数 3/4。

2）文本或公式型数据。在 Excel 中，这类数据一般包括汉字、英文字母、数字和键盘能输入的符号，系统默认是左对齐方式，以文本形式输入的纯数字在单元格左上角会有绿色小三角。当输入的文本内容超出单元格的宽度时，可以调整单元格的列宽（见图 4-3-4）。

| | A | B | C |
|---|---|---|---|
| 1 | 工号 | 呼入总数 | 呼入接通数 |
| 2 | 8029 | 116 | 115 |
| 3 | 8071 | 102 | 101 |
| 4 | 8233 | 164 | 164 |
| 5 | 8214 | 60 | 60 |
| 6 | 8030 | 84 | 84 |
| 7 | 8073 | 63 | 61 |
| 8 | 8048 | 55 | 54 |
| 9 | 8027 | 61 | 61 |

| A | B |
|---|---|
| 工号 | 呼入总数 |
| 8029 | 116 |
| 8071 | 102 |
| 8233 | 164 |
| 8214 | 60 |
| 8030 | 84 |
| 8073 | 63 |
| 8048 | 55 |
| 8027 | 61 |

剪切(T)
复制(C)
粘贴选项:
选择性粘贴(S)...
插入(I)
删除(D)
清除内容(N)
设置单元格格式(F)...
列宽(C)...
隐藏(H)
取消隐藏(U)

图 4-3-4　调整单元格列宽

如果需要输入身份证号码或者银行卡号等这些较长数字时，Excel 自动将这些数据转换为科学计数法显示，此时只需要把单元格格式设置为文本即可（见图 4-3-5）。

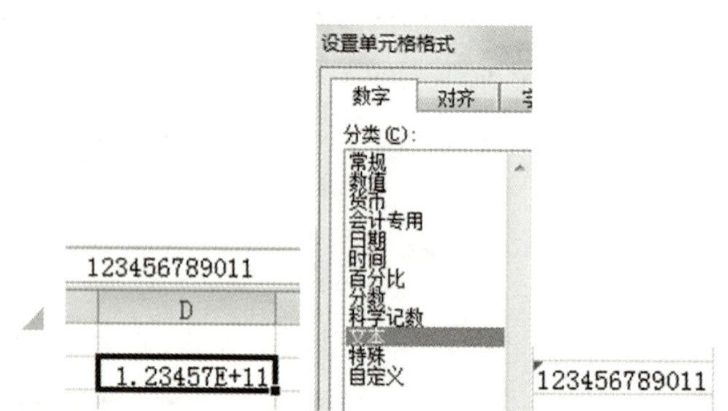


图 4-3-5　将数字格式调整为文本格式

由系统中导出的数据，往往都是文本格式，如果需要对数值进行运算，就需要将文本转换为数字格式（见图 4-3-6）。

3）日期时间型数据。很多人对这类数据的输入非常随意，有时候输入的“日期”并不是真正的日期格式，例如，人们常常将日期输入为“2020.3.25”，从数据库中导出的数据也可能不是数据而是文本。

正确的日期格式是年、月、日 3 个数字间用减号（–）或者斜杠（/）隔开。所以，输入的“2020.3.25”就是错误的日期格式，要输入日期 2020–3–25。可用以下方式输入：输入“2020/3/25”；输入“2020 年 3 月 25 日”；输入“20/3/25”；输入“3 月 25 日”；输入“25–Mar–2020”。

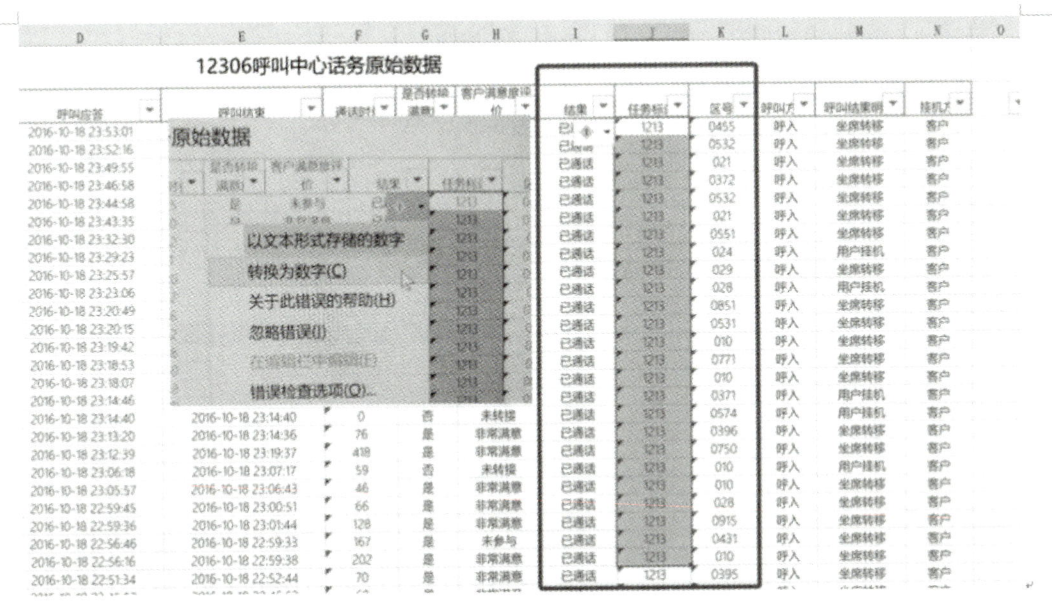

图 4-3-6　将文本格式转换为数字格式

也可以用设置单元格格式法输入日期，见图 4-3-7。

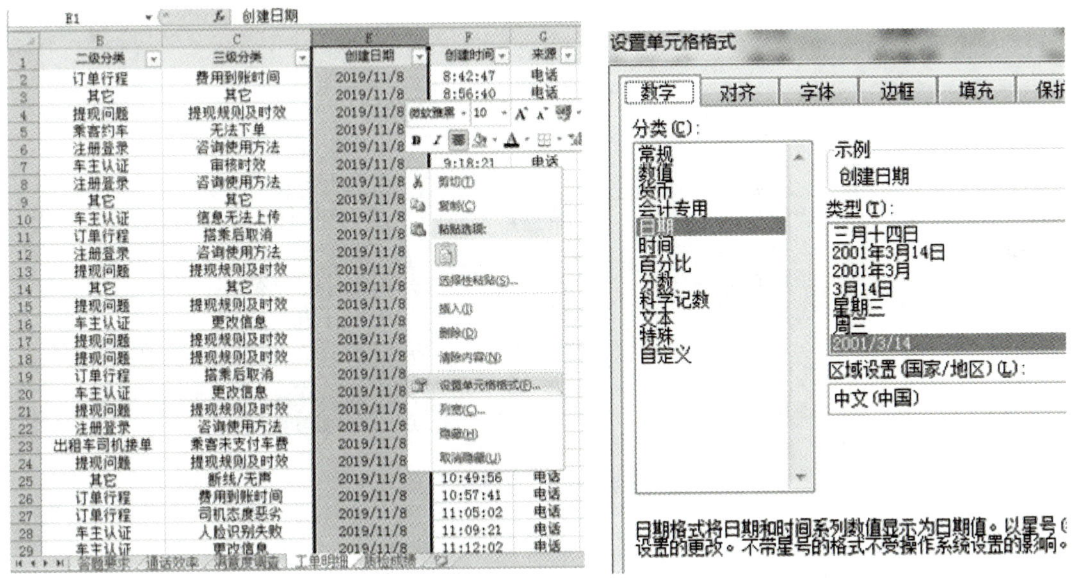

图 4-3-7　日期格式设置

输入时间时，常用"："来分割时间中的时、分、秒部分。时间和日期的输入方法差不多，方法见图 4-3-8。

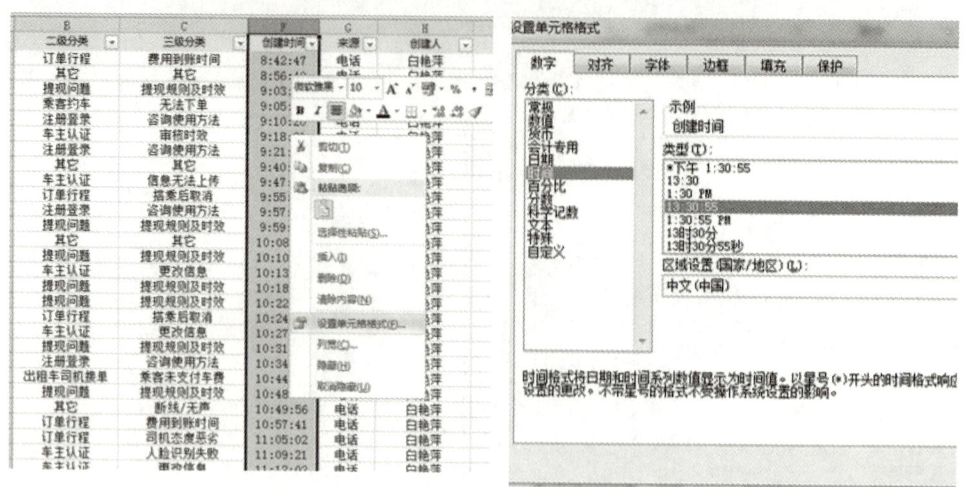


图 4-3-8 时间格式设置

如果是要输入当前的日期，可以用快捷键“Ctrl+;”，快速在单元格输入当前日期；如果要输入当前的时间，可以用快捷键“Ctrl+Shift+;”，快速在单元格输入当前时间。

4）高效快速输入数据。当输入的数据是遵循某种规律或者重复性时，Excel 提供了一些快速输入数据的方法，可以灵活应用一些填充功能，快速准确地输入数据，使输入工作事半功倍。

① 使用记忆输入。如果需要在一个表格的某一列中输入许多相同的数据，可以使用联想记忆输入法来简化操作：先输出部分字段，余下的记忆内容则为黑色字体显示（见图 4-3-9）。

C8 咨询使用方法

| | A | B | C |
|---|---|---|---|
| | 类型 | 订单行程常见问题 | 异常原因 |
| | 华唐拼车 | 订单行程 | 费用到账时间 |
| | 华唐拼车 | 其它 | 其它 |
| | 华唐拼车 | 提现问题 | 提现规则及时效 |
| | 华唐拼车 | 乘客约车 | 无法下单 |
| | 华唐拼车 | 注册登录 | 咨询使用方法 |
| | 华唐拼车 | 车主认证 | 审核时效 |
| | 华唐拼车 | 注册登录 | 咨询使用方法 |

图 4-3-9 联想记忆

② 使用填充序列。在输入数据过程中，经常会遇到许多有规律的序列数据，如数字序列、月份序列等。对于这类数据，使用 Excel 提供的“填充序列”功能可以简化操作，提高数据输入效率。

将鼠标移动到选定的数据右下角，当鼠标指针变成“+”时，按住鼠标左键，往需要填充数据的方向拖放，选择“填充序列”，该列即可填充完毕（见图 4-3-10），也可通过双击“+”进行快速填充。

| 名称 | 人员姓名 | 工号 |
|---|---|---|
| 投诉组 | 李聪慧 | 09183 |
| | 王振国 | 09183 |
| | 程晓宇 | 09183 |
| | 李慧 | 09183 |
| | 于慧彬 | 09183 |
| | 刘英 | 09183 |

复制单元格(C)
填充序列(S)
仅填充格式(F)
不带格式填充(O)

| 名称 | 人员姓名 | 工号 |
|---|---|---|
| 投诉组 | 李聪慧 | 09183 |
| | 王振国 | 09184 |
| | 程晓宇 | 09185 |
| | 李慧 | 09186 |
| | 于慧彬 | 09187 |
| | 刘英 | 09188 |

图 4–3–10　填充序列

③ 巧用 Ctrl+Enter 组合键填充内容。当向不连续的单元格输入相同的内容时，可以用 Ctrl+Enter 组合键来实现。

表中空白地方均为相同内容，按住 Ctrl 键的同时，选择需要输入的单元格，输入“提现问题”，按下 Ctrl+Enter 组合键，在相同的单元格就输入了相同的内容（见图 4–3–11）。

| 订单行程常见问题 | 异常原因 |
|---|---|
| 订单行程 | 费用到账时间 |
| 其他 | 其他 |
| | 提现规则及时效 |
| 乘客约车 | 无法下单 |
| 注册登录 | 咨询使用方法 |
| 车主认证 | 审核时效 |
| 注册登录 | 咨询使用方法 |
| | 提现规则及时效 |
| 车主认证 | 更改信息 |
| | 提现规则及时效 |
| | 提现规则及时效 |

| 订单行程常见问题 | 异常原因 |
|---|---|
| 订单行程 | 费用到账时间 |
| 其他 | 其他 |
| 提现问题 | 提现规则及时效 |
| 乘客约车 | 无法下单 |
| 注册登录 | 咨询使用方法 |
| 车主认证 | 审核时效 |
| 注册登录 | 咨询使用方法 |
| 提现问题 | 提现规则及时效 |
| 车主认证 | 更改信息 |
| 提现问题 | 提现规则及时效 |
| 提现问题 | 提现规则及时效 |

图 4–3–11　快捷组合键填充内容

5）文本型和数值型数据之间的转换。有时工作表中的数据并不是真正的数字，而是文本，此时如果使用函数进行计算可能就会得到零的结果（见图 4–3–12）。因此，在分析数据之前，要先将文本型数据转换为能够使用函数计算的数值型数据。

① 利用智能标记。利用智能标记将文本型数据转换为数值型数据的方法非常简单，首先选择要进行数据转换的单元格或单元格区域，单击智能标记◈，在下拉菜单中选择“转换为数字”命令即可（见图 4–3–13）。

尽管使用智能标记的方法非常简单，但是也有智能标记不能应用的场合，如果没有出现智能标记，就需要采用其他方法了。

② 利用选择性粘贴。这种方法比较简单，也比较常见，使用频率也是最高的。选择需要复制的单元格或单元格区域内容，按下 Ctrl+C 组合键，在目标单元格或单元格区域中，打开“选择性粘贴”对话框，选择“粘贴数值”进行粘贴（见图 4–3–14）。

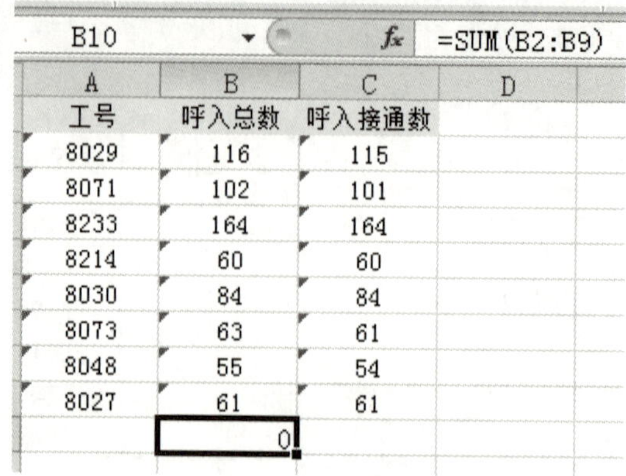

B10 =SUM(B2:B9)

| 工号 | 呼入总数 | 呼入接通数 | |
|---|---|---|---|
| 8029 | 116 | 115 | |
| 8071 | 102 | 101 | |
| 8233 | 164 | 164 | |
| 8214 | 60 | 60 | |
| 8030 | 84 | 84 | |
| 8073 | 63 | 61 | |
| 8048 | 55 | 54 | |
| 8027 | 61 | 61 | |
| | 0 | | |

图 4-3-12　文本格式数字计算的错误

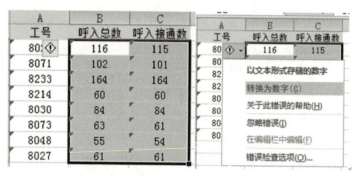

| 工号 | 呼入总数 | 呼入接通数 |
|---|---|---|
| 80 | 116 | 115 |
| 8071 | 102 | 101 |
| 8233 | 164 | 164 |
| 8214 | 60 | 60 |
| 8030 | 84 | 84 |
| 8073 | 63 | 61 |
| 8048 | 55 | 54 |
| 8027 | 61 | 61 |

以文本形式存储的数字
转换为数字(C)
关于此错误的帮助(H)
忽略错误(I)
在编辑栏中编辑(F)
错误检查选项(O)...

图 4-3-13　利用智能标记将文本型数据转换为数值型数据

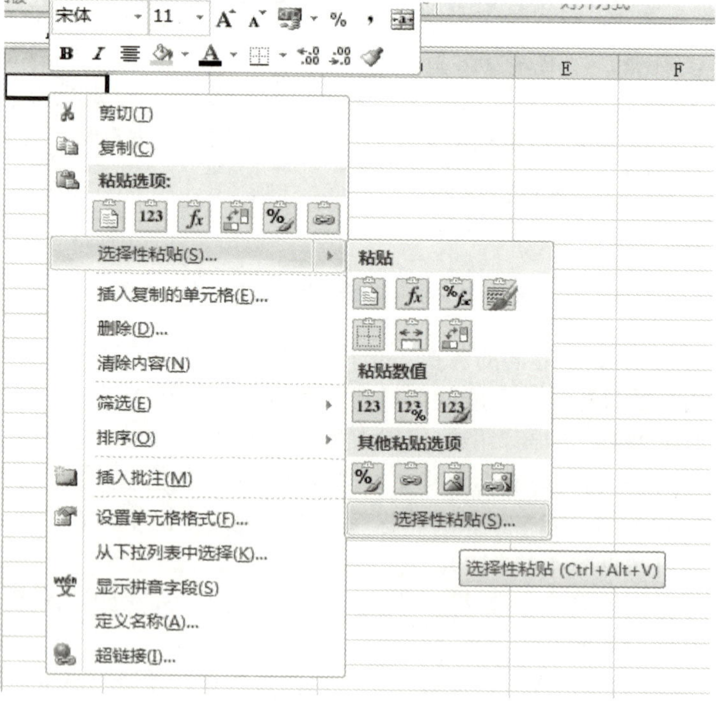


图 4-3-14　利用选择性粘贴将文本型数据转换为数值型数据

③ 利用“分列”工具。可以利用“分列”工具快速将文本型数据转换为数值型数据。先选取要转换的数据列（每次只能选择一列数据），单击“数据”选项卡“数据工具”功能区里的“分列”项，打开“文本分列向导”，单击“下一步”按钮进入第 3 步，选择“常规”数据格式，单击“完成”按钮，即可实现文本型数据向数值型数据的转换（见图 4–3–15）。

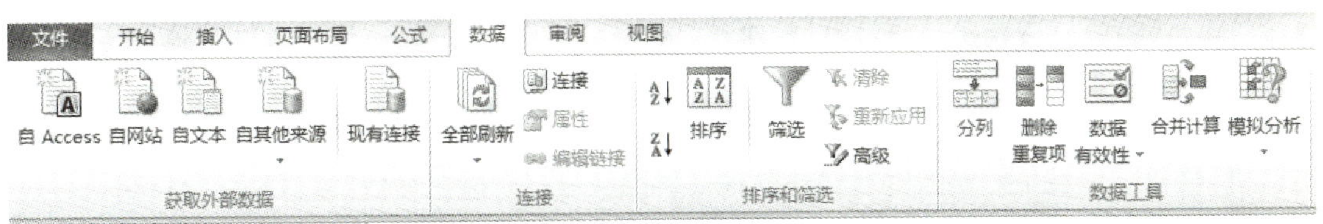


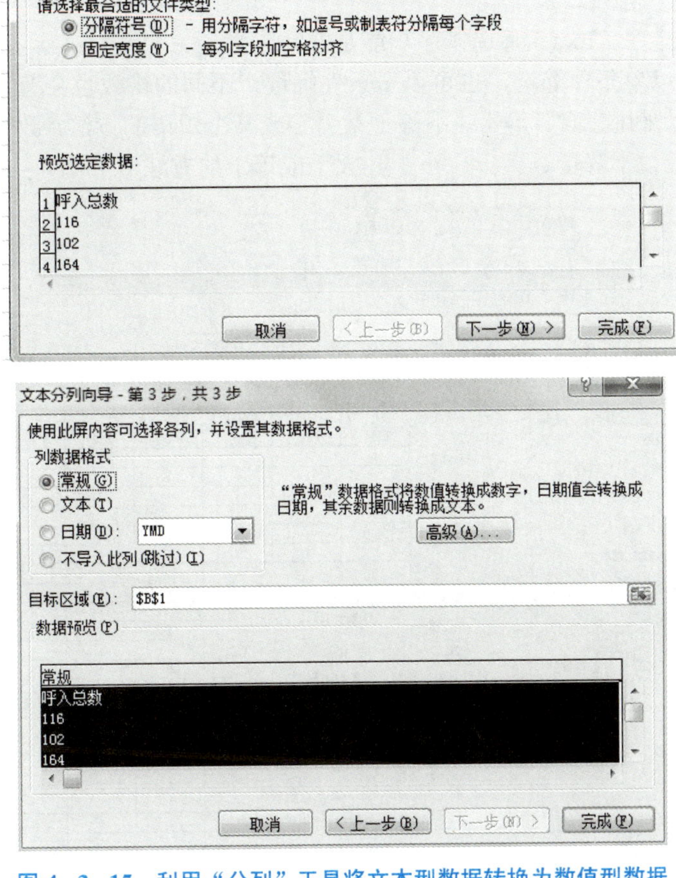


图 4–3–15　利用“分列”工具将文本型数据转换为数值型数据

利用“分列”工具，也可以实现时间、日期等的转换。方法同上，在第 3 步时选择“日期”数据格式，单击“完成”按钮，即可将 A 列数据分成三列，最后再将 A 列设置单元格格式，选择日期格式即可（见图 4–3–16）。

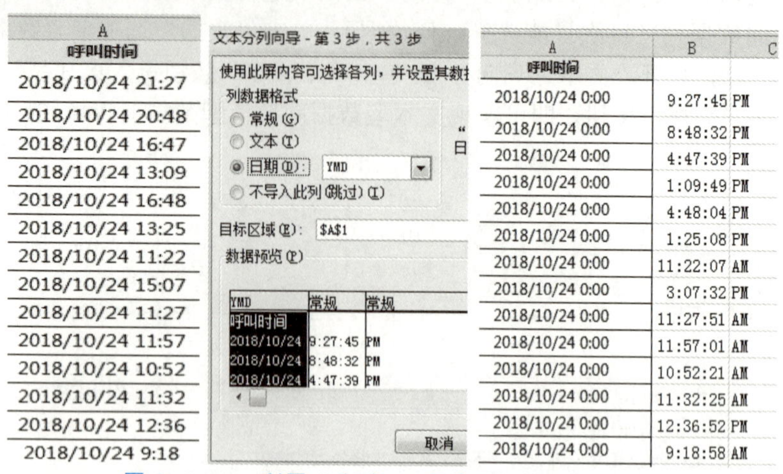

图 4-3-16　利用“分列”工具将日期值转换成日期

6）数据筛选排序。Excel 筛选排序功能是非常强大的。

① 筛选：可以单条件筛选，也可以多条件筛选，不同的格式也会有不同的筛选方法，例如文本筛选可以采用包含、等于、不等于某个字或某个短语的方法，数字筛选方法就更多了，可以采用等于、不等于、大于、小于、大于或等于的方法（见图 4-3-17）。

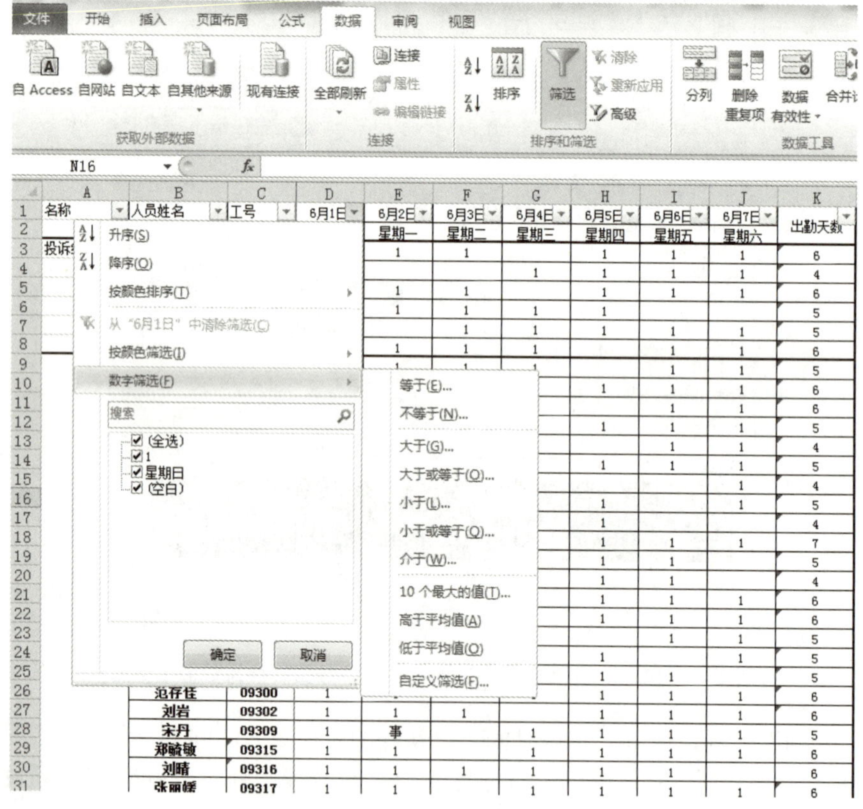

图 4-3-17　数字筛选方法

② 排序：一种是普通的排序，即选中所要排序的列的某一个单元格，单击“排序”选项，选择要升序还是降序即可（见图 4–3–18）。

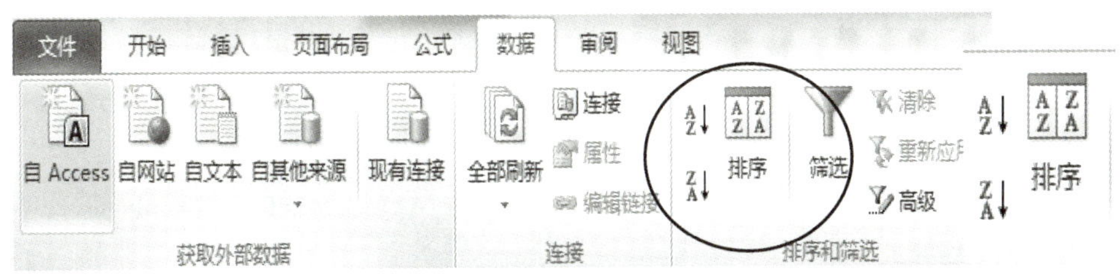


图 4–3–18　普通排序

第二种排序就是自定义排序，操作和普通排序是一样的，只是自定义排序可以选择多个条件（见图 4–3–19）。

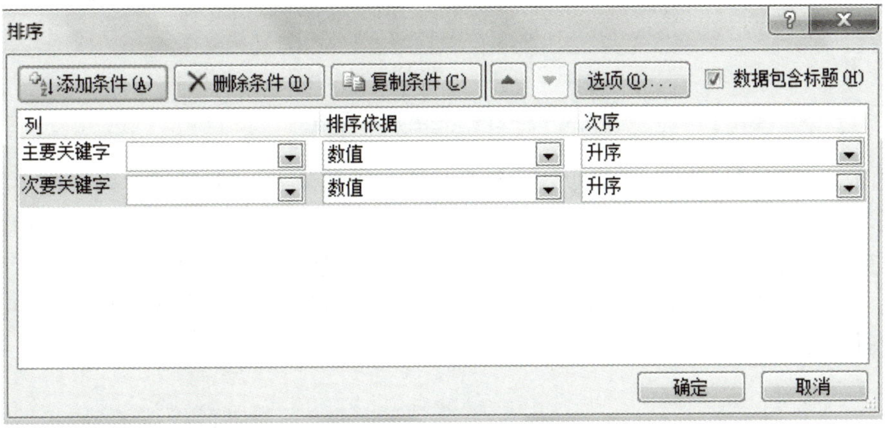

图 4–3–19　自定义排序

7）格式刷快速设定表格格式。Excel 中有多种方式可以完成复制、粘贴的操作，比如格式刷，方法是：先框选要复制的表格范围，然后双击格式刷，再单击要粘贴的目标单元格，最后按键盘的 Enter 键，则之前选择的表格范围就粘贴到目标单元格。

（2）数据运算

在完成报表结果的设计和数据的整理后，就需要对数据进行函数运算，以达到精准的数据呈现和分析。在呼叫中心运营报表的制作中，常用的函数包括日期与时间函数、逻辑函数、查找与引用函数、统计函数、文本函数等。

1）逻辑函数。在实际工作中，对数据进行逻辑判断和处理时，既可以在公式中使用条件表达式，也可以使用逻辑函数，常用的逻辑函数有 IF 函数、AND 函数、OR 函数。

IF 函数是 Excel 中的条件判断函数，IF 函数的语法结构：IF（条件，结果 1，结果 2）。它由条件与两个返回结果组成，当条件成立时，返回结果 1，否则返回结果 2。如图 4–3–20 所示，运用 IF 函数判断座席代表的“外呼成功量”大于等于“500”时则返回“达标”，不满足条件时则返回“未达标”。

=IF(C2>=500,"达标","未达标" )

| 座席代表 | 外呼成功量 | 是否达标 |
|---|---|---|
| 杨东艳 | 758 | 达标 |
| 周伟男 | 174 | 未达标 |
| 宋珩 | 920 | 达标 |
| 白杉杉 | 210 | 未达标 |
| 程彪 | 411 | 未达标 |
| 王永强 | 288 | 未达标 |
| 李阳 | 715 | 达标 |
| 孙超 | 137 | 未达标 |
| 林有明 | 435 | 未达标 |
| 赵宠 | 724 | 达标 |
| 帅彤 | 392 | 未达标 |
| 田丽丽 | 102 | 未达标 |
| 贾静文 | 12 | 未达标 |
| 杨一晨 | 434 | 未达标 |
| 格根塔那 | 758 | 达标 |
| 周小可 | 79 | 未达标 |
| 崔久波 | 102 | 未达标 |
| 王佳玉 | 610 | 达标 |

图 4-3-20　IF 函数应用案例

IF 函数还可以采用嵌套的方式实现多重计算。如图 4-3-21 所示案例，需要根据座席代表的在职时间计算质检抽听的比例，实现座席代表在职时间越长，质检抽听比例越低的计算逻辑。如果座席代表在职时间超过 6 个月，质检抽听比例返回“2%”；如果座席代表在职时间不足 6 个月但超过 3 个月，质检抽听比例返回“5%”；如果座席代表在职时间少于 3 个月，质检抽听比例返回“10%”。

=IF(D6>6,2%,IF(D6>3,5%,IF(D6=3,5%,10%)))

座席人员工号明细表

| 序号 | 姓名 | 入职时间 | 在职时间(月) | 呼入 月处理量 | 质检成绩 | 一般抽听比例 |
|---|---|---|---|---|---|---|
| 1 | 张少波 | 18-03-20 | 25 | 2420 | 98.83 | 2% |
| 2 | 夏志杰 | 20-03-20 | 1 | 792 | 99.83 | 10% |
| 3 | 张静 | 20-01-30 | 3 | 634 | 96.36 | 5% |
| 4 | 高爽 | 19-01-09 | 16 | 491 | 94.25 | 2% |
| 5 | 张晗宇 | 20-01-31 | 3 | 257 | 89.85 | 5% |
| 6 | 张硕 | 20-03-20 | 1 | 290 | 96.54 | 10% |
| 7 | 冯利 | 18-11-23 | 17 | 525 | 92.88 | 2% |
| 8 | 井孝强 | 19-12-30 | 4 | 634 | 93.81 | 5% |
| 9 | 徐义鹏 | 17-12-30 | 28 | 412 | 90.33 | 2% |

图 4-3-21　IF 公式多重嵌套应用案例

AND 函数的语法结构：AND（条件 1，=标准 1，条件 2，=标准 2，…，条件 N，=标准 N）。如果每个条件和标准都相等，则返回真（TRUE），否则返回假（FALSE）。如图 4-3-22 所示，当座席代表的“外呼成功量”满足大于等于“500”且“外呼成功率”大于等于“3.5%”时，则判断为“真（TRUE）”，否则返回“假（FALSE）”。

=AND(C2>=500,D2>=3.5%)

| 座席代表 | 外呼成功量 | 外呼成功率 | 是否达标 |
|---|---|---|---|
| 杨东艳 | 758 | 2.60% | FALSE |
| 周伟男 | 174 | 3.20% | FALSE |
| 宋珩 | 920 | 5.10% | TRUE |
| 白杉杉 | 210 | 2.90% | FALSE |
| 程彪 | 411 | 4.70% | FALSE |
| 王永强 | 288 | 10.50% | FALSE |
| 李阳 | 715 | 8.20% | TRUE |
| 孙超 | 137 | 6.70% | FALSE |
| 林有明 | 435 | 4.10% | FALSE |
| 赵宠 | 724 | 7.00% | TRUE |
| 帅彤 | 392 | 3.80% | FALSE |
| 田丽丽 | 102 | 5.60% | FALSE |
| 贾静文 | 12 | 2.60% | FALSE |
| 杨一晨 | 434 | 2.40% | FALSE |
| 格根塔那 | 758 | 3.10% | FALSE |

图 4-3-22　AND 函数应用案例

OR 函数的语法结构为：OR（条件 1，=标准 1，条件 2，=标准 2，…，条件 N，=标准 N）。如果任意参数的值为真，则返回真（TRUE），当所有条件为假时，才返回假（FALSE）。如图 4-3-23 所示，当座席代表满足“外呼成功量”大于等于“500”或“外呼成功率”大于等于“3.5%”两个条件中的一个时，则返回“真（TRUE）”；当所有条件都不满足时，则返回“假（FALSE）”。

=OR(C2>=500,D2>=3.5%)

| 座席代表 | 外呼成功量 | 外呼成功率 | 是否达标 |
|---|---|---|---|
| 杨东艳 | 758 | 2.60% | TRUE |
| 周伟男 | 174 | 3.20% | FALSE |
| 宋珩 | 920 | 5.10% | TRUE |
| 白杉杉 | 210 | 2.90% | FALSE |
| 程彪 | 411 | 4.70% | TRUE |
| 王永强 | 288 | 10.50% | TRUE |
| 李阳 | 715 | 8.20% | TRUE |
| 孙超 | 137 | 6.70% | TRUE |
| 林有明 | 435 | 4.10% | TRUE |
| 赵宠 | 724 | 7.00% | TRUE |
| 帅彤 | 392 | 3.80% | TRUE |
| 田丽丽 | 102 | 5.60% | TRUE |
| 贾静文 | 12 | 2.60% | FALSE |
| 杨一晨 | 434 | 2.40% | FALSE |
| 格根塔那 | 758 | 3.10% | TRUE |
| 周小可 | 79 | 7.40% | TRUE |

图 4-3-23　OR 函数应用案例

2）统计函数。

① COUNT、COUNTA、COUNT IF、COUNT IFS 函数，根据实际需要进行计数。语法结构：COUNT（数据区域）、COUNTA（数据区域）、COUNT IF（条件范围，条件）、COUNT IFS（条件 1 范围，条件 1，条件 2 范围，条件 2，…，条件 N 范围，条件 N）。

COUNT 函数与 COUNTA 函数非常相似。COUNT 函数计算数据区域中数字的单元格个数，COUNTA 函数计算数据区域中非空单元格个数（见图 4-3-24）。

COUNT IF 与 COUNT IFS 函数都用来统计满足条件的个数。COUNT IF 函数统计满足某一个条件的个数，COUNT IFS 函数则可以统计满足多个条件的个数（见图 4-3-25）。

|  | A | B | C | D | E |
|---|---|---|---|---|---|
| 1 | 数据区域 |  | count计数 |  | counta计数 |
| 2 | 高亚 |  | 3 |  | 5 |
| 3 | 99 |  |  |  |  |
| 4 | ### |  | 公式 |  |  |
| 5 |  |  |  |  |  |
| 6 | 67 |  | = COUNT(A2:A7) |  | =COUNTA(A2:A7) |
| 7 | 91 |  |  |  |  |
| 8 |  |  |  |  |  |

图 4-3-24　COUNT 与 COUNTA 函数应用案例

| 序号 | 姓名 | 入职时间 | 在职时间（月） | 呼入月处理量 | 质检成绩 | 一般抽听比例 |
|---|---|---|---|---|---|---|
| 1 | 张少波 | 18-03-20 | 25 | 2 420 | 98.83 | 2% |
| 2 | 夏志杰 | 20-03-20 | 1 | 792 | 99.83 | 10% |
| 3 | 张静 | 20-01-30 | 3 | 634 | 96.36 | 5% |
| 4 | 高爽 | 19-01-09 | 16 | 491 | 94.25 | 2% |
| 5 | 张晗宇 | 20-01-31 | 3 | 257 | 89.85 | 5% |
| 6 | 张硕 | 20-03-20 | 1 | 290 | 96.54 | 10% |
| 7 | 冯利 | 18-11-23 | 17 | 525 | 92.88 | 2% |
| 8 | 井孝强 | 19-12-30 | 4 | 634 | 93.81 | 5% |
| 9 | 徐义鹏 | 17-12-30 | 28 | 412 | 90.33 | 2% |
| 10 | 郭志明 | 18-12-26 | 16 | 439 | 93.15 | 2% |
| 统计在职时间超过 6 个月的人数 |  |  | 5 | COUNT IF(D$6:D$15, ">6") |  |  |
| 统计在职时间满 6 个月，呼入月处理量>800，且质检成绩>95 分的人数 |  |  | 1 | COUNT IFS(D$6:D$15, ">6", F$6:F$15, ">800", G$6:G$15, ">95") |  |  |

图 4-3-25　COUNT IF 与 COUNT IFS 函数应用案例

② SUM、SUM IF、SUM IFS 函数，对数据区域进行求和计算。语法结构：SUM（数值 1，数值 2，…），SUM IF（条件区域，条件，[求和区域]），SUM IFS（求和区域，条件区域 1，条件 1，[条件区域 2，条件 2]，…）。

SUM 函数用于对某一区域数据进行求和，SUM IF 函数根据指定条件对区域数据进行求和，SUM IFS 函数根据多个指定条件对区域数据进行求和（见图 4-3-26）。

| 序号 | 姓名 | 入职时间 | 班组 | 在职时间/月 | 电话接通量 | 质检成绩 |
|---|---|---|---|---|---|---|
| 1 | 张少波 | 18-03-20 | A | 25 | 2 420 | 98.83 |
| 2 | 夏志杰 | 20-03-20 | A | 1 | 792 | 99.83 |
| 3 | 张静 | 20-01-30 | A | 3 | 634 | 96.36 |
| 4 | 高爽 | 19-01-09 | B | 16 | 491 | 98.25 |
| 5 | 张晗宇 | 20-01-31 | B | 3 | 257 | 89.85 |
| 6 | 张硕 | 20-03-20 | A | 1 | 290 | 96.54 |
| 7 | 冯利 | 18-11-23 | B | 17 | 525 | 92.88 |
| 8 | 井孝强 | 19-12-30 | B | 4 | 634 | 99.81 |
| 9 | 徐义鹏 | 17-12-30 | A | 28 | 412 | 90.33 |
| 10 | 郭志明 | 18-12-26 | A | 16 | 439 | 93.15 |
| 计算所有 A 班组成员的电话接通量 | | | 4987 | SUM IF(D6: D15, "A",G6:G15) | | |
| 计算所有 B 班质检成绩“>95”的成员电话接通量 | | | 1125 | SUM IFS(G6: G15,D6:D15, "B",H6:H15, ">95") | | |

图 4-3-26　SUM IF 与 SUM IFS 函数应用案例

③ AVERAGE、AVERAGE IF、AVERAGE IFS 函数，对数据区域进行求平均计算。语法结构：AVERAGE（数值 1，数值 2，…），AVERAGE IF（条件区域，条件，[求平均值区域]），AVERAGE IFS（求平均值区域，条件区域 1，条件 1，[条件区域 2，条件 2]，…）。

AVERAGE 函数用于对某一区域数据求平均值，AVERAGE IF 函数根据指定条件对区域数据求平均值，AVERAGE IFS 函数根据多个指定条件对区域数据求平均值。

④ RANK 函数，求某一个数值在某一区域内一组数值中的排名。语法结构：RANK（条件，排序区域，order）。同一区域内数据排序，要用$将行列锁定。“order”为数字排位方式，如果为 0（零）或省略，则排序方式为正序；如果为 1，则排序方式为倒序。RANK 赋予重复数相同的排位，但重复数的存在将影响后续数值的排位（见图 4-3-27）。

| 姓名 | 入职时间 | 班组 | 质检成绩 | 排名 | 公式 |
|---|---|---|---|---|---|
| 张少波 | 18-03-20 | A | 98.83 | 3 | RANK(H 6, H$6:H$15, 0) |
| 夏志杰 | 20-03-20 | A | 99.83 | 1 | 使用“$”符号锁定排序范围 |
| 张静 | 20-01-30 | A | 96.36 | 6 | 使用“0”为正序排序 |
| 高爽 | 19-01-09 | B | 98.25 | 4 | |
| 张晗宇 | 20-01-31 | B | 89.85 | 10 | |
| 张硕 | 20-03-20 | A | 96.54 | 5 | |
| 冯利 | 18-11-23 | B | 92.88 | 8 | |
| 井孝强 | 19-12-30 | B | 99.81 | 2 | |
| 徐义鹏 | 17-12-30 | A | 90.33 | 9 | |
| 郭志明 | 18-12-26 | A | 93.15 | 7 | |

图 4-3-27　RANK 函数应用举例

3）文本函数。在呼叫中心的报表中常用文本函数来提取关键字符和内容，例如提取身份证号码中的生日字段、提取手机号码字段来进行数据的分析判断，也用于日常办公时所用的文本计算、转换等。

① 文本中提取字符（见图 4–3–28）。

a. LEFT 函数：根据指定的字符数返回文本中的第一个或前几个字符，即从左边开始算，提取文本中的若干个字符。

b. RIGHT 函数：根据指定的字符数返回文本中的最后一个或多个字符，即从右边提取若干个字符。

c. MID 函数：返回文本中从指定位置开始的特定数目的字符，即从中间指定的某个位置开始提取若干字符。

|  | A | B | C | D |
|---|---|---|---|---|
| 1 | 文本内容 | 函数 | 函数介绍 | 提取字符 |
| 2 | 文本中提取字符 | LEFT(A2,2) | 从左边提取2个字符 | 文本 |
| 3 | 文本中提取字符 | RIGHT(A2,2) | 从右边提取2个字符 | 字符 |
| 4 | 文本中提取字符 | MID(A2,4,2) | 从左数第4个字符开始提取2个字符 | 提取 |

图 4–3–28　文本中提取字符

特别注意：若截取长度大于被截取字符串的长度，则返回全部字符串；若截取长度小于0，则会返回错误值；若未输入，则默认截取 1 个字符。

② 文本中合并字符（见图 4–3–29）。

a. 能够直接将文本符一个一个连接起来，形成一个新的文本。

b. PHONETIC 函数可以将引用的一个区域内所有的单元格的文本型数据拼合起来。

|  | A | B | C | D | E | F |
|---|---|---|---|---|---|---|
| 1 | 合并前内容 |  |  |  | 函数 | 合并后内容 |
| 2 | 文本 | 中 | 提取 | 字符 | A2&B2&C2&D2 | 文本中提取字符 |
| 3 | 文本 | 中 | 提取 | 字符 | PHONETIC(A3:D3) | 文本中提取字符 |

图 4–3–29　文本中合并字符

③ 其他文本函数。

a. TEXT 函数能够让单元格数值按照指定要求转换（见图 4–3–30）。

|  | A | B | C | D |
|---|---|---|---|---|
| 1 | 文本 | 函数 | 函数介绍 | 转换后 |
| 2 | 1.2356 | text(A2,"0.00") | 将格式更改为小数点后带两位小数 | 1.24 |
| 3 | 2020/3/25 | text(A3,"aaaa") | 将日期格式转换为星期 | 星期三 |
| 4 | 12345 | TEXT(A4,"000000") | 将数字转换为6位数，不足的前面补0 | 012345 |
| 5 | 20200325 | TEXT(A5,"0-00-00") | 将不规范的日期格式转换为xxxx-xx-xx | 2020-03-25 |

图 4–3–30　TEXT 函数应用案例

b. LEN 函数和 LENB 函数度量文本长度。不管中文、英文还是数字，LEN 都将每个字符算作 1。“LENB”中的“B”是 Byte（字节）的意思，是按字节来算的（见图 4-3-31）。

| | A | B | C | D | E | F |
|---|---|---|---|---|---|---|
| 1 | 内容 | | | | 函数 | 函数后 |
| 2 | 等闲识得东风面，万紫千红总是春。 | | | | LEN(A2) | 16 |
| 3 | 等闲识得东风面，万紫千红总是春。 | | | | LENB(A2) | 32 |

图 4-3-31　LEN 和 LENB 函数应用案例

4）查找与引用函数。数据查找，一直是 Excel 中的基本功能，常见的有 FIND、VLOOKUP 函数。

① FIND 函数返回一个字符串在另一个字符串中出现的起始位置（区分大小写，见图 4-3-32）。语法结构：FIND（查找值，在哪里找，从第几个字符开始查找）。

| | A | B | C | D |
|---|---|---|---|---|
| 1 | 文本 | 函数 | 介绍 | 位置 |
| 2 | 等闲识得东风面，万紫千红总是春。 | FIND("风",A2) | 从文本中查找“风”对应的位置 | 6 |
| 3 | ABCDabcEFG | FIND("A",A3) | 从文本中查找“A”对应的位置 | 1 |
| 4 | ABCDabcEFG | FIND("a",A4) | 从文本中查找“a”对应的位置 | 5 |
| 5 | | | 注意区分大小写 | |

图 4-3-32　FIND 函数应用案例

② VLOOKUP 函数从区域的第一列中找数据，找到后，返回指定那一列中相应位置的数据。语法结构：VLOOKUP（查找值，查找范围，返回值所在的相对列数，匹配模式）。匹配模式：FALSE 或 1 代表着精确匹配；TRUE 或 0 代表着模糊匹配。使用范围是纵向查找引用的函数。在使用过程中因为要用到公式功能，所以要在公式中加入“$”，将查找范围锁定。VLOOKUP 函数不仅可以在同一个工作表中查找，也可以在不同的工作表、工作簿中查找。它在日常工作中使用非常频繁，对于报表的基础数据查找起到了重要的作用。

VLOOKUP 函数的运用

（3）数据透视表的运用

数据透视表是一种交互式的表，可以自由选择多个字段的不同组合，用于快速汇总、分析大量数据中字段与字段之间的关联关系。数据透视表可以按照数据表格的不同字段从多个角度进行透视，并建立交叉表格，用以查看数据表格不同层面的汇总信息、分析结果以及摘要数据。呼叫中心运营报表少则几百个数据，多则上百万个数据，使用数据透视表比用公式更加快捷和方便。

建立数据透视表之前，应先对数据源进行基本的整理，确保每个数值都是有效的数字格式。需要透视的数据源，第一行每个单元格（字段）必须有值（可以重复，透视表会默认排序，用字段 1，字段 2 表示）。

整理好数据后，选择需要数据透视的数据范围，也可以单击表格左上角进行全选，单击“插入”选项，选择数据透视表（见图 4-3-33）。

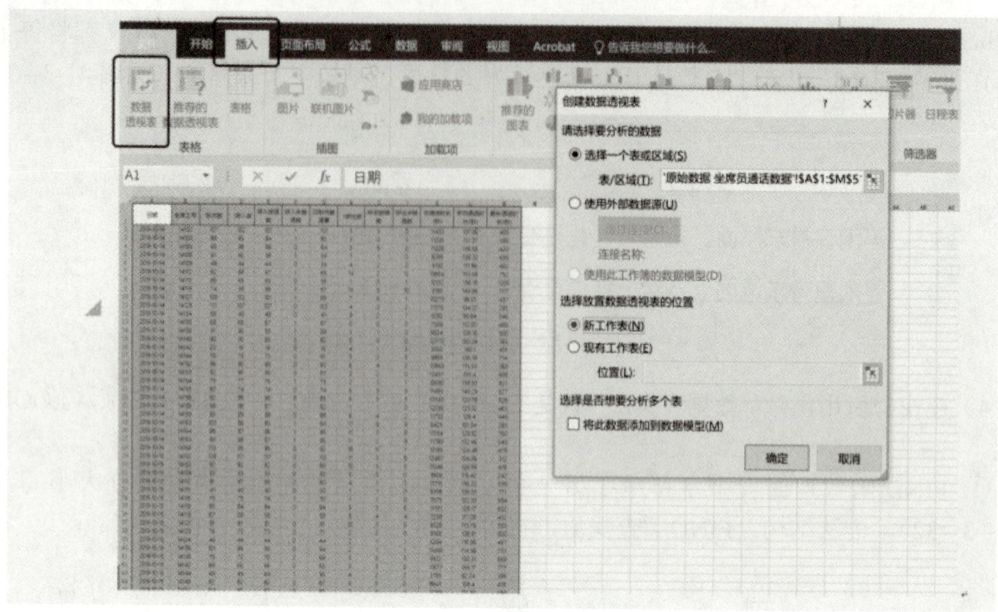


图 4–3–33　创建数据透视表

弹出“创建数据透视表”对话框后，选择“选择一个表或区域”会自动显示刚才全选的数据，无须再选择。选择“现有工作表”，然后选择创建透视表的单元格，最后单击“确定”按钮（见图 4–3–34）。

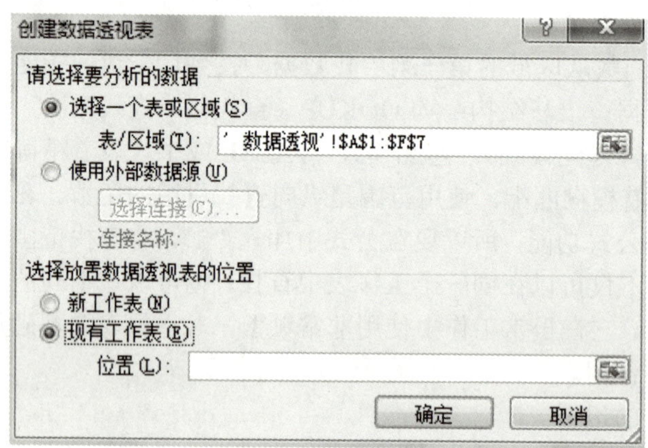


图 4–3–34　创建数据透视表对话框

默认新建一个插页存放数据透视表，新建立的数据透视表有两个区域：一个是报表展示区域；另一个是透视表字段区域，透视表字段区域一共有四个方框，通过拖动不同的字段，可以展示不同的结果。

筛选框：顾名思义，将字段拖动到筛选框中，可以利用此字段对透视表进行筛选。

列框：将字段拖动到此处，数据将以列的形式展示。

行框：将字段拖动到此处，数据将以行的形式展示。

值框：主要用来统计，数字字段可进行数学运算（求和、平均值、计数等），文本字段可计数。

图 4–3–35 中，将代表统计“维度”的字段“日期”拖拽至“行”，将需要分别统计的字段拖拽至“列”，将需要统计的对应的数据放在“值”中，形成的数据就可以展示出对应工作日每个组别的呼入数。

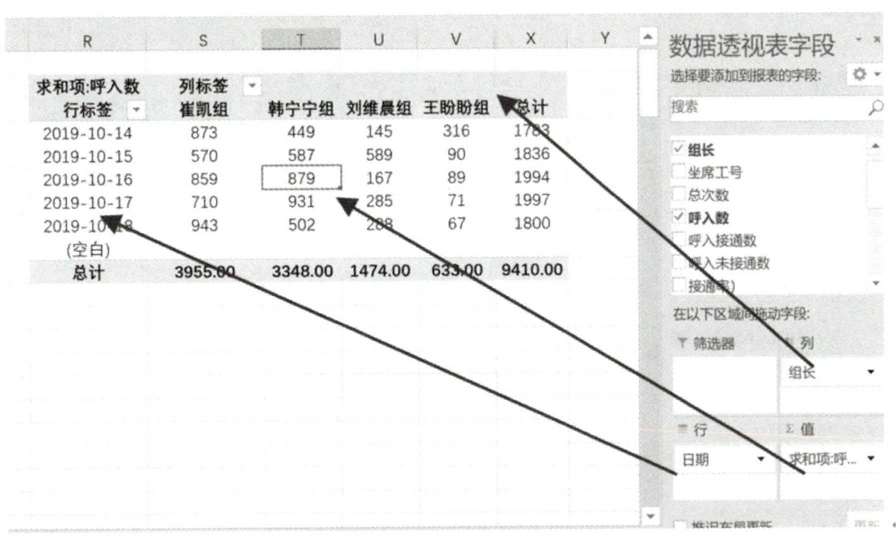

| 求和项:呼入数 | 列标签 | | | | |
|---|---|---|---|---|---|
| 行标签 | 崔凯组 | 韩宁宁组 | 刘维晨组 | 王盼盼组 | 总计 |
| 2019-10-14 | 873 | 449 | 145 | 316 | 1783 |
| 2019-10-15 | 570 | 587 | 589 | 90 | 1836 |
| 2019-10-16 | 859 | 879 | 167 | 89 | 1994 |
| 2019-10-17 | 710 | 931 | 285 | 71 | 1997 |
| 2019-10-18 | 943 | 502 | 288 | 67 | 1800 |
| (空白) | | | | | |
| 总计 | 3955.00 | 3348.00 | 1474.00 | 633.00 | 9410.00 |



图 4–3–35　数据透视表基本操作

在右下角数值区域，单击后面的小三角，出现值字段设置对话框，可以更改值汇总方式，如求和、计数、平均值、最大值、最小值、乘积等（见图 4–3–36）。

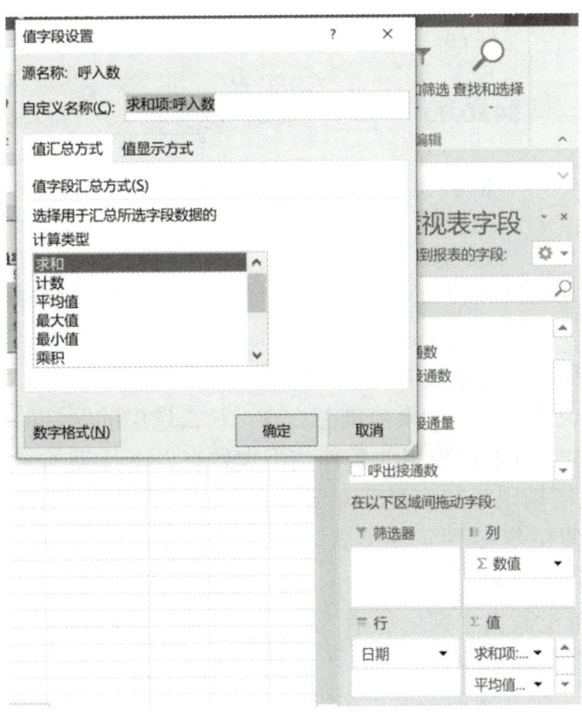


图 4–3–36　数据透视表值字段设置

数据透视表还可以进行字段计算。选中透视表，依次单击“分析”—“计算”—“字段、项目和集”—“计算字段”，在弹出的框中，名称栏中任意输入，公式栏中输入“=呼入接通数/呼入数”，单击“确定”按钮，可以发现，透视表中出现新的一列“呼入接通率”，并且作为数据透视表的一部分，可以随意拖动（见图 4–3–37）。

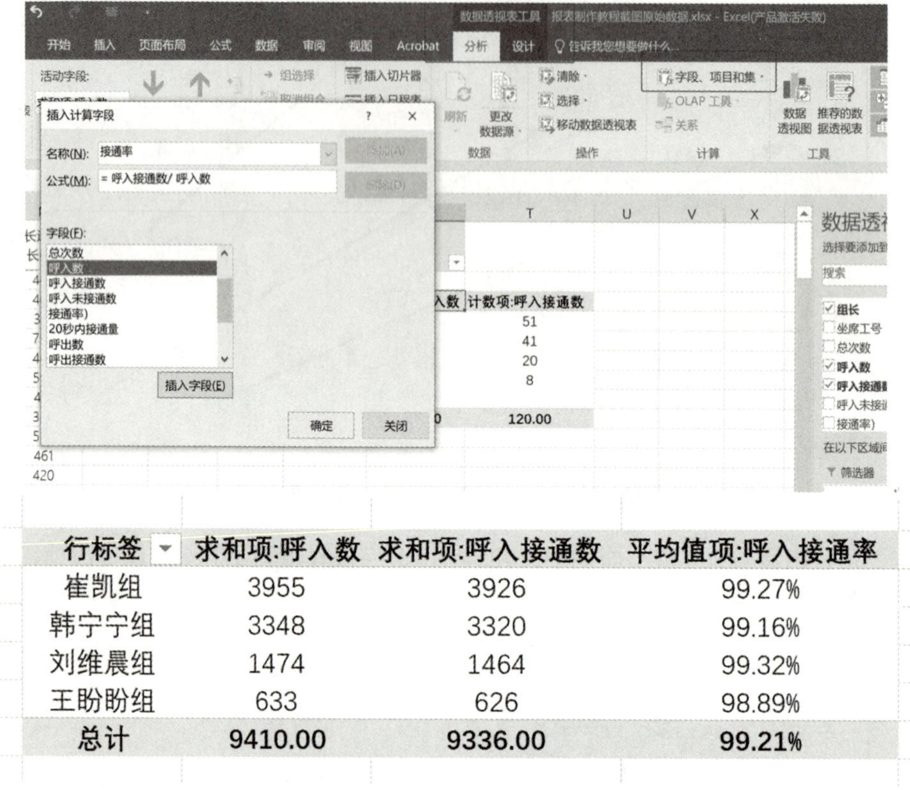

| 行标签 | 求和项:呼入数 | 求和项:呼入接通数 | 平均值项:呼入接通率 |
| --- | --- | --- | --- |
| 崔凯组 | 3955 | 3926 | 99.27% |
| 韩宁宁组 | 3348 | 3320 | 99.16% |
| 刘维晨组 | 1474 | 1464 | 99.32% |
| 王盼盼组 | 633 | 626 | 98.89% |
| **总计** | **9410.00** | **9336.00** | **99.21%** |

图 4–3–37　数据透视表进行字段计算

（4）条件格式

在 Excel 中，有一项非常强大的功能叫条件格式。此功能能够对满足某些条件的数据进行快速标注。

条件格式，顾名思义，先有条件，后有格式。如果……（条件），单元格或者区域就设置……（格式）。简单说来，就是如果数据怎么样，那么选中的区域的格式就设置成什么样。具体来说，条件格式中可以选择使用的条件类型大致有以下几类：

1）突出显示单元格规则。突出显示单元格可以设置大于、小于、介于、等于、文本包含、发生日期、重复值等多种条件格式。突出显示单元格规则往往给定的都是一个固定的“条件”（见图 4–3–38）。

例如：我们想在批量数据中突出显示“后处理时长”超过“200”的数据，设置为“浅红填充色深红色文本”（见图 4–3–39）。

2）项目选取规则。项目选取是对“范围”内的条件筛选后进行设置，常用的包括前 10 项、前 10%、最后 10 项、最后 10%、高于平均值、低于平均值，还可以自定义其他规则（见图 4–3–40）。

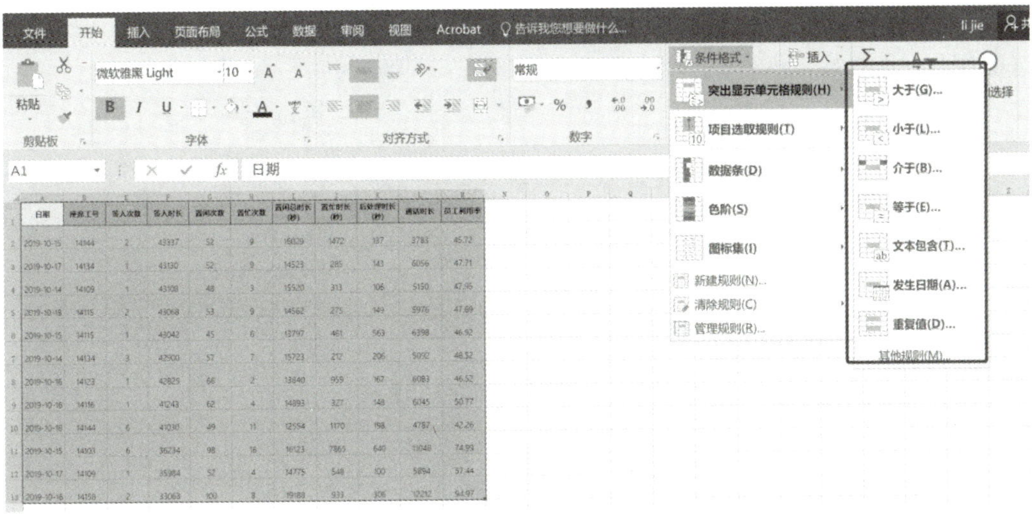


图 4-3-38　突出显示单元格规则

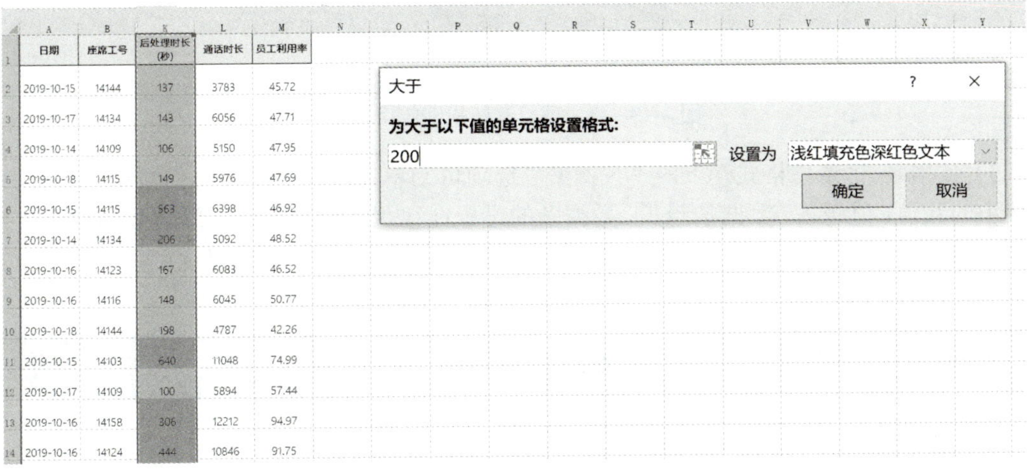


图 4-3-39　突出显示单元格设置

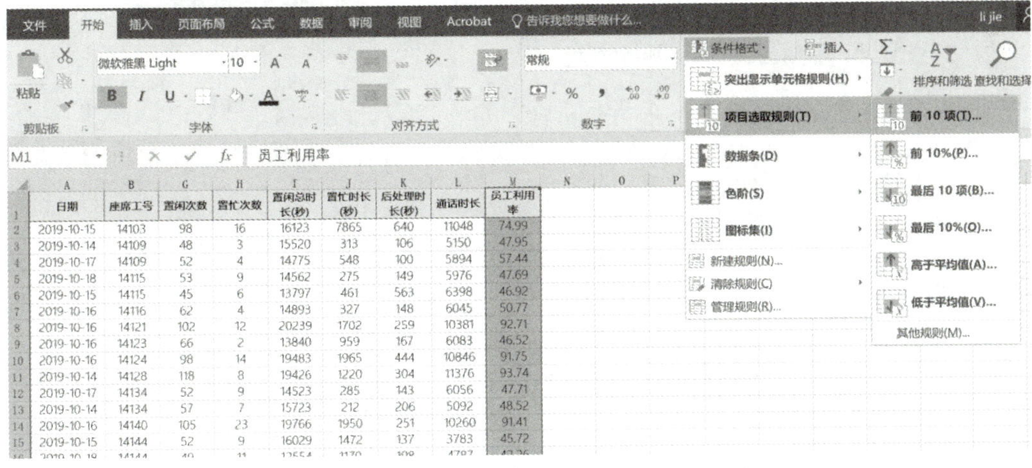


图 4-3-40　项目选取规则

例如在批量数据中，通过条件格式，选中“员工利用率”列，选取“前 10 项”突出显示（见图 4-3-41）。

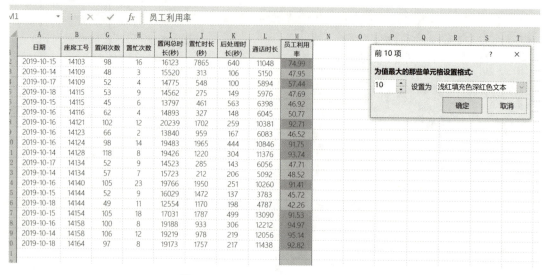

M1 员工利用率

| 日期 | 座席工号 | 置闲次数 | 置忙次数 | 置闲总时长(秒) | 置忙时长(秒) | 后处理时长(秒) | 通话时长 | 员工利用率 |
|---|---|---|---|---|---|---|---|---|
| 2019-10-15 | 14103 | 98 | 16 | 16123 | 7865 | 640 | 11048 | 74.99 |
| 2019-10-14 | 14109 | 48 | 3 | 15520 | 313 | 106 | 5150 | 47.95 |
| 2019-10-17 | 14109 | 52 | 4 | 14775 | 548 | 100 | 5894 | 57.44 |
| 2019-10-18 | 14115 | 53 | 9 | 14562 | 275 | 149 | 5976 | 47.69 |
| 2019-10-15 | 14115 | 45 | 6 | 13797 | 461 | 563 | 6398 | 46.92 |
| 2019-10-16 | 14116 | 62 | 4 | 14893 | 327 | 148 | 6045 | 50.77 |
| 2019-10-16 | 14121 | 102 | 12 | 20239 | 1702 | 259 | 10381 | 92.71 |
| 2019-10-16 | 14123 | 66 | 2 | 13840 | 959 | 167 | 6083 | 46.52 |
| 2019-10-16 | 14124 | 98 | 14 | 19483 | 1965 | 444 | 10846 | 91.75 |
| 2019-10-14 | 14128 | 118 | 8 | 19426 | 1220 | 304 | 11376 | 93.74 |
| 2019-10-17 | 14134 | 52 | 9 | 14523 | 285 | 143 | 6056 | 47.71 |
| 2019-10-14 | 14134 | 57 | 7 | 15723 | 212 | 206 | 5092 | 48.52 |
| 2019-10-16 | 14140 | 105 | 23 | 19766 | 1950 | 251 | 10260 | 91.41 |
| 2019-10-15 | 14144 | 52 | 9 | 16029 | 1472 | 137 | 3783 | 45.72 |
| 2019-10-18 | 14144 | 49 | 11 | 12554 | 1170 | 198 | 4787 | 42.26 |
| 2019-10-15 | 14154 | 105 | 18 | 17031 | 1787 | 499 | 13090 | 91.53 |
| 2019-10-16 | 14158 | 100 | 8 | 19188 | 933 | 306 | 12212 | 94.97 |
| 2019-10-14 | 14158 | 106 | 12 | 19219 | 978 | 219 | 12056 | 95.14 |
| 2019-10-18 | 14164 | 97 | 8 | 19173 | 1757 | 217 | 11438 | 92.82 |

前 10 项
为值最大的那些单元格设置格式:
10 设置为 浅红填充色深红色文本
确定 取消

图 4-3-41　项目选取规则应用案例

3）数据条。“条件格式”下的“数据条”选项可为单元格添加带颜色的数据条，代表单元格中的数值，值越大，数据条越长。数据条的设置往往用于展示数值之间的强弱对比关系，强调数值的差异，例如个体与个体、团队与团队之间的关键绩效指标的对比（见图 4-3-42）。

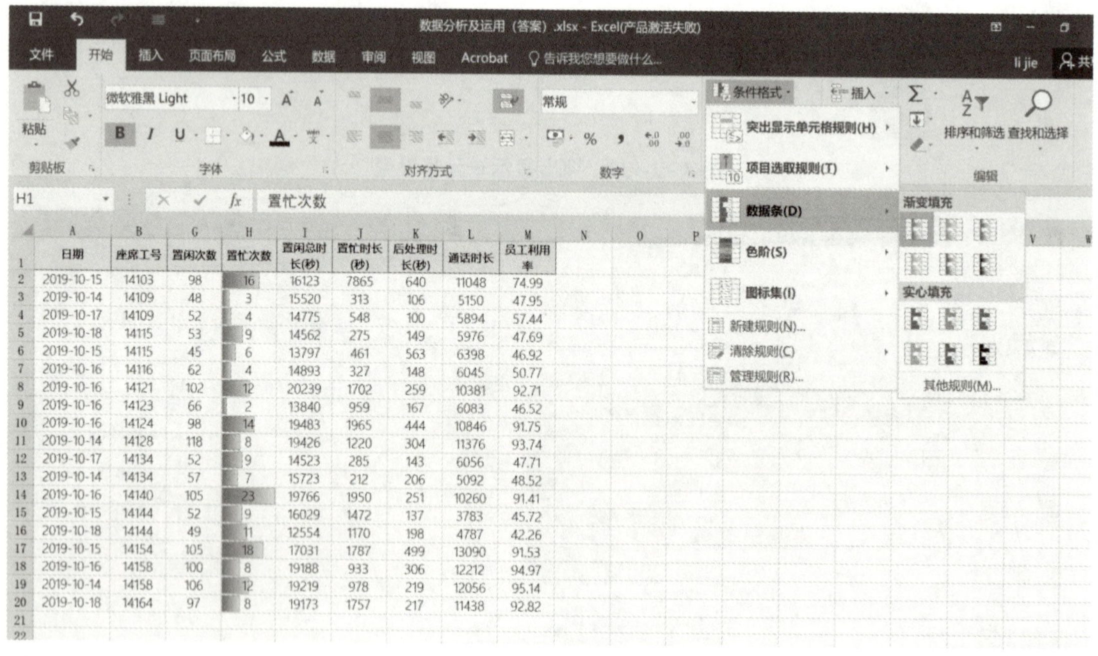


| 日期 | 座席工号 | 置闲次数 | 置忙次数 | 置闲总时长(秒) | 置忙时长(秒) | 后处理时长(秒) | 通话时长 | 员工利用率 |
|---|---|---|---|---|---|---|---|---|
| 2019-10-15 | 14103 | 98 | 16 | 16123 | 7865 | 640 | 11048 | 74.99 |
| 2019-10-14 | 14109 | 48 | 3 | 15520 | 313 | 106 | 5150 | 47.95 |
| 2019-10-17 | 14109 | 52 | 4 | 14775 | 548 | 100 | 5894 | 57.44 |
| 2019-10-18 | 14115 | 53 | 9 | 14562 | 275 | 149 | 5976 | 47.69 |
| 2019-10-15 | 14115 | 45 | 6 | 13797 | 461 | 563 | 6398 | 46.92 |
| 2019-10-16 | 14116 | 62 | 4 | 14893 | 327 | 148 | 6045 | 50.77 |
| 2019-10-16 | 14121 | 102 | 12 | 20239 | 1702 | 259 | 10381 | 92.71 |
| 2019-10-16 | 14123 | 66 | 2 | 13840 | 959 | 167 | 6083 | 46.52 |
| 2019-10-16 | 14124 | 98 | 14 | 19483 | 1965 | 444 | 10846 | 91.75 |
| 2019-10-14 | 14128 | 118 | 8 | 19426 | 1220 | 304 | 11376 | 93.74 |
| 2019-10-17 | 14134 | 52 | 9 | 14523 | 285 | 143 | 6056 | 47.71 |
| 2019-10-14 | 14134 | 57 | 7 | 15723 | 212 | 206 | 5092 | 48.52 |
| 2019-10-16 | 14140 | 105 | 23 | 19766 | 1950 | 251 | 10260 | 91.41 |
| 2019-10-15 | 14144 | 52 | 9 | 16029 | 1472 | 137 | 3783 | 45.72 |
| 2019-10-18 | 14144 | 49 | 11 | 12554 | 1170 | 198 | 4787 | 42.26 |
| 2019-10-15 | 14154 | 105 | 18 | 17031 | 1787 | 499 | 13090 | 91.53 |
| 2019-10-16 | 14158 | 100 | 8 | 19188 | 933 | 306 | 12212 | 94.97 |
| 2019-10-14 | 14158 | 106 | 12 | 19219 | 978 | 219 | 12056 | 95.14 |
| 2019-10-18 | 14164 | 97 | 8 | 19173 | 1757 | 217 | 11438 | 92.82 |

图 4-3-42　数据条

4）色阶。“条件格式”下的“色阶”选项可用不同的颜色过渡来表示单元格数值的大小。例如，如果是绿—黄—红过渡，那么数值越大显示颜色就越偏向绿色，数值越小则越偏向红色，中间值为黄色（见图 4–3–43）。注意数据条和色阶条件格式不建议重叠使用。

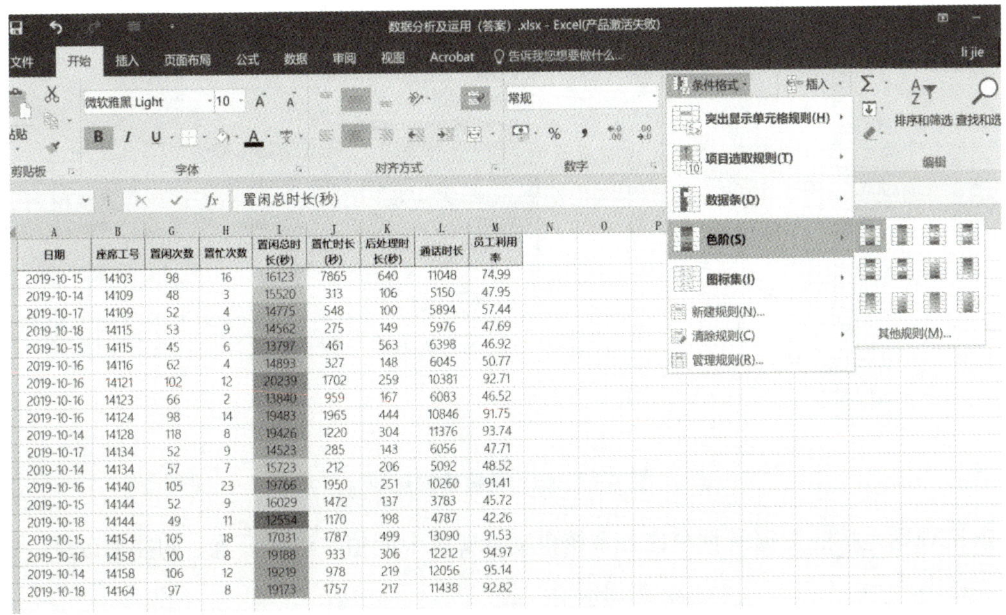


图 4–3–43　色阶

5）图标集。“条件格式”下“图标集”选项的使用方法是用单元格的值与其他单元格的值比较来决定使用何种颜色或图标（见图 4–3–44）。默认情况下所有单元格都将显示图标集。

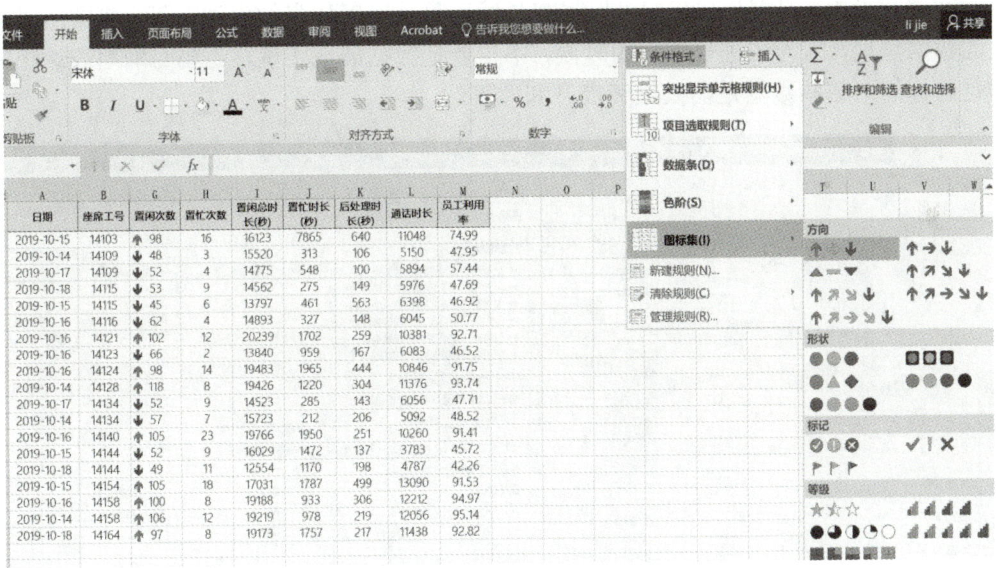

图 4–3–44　图标集

如果只需要显示部分满足条件的单元格，则需要设置“管理规则”，打开“条件格式”选项下的“新建规则”，见图 4–3–45。

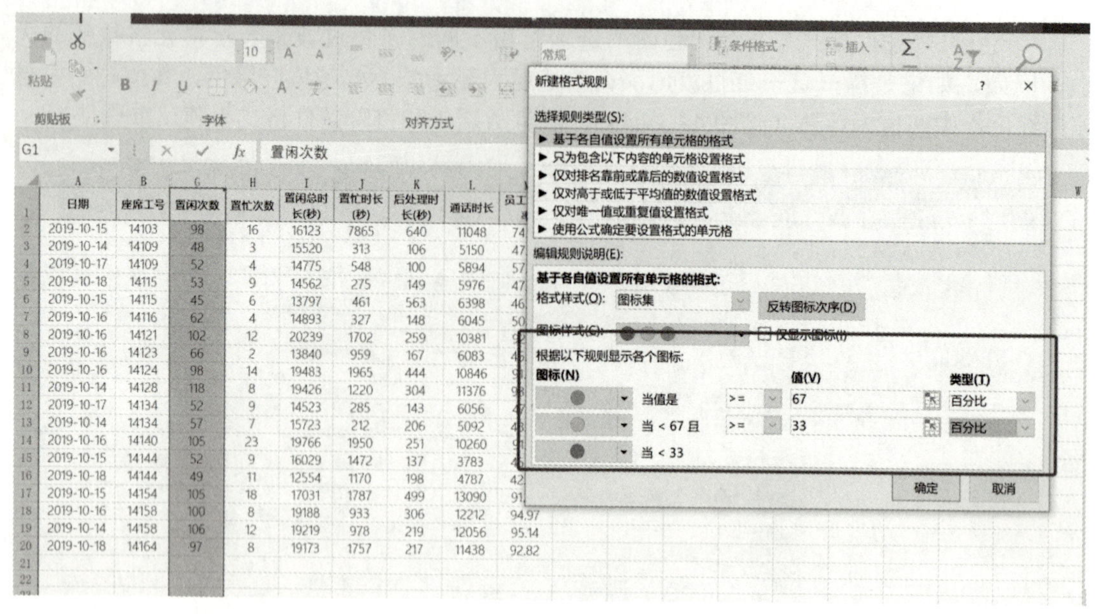


图 4-3-45 新建格式规则

默认规则是按照数据的百分比，系统自动计算“中间值”进行设置。如需要改变，则需要自定义要求。

例如，在图 4-3-46 中，需要针对“后处理时长”进行条件格式设置。首先应判断，该指标数值越小代表座席代表越优秀，数值越大越需要提醒座席代表注意，所以在选用图标的时候，根据内容的不同可以进行“反转图标次序”设置，将较大值设置为“X”，中间值设置为“!”，较小值设置为“√”。另外，类型要选择“数字”，数值则根据当前指标要求或评价标准进行设置。设置后，我们可以很容易发现每个座席代表的表现。图标集常用于运营报表的数据呈现，因为在进行汇报的时候，不单要把数据展现正确，还要明确地表达出哪些数据是达标的，哪些数据是需要继续提升和改善的。

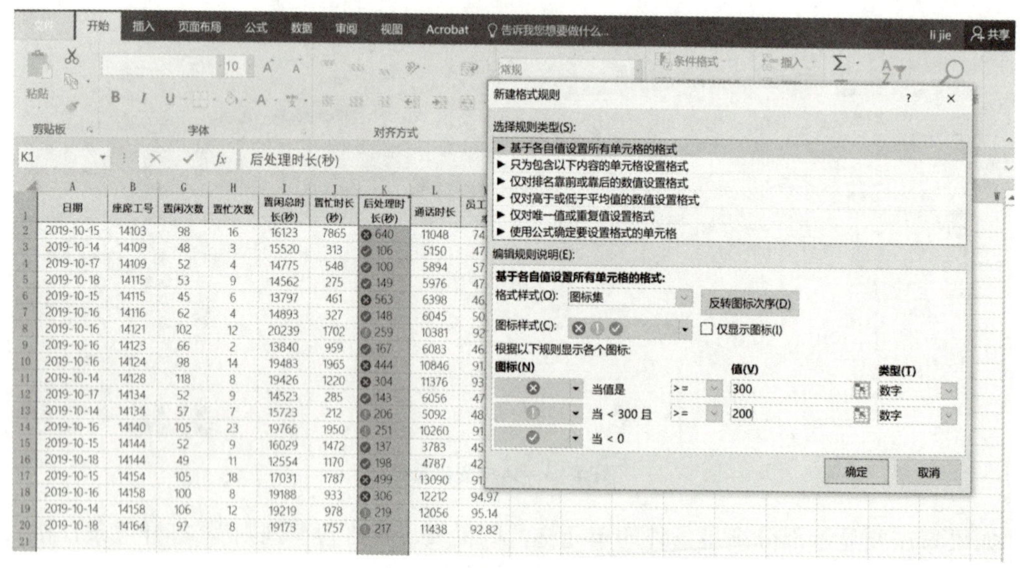


图 4-3-46 条件格式图标集格式规则设置

## 进阶练习

根据表 4-3-4 的原始数据，在 Excel 中为“通话时长”大于等于 8 000 的数据添加“√”图标，该如何操作（完成结果见图 4-3-47）？

表 4-3-4　呼叫中心个人运营指标原始数据

| 日期 | 座席工号 | 置闲次数 | 置忙次数 | 置闲总时长/秒 | 置忙时长/秒 | 后处理时长/秒 | 通话时长/秒 | 员工利用率/% |
|---|---|---|---|---|---|---|---|---|
| 2019-10-15 | 14103 | 98 | 16 | 16 123 | 7 865 | 640 | 11 048 | 74.99 |
| 2019-10-14 | 14109 | 48 | 3 | 15 520 | 313 | 106 | 5 150 | 47.95 |
| 2019-10-17 | 14109 | 52 | 4 | 14 775 | 548 | 100 | 5 894 | 57.44 |
| 2019-10-18 | 14115 | 53 | 9 | 14 562 | 275 | 149 | 5 976 | 47.69 |
| 2019-10-15 | 14115 | 45 | 6 | 13 797 | 461 | 563 | 6 398 | 46.92 |
| 2019-10-16 | 14116 | 62 | 4 | 14 893 | 327 | 148 | 6 045 | 50.77 |
| 2019-10-16 | 14121 | 102 | 12 | 20 239 | 1 702 | 259 | 10 381 | 92.71 |
| 2019-10-16 | 14123 | 66 | 2 | 13 840 | 959 | 167 | 6 083 | 46.52 |
| 2019-10-16 | 14124 | 98 | 14 | 19 483 | 1 965 | 444 | 10 846 | 91.75 |
| 2019-10-14 | 14128 | 118 | 8 | 19 426 | 1 220 | 304 | 11 376 | 93.74 |
| 2019-10-17 | 14134 | 52 | 9 | 14 523 | 285 | 143 | 6 056 | 47.71 |
| 2019-10-14 | 14134 | 57 | 7 | 15 723 | 212 | 206 | 5 092 | 48.52 |
| 2019-10-16 | 14140 | 105 | 23 | 19 766 | 1 950 | 251 | 10 260 | 91.41 |
| 2019-10-15 | 14144 | 52 | 9 | 16 029 | 1 472 | 137 | 3 783 | 45.72 |
| 2019-10-18 | 14144 | 49 | 11 | 12 554 | 1 170 | 198 | 4 787 | 42.26 |
| 2019-10-15 | 14154 | 105 | 18 | 17 031 | 1 787 | 499 | 13 090 | 91.53 |
| 2019-10-16 | 14158 | 100 | 8 | 19 188 | 933 | 306 | 12 212 | 94.97 |
| 2019-10-14 | 14158 | 106 | 12 | 19 219 | 978 | 219 | 12 056 | 95.14 |
| 2019-10-18 | 14164 | 97 | 8 | 19 173 | 1 757 | 217 | 11 438 | 92.82 |

| A | B | G | H | I | J | K | L | M | N |
|---|---|---|---|---|---|---|---|---|---|
| 日期 | 座席工号 | 置闲次数 | 置忙次数 | 置闲总时长(秒) | 置忙时长(秒) | 后处理时长(秒) | 通话时长 | 员工利用率 | |
| 2019-10-15 | 14103 | 98 | 16 | 16123 | 7865 | 640 | ✔11048 | 74.99 | |
| 2019-10-14 | 14109 | 48 | 3 | 15520 | 313 | 106 | 5150 | 47.95 | |
| 2019-10-17 | 14109 | 52 | 4 | 14775 | 548 | 100 | 5894 | 57.44 | |
| 2019-10-18 | 14115 | 53 | 9 | 14562 | 275 | 149 | 5976 | 47.69 | |
| 2019-10-15 | 14115 | 45 | 6 | 13797 | 461 | 563 | 6398 | 46.92 | |
| 2019-10-16 | 14116 | 62 | 4 | 14893 | 327 | 148 | 6045 | 50.77 | |
| 2019-10-16 | 14121 | 102 | 12 | 20239 | 1702 | 259 | ✔10381 | 92.71 | |
| 2019-10-16 | 14123 | 66 | 2 | 13840 | 959 | 167 | 6083 | 46.52 | |
| 2019-10-16 | 14124 | 98 | 14 | 19483 | 1965 | 444 | ✔10846 | 91.75 | |
| 2019-10-14 | 14128 | 118 | 8 | 19426 | 1220 | 304 | ✔11376 | 93.74 | |
| 2019-10-17 | 14134 | 52 | 9 | 14523 | 285 | 143 | 6056 | 47.71 | |
| 2019-10-14 | 14134 | 57 | 7 | 15723 | 212 | 206 | 5092 | 48.52 | |
| 2019-10-16 | 14140 | 105 | 23 | 19766 | 1950 | 251 | ✔10260 | 91.41 | |
| 2019-10-15 | 14144 | 52 | 9 | 16029 | 1472 | 137 | 3783 | 45.72 | |
| 2019-10-18 | 14144 | 49 | 11 | 12554 | 1170 | 198 | 4787 | 42.26 | |
| 2019-10-15 | 14154 | 105 | 18 | 17031 | 1787 | 499 | ✔13090 | 91.53 | |
| 2019-10-16 | 14158 | 100 | 8 | 19188 | 933 | 306 | ✔12212 | 94.97 | |
| 2019-10-14 | 14158 | 106 | 12 | 19219 | 978 | 219 | ✔12056 | 95.14 | |
| 2019-10-18 | 14164 | 97 | 8 | 19173 | 1757 | 217 | ✔11438 | 92.82 | |

图 4-3-47　针对特殊数据添加完成结果图标

6）清除条件格式。当我们不需要条件格式时，可以通过“清除规则”将现有的条件格式进行清除（见图 4-3-48）。

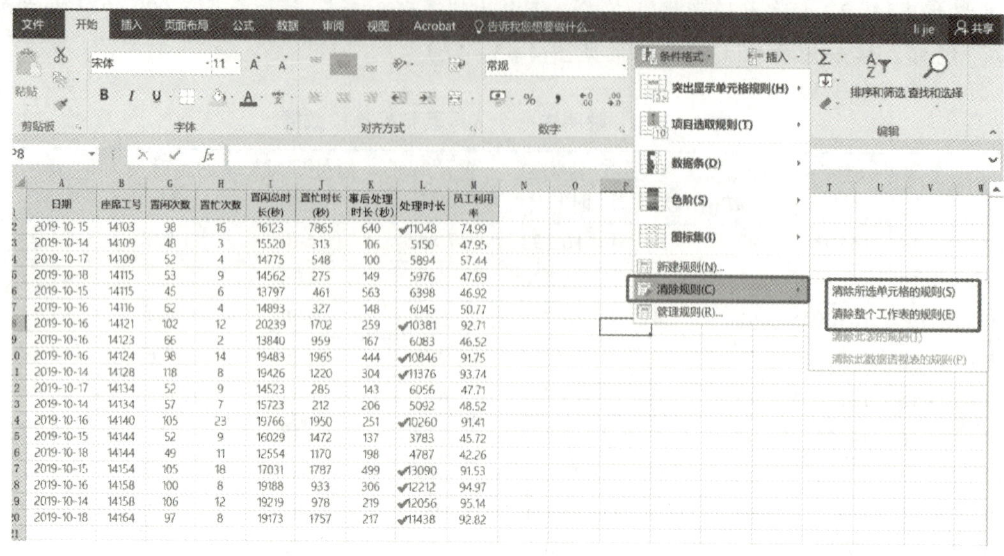


图 4-3-48　清除条件格式

### 3. 呼叫中心运营报表的美化

在日常工作中，不仅要做出数据准确的报表，还要利于阅读，所以在制作报表时要尽量将报表做得布局合理、色调统一、美观大方。使用设置单元格样式、套用表格格式和利用条件格式几个方法，让表格穿上美丽的新衣，看上去更美观。

我们需要在数据精准的基础上，设置适当表格标题、单元格内文本的对齐方式、字体字号、单元格边框，行高等来美化表格。各企业的运营报表模板各有不同，但美化的思路基本一致。我们按照图 4-3-49 的格式进行学习。

| 12306项目运营日报 | | | | | | |
|---|---|---|---|---|---|---|
| 制作日期: | 2020-1-20 | | | | 制表人: | ****** |
| 座席 | 接通量 | 平均处理时长 | 平均答应速度 | 满意度转接率 | 座席主动挂机 | 客户参评满意度 |
| 14101 | 83 | 138 | 0:00:04 | 63.86% | | 97.83% |
| 14103 | 79 | 138 | 0:00:06 | 70.89% | 1 | 100.00% |
| 14112 | 84 | 110 | 0:00:06 | 79.76% | 1 | 98.04% |
| 14115 | 45 | 133 | 0:00:04 | 66.67% | | 100.00% |
| 14116 | 67 | 105 | 0:00:02 | 83.58% | 1 | 97.67% |
| 14118 | 81 | 136 | 0:00:04 | 81.48% | | 93.62% |
| 14121 | 85 | 123 | 0:00:04 | 72.94% | | 97.92% |
| 14123 | 71 | 92 | 0:00:03 | 81.69% | | 95.56% |
| 14124 | 74 | 141 | 0:00:04 | 78.38% | | 97.96% |
| 14133 | 70 | 170 | 0:00:03 | 85.71% | | 94.12% |
| 14136 | 82 | 127 | 0:00:05 | 81.71% | | 96.00% |
| 14138 | 70 | 114 | 0:00:04 | 77.14% | | 100.00% |
| 14142 | 81 | 118 | 0:00:05 | 76.54% | | 100.00% |
| 14144 | 44 | 109 | 0:00:04 | 77.27% | 1 | 95.65% |
| 汇总 | 1992 | 128 | 0:00:04 | 76.57% | 7 | 98.05% |

标题行
报表信息行
表头（报表字段）
数据区
数据汇总区

图 4-3-49　呼叫中心运营日报样表

（1）报表的标题行

报表的标题一般由“项目名称”+“报表名称”组成，部分企业也会要求把报表对应的周期体现在标题中，便于快速阅读。为了突出标题的内容，一般会设置底色+字体颜色。

1）底色的选择：建议选择浅色底色+深色字体或深色底色+浅色字体。报表的颜色建议选择中性色，避免使用带有花纹的填充色。

2）字体的选择：一般采用黑体或其他无衬线字体加黑，字号在 12～14 即可。

3）格式：标题居中，可以使用跨行居中的方式，不需要合并单元格，也可以实现居中显示的效果（见图 4-3-50）。

| ******项目运营周报（W12） | | | | | | | |
|---|---|---|---|---|---|---|---|
| 制作日期： | 2019.4.19 | | 周期 | 4.14—4.18 | | 制表人 | ***** |
| 日期 | 出勤人数 | 平均签入时长 | 平均接通量 | 平均接通率 | 平均通话时长 | 平均工时利用率 | 20秒服务水平 |
| 4月14日 | 27 | 8.39 | 78 | 99.19% | 126.63 | 95.08% | 75.56% |
| 4月15日 | 27 | 8.50 | 78 | 99.33% | 123.68 | 92.97% | 75.56% |
| 4月16日 | 26 | 8.80 | 83 | 98.85% | 122.40 | 96.18% | 80.15% |
| 4月17日 | 28 | 8.08 | 71 | 98.68% | 125.41 | 92.49% | 69.54% |
| 4月18日 | 26 | 8.84 | 74 | 99.31% | 127.62 | 92.71% | 73.12% |

图 4-3-50 项目运营周报标题深色版

（2）报表的信息行

报表的信息行需要对当前报表制作的信息进行说明，包括制表日期、报表周期、制表人等。建议选择无框线、无底色，字体居中对齐，字体字号与数据区保持一致即可。列宽均保持一致。

（3）表头（报表字段）

可以采用字体加黑或设置字体颜色变化的方式加以突出，字号与数据区保持一致。列宽平均，如字段内容过长可使用“Alt+Enter”组合键进行单元格内换行，设置居中或居右对齐。

（4）数据区

数据区建议采用微软雅黑、Arial、Calibri 等字体，数值类指标取整数，比率类数值设置为百分比格式，小数点保留 2 位，涉及成本、金额类数值可通过设置单元格格式，设置为货币格式，小数点保留 2 位。重要的指标项可添加条件格式的数据条或色阶，但不建议把全部指标都设置，反而重点不突出。设置恰当的行高及列宽（见图 4-3-51）。

| ******项目运营周报（W12） | | | | | | | |
|---|---|---|---|---|---|---|---|
| 制作日期： | 2019.4.19 | | 周期 | 4.14—4.18 | | 制表人 | ***** |
| 日期 | 出勤人数 | 平均签入时长 | 平均电话量 | 平均接通率 | 平均通话时长 | 平均工时利用率 | 20秒服务水平 |
| 4月14日 | 27 | 8.39 | 78 | 99.19% | 126.63 | 95.08% | 75.56% |
| 4月15日 | 27 | 8.50 | 78 | 99.33% | 123.68 | 92.97% | 75.56% |
| 4月16日 | 26 | 8.80 | 83 | 98.85% | 122.40 | 96.18% | 80.15% |
| 4月17日 | 28 | 8.08 | 71 | 98.68% | 125.41 | 92.49% | 69.54% |
| 4月18日 | 26 | 8.84 | 74 | 99.31% | 127.62 | 92.71% | 73.12% |

图 4-3-51 项目运营周报数据条件格式效果

（5）数据汇总区

部分报表会统计周期内的汇总数据，可通过字体加黑、设置底色等方式进行突出，以便和明细数据加以区分（见图 4-3-52）。

| ******项目运营周报（W12） | | | | | | | |
|---|---|---|---|---|---|---|---|
| 制作日期： | 2019.4.19 | | 周期 | 4.14—4.18 | | 制表人 | ***** |
| 每天运营情况 | | | | | | | |
| 日期 | 出勤人数 | 平均签入时长 | 平均电话量 | 平均接通率 | 平均通话时长 | 平均工时利用率 | 20秒服务水平 |
| 4月14日 | 27 | 8.39 | 78 | 99.19% | 126.63 | 95.08% | 75.56% |
| 4月15日 | 27 | 8.50 | 78 | 99.33% | 123.68 | 92.97% | 75.56% |
| 4月16日 | 26 | 8.80 | 83 | 98.85% | 122.40 | 96.18% | 80.15% |
| 4月17日 | 28 | 8.08 | 71 | 98.68% | 125.41 | 92.49% | 69.54% |
| 4月18日 | 26 | 8.84 | 74 | 99.31% | 127.62 | 92.71% | 73.12% |
| 汇总 | 134 | 8.52 | 76.85 | 99.07% | 125.15 | 93.89% | 74.78% |

图 4-3-52　项目运营周报数据汇总格式突出

针对数据量比较大的数据报表，还可以通过使用套用表格格式（见图 4-3-53）的方式实现快速美化。选择整个数据区域，单击“开始”选项，在“样式”功能组单击“套用表格格式”选项，出现表格格式列表，选择某个格式，出现“套用表格格式”对话框，单击“确定”按钮，即可得到想要的结果，还可以单击“清除”选项将格式清除（见图 4-3-54）。

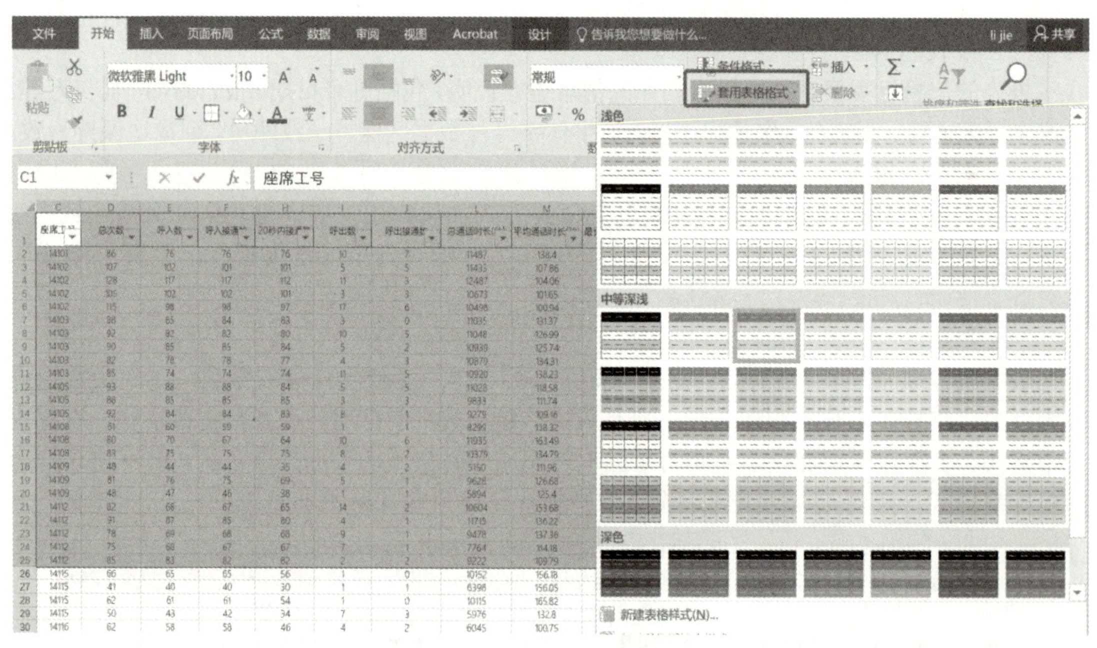


图 4-3-53　呼叫中心运营日报数据表套用表格格式

### 4. 呼叫中心运营图表的制作

Excel 的优势在于不需要过多的文字描述，只需要一张简简单单的图表，就能将复杂的数据信息清晰地展现出来，让人一眼就能了解数据信息，并找到想要的答案。图表贵精不贵多，只有当图表能够正确表达数据主题时才需要使用。

（1）选择图表的类型

Excel 的标准图表类型包括直线图、面积图、折线图、柱状图等 14 种类型。在选择图表类型之前，我们先应思考通过图表想展示什么内容，再根据内容的不同选择合适的图表（见图 4-3-55）。

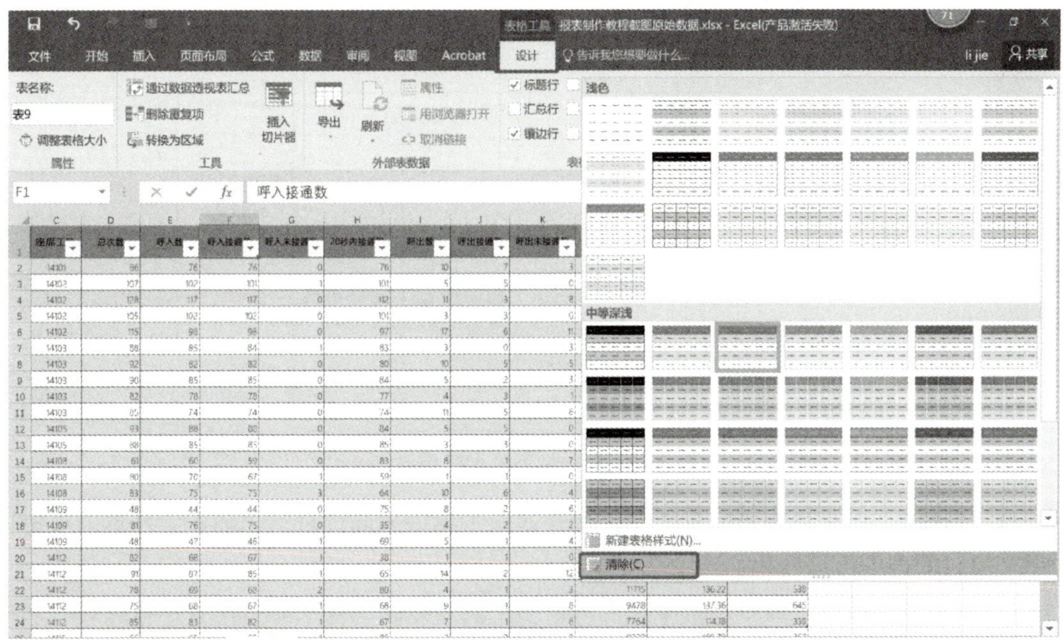


图 4-3-54　清除套用表格格式

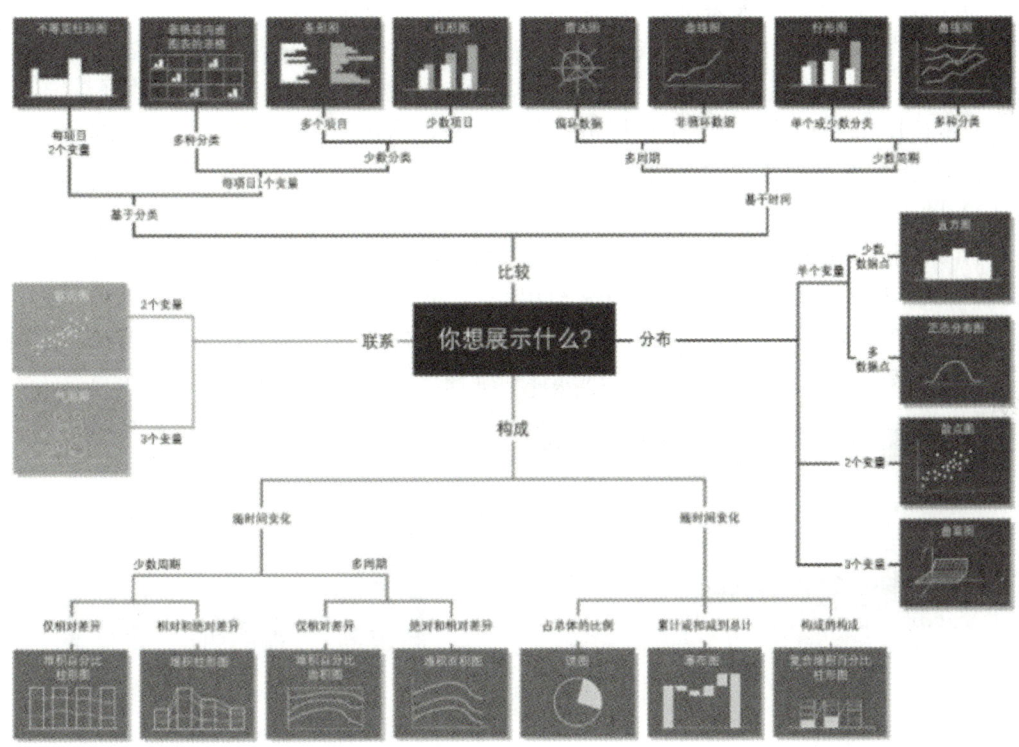


图 4-3-55　图表的选择

在班组长工作范畴内制作报表，最常用的图表包括饼形图、条形图、柱状图、折线图及雷达图等，掌握这几种图表的制作方法，能解决工作中 80%的图表制作问题（见图 4-3-56）。

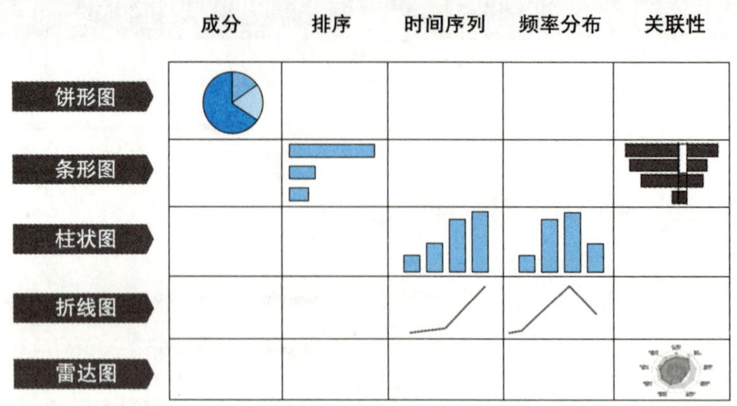


图 4-3-56　常用 5 类图表样式

1）柱状图：也就是常说的直方图，柱状图用于表示不同项目之间的比较结果，也可以说明一段时间内的数据变化。

2）折线图：常用于描绘连续数据系列，用于确定数据的发展趋势，表示数据随时间而产生的变化情况。折线图的分类轴常常是时间，如年、季度、月、日等。

3）条形图：显示各个项目之间的比较情况，纵轴表示分类，横轴表示值，主要强调各个值之间的比较，与时间关系不大。

4）饼形图和圆环图：常用于表示总体与部分比例关系，以直观的图形方式表示出各部分与总体的百分比。饼形图只能表示一个数据系列，而圆环图可以包含多个数据系统。

5）雷达图：主要用于对多个指标进行定性分析，常用于员工评价、产品性能分析等，以便发现各指标或不同纬度的优缺点。

（2）图表的生成

制作案例：根据图 4-3-57 的呼叫中心运营数据，对比三天的“接起率”“满意度”“首次解决率”，制作柱状图，坐标轴边界为 60%～110%；另外以 90%为标准值，添加一条虚线辅助线。

1）插入图表。打开 Excel 表格，选中“接起率”列数据，按住 Ctrl 键继续选择“满意度”“首次解决率”列后，在图表功能区选择二维柱形图，生成右侧的图表雏形。

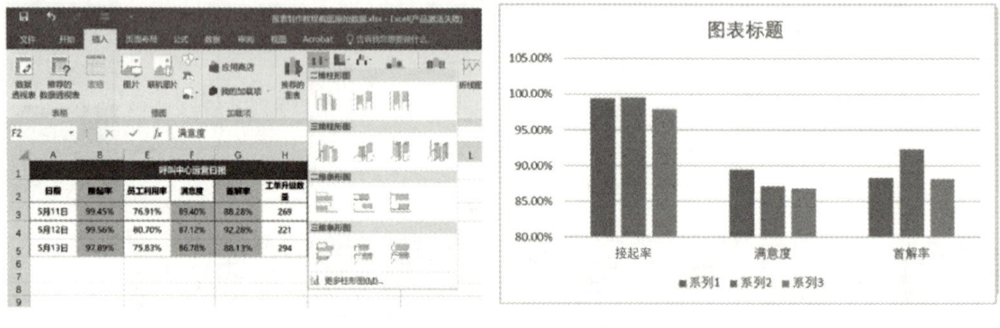


图 4-3-57　插入图表

2）修改数据系列名称。选中“系列图表区”单击右键，单击“选择数据”选项，弹出对话框，见图 4-3-58，依次选择序列进行编辑，在“系列名称”对话框中选择对应日期，操作见图 4-3-59。完成后单击“确定”按钮，最终效果见图 4-3-60。

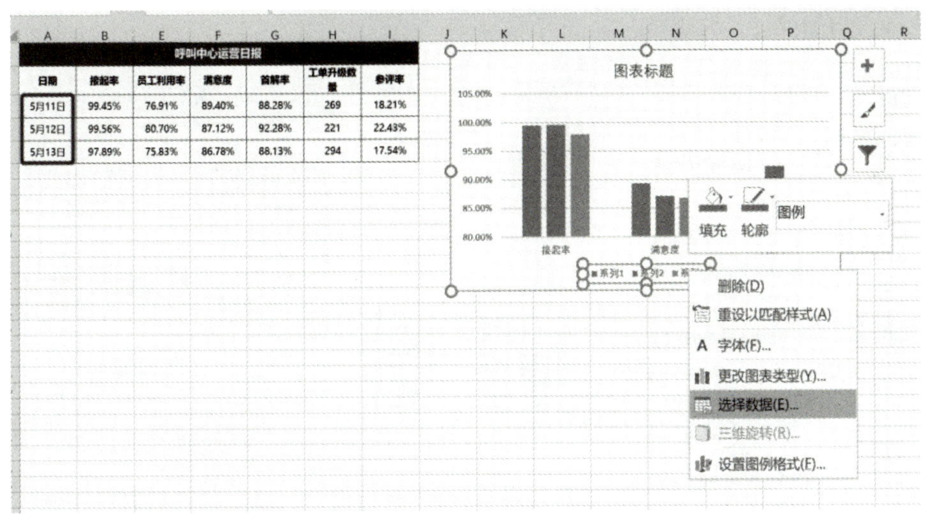


图 4-3-58　编辑数据系列

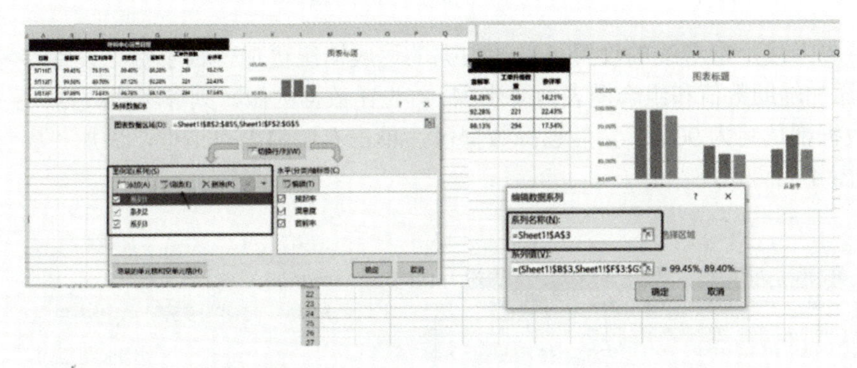

图 4-3-59　编辑数据系列名称

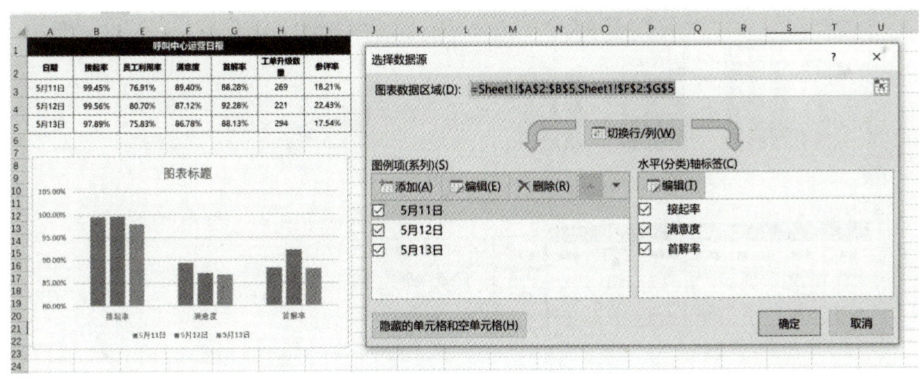


图 4-3-60　数据系列编辑后效果

3）设置坐标轴。选中“纵向坐标轴”单击右键，选择“设置坐标轴格式”选项，将最小值设置为 0.6（即 60%），最大值设置为 1.1（见图 4-3-61）。该方法还可以引申到其他图表中，当几个数据值非常接近，较大的坐标轴范围无法体现数据间的差异时，就可以通过调整坐标轴来缩小数据展现的范围，突出数据间的对比。

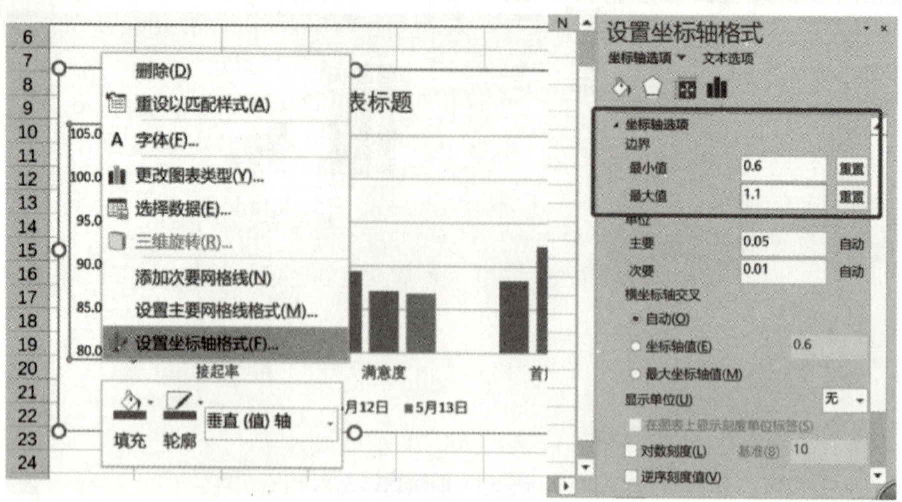


图 4-3-61　纵向坐标轴设置

4）设置参考线。参考线的设置可以让数据的达成情况更加一目了然。设置参考线的主要操作包括添加辅助数值和组合图表两个步骤。首先在数据区做一列参考线数据，标题为“参考线”，将数据都填写为 90%。然后选择数据区，单击右键弹出对话框，添加“参考线”作为序列（见图 4-3-62）。

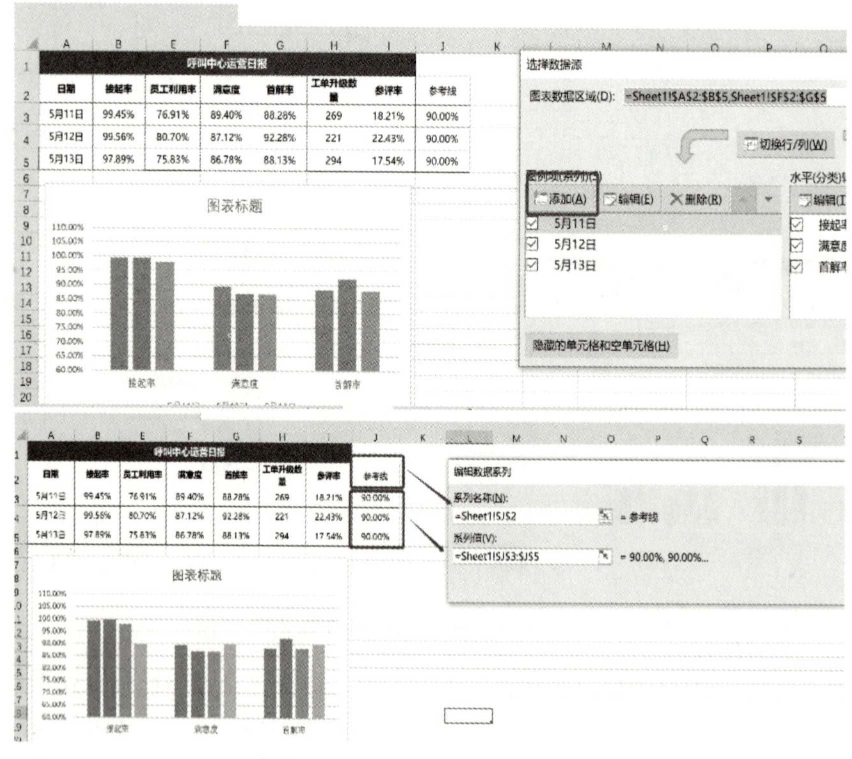


图 4-3-62　设置坐标轴格式

其次，制作组合图表。组合图表是指在一个图表中表示两个或两个以上的数据系列，不同的数据系列用不同的图表类型表示。在该案例中，需要将参考线的图表格式更改为折线，效果上才能实现“线”的样式。选中图表数据区，单击右键选中“更改图表类型”选项，选择“组合图表”选项，根据内容选择“组合图形”后，将下方“参考线”系列的图表类型设置为“折线图”后单击“确定”按钮（见图 4-3-63）。

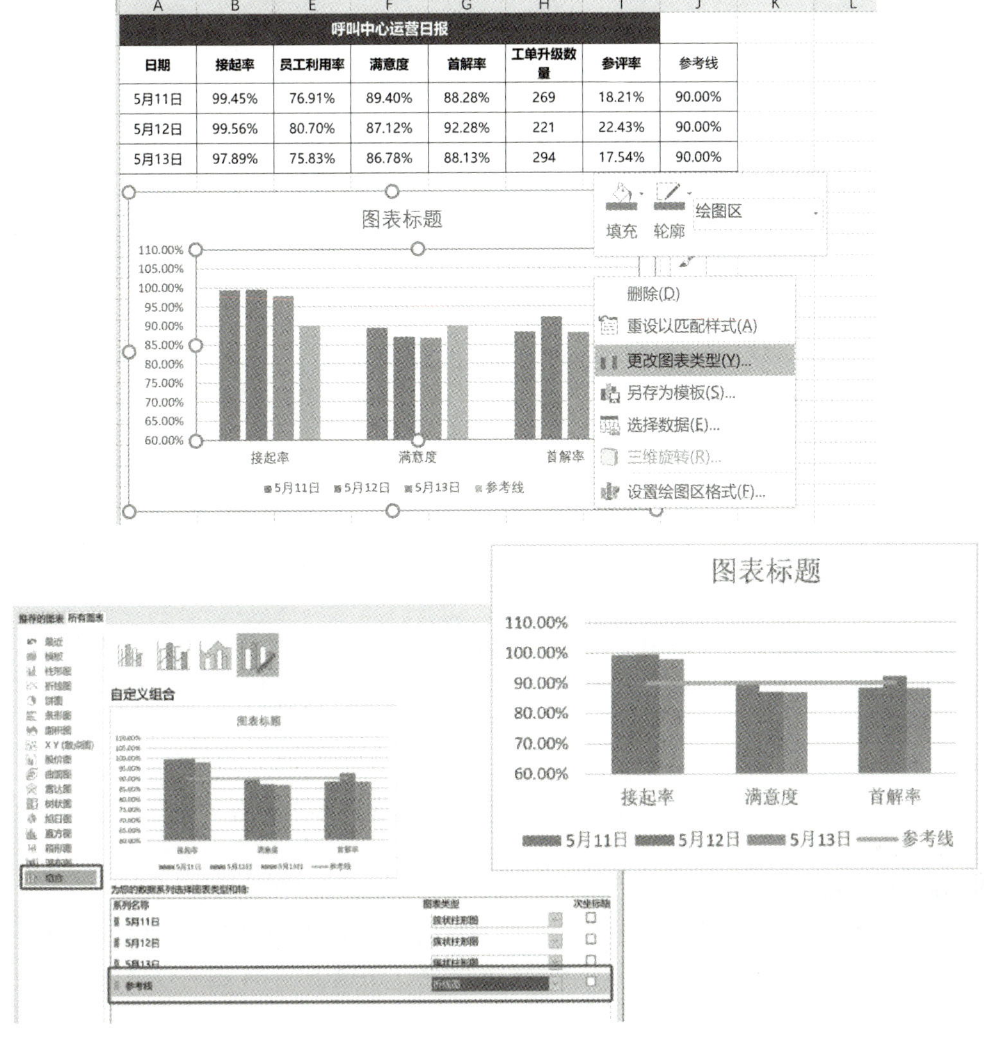


图 4-3-63　设置组合图表类型

掌握了一条参考线的设置方法，以后我们还可以为图表添加多条数据辅助线，这样就形成了数据分析中常用的“戴明图”。

（3）图表的美化

报表基础操作完成后，继续将图表进行简单美化。根据报表内容修改图表标题、设置数据格式，将柱形图重叠设置为“-20%”，设置“参考线”数据系列格式为虚线，设置醒目的红色，适当调整宽度。通过设置字体颜色，隐藏参考线数据列，使原始表格更加干净。最终完成的效果见图 4-3-64。

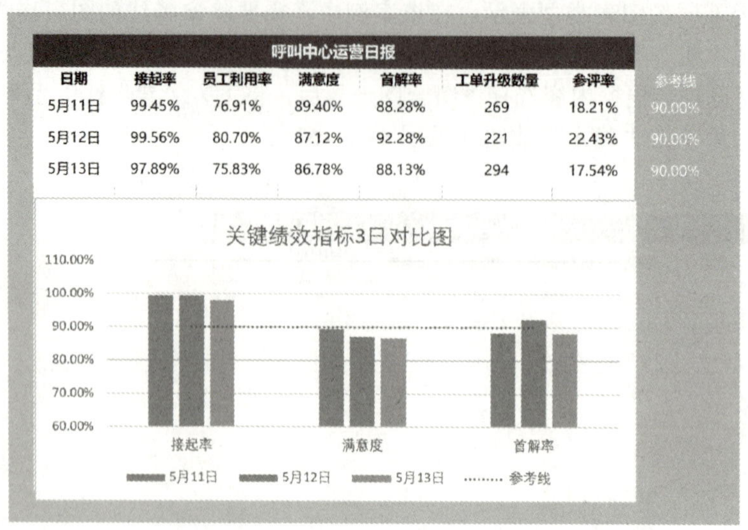

| 呼叫中心运营日报 | | | | | | | |
|---|---|---|---|---|---|---|---|
| 日期 | 接起率 | 员工利用率 | 满意度 | 首解率 | 工单升级数量 | 参评率 | 参考线 |
| 5月11日 | 99.45% | 76.91% | 89.40% | 88.28% | 269 | 18.21% | 90.00% |
| 5月12日 | 99.56% | 80.70% | 87.12% | 92.28% | 221 | 22.43% | 90.00% |
| 5月13日 | 97.89% | 75.83% | 86.78% | 88.13% | 294 | 17.54% | 90.00% |



图 4-3-64　报表制作完成效果图

## 必备知识

### 1. 什么是函数

Excel 函数即是预先定义，执行计算、分析等处理数据任务的特殊公式。

### 2. 什么是公式

Excel 公式是 Excel 工作表中进行数值计算的等式。公式输入是以“=”开始的。简单的公式有加、减、乘、除等计算。公式接受 5 种元素的输入：运算符、单元格引用、值或字符串、函数和参数。

### 3. 函数的参数

函数后面括号中的部分就是参数，如果一个函数里面有多个参数，则需要用逗号将它们分隔开来。

### 4. 单元格引用

单元格引用是函数中最常见的参数，引用的目的在于标识工作表单元格或单元格区域。单元格引用包括绝对引用、相对引用和混合引用三种，用键盘上 F4 键可以完成它们之间的切换。

1）绝对引用：绝对单元格引用（例如$F$6）总是在指定位置引用单元格（F6）。如果公式所在单元格的位置改变，绝对引用的单元格始终保持不变；如果多行或多列地复制公式，绝对引用将不作调整（都是$F$6）。

2）相对引用：相对单元格引用（例如 A1）指引用的单元格的相对位置。如果公式所在单元格的位置改变，引用也随之改变。如果多行或多列地复制公式，引用会自动调整。

3）混合引用：具有绝对列和相对行，或是绝对行和相对列。绝对引用列采用 $A1、$B1 等形式，绝对引用行采用 A$1、B$1 等形式。

### 5. 公式中的错误信息（见表 4–3–5）

表 4–3–5　公式中的错误信息

| 错误值 | 说明 |
|---|---|
| #DIV/0! | 公式试图用零作为除数 |
| #NAME? | 公式使用了 Excel 不认识的名称 |
| #N/A | 公式中引用不能使用的数据，通常出现在查找函数中 |
| #NULL! | 公式使用了不允许使用交叉区域的数据 |
| #NUM! | 这个与值有关，比如该值用正值却用了负值 |
| #REF! | 公式引用了一个无效单元格，如果单元格删除会出现 |
| #VALUE! | 公式包含错误形式的变量或运算对象 |
| ######## | 该列宽度不够，无法显示数据 |

### 6. 图表配色技巧

在 Excel 中制作图表，或制作 PPT 时，配色是很考验审美能力的事情。在以往的工作中，经常会看到大红大绿、色彩繁复的报表，不但没有起到美化的效果，反而画虎不成反类犬，造成观看者的不适。

商业杂志配色风格示例

在配色效果上我们要做“减法”：高亮度、高饱和的颜色只做重点提亮，要少量使用；避免复杂的花纹、图案作为填充；也不需要三维变形的效果。使用清爽、干净的边框，数据鲜明、便于阅读是班组长制作报表的终极要求。学习掌握常用的表格配色，让表格看起来更“高大上”，同时，在日常工作中要学会积累，学习各类商业杂志的配色风格，它们所使用的图表配色往往是经典中的经典，风格多而美观，值得我们在工作中借鉴。

常见表格配色

## 任务拓展

**实训任务：**请根据表 4–3–6 的原始素材，绘制一个数据表，并完成答题要求。

**任务形式：**每个人独立完成，提交 Excel 文件。

**任务时限：**30 分钟。

**任务要求：**

（1）打开 Excel，在新表格中输入表格内容，并对表格进行美化。

（2）将“平均通话时长”转化为“ 00：00”的时间样式。

（3）计算出“重复来电率”目标值和目前情况值。

（4）与目标数据对比，请使用条件格式，添加趋势箭头。

（5）根据表格中所有的数值类指标绘制一个柱状图。

**软件环境：**Office2010。

表 4-3-6　呼叫座席代表评估指标

| 评估指标 | 目标值 | 目前情况值 |
| --- | --- | --- |
| 平均事后工作时间/秒 | 30 | 43 |
| 平均处理时长/秒 | 160 | 170 |
| 工作效率 | 86.3% | 84% |
| 平均应答速度 | 18.2 | 12.8 |
| 首次解决率 | 90.4% | 88.4% |
| 重复来电率 | | |
| 平均排队时间/秒 | 28 | 35 |

# 任务四　班组长现场管理

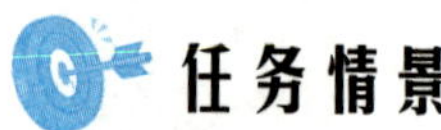

## 任务情景

**主管**：花花，你们组今天是怎么回事啊？刚刚我带客户到现场参观，就你们组那边最乱，也看不到你的人影，给客户留下了很不好的印象。你作为组长，我今天可要批评你了。

**花花**：主管，我也没闲着啊，当时有个客户投诉，座席讲了很久，客户就是不挂电话，我只能帮忙去接电话了，就这一会儿工夫。

**主管**：给员工支持是没错的，有些疑难问题组员处理不了，的确需要组长出面来帮忙解决，但组长不能成为他们行走的“知识库”，更要教会大家独立处理问题，做好整个团队的管理。

**花花**：我知道了，主管。请问您今天有时间吗？想跟您请教下关于现场管理的方法。

**主管**：好吧，你们也不要泄气，我们一起努力。今天下班后，我给大家分享下我当时做组长的经验吧。

**花花**：好的，谢谢主管。

## 任务分析

呼叫中心是人员密集、开放式的工作环境，声音、空气、现场秩序都对座席代表的工作有一定的影响。现场管理是呼叫中心管理的一个重要环节，是管理人员根据事先设定的质量标准或工作要求，在服务现场对执行服务的人员、设备、工作流程、环境、KPI 等进行实时的监控和管理，发现和预测存在和潜在的问题，并及时制定解决方案，以改善服务方法、作业流程、思维方式、工作环境，进而提升服务质量、提高工作效率的管理过程。

班组长作为一线战斗的直接组织者和指挥者，班组的主心骨、带头人，也是企业和座席代表之间的桥梁，身处企业上级和下级、班组与班组、组员与组员关系的交汇点上，是现场管理的重要执行者。

本任务要求班组长能够掌握呼叫中心现场环境氛围的调动，现场环境秩序的维护，进行话务监控和人员调配，解决突发和危机事件，帮助鼓励座席代表调节好状态。

## 任务实施

### 1. 班前例会

把握班前班后例会的时间与座席代表积极交流。呼叫中心的班前例会是在座席代表正式工作之前进行的一次简短交流，一般以班组为单位进行。通过班前班后例会的实施可以对座席代表的考勤、当日的工作安排，以及一些问题进行确认，也可以鼓舞士气，营造良好的工作氛围，也能将公司的一些要求及时传达给座席代表。

班前例会的主要内容包括：

1）轻松话题。班前例会的开场不宜太过严肃，班组长的开场可以从当日新闻、天气等开始，创造一个轻松的氛围。

2）晚班交接情况。由于呼叫中心通常都有晚班或者夜班，这段时间的工作有时候是没有班组长和主管现场主持的，所有晚班的工作情况一定要总结和说明。如果晚班人员的工作是持续到第二天早上的，那么晚班人员也一定要参加次日的班前例会，让班组长对其工作情况进行总结，对于一些晚班遗留问题，班组长要安排好交接。

3）当日工作安排。对当天的工作进行布置安排及分配，并且说明注意事项等。这种简单的工作安排会有效提高工作效率。

4）信息交流。将近期部门和小组的一些制度调整、工作要求等告知座席代表，包括班组长在其他会议中得到的一些信息，都可以在班前例会上共享。

5）表扬和批评。班前例会中，可以对表现优秀的座席代表进行表扬，以激励大家努力工作，对于成绩落后或者出现问题的座席代表进行点名或者不点名批评，在小组中创造出一种公平、公正、透明的良好竞争氛围。

6）当日工作目标确认。班前例会中可以对当日的工作目标进行阐述，可以细分到某个指标的达标值是多少，也可以对个别座席代表的当日工作指标进行确认，以督促座席代表工作业绩的提高。

7）部分业绩通告。班前例会可以对部分业绩进行通告，让大家了解目前小组的各项指标情况，这样能促使大家的工作更加具有一致性。

8）座席代表发言。班前例会是一个集体会议，在会议中要和座席代表有所互动，让座席代表能够把自己的想法说出来，并且能够进行一些经验交流方面的分享，这样才能让班前例会变得活跃起来。

9）鼓舞士气。在以销售为主的呼叫中心，班前例会的主要内容就是鼓舞士气。此环节的内容多样，如合唱歌曲、做早操、组织小游戏、讲笑话、喊口号、分享优秀案例等，都可以有效地提高座席代表的兴奋度，改善精神状态，让座席代表带着愉悦的心情投入一天的工作。

### 2. 话务监控、人员调配

班组长应了解呼叫中心运营管理中的一些量化指标，并对相关的话务监控系统熟练应用。班组长可以在座席终端上看到呼叫排队情况和座席代表的忙闲等情况。班组长应及时引导座席代表根据当时通话情况和自身状态正确操作系统的忙碌、空闲、小休、培训等工作状态。

当话务监控出现排队等候的呼入时，班组长应该做以下几项工作：

1）首先了解在队列中的呼叫数量，目的是了解等候数量是否在可控制的范围之内。

2）了解最长的呼叫等候时间，目的是得知客户的体验及对服务水平的影响。

3）了解目前服务水平的有关数据，包括平均应答速度当前数值和目标服务水平的要求数值，目的是通过了解目前的服务水平，判断来电等候对目标服务水平的影响。

4）了解座席代表的状态，目的是了解是否有座席代表在小休、用餐、培训、会议等。

5）评估升级措施的必要性。升级措施包括：调整呼叫入线的优先次序，管理者（班组长、质检人员、培训师等）帮助处理呼叫记录客户的信息，待话务量下降时安排外呼。

6）安排专席处理某些共性问题。需要注意的是，通过每天对不同时段的呼叫放弃率、服务水平等数据的监测和分析，可以发现现场的调配和管理对各类指标的影响非常大。

### 3. 现场督导

可以将现场督导者（即监督者）理解为座席代表旁边的辅导者，他们在现场能够给予座席代表及时的指导和帮助，尤其是在有较多新座席代表上线的时期，这种现场指导是相当必要的。

现场督导者作为对座席代表及时支持的人员，必须对业务的核心知识、相关知识、业务系统、服务知识、服务技巧及服务流程掌握得非常透彻，这样才能在必要的情况下提供支持，比如解答座席代表的疑难问题、处理困难客户，甚至处理投诉。

现场督导者应就相关疑难问题与座席代表进行有针对性的分析、沟通和总结，这样可以帮助座席代表深入发现自身存在的问题，寻找改进方法，并在下一次呼叫中调节状态。经过几次反复操练后，座席代表就可以培养起服务的自信心和一定的驾驭能力，可以快速进入岗位角色。

### 4. 走动式管理

走动式管理指现场管理人员通过巡场的方式，了解与监督现场纪律、现场环境、座席代表工作状态等情况的一种管理方式。

走动式管理的好处在于对现场纪律、现场环境实时进行控制，对座席代表工作中遵守公司的规章制度及纪律起着良好的促进作用。一般来说，走动式管理可以达到以下几个目的：

1）及时确认运营结果，第一时间知道呼叫中心现场所处的状况。

2）把握真实情报，核对数据的真实性。

3）发现突发情况，积极采取应对措施。

4）增加上、下级的沟通机会，增进双方的了解。

而在执行走动式管理时，管理人员要注意做到以下 6 个方面：

1）需要整洁的着装。

2）要有发现问题的意识。

3）要有敏锐的洞察力。

4）要真实地记录一切。

5）要有谦逊的举止。

6）要耐心回答一线座席代表提出的问题，和他们进行沟通。

对物的环境控制的要素之一就是对现场系统与设备的维护，如果遇到系统故障或异常需及时进行排除，在解决不了的情况下要求助信息部门甚至设备的厂商，并把相关故障时间、故障情况加以记录以作备案。

### 5. 人员激励和气氛调节

在现场管理的过程中，需要随时注意座席代表的情绪波动，必要时给以激励与调动，合理地对其提出表扬和批评。

1）对座席代表的压力有效调节：通过业务低峰期间或午休时间缓解座席代表的压力，放松紧张的工作状态，为下一个来电高峰能保障服务品质做好铺垫工作。

2）对不同小组实现目标的激励：对呼叫中心不同任务组（客服、销售、投诉、回访、结算）的阶段性目标进行跟踪，给予适当激励以便小组实现目标。

3）对突增的工作压力气氛的管理：当因业务量猛增、客户投诉量集中等而导致座席代表出现烦恼情绪时，班组长要挺身而出，协助座席代表现场解决疑难问题，并帮助其掌握要点。

### 6. 突发事件处理

1）一般设备故障。发生一般设备故障，座席代表应向班组长报告，由班组长将其换到别的工作台。

2）应用程序、网络、ACD 系统故障。座席代表如发现此类故障，应向班组长或更高级别的主管报告，班组长应立即通知系统工程师。一旦系统修复，班组长应立即安排座席代表进行电话处理，以免出现流量拥挤。

3）断电。班组长通知座席代表关闭所有的计算机和电器，以免突然来电后出现异常情况。

4）空调故障。空调故障时，班组长应立即通知物业或行政部门。一般而言，呼叫中心应配备若干电风扇，以保证空气流通。

5）报警及火灾。如发生火警，班组长应立刻与行政办公室联系，确认是警报器出错，则调试设备；如不是，应当启动火灾疏散流程。对于呼叫中心内部的小火情，座席代表应使用泡沫灭火器；如火情失控，应拉响（按动）警报器。班组长应指挥所有座席代表按照火警疏散流程行动。对于呼叫中心外部的火情，座席代表应遵从班组长指挥，迅速撤离，不贪恋财物，必要时带上手电和湿毛巾。

6）个人事故。呼叫中心应备有简单的药物、绷带和一些急救用品，如发生员工受伤的情况，应立即向班组长报告，由班组长决定是否将伤员送医。事后，班组长应对所发生的事故作出报告。

### 7. 危机处理

为确保呼叫中心在发生灾难性事故或严重系统故障时能有效地恢复部分或全部服务，一套完整的危机恢复计划是必不可少的。建立呼叫中心备份机制，对全面预防处理危机有很深远的意义。

全面恢复即意味着由两个有相同系统容量的呼叫中心同时以负荷分担形式提供服务。

每个呼叫中心都有50%的备用资源，当其中一个呼叫中心发生事故，另一个呼叫中心就可以立即负担对方的工作，从而有效地在灾难恢复流程中进行适当的资源调配，在短时间内全面恢复呼叫中心的运作。

当发现接入不正常时，例如座席代表工作量不正常、接通量不正常、系统反应不正常，班组长需要实时检查联络并留意实际情况。同时，班组长需要向系统经理报告并要求了解情况。如果情况未能改善，应立即向部门经理汇报，部门经理需要与系统经理取得共识，并向呼叫中心经理取得授权启动危机处理行动。

在危机发生后，呼叫中心经理应撰写详尽报告上报主管部门，详述事故发生的原因、经过、处理程序、事故开始及结束时间、持续时间以及对各部门所产生的不同层面的影响，更应详述改进措施，尽量避免同类事件再次出现。

### 8. 信息安全管理

呼叫中心是大数据的典型应用，每天处理着大量的客户信息，在信息泄露、信息安全危机漫天飞的今天，客户更关心的是个人信息在企业是否安全、是否受到足够的保护，所以在呼叫中心现场管理过程中，班组长要关注信息安全问题。

（1）客户资料安全

1）来自客户本身的要求。对于来自客户本身的要求，应根据流程规定处理。呼叫中心座席代表在满足客户之前，应先验证客户的细节，在没有验证客户身份之前不允许提供客户的任何信息。

2）来自媒体或政府的要求。呼叫中心座席代表应礼貌记录媒体或政府机关的联络方式和要求，并且把这些资料交给呼叫中心经理处理。呼叫中心座席代表和班组长在任何情况下都不得泄露客户资料。

3）客户资料的流转和保存。数据资料，无论以何种方式都不可以在没有授权的情况下被查看、修改或销毁，所有存放客户资料的房间柜子都应上锁。客户资料室高度保密的资料都应在严密的监督之下流转；书面的文件应当被保存在保密室中，根据抄送名单流转。

4）保护客户资料环境的管理。呼叫中心应与员工签署保密协议。保密信息是指任何与公司有关的图形、知识、软件源代码、文件、信件、法律文件，其中包括诉讼、财务、损益账目、业务预测、雇主委派的工作和任务、合同、销售数据、组织结构、劳动力数据、生产数据、客户名单、顾问意见、目录和所有其他属于雇主的材料。所有的拍照、录音、摄像、复印、泄露和删除客户信息资料的行为都是被禁止的。

（2）现场入口的安全

1）关键入口的人员安全。呼叫中心的主要入口和侧门应该处于安保状态下，班组长负责定期检查。在正常的办公时间之外，主要入口应关闭，只有通过身份信息验证方可从侧门进入呼叫中心。

2）处理未授权人员的进入。当呼叫中心座席代表注意到有任何陌生人出现在呼叫中心时，应立即通知班组长。班组长应礼貌地验证其身份，如果此人没有被正式授权进入，班组长应报告呼叫中心经理，必要时报告给行政办公室。

## 必备知识

### 1. 呼叫中心工作现场的特点

（1）工作环境特点

在网点柜台工作时，员工和管理者都能见到在营业大厅的服务柜台前排队的客户；而在呼叫中心，员工无法看到在电话那端焦急等待排队的客户，取而代之的是另一个典型场景：安置了个人计算机的一排排隔间，座席代表通过耳机接电话呼叫，座席代表和管理者不能直接了解进入呼叫中心的客户数目，也不知道有多少座席代表准备接听呼叫，而是要通过计算机系统和交换机系统的报表数据分析整理后才能掌握。

（2）客户交流的特点

呼叫中心的工作现场和网点柜台的工作现场有很大的不同：在网点柜台的营业大厅里，就算客户可能需要排队几十分钟等候办理业务，但客户并不会不耐烦，因为他们至少可以知道在队列中的位置；在呼叫中心，因客户数量大而出现客户排队等候时，客户不了解等待的原因，也不知道自己在队列中的位置，因而会主观认为是企业内部管理不善造成电话打不通。呼叫中心学专家称这种区别为“可视排队”和“不可视排队”。

调查表明，90%的客户认为，在网点柜台的营业大厅里排队等候时间为 1～20 分钟，是在优质服务范围内；等候时间为 40～60 分钟，则需要改进。而 94%的客户认为，在电话里等候 10 分钟或连续拨打 3 次以上均在等候，则是服务质量问题，必须改进。

（3）员工工作特点

在员工工作特点上，呼叫中心的座席代表一天中将花费很多时间在电话里与客户沟通，座席代表通常是整天坐在隔间内，几乎不与其他人交流，甚至没有机会四周活动。呼叫中心座席代表不仅要在电话里与客户交谈，同时还要往计算机里输入信息。

### 2. 班组长现场管理过程中的注意事项

（1）班组长个人情绪的把控

对于初任职的班组长来说，在现场管理中一定要控制好自己的情绪，不能把紧张、急躁的心情表露在脸上，这样会影响座席代表的工作情绪。在通过活动平台传达信息时，语言尽量要严谨而公正、委婉而谦和，这样座席代表会更容易接受和配合。

（2）班组长与座席代表或其他班组长的沟通方式

班组长在面对面的沟通中可采用有亲和力的语言，如“麻烦投诉岗的美女姐姐、审核岗的美女班组长帮一下我”“谢谢同学，加油亲爱的”等。

（3）员工的情绪

现代的座席代表多是独生子女，个性独立，不太愿意听从别人的指挥和教导，往往以对立的方式面对班组长的意见。对于这样的座席代表，班组长要进行面对面的沟通：先表扬他在工作中值得肯定的成绩，然后对不良的态度给予正面的引导，最后以“信任、鼓励、期待”的口吻与他达成共识。

### 3. 呼叫中心班组长常用的激励手段

身为班组长，要在不同阶段举办活动或讲座来激励组内人员，以达到活跃工作气氛、缓解工作压力、发挥团队精神的目的。由于每个人都有差异，激励员工措施亦应因人而异。

呼叫中心员工的激励方法有很多种，最常使用的是目标激励法、荣誉激励法、奖金激励法。

（1）目标激励法

目标激励法就是确定适当的目标，诱发人的动机和行为，达到调动人员积极性的目的。目标作为一种诱引，具有引发、导向和激励的作用。

（2）荣誉激励法

从人的动机看，人人都有自我肯定、争取荣誉的需要。在荣誉激励中还要注重对集体的鼓励，以培养员工的集体荣誉感和团队精神。

（3）奖金激励法

当发现员工表现卓越时，立刻奖赏他们，方式有晋升、奖金、带薪假期、旅游等。

## 任务拓展

**公司背景：**

金元宝公司，一家已经经营 3 年的垂直 B2C 公司。公司主要经营鞋类产品。公司运营初期因为竞争对手少，加之推广对路，所以短时间内得以迅速扩张。但因为入市门槛低，产品毛利相对丰厚，近一年来竞争对手不断涌现。各个对手背后都拥有雄厚资金，为了争夺市场纷纷大手笔投入，真可谓是“你方唱罢我登场”！今天你家全场打折送，明天我家吐血大让利，短期内价格战风起云涌，不亦乐乎！

鞋类产品属于日常耐用品，所以用户重复购买率并不十分高，而且各家进货渠道又基本类似，彼此毛利率并不存在太大差别。鞋子款式虽多，但真正符合大众审美和心理价位的产品并不丰富，不断的恶性竞争导致毛利空间不断被挤压。在如此恶劣的市场环境下，金元宝公司已经感到举步维艰。为了有效控制运营成本，提高利润率，公司决定改变经营策略，取消硬性广告投入，尝试新的营销手段，打造低成本营利新模式。

**你的终极任务：**

根据新的战略发展方向，公司下属呼叫中心部门决定先在内部进行小规模试点，调用一个客服小组对新课题进行测试，检验营销效果并制定相关流程，以备未来大规模推广使用。你将作为本次测试的主角，带领你的团队创造营销奇迹！

**你的角色：**

呼叫中心基层班组长，此次被选为试点团队组长。

**你的队伍：**

团队成员均由各组抽调，属于临时拼凑的团队。

团队共 9 人，其中老兵 5 人（入职时间 1 年以上），新兵 4 人（刚刚结束实习），但新兵中 1 人有销售背景。

**你的困扰：**

（1）全新的业务领域，没有成熟经验可以参考。你无营销经历，公司及部门无法提供有效支持。

（2）新团队、新成员，彼此之间缺乏了解和信任，新老员工之间存在隔阂。

（3）没有现成的规章制度可循，缺少对应的 KPI 指标。

你该如何面对困难并取得最终胜利呢？

**【项目评价】**

<table>
<tr><td rowspan="2">基本资料</td><td>实训日期</td><td>实训人</td><td colspan="2">教师评价</td><td>互评</td><td>自评</td></tr>
<tr><td></td><td></td><td colspan="2"></td><td></td><td></td></tr>
<tr><td colspan="3">考评项目</td><td>Y/N</td><td>NA</td><td colspan="2">备注</td></tr>
<tr><td rowspan="8">运用KPI进行现场管理</td><td rowspan="5">呼叫中心现场与人员管理</td><td>是否掌握呼叫中心现场管理规范</td><td></td><td></td><td colspan="2"></td></tr>
<tr><td>掌握呼叫中心现场管理的方法</td><td></td><td></td><td colspan="2"></td></tr>
<tr><td>能够承担呼叫中心教练型管理人员的要求</td><td></td><td></td><td colspan="2"></td></tr>
<tr><td>能够提升呼叫中心员工的满意度</td><td></td><td></td><td colspan="2"></td></tr>
<tr><td>能够帮助及辅导团队员工</td><td></td><td></td><td colspan="2"></td></tr>
<tr><td rowspan="3">呼叫中心绩效管理</td><td>知晓呼叫中心KPI的分类及内涵</td><td></td><td></td><td colspan="2"></td></tr>
<tr><td>知晓每一种KPI的计算方法</td><td></td><td></td><td colspan="2"></td></tr>
<tr><td>掌握KPI体系数据分析的步骤</td><td></td><td></td><td colspan="2"></td></tr>
<tr><td colspan="3">使用方法</td><td colspan="4">三次以上模拟实训后进行如下评估</td></tr>
<tr><td colspan="3">通过观察在表中进行填写</td><td colspan="2">已有改进之处</td><td colspan="2">有待改进之处</td></tr>
<tr><td colspan="3">Y＝表现良好</td><td colspan="2"></td><td colspan="2"></td></tr>
<tr><td colspan="3">N＝有待改进</td><td colspan="2"></td><td colspan="2"></td></tr>
<tr><td colspan="3">NA＝不涉及、不适用</td><td colspan="2"></td><td colspan="2"></td></tr>
<tr><td colspan="3">我同意观察员指出的问题并愿意马上改进</td><td colspan="4">签字：</td></tr>
</table>

项目综合实训

# 项目五　呼叫中心服务质量监控

## 学习目标

**知识目标：**

了解呼叫中心的质检要求和要素，了解质检员的岗位责任和工作内容。

**能力目标：**

能够用质检方法进行案例分析，能够熟练掌握质检的标准和内容。

**素质目标：**

对呼叫中心的质检工作高度重视，树立正确的客户服务意识，端正客户服务态度，明确质检工作的重要意义，培养精益求精的工匠精神。

## 项目描述

呼叫中心为了更好地培养提拔人才，建立了基层管理干部的轮岗制度，花花在班组长的岗位上已经将近1年的时间，团队趋于稳定，也培养出几位储备干部。主管为了让花花有更好的职业发展，打算让她到质培部去轮岗，一方面让她能够将运营管理中积累的知识和经验得以总结和传承，另一方面也希望花花能够深入学习和掌握呼叫中心质量管理知识和经验，为今后的职业晋级奠定基础。

质量是公司的生命和核心竞争力，而其中最重要的是产品质量和服务质量。在产品越来越趋于同质化的今天，对一个公司而言，服务质量更成了公司核心竞争力的差异所在。

呼叫中心所指的质量主要指的是服务质量，也就是满足客户对服务要求的程度。呼叫中心作为客户服务的重要载体，最关键的一个问题就是如何保障服务指标达到设定的要求，让客户感到满意。这就要求有一整套的管理工具对呼叫中心的服务品质进行监控和检查。质量管理与控制作为呼叫中心运营管理的重要一环，以服务提升为目的，以客户需求和良好体验为中心，以服务创新为手段，以服务质量测评为保障，以绩效管理体系作为框架和考核参照，实现呼叫中心全面质量管理。

本项目要求学生掌握呼叫中心录音质检和案例分析会、录音校准的技巧和方法，从而能够独立完成呼叫中心座席代表服务质量监控与推进的工作。

### 项目内容

- 呼叫中心录音质检
- 呼叫中心质检案例分析会
- 客户满意度调查

# 任务一　呼叫中心录音质检

## 任务情景

**花花：**查老师，我是来轮岗学习的花花，今天开始到质培部来学习。

**查老师：**你好，花花。你可是我们的运营之星啊，早就知道你们组的绩效很好，我们也经常拿你们组员的录音做案例呢。

**花花：**谢谢查老师的夸奖。我做一线的工作将近2年时间，之前也跟质检同事打过交道，但对于质检工作了解得还不多呢。

**查老师：**作为呼叫中心质检人员，首先应端正工作态度，掌握质检标准。其次，要掌握呼叫中心员工状态，善于分析座席代表录音，妥善处理质检奖罚措施。

**花花：**好的，我一定跟同事们好好学习，争取尽快能够独立进行质检。

**查老师：**加油！相信你一定可以的。

## 任务分析

呼叫中心应具备完善的质量监控体系，对各种业务类型（例如电话、电子邮件、互联网、传真、信件等）的服务质量及员工的工作表现进行有效监控，对于监控的结果应进行及时的反馈与辅导，以促进员工各项基本技能与素质的提升。

狭义的质检是指对服务、座席代表的通话进行监听，确定他们哪些地方做得好，以及技能提升的潜力。其主要目的在于确定培训需要、进行针对性培训，提高技能以达到服务水准的需求，激励员工等。

广义的质检是指全面的呼叫中心质量管理，是以客户为中心、以数理统计方法为基本手段、以定量分析为工具，全员、全过程，高效、全面、综合性的质量管理活动，包括事前、事中、事后管理。

在本任务中，通过学习录音质检的流程、质检方式、质检评语编写、质检成绩反馈等知识，学生能够掌握录音质检工作的全流程操作，从而独立完成录音质检工作。

## 任务实施

### 1. 质检专员的基本工作流程

录音质检流程见图5-1-1。

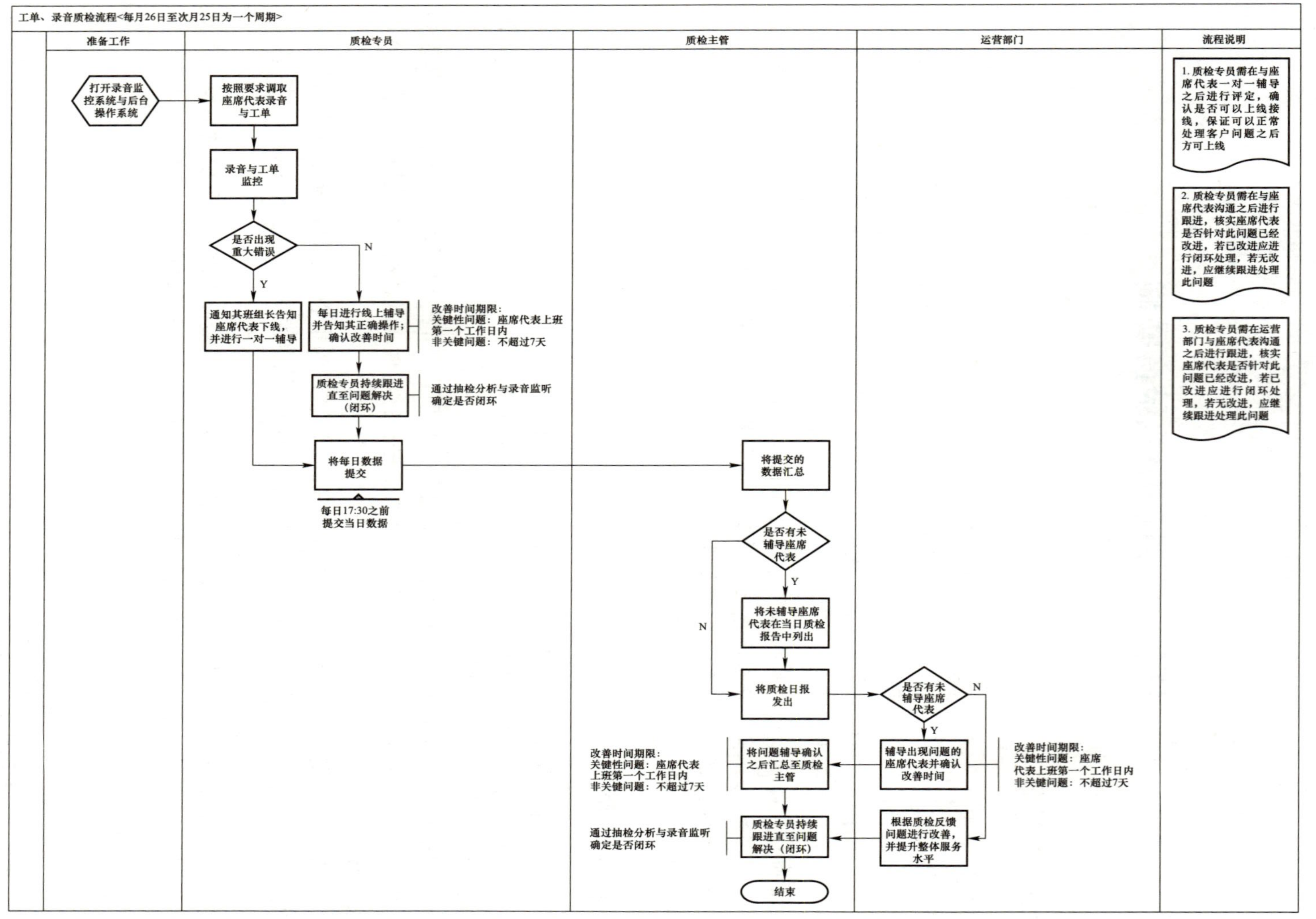
工单、录音质检流程<每月26日至次月25日为一个周期>
准备工作
质检专员
质检主管
运营部门
流程说明
打开录音监控系统与后台操作系统
按照要求调取座席代表录音与工单
录音与工单监控
是否出现重大错误
Y
N
通知其班组长告知座席代表下线，并进行一对一辅导
每日进行线上辅导并告知其正确操作；确认改善时间
改善时间期限：
关键性问题：座席代表上班第一个工作日内
非关键问题：不超过7天
质检专员持续跟进直至问题解决（闭环）
通过抽检分析与录音监听确定是否闭环
将每日数据提交
每日17:30之前提交当日数据
将提交的数据汇总
是否有未辅导座席代表
Y
N
将未辅导座席代表在当日质检报告中列出
将质检日报发出
是否有未辅导座席代表
Y
N
辅导出现问题的座席代表并确认改善时间
改善时间期限：
关键性问题：座席代表上班第一个工作日内
非关键问题：不超过7天
将问题辅导确认之后汇总至质检主管
改善时间期限：
关键性问题：座席代表上班第一个工作日内
非关键问题：不超过7天
根据质检反馈问题进行改善，并提升整体服务水平
质检专员持续跟进直至问题解决（闭环）
通过抽检分析与录音监听确定是否闭环
结束
1. 质检专员需在与座席代表一对一辅导之后进行评定，确认是否可以上线接线，保证可以正常处理客户问题之后方可上线
2. 质检专员需在与座席代表沟通之后进行跟进，核实座席代表是否针对此问题已经改进，若已改进应进行闭环处理，若无改进，应继续跟进处理此问题
3. 质检专员需在运营部门与座席代表沟通之后进行跟进，核实座席代表是否针对此问题已经改进，若已改进应进行闭环处理，若无改进，应继续跟进处理此问题

图 5-1-1　录音质检流程

1）质检专员通过抽测录音、现场监听等方式对座席代表进行监控，发现问题，并判断是否为共性问题。

2）质检专员根据相应监控标准将录音评判结果、反馈意见填写质检评估表提交给上级领导。

3）根据座席代表在电话中出现的问题进行单独的指导。

4）质检专员进行辅导并制定改进办法。

5）质检专员针对改进办法进行跟踪，得到反馈结果。

6）质检专员针对共性的业务知识问题进行汇总。

7）质检专员将业务知识培训需求提交给培训师。

8）在相关业务培训结束后进行跟踪，得到反馈结果。

### 2. 质检专员的工作内容

（1）准备工作

在质检工作开始前需要做好准备，为今后的质检工作打好基础。质检前的准备工作主要有：

1）站在客户体验的角度上看待每一通电话。

2）清楚了解业务要求，特别是对质量的要求。不同的业务对质量的要求不同，对质检专员的要求也不同，所以在开始质检工作之前，需要与业务负责人及其他同事做好沟通，清楚地了解质检工作的要求。换言之，质检工作是建立在对业务的深刻认识基础上的。

3）积极学习业务知识，熟练掌握业务知识。服务质量管理需要对质量进行控制与把关，质检专员熟练掌握业务知识与技能是做好这项工作的前提。

4）分析业务重点与难点，制订质检计划。“凡事预则立，不预则废”，任何一项工作都不能盲目地开展，需要在掌握需求、熟悉业务、了解座席代表情况的基础上制订质检计划。质检计划应该包括所选择的质检方式、拟投入的时间与精力、质检效果的评估办法、质检问题的反馈流程、座席代表质检扣分标准、质检的重点等。

（2）选择质检对象

做好质量管理，需要能够准确找到主要的质检对象，而不能“眉毛、胡子一起抓”。根据一定的质检原则，对全体座席代表的工作情况要有一定的判断与了解，对存在严重问题或者屡次出现问题的座席代表要有所侧重，加大质检力度，同时做好问题的跟踪。例如可以根据座席代表的工作年限、上一周期质检成绩、业务知识考核成绩等作为质检抽听的依据。质检部门管理者需要制定有针对性的质检抽听策略。

（3）质检抽样

大部分呼叫中心都是使用人工抽样，用人工方式来抽出录音档进行评分。通常每月每人需要抽样质检 15～20 次，根据业务的不同略有差异，按照企业标准执行。对于抽出的录音档，要考虑抽样上的分布均衡，要确保抽样的相对均衡性，可以使用 MITLA 检查法（见图 5-1-2）。

（4）学会分析呼叫中心报表

质检专员不仅要从录音质检中发现问题，还应该学会分析报表，结合报表进行质检工作。

MITLA检查法

Measurements：哪些项目需要考虑均衡度
Index：均衡度测量表尺设计
Time balance：录音时间抽样均衡（忙时、闲时、忙日、闲日）
Length balance：录音档长度抽样均衡（长的录音、短的录音）
Application-Type balance：业务内容抽样均衡（咨询、投诉等不同业务）

图 5-1-2　人工抽样 MITLA 检查法

1）座席代表工作统计报表。通过座席代表工作统计报表可以一目了然地掌握每个座席代表的拨打量、接通量、成功量、工作时长、工作时效等，从报表中可以体现一个座席代表的积极性及所存在的问题。如某个座席代表某天的业绩起伏过大，那么应该被列为重点监听对象，不可忽视。

2）拨打明细表。通过拨打明细表，可以清楚知道每个电话号码的处理时长、拨打次数及保存状态等，通话时间过长或过短的录音，往往存在问题，所以应加以留意。再进行成功单复核，主要和拨打明细表进行核对。

因此，在进行质检时先导出一份座席代表工作统计表和拨打明细表，然后结合报表对座席代表进行针对性监听，这样不但能更直接、及时地发现座席代表存在的问题，同时可以提高质检质量和工作效率。

（5）进行录音评测与撰写质检评语

1）录音评测。在录音评测的过程中，一般要求听三遍，每遍重点不同，具体要求见图 5-1-3。

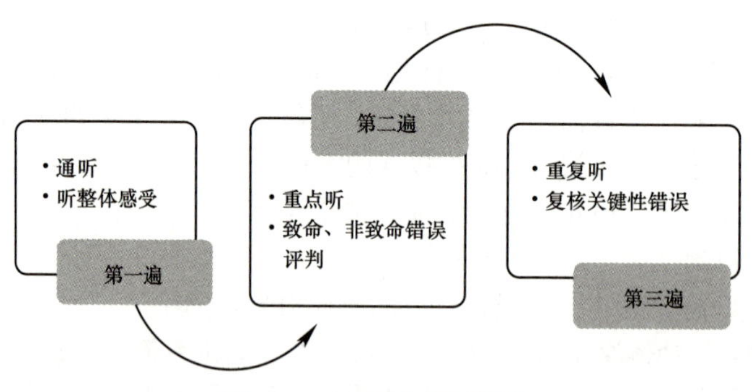


图 5-1-3　录音评测要求

2）质检评语。质检评语的目的是指出座席代表的这通录音有哪些不足的或者可以改进的地方，因此评语一定要能点出录音中存在的关键问题。点评需要与评分相匹配，评语不准确，座席代表自然会对评分质疑。对于质检专员而言，必须要善于使用总结性的语言，将录音中发现的问题用简练清晰的语言予以总结，切勿将一类问题分成多点来一个个解释。撰写质检评语的注意事项包括以下 4 点：

① 突出重点问题。如果一段录音存在多点问题，质检专员在写评语的时候只是简单按各扣分项在质检标准中排列的顺序逐条罗列，那么这样的评语只会让座席代表无从着手。例如某段录音里最明显的是沟通技巧存在问题，但评语中的第一条却是规范用语使用不当，沟通技巧只是在最后一条被轻描淡写地提到，因为质检标准中的评分项里面规范用语在沟通绩效之前，而这种现象在质检评语中比比皆是。我们都知道，高效解决问题的方法应该是将

80%的精力放在解决最为重要的20%的问题上，在写质检评语时也是如此，需要将最核心最重要的问题（如在业务技能和沟通技巧等）放在最前面，次要问题（如语音、语调等）往后放，让人一看评语就能清楚知道录音中有哪些是需要改进的。

② 积极引导建议。对于座席代表而言，质检评分只是让他知道在哪些方面做得不好，而应该怎么做才能避免在同样的地方扣分才是座席代表最关心的，很多呼叫中心已经做到了这点。但同样是建议座席代表怎么做，有的质检评语却写得很生硬，如"不应该那样做，一定要这样做"，这种教导式的点评容易引起座席代表的反感和抵触情绪，虽然也写了建议，但座席代表不领情也是徒劳。好的建议是用积极的语言去描述座席代表做得不对的地方，如"怎么样做会更好"，这样的表达方式使得座席代表感到被尊重，也就更容易接受质检专员所提出的改进建议。

③ 没有不好只有更好。质检专员需要注意的是，这里的正面肯定必须符合实际情况，不能是不着边际强加上去的，否则会让座席代表对你的动机产生怀疑；同时在表扬的言辞后面也不能出现转折，如"整通服务很有耐心，但是……"，否则会适得其反。

④ 恰当总结问题。有些质检专员在写质检评语时过于详细，甚至夸张地记录到"分别在几分几秒客户说了什么，对应座席代表是怎么回答的，而这样回答是有误的"。站在质检专员的角度，这么做可能是为了避免了座席代表对评分产生争议，但造成的负面影响更大。一方面是质检专员需要花费大量的时间记录通话细节，导致效率低下；另一方面座席代表面对如此"字斟句酌"的大篇幅评语，看起来不仅头晕，还会反感，也就更不愿意看了。

（6）完成电话监控结果反馈

1）个性问题进行座席代表辅导。业务监控首先要从流程层面找出座席代表身上的共有问题，并统一更正；其次从座席代表身上发现独有的问题，进行单独更正。对于犯致命错误的座席代表，必须立即对其进行一对一的辅导来纠正错误；对于没有通过质量监控的座席代表，必须设计针对性的指导，如果连续第二个月仍然没有通过质量监控，座席代表将不能继续处理业务，直到通过相应的再次培训。注意一定是从客户体验角度出发，而非惩罚座席代表。呼叫中心要制订相应的计划来处理座席代表多次不能通过质量监控的情况。

如果监听采取现场监听的方式，则在电话结束后当场进行反馈。对于同一问题反复出现的座席代表，需要增加电话监控的数量，并为其制定改进建议书，明确规定改进的时间期限。

2）共性问题提交培训需求。针对质量监控结果中的共性问题，质检部门应该向培训部门反馈培训需求并组织设计问题改进方案。

3）非座席代表原因问题反馈。质检专员在监听录音的同时，需要注意对客户的倾听，对客户的投诉问题或者关心的热点问题进行跟踪，主动了解后续的处理情况。通过对客户反映的服务政策、业务等方面建议的分析和汇总，根据具体的问题，从以客户为中心的角度，针对平台、信息运营方面提出相应的政策或处理流程的改进建议，优化服务和业务流程，关注平台建设等。

4）知识库信息反馈。重视知识库中的市场信息反馈和产品信息反馈，这是信息反馈的两个关键点。

（7）提供员工绩效考核依据

结合监听的结果，呼叫中心运营系统每月进行一次绩效考核，考核成绩按照一定比例直接纳入座席代表当月的绩效考核总成绩中，与座席代表每月的奖金评定直接挂钩。

（8）建立标准录音库

质检专员需要在听取录音的过程中对发现的优秀、较差、典型的录音进行收集、分析并纳入统一的录音库中。

（9）制订小组提升计划

质检专员需要根据座席代表的质检成绩，每月与班组长沟通，共同制订座席代表成长计划。

### 3. 质检方式

质检工作常用的方式是抽检，尤其是在座席代表特别多的情况下，难以做到每条通话都进行质检，抽检是一种有效的质检方式。在进行随机抽检时，一般会分为现场监听、录音监听以及人工智能监听三种方式。

（1）现场监听

现场监听主要分为现场在线监听和现场巡视监听两种方式。现场在线监听就是质检专员和座席代表使用专业设备接听同一客户电话，对客户人员有较大的支持力度，特别是对新员工业务知识和服务技巧的辅导有明显的帮助作用。现场巡视监听是一种走动式的监听方式，有助于实行提醒，及时发现问题、控制问题影响范围。

（2）录音监听

该方式是目前大部分的呼叫中心正在运用的质检方式，主要是通过后期质检专员在线监听座席代表录音的方式进行，将录音结果登记在表格之中并进行数据分析。录音监听可以通过反复听取录音发现服务存在的问题，一般而言，质检结果的准确性更高、使用普遍性高、成熟度高、技术壁垒低、前期投入低。但也存在时效性较差、无法第一时间直接处理服务过程中存在的问题、质检工作量大、效率低且覆盖率低，难以有效评价整体服务质量等弊端。

（3）人工智能监听

目前，很多企业也开始启用人工智能监听，人工智能能够在座席代表与客户的交流过程中，通过语音识别系统将语音转化成文字，并可以实现100%的质检覆盖率。而且，强大的人工智能可以实现对俚语、小语种的识别，再也不担心质检专员听不懂方言了。将录音识别成文字后，通过企业前期录入系统中间的关键词、业务关键点、流程备注、话语重复次数等业务模型和服务模型要求对座席代表进行业务质检。同时，人工智能能够通过字数（字数/时间）、音量、声道、波动次数、通话静默检测座席代表的服务质量水平及情绪变化情况。通过声纹识别的方式区分服务场景，人工智能能够分别对座席代表与客户的对话进行场景分割，以此来进行数据分析（座席代表部分用来质检，客户部分用来进行数据分析，比如营销政策或者客户需求分析等）。但由于人工智能监听前期投入成本高（一般小型企业难以承担）、数据库数据巨大、建模麻烦、语意需要持续更新、无法考虑通话背景，所以运用率较低。

### 4. 质检标准

各行业的客户服务中心质量监控内容各有不同，主要是从影响整个工作运行过程中的重要操作与事项中进行分析提取，选择易出现问题的环节进行监控。

常用的客户服务中心的关键质量监控点主要有以下 3 个方面：

1）服务规范：包括开场白、亲切感、结束语、礼貌用语等；

2）服务技巧：包括控制能力、倾听理解能力、处理问题等；

3）专业技能：包括专业知识的掌握情况、系统操作能力等。

为了更好地掌握不同项目的评分标准，以国内某呼叫中心呼入项目的质检标准（见表 5-1-1）及呼出项目的质检标准（见表 5-1-2）为例进行学习。

表 5-1-1　国内某呼叫中心呼入项目的质检标准

<table>
<tr><th rowspan="2">模块</th><th rowspan="2">分类及分类说明</th><th colspan="4">标准（基础总分为 85）</th><th>激励模块（激励总分 15）</th></tr>
<tr><th>基础项</th><th>标准</th><th>扣分细则说明</th><th>评分规则</th><th>加分参考</th></tr>
<tr><td rowspan="11">服务类</td><td rowspan="5">服务标准（座席代表能够按照服务要求，使用正确的行为规范及客服规范用语、恰当的客户称谓，经常使用礼貌用语，例如“请”字开头，“谢”字结尾。在礼貌上无不规范用语，且说话时使用恰当的语速、语气、语调）10 分</td><td rowspan="3">1.1 服务规范（4 分）</td><td rowspan="3">座席代表能够按照服务要求，使用正确的行为规范及客服规范用语、恰当的客户称谓，经常使用礼貌用语，例如“请”字开头，“谢”字结尾。在礼貌上无不规范用语</td><td>1. 未使用标准的开头语、结束语及保持通话状态用语</td><td>符合此项，细项 0 分</td><td rowspan="3">本细项为基础项，因此无加分</td></tr>
<tr><td>2. 未使用标准的普通话（个别词句）及礼貌用语，如“您、请、不好意思、麻烦您”等，对客户的致谢问候未给予回应（您、请等一次对话出现两次及以上，此项扣分）</td><td rowspan="2">以上每出现一次扣 2 分，2 次及以上细项 0 分</td></tr>
<tr><td>3. 电话中有咳嗽、打嗝、打哈欠、清嗓子、笑场等行为，未向客户表示歉意</td></tr>
<tr><td>1.2 语气语调（6 分）</td><td>说话时语速适中，语气、语调友好有亲和力</td><td>回复客户问题语速较快，语气语调有气无力，无亲和力</td><td>符合此项，细项 0 分</td><td>做到回复客户语速适中，语调上扬，抑扬顿挫有亲和力，客户感受好（可加 2 分）</td></tr>
<tr><td colspan="5">致命错误：<br>1. 与客户发生争论、反问、嘲笑、讽刺客户，使用粗语或不礼貌的言论；<br>2. 整个对话过程中始终使用方言（根据项目及电话类型不同，可各个项目自行调整）</td></tr>
<tr><td rowspan="6">服务意识（座席代表语调热情，微笑着与客户说话，通话过程中一直保持耐心，服务热情、积极；运用语气的变化来表示关切，并吸引客户的注意。在电话当中积极热情地为客户提供服务，能够换位思考，给予其认同感，对于客户没有想到的问题，能够给出主动的提醒及建议）20 分</td><td rowspan="4">1.3 态度及关怀（10 分）</td><td rowspan="4">为客户服务态度诚恳、热情，对于客户的现状表示适当安抚及关怀</td><td>1. 为客户服务态度稍有冷漠，偶有不耐烦，但不明显</td><td rowspan="2">每出现一项扣 5 分，直到此细项为 0</td><td rowspan="4">回复客户态度热情，对客户的现状或抱怨能够给予安抚及关怀，并给出可行性的建议，客户感受好（可加 3 分）</td></tr>
<tr><td>2. 对客户的现状或抱怨只是机械化程序化安抚</td></tr>
<tr><td>3. 为客户服务态度冷漠，带有明显的不耐烦，客户感受度不好</td><td rowspan="2">符合此项，细项 0 分</td></tr>
<tr><td>4. 对客户的现状或抱怨毫无安抚及关怀，敷衍客户的不满</td></tr>
<tr><td rowspan="2">1.4 主动积极性（10 分）</td><td rowspan="2">对于客户的真正需求能够给予完整服务，对于潜在危机能够适当给予提醒</td><td>1. 在服务过程中缺乏主动的服务意识，按部就班地问一句答一句，不能揣摩客户的意图，给予其更多的帮助</td><td rowspan="2">符合任意一项，细项 0 分</td><td rowspan="2">主动站在客户的角度考虑问题，积极给出全面解决问题的方法，赢得客户的认可和赞许，客户感受好（可加5分）</td></tr>
<tr><td>2. 无视客户的需求及不满；对于客户的潜在问题及危机漠不关心，不给予任何提醒</td></tr>
</table>

续表

<table>
<tr><th rowspan="2">模块</th><th rowspan="2">分类及分类说明</th><th colspan="4">标准（基础总分为 85）</th><th>激励模块（激励总分 15）</th></tr>
<tr><th>基础项</th><th>标准</th><th>扣分细则说明</th><th>评分规则</th><th>加分参考</th></tr>
<tr><td rowspan="11">服务类</td><td></td><td colspan="5">致命错误：<br>1. 态度恶劣，反应冷漠，回复强势，客户体验感差；<br>2. 消极、敷衍或推诿对待客户的需求和提问，能直接回答的问题却建议客户到其他服务渠道</td></tr>
<tr><td rowspan="10">沟通能力（有较强的语言组织能力，使用正确的语法语序、完整的语句结构，流利、清晰且有条理的表达，为客户准确地传递相关信息。较好地运用开放式、封闭式提问方式，有效地获得客户的信息。无重复提问。较好地引导客户，能够掌握电话的主动权，将交谈的主题围绕在设定的范围之内。对于客户的质疑应对自如。认真倾听客户讲话，用“是的，好的”等言语给予回应。能够在第一时间理解客户意图，对其所述作准确的总结）25 分</td><td rowspan="4">1.5 表达能力（5 分）</td><td rowspan="4">表达清晰流畅、专业，没有口语化现象，易理解</td><td>1. 未使用专业的表达方式，较口语化，偶尔出现“嗯”“啊”等</td><td rowspan="2">每出现一项扣 2 分，3 次及以上此细项为 0</td><td rowspan="4">本细项为基础项，因此无加分</td></tr>
<tr><td>2. 表达不灵活、不流畅，但未影响客户理解</td></tr>
<tr><td>3. 表达随意，口语化严重，使用影响客户体验的口语化词语（如每句话后加“啊”“嗯”“啊？什么情况”等）</td><td rowspan="2">符合任意一项，细项 0 分</td></tr>
<tr><td>4. 表达不灵活、不流畅，话语赘述，影响客户理解</td></tr>
<tr><td rowspan="2">1.6 聆听理解（10 分）</td><td rowspan="2">有效倾听，及时正确理解客户意图，并积极回应</td><td>1. 在客户表述清晰的情况下，始终不能理解，产生重复询问或总结问题不匹配现象</td><td rowspan="2">每出现一次扣 5 分，至细项 0 分为止</td><td rowspan="2">本细项为基础项，因此无加分</td></tr>
<tr><td>2. 客户提出问题后未在 1 分钟内响应</td></tr>
<tr><td rowspan="4">1.7 有效引导（10 分）</td><td rowspan="4">对客户的问题能够有针对性地有条理地较灵活地给予回复，客户感受度尚可</td><td>1. 对于客户的问题不能灵活运用产品知识给予直接有效的引导，使客户问题处理变得复杂、拖沓</td><td rowspan="4">每出现一项扣 5 分，直到此细项为 0</td><td rowspan="4">1. 对于客户的问题能够给予快速、有条理、针对性强的引导，采用灵活应对或巧妙回避的方式回复客户的质疑，客户感受度好（加 6 分）</td></tr>
<tr><td>2. 整个回复问题的过程，不能控制话权，条理不清，思路混乱</td></tr>
<tr><td>3. 不能做到有效的异议处理，对客户突如其来的疑问无法自如应对或出现冷场</td></tr>
<tr><td>4. 询问和解释技巧不足，不能抓住关键及要点，产生无效沟通</td></tr>
</table>

续表

| 模块 | 分类及分类说明 | 标准（基础总分为85） | | | | 激励模块（激励总分15） |
|---|---|---|---|---|---|---|
| | | 基础项 | 标准 | 扣分细则说明 | 评分规则 | 加分参考 |
| 服务类 | | 1.7　有效引导（10分） | 对客户的问题能够有针对性地有条理地较灵活地给予回复，客户感受质尚可 | 5. 死搬流程不会变通，不能及时提供其他更有效的、便捷的建议 | 符合任意一项，细项0分 | 2. 对于不能清晰表达问题的客户，可以通过开放式或封闭式的提问有效引导客户，并使问题得到顺利解决。此上分别出现一项可加5分，如果两项均存在，最高只加5分 |
| | | | | 6. 解释单一，始终使用同一理由/同一答复 | | |
| | | 致命错误：<br>1. 始终没有正确理解客户的问题，答非所问；<br>2. 非常负面地引导客户，在客户抱怨或误解时没有任何安抚；<br>3. 表述引起歧义、误解 | | | | |
| 业务类 | 流程（规范地执行业务操作流程及单个流程中的每个环节）<br>15分 | 2.1　服务流程（15分） | 规范地执行业务操作流程及单个流程中的每个环节（例如等待流程、转接流程、投诉流程等，其中包括单个流程中的信息的录入与确认等） | 1. 某个流程单个环节不规范或不完整，对客户问题处理不产生影响（例如信息录入错误或遗漏不影响问题处理等） | 每符合一项扣5分，多项符合可累计扣分，细项0分为止 | 本细项为基础项，因此无加分 |
| | | | | 2. 对于客户提出的多个业务问题，有遗漏回复 | 符合任意一项，细项0分 | |
| | | | | 3. 某个流程单个重要环节不规范，对客户产生影响（例如信息录入错误或遗漏影响问题处理） | | |
| | | | | 4. 某个流程执行错误 | | |
| | | | | 5. 没有按照客户要求做升级处理 | | |

续表

<table>
<tr><th rowspan="2">模块</th><th rowspan="2">分类及分类说明</th><th colspan="4">标准（基础总分为 85）</th><th>激励模块（激励总分 15）</th></tr>
<tr><th>基础项</th><th>标准</th><th>扣分细则说明</th><th>评分规则</th><th>加分参考</th></tr>
<tr><td rowspan="6">业务类</td><td rowspan="6">产品知识（对所在项目产品知识的掌握）15 分</td><td rowspan="5">2.2 产品知识（15 分）</td><td rowspan="5">运用熟练的产品知识给予客户有效的帮助</td><td>1. 回复客户问题错误，但能够自行纠正或回访补救，最后问题顺利处理</td><td rowspan="3">每符合一项扣 5 分，多项符合可累计扣分，细项 0 分为止</td><td rowspan="5">本细项为基础项，因此无加分</td></tr>
<tr><td>2. 对要求必须熟悉的产品知识不能直接进行回复，出现冷场或通话中查询一次</td></tr>
<tr><td>3. 提供给客户错误的信息，不影响问题处理或不引起投诉（例如：一个问题公司承诺 2 天处理，但座席代表告知客户 3 天）</td></tr>
<tr><td>4. 同一知识点内，由于业务知识不熟悉，导致通话中查询了 3 次以上</td><td rowspan="2">符合任意一项，细项 0 分</td></tr>
<tr><td>5. 提供给客户错误的信息，影响问题处理</td></tr>
<tr><td colspan="5">致命错误：<br>1. 主动挂断客户电话；<br>2. 由于对产品知识的误解等提供错误信息，引起投诉，造成公司或客户方损失</td></tr>
</table>

**表 5-1-2 国内某呼叫中心呼出项目质检标准**

<table>
<tr><th>评分单项</th><th colspan="5">评分点及扣分细则</th></tr>
<tr><td rowspan="4">开场白及结束语</td><td>扣分</td><td>开始语句</td><td>身份确认</td><td>挂机语句</td><td>挂机操作</td></tr>
<tr><td>1 分</td><td>表达不简洁，语句不连贯</td><td>身份确认表达时存在卡壳等情况</td><td>挂机语句表达不清晰</td><td>挂机结束过于仓促</td></tr>
<tr><td>2 分</td><td>首问语报读不完整，存在缺漏（例如未报读在国内接听 10086 免费）</td><td>未向客户报读公司名称、工号，或错误报读客户身份、性别、号码</td><td>挂机语不规范，未按脚本要求报读，或缺漏礼貌关心语句</td><td>对通话结束后超过 5 秒仍持线不挂的客户未予引导，无声挂机</td></tr>
<tr><td>3～5 分</td><td>首问语不规范，未按脚本报读，或未报读首问语，或在电话接通前说话聊天</td><td>未向接听客户确认机主身份、号码、姓氏，或忽视接听客户的非机主身份</td><td>结束语报读不完整，或报读模糊，或未向客户报读结束语</td><td>在客户结束说话前挂机，或在通话结束 5 秒内先于客户挂机前挂机</td></tr>
</table>

续表

| 评分单项 | 评分点及扣分细则 | | | | |
|---|---|---|---|---|---|
| 服务态度 | 扣分 | 耐心有礼 | 主动热情 | 亲切温和 | 微笑服务 |
| | 1 分 | 偶尔打断客户说话，抢话插话（2 次以内） | 沟通不积极或因客户原因而造成通话中断、停止或冷场等 | 从不或极少称呼客户（如×先生/×小姐） | 活力不足、一潭死水（以监听感知为准） |
| | 2 分 | 对客户发言、询问等缺乏耐心，注意力分散不专心，急于结束通话 | 态度冷漠欠缺热情，不愿主动与客户进行沟通，不对客户进行挽留 | 语气冷淡，沟通机械，缺乏感情 | 说话缺乏自信，情绪过于紧张或夸张，态度不够诚恳 |
| | 3～5 分 | 不礼貌、不尊敬客户，态度强硬，情绪焦躁，偶尔打断客户说话（2 次以上） | 不主动向客户介绍、询问，回避客户问题或不积极予以回应 | 轻视客户意见或发言，表现出与客户的距离感 | 带有明显的负面情绪 |
| 服务用语 | 扣分 | 规范用语 | 正面用语 | 致歉致谢 | 征询客户 |
| | 1 分 | 偶尔出现服务忌语、生活口语（2 次以内） | 服务用语生硬粗糙，否定字眼过多 | 当客户表示可以接听电话时，没有表示感谢 | 未询问客户姓名 |
| | 2 分 | 多次出现服务忌语、生活口语（2 次以上） | 否定、拒绝过于直接，语言不婉转，欠缺过渡语句（如对不起、抱歉） | 当客户主动表示感谢时，没有予以礼貌回应 | 未询问客户是否方便接听电话就介绍业务，未询问客户是否有其他疑问就结束通话 |
| | 3～5 分 | 服务用语不规范，或未按照要求使用必需的规范用语 | 带有明显的质问、厌烦、不尊敬客户等性质的用语 | 当客户表示没空或不方便接电话时，没有表示歉意 | 客户办理意愿不够明确，没有向客户询问意见进行确认 |
| 语速音量 | 扣分 | 语速舒适 | 语调舒适 | 音量舒适 | 语言舒适 |
| | 1 分 | 语速过快或过慢（以监听感知为准） | 语调单调缺乏抑扬，平铺直叙 | 说话过于大声或小声 | 未使用普通话作为开头语，普通话或广东话在个别字词上发音不标准 |
| | 2 分 | 说话欠缺停顿、节奏混乱不均匀 | 语调语气僵直、机械，低沉困乏，语调不断走低 | 未主动根据客户感知调整合适音量 | 遇到客户语言理解困难，不能灵活使用适当语种给予引导 |
| | 3～5 分 | 语速过快（慢）导致客户无法听清或引起客户反感 | 语调语气具有轻佻、严肃、质问等性质，引起客户反感 | 故意抬高或降低音量引起客户反感，或导致客户不能正常听清 | 吐字含混不清，断字断句不规范，影响客户准确理解 |

续表

| 评分单项 | 评分点及扣分细则 | | | | |
|---|---|---|---|---|---|
| 表达能力 | 扣分 | 描述准确 | 表达简练 | 清晰流畅 | 通俗易懂 |
| | 1分 | 表达过程中偶尔出现口误、补充、更正等（2次以内） | 表达不简洁，介绍语句较长，通话时间偏长 | 语言表达不流畅顺利，存在打结、卡壳的情况 | 专业术语较多，没有灵活运用易懂的语言进行表达 |
| | 2分 | 表达过程中多次出现口误、补充、更正等（2次以上） | 语言表达拖沓啰唆，内容介绍、回答问题出现大篇幅重复 | 业务介绍条理不清，缺乏层次感，客户很难一次性形成清晰理解 | 未能较好地向客户解释说明专业名词意思，表达过于书面化，完全照读脚本资料 |
| | 3～5分 | 在语言表达、遣词造句上存在错漏或歧义，误导客户 | 业务内容理解不够深刻，回答问题缺乏针对性，冗长宽泛，引起客户反感 | 表达含混不清，多次演说也未能将内容介绍明白 | 在使用术语介绍业务时出现错误 |
| 主运推介 | 扣分 | 主动介绍 | 重点突出 | 推介适度 | 强加销售 |
| | 1分 | 业务介绍不够积极，只做基本内容介绍，欠缺补充、说明 | 在挽留、推介过程中不能清晰表达业务重点、优惠内容 | 介绍、挽留不到位，没有结合客户反馈意见进行针对性的挽留、推介 | 未经客户明确同意就开始介绍业务 |
| | 2分 | 在与客户沟通过程中比较被动，问一句答一句 | 重点内容过多或重点内容介绍模糊，不能吸引客户注意 | 未对客户或过度向客户进行介绍、挽留，引起客户反感 | 在客户意愿尚不明确的情况，强行怂恿客户办理接受业务或反复介绍 |
| | 3～5分 | 对客户的问题、询问回避或不予理睬，从不或很少对客户进行挽留 | 对业务内容缺乏提炼，不能把握重点，没有对重点内容进行专门描述 | 业务介绍、挽留过度，挽留次数过多（2次以上） | 在适度介绍挽留后客户表示拒绝，依然纠缠客户甚至强行办理 |
| 灵活处理 | 扣分 | 疑难规避 | 情绪调控 | 引导解释 | 服务技巧 |
| | 1分 | 客户关于业务内容以外的咨询，没有按照统一口径予以指引、答复 | 情绪控制不稳，防御能力不强，容易受到客户负面情绪影响 | 对客户问题解释不够清楚，或应答口径不符要求 | 服务过程操作欠规范（如话务员在询问他人或请求支持时，没有按下静音键） |
| | 2分 | 回避或忽视客户对其他问题的咨询，未对客户予以指引、答复 | 情绪多变且克制力较差，给客户情绪造成负面影响 | 不积极配合客户解答问题 | 服务过于被动，让客户牵着走，表现呆板，欠缺灵活转换 |
| | 3～5分 | 擅自应答客户对业务内容以外的询问、异议、争议等 | 未对客户负面情绪进行安抚，或刺激客户造成问题进一步恶化 | 回避、转移客户的疑问、咨询，对客户解答进行保留、误导 | 客户感知不良，服务过程枯燥 |

续表

| 评分单项 | 评分点及扣分细则 | | | | |
|---|---|---|---|---|---|
| 双向沟通 | 扣分 | 询问技巧 | 与客互动 | 理解客意 | 客意确认 |
| | 1分 | 询问表达缺乏针对性，没有结合客户反馈意见 | 大部分时间由话务员说话，客户很少发言或发言机会很少 | 对客户意思理解不够深刻，一次回答不能满足客户需求，需多次补充 | 以模糊处理的方式与客户进行确认，或确认模糊不够清晰 |
| | 2分 | 询问方式单一粗糙，不能吸引客户兴趣或对客户答非所问 | 对客户发言没有积极回应或不鼓励客户发言 | 所答非所问，误解或曲解客户意思 | 未对客户进行全部内容的确认，或只确认其中部分 |
| | 3～5分 | 态度生硬，询问方式没有任何技巧，令客户不满 | 忽视客户态度，回避客户问题，抑制客户意见 | 没有理解客户诉求，答非所问 | 蓄意逃避、省略与客户进行确认（如是否理解、办理、明白等） |
| 聆听能力 | 扣分 | 耐心倾听 | 专心倾听 | 及时反馈 | 客户重复 |
| | 1分 | 耐心不够，没有认真倾听 | 在客户发言过程中注意力分散或进行其他无关操作（如喝水、聊天等） | 在客户发言中完全保持沉默，令客户质疑是否在聆听 | 由于通话信号等造成客户重复 |
| | 2分 | 在客户发言过程中限制时间、限制范围等，或暗示客户尽快结束 | 对客户发言不予关注，忽视客户意见及建议 | 在客户发言中提出的问题没有给予及时必要的回应反馈 | 不专心聆听客户的需求或问题，需要客户不断重复（2次以上） |
| | 3～5分 | 对客户发言、询问等表现出不耐烦、焦躁、厌恶等负面情绪 | 因主观原因导致严重听错客户问题，答非所问 | 对客户问题、意见、建议、投诉等没有及时进行记录和向上反馈 | 因故意、恶意心理造成客户重复，或引起客户反感、抱怨 |
| 业务能力 | 扣分 | 业务熟练 | 业务准确 | 业务完整 | 符合流程 |
| | 1分 | 业务内容掌握不够熟悉，业务介绍断断续续 | 业务介绍出现错误，出现补充、更正等情况 | 业务介绍不够全面，片面片断 | 因主观原因刻意造成业务内容介绍顺序与脚本存在出入 |
| | 2分 | 对客户的业务询问不能立即响应给予反馈，不能灵活运用 | 对业务类型、客户类型、匹配条件等判断有误，或电话保存状态错误 | 业务介绍存在缺漏，以偏概全 | 擅自更改、调整业务办理流程 |
| | 3～5分 | 服务过程中频繁出现求助他人、无法作答、支吾搪塞等情况 | 业务介绍出现差错，内容混淆，甚至存在误导、欺诈客户的情况 | 蓄意省略业务内容，欺诈客户 | 擅自省略业务介绍、办理流程环节 |

### 5. 质检评定方法

质检评分方法有三种，分别为平均数、合格率、达成率。

1）平均数，即每个考核科目都分别根据重要性设定分值，质检专员在一定范围内打分。表 5-1-1 和表 5-1-2 均采用这种平均打分方式。

2）合格率，即判断座席代表这通电话的服务是否合格，而合格与否只有两种可能：过关或不过关。

3）达成率，即将考核科目定义为致命错误、非致命错误，质检专员根据考核要求判断各科目是否合格。设定达成率标准，如未超过达成率，录音判断为不过关。

① 非致命错误与致命错误定义：

a. 非致命错误是不会导致整个服务有重大缺陷的准确率错误，包括软技能、专业化程度和数据输入错误。

计算公式：

$$\text{非致命错误率}=\frac{\text{产生非致命错误的个数}}{\text{呼入电话质检量}}\times 100\%$$

业界专业的非致命错误率需小于等于 10%。

b. 致命错误是会导致整个服务有重大缺陷的准确率错误。

计算公式：

$$\text{致命错误率}=\frac{\text{产生致命错误的业务监控次数}}{\text{业务监控次数}}\times 100\%$$

业界专业的致命错误率需小于等于 2%。

② 单通电话非致命错误及致命错误的计算方法与标准：

a. 非致命错误数=单通电话中“非致命错误”项中评价不合格的项目数。

非致命错误准确性是否通过：

Fail（不通过）为单通电话中非致命错误数≥3；

Pass（通过）为单通电话中非致命错误数<3。

b. 致命错误数=单通电话中“致命错误”项中评价不合格的项目数。

致命错误准确性是否通过：

Fail（不通过）为单通电话中致命错误数≥1；

Pass（通过）为单通电话中无非致命错误。

③ 多通电话（计算班组业绩或呼叫中心整体业绩）非致命错误及致命错误的计算方法：

$$\text{非致命错误率}=\frac{\text{电话中非致命错误的数量}}{\text{监控的总电话量}\times\text{非致命错误监控百分数}}\times 100\%$$

$$\text{致命错误率}=\frac{\text{产生致命错误的业务监控次数}}{\text{业务监控次数}}\times 100\%$$

### 6. 质检扣罚种类与技巧

呼叫中心质检扣罚可分为口头提醒、口头警告、质检提醒单、下岗培训、经济扣罚，严重的给予辞退。

呼叫中心质检扣罚可能是一件较头痛的事，特别是对一些新上任的质检专员，往往很棘手，经常碰壁。首先，怕得罪座席代表；其次，会遇到座席代表不接受处罚，自己变得束手无策。通常对于座席代表监听中存在的服务质量问题，视情况轻重，第一次可给予口头提醒或警告，如问题较严重但又未造成太大影响的，可以让座席代表签质检提醒单，如下次再犯同样错误，则直接进行扣罚。在扣罚时不要马上就拿出扣罚单，且不要一味地进行指责，可先让座席代表听当时录音，让他自己找出问题，如他找不出，再诚恳地给予指出，要让他心服口服地签单。同时要让座席代表知道，质检的最终目的不在于扣罚，而是让他能够接受教训，在以后的工作中加以改进，避免犯同样的错误，取得更大的进步。

密切留意受扣罚座席代表的工作心态，通常座席代表在接受处罚后，会出现情绪低落，要对其进行开导和谈心，当发现座席代表有进步时要及时给予肯定，让他找回自信。

## 必备知识

### 1. 呼叫中心质量管理的意义

无论是自建型呼叫中心还是外包型呼叫中心，无论是“成本中心”还是“利润中心”，都时时刻刻在提供各种各样的服务，这种服务可以是售前服务、售中服务，也可以售后服务。在市场经济竞争越来越激烈的环境下，打价格战必将两败俱伤，只有做好服务才是最根本的。呼叫中心作为企业的服务中心、客户关系管理中心，或者称为客户关系维系中心，所提供的服务质量尤为重要。保证每一位座席代表的服务质量就是在维护公司的形象与利益，是呼叫中心现场管理工作各个环节中重要的一环。

### 2. 呼叫中心质检工作的意义

呼叫中心具有呼入与呼出两种基本的业务类型，质检工作针对这两种业务类型的重要意义各有不同：

（1）呼入型呼叫中心质检工作的意义

呼入型呼叫中心的业务主要包括接听客户的咨询、建议、话务转接、投诉、订单处理等各种客户主动打入的电话，对于此类业务，质检工作的重要意义在于：

1）保证座席代表服务的质量。质检是除培训、现场管理、绩效考核以外能够有效保证服务质量的重要工作途径。质检工作可以对座席代表部分甚至全部服务内容进行实时监控，以及事后复核，通过录音系统对每一个细节进行监控，保证每位座席代表的服务质量，进而保证整个呼叫中心的服务质量。

2）保证座席代表服务的规范性。专业的呼叫中心服务，要求每位座席代表的服务符合各种已定的规范，这是保障客户利益与公司利益的重要方面。根据不同的业务需要，对座席代表受理的客户问题都有相应的应对要求以及解决流程，质检工作就是在对座席代表监控的同时，保证服务的规范性。

3）保证座席代表服务的一致性。呼叫中心的服务应该是统一的，这个统一有两层含义：对每位客户的服务一致以及不同座席代表对同一客户的服务一致。在这个意义上，质检工作的重要意义就在于保证所有座席代表对每一位客户的服务都是一样的，树立、维护一致的公司品牌与形象。

4）为培训工作提供各种真实案例。质检工作所了解到的情况都是座席代表最直接的表现，通过实时监听以及录音复核，可以将问题重现，进而对质检工作中所发现的共性、个性问题进行分类与记录，提供给负责培训工作的人员，达到以典型案例培训与指导座席代表工作的目的。

5）为座席代表考核，特别是服务质量的考核提供依据。对座席代表的考核中重要的一项就是质量考核。通过一定周期各种方式的质检工作，可以量化座席代表的服务质量，结合其他现场管理的考核情况，为座席代表的考核工作提供考核依据。

6）为公司提供合理的优化意见及问题反馈。一个公司完善的质检流程可以为公司带来更多的信息。质检是除座席代表外能接触到最多客户的岗位，在检查录音/对话的过程中可以发现公司存在的问题和客户的反馈，定期收集这样的信息并加以汇总分析可以帮助公司了解更多的客户需求和市场动态。

（2）呼出型呼叫中心质检工作的意义

呼出型业务是指由座席代表主动打出的电话，主要业务类型包括电话销售、电话回访、客户关怀、数据挖掘、数据清洗等，对于此类业务，质检工作的重要意义在于：

1）维护公司及客户的利益。座席代表所呼出的每一通电话，都代表着公司（外包型呼叫中心代表的是客户公司）。由于呼出型项目多以座席代表的业绩来考核，所以座席代表难免将个人的利益看得比较重要，这时质检工作的意义就在于监控座席代表的工作，减少甚至杜绝出现假单、诱单、抢单等现象的发生，站在“公司利益第一”的角度判断、检查座席代表的工作。

2）掌握座席代表的工作技能。对于从事呼出业务的座席代表，由于是主动致电客户，可能遇到的情况相对呼入业务更加复杂，并且客户拒绝的可能性更大，这就要求座席代表掌握一定的呼出技能，比如电话沟通技巧、电话销售技巧、电话服务礼仪等，而这些方面的掌握程度一方面可以由座席代表的业绩表现出来，另一方面就需要通过质检来发现。质检工作是有针对性的，是实实在在的具体案例，能够非常有效地在实践中检验座席代表的工作水平。

3）为座席代表的培训提供案例。通过质检工作能够发现各种各样的问题，将这些问题整理、归类，制作成典型案例，并且提供给培训部门，供培训人员在对座席代表培训时使用。这样的案例来源于实际，来源于座席代表本身，更具有说服力与指导性，对提升座席代表的技巧与能力非常有帮助。

4）为项目运营提供有益参考。正是由于质检工作能够实时了解座席代表与客户的沟通情况，而且质检工作的覆盖面大，了解到的信息真实、全面，所以在检查座席代表工作的同时，才能够及时、准确地把握客户的需求，将这些信息反馈给项目经理及其他部门，有利于公司随时把握项目进展情况，为项目的运营提供有益的参考。

## 任务拓展

**实训任务：**请根据呼叫中心客户服务与管理职业技能实训平台中提供的录音，结合表 5-1-3 进行评测。

**任务形式：**每个人独立完成，提交 Excel 文件。

**任务时限：**20 分钟。

**质检评分：**见表 5-1-3。

表 5-1-3 录音质检评分

| 质检流程 | 质检项 | 质检判定（是/否/不适用） |
| --- | --- | --- |
| 开场白 | 规范报开头用语："您好，工号××××，请问有什么可以帮您？" | |
| 尊称客户 | 1. 一通电话至少两次以上带姓氏称呼客户；<br>2. 通话需要使用尊称"您" | |
| 挖掘来电意图 | 认真倾听客户来电目的 | |
| | 索要客户手机号或者订单号进行主动查询 | |
| | 不打断客户且适当"附和"表示在倾听客户讲话，适时表示听到或者运用同理心认同客户 | |
| | 主动询问、采用封闭式提问，准确探寻客户问题，获得有效信息 | |
| | 复述客户来电目的并获得对方确认 | |
| | 复述过程中客户出现异议，能够及时用提问的方式获得正确信息 | |
| 信息保密 | 对客户的隐私及公司内部信息保密 | |
| 解决方案 | 结合实际提供解决方案 | |
| 投诉处理 | 1. 投诉电话：结合场景先致歉；<br>2. 能站在客户的立场上给予服务，用明显的语言表示对客户描述情景的认同和理解（我非常理解、我非常明白等）；<br>3. 确保正确了解客户的需求并同客户确认 | |
| 服务态度 | 1. 热情、耐心、认真地为客户服务；<br>2. 语音语调积极，多使用升调；<br>3. 在服务中没有出现禁语或带有侮辱性词语，没有反问客户；<br>4. 在接到客户电话时有明显的语言表示对客户的要求推诿，回答客户的问题时主观臆断、推脱敷衍，导致客户产生抵触情绪<br>5. 先行挂断客户电话 | |
| 结束语 | 1. 感谢致电××××，祝您生活愉快，再见；<br>2. 感谢您对××××，祝您出行顺利，再见；<br>普通客户来电做出邀评：感谢您的来电，请您稍后对我的服务做出评价，祝您有美好的一天，再见 | |
| 标准话术的执行 | 按照要求在通话过程中使用标准话术 | |
| 口头语 | 1. 口头语是否严重，如"这个、那个、嗯、然后"；<br>2. 不频繁使用某些词语，如"请稍等、就是说、这个（儿）、那个（儿）、没问题"，累计不超过 4 次；<br>3. 整体语言表达简洁，不啰唆 | |

续表

| 质检流程 | 质检项 | 质检判定（是/否/不适用） |
|---|---|---|
| 口语化 | 1. 语言口语化严重（带有方言特点的口语化，严重违背标准普通话——字音不准、用词方言化、生活随意用语、严重拖腔等）；<br>2. 书面语言无法口语化表达（明显可以判断出在读文本）；<br>3. 无法与客户理解程度匹配（客户对话术所表述内容不能准确接收时，不能适时地用口语化语言进行解释和补充说明） | |
| 禁语及忌语 | 1. 非规范用语：喂、你、我不清楚、啊（升调）、得了、行了、OK、嗯（升调）、唉；<br>2. 不说客户听不懂的专业术语；<br>3. 给予客户肯定的回答，不使用“可能、也许、应该” | |
| 服务质量 | 1. 吐字清楚、不会过快、过慢，语速根据客户需要灵活调整，整通电话的语速基本保持一致；<br>2. 通话过程中语言缺乏情感带入，不能与客户达到语言同境；<br>3. 音量、音质在通话过程中保持一致，带有积极态度 | |
| 普通话 | 标准普通话吐字清晰，能听清楚每个字的发音 | |
| ※综合评定分析 | | |
| ※质量改善计划 | | |

# 任务二　呼叫中心案例分析会

## 任务情景

**花花**：查老师，我收到邮件说今天要开案例分析会是吗？

**查老师**：是的，我们每周最少要组织一次案例分析会。案例分析是一种常见的会议形式，通过典型性录音的分享，来解决座席代表的共性问题，还能够将日常的培训内容与实践进行有机结合，是提高座席代表工作水平的一种重要方法。

**花花**：嗯，这个机会太难得了，请问我可以参加吗？

**查老师**：当然，案例分析会就是由质检专员面向座席代表、基层管理人员组织开展的。

**花花**：好的，那我这次先观摩，总结案例分析会的步骤和要求。

**查老师**：好的，那我们下午见吧。

**花花**：好的，下午见，查老师。

## 任务分析

录音是呼叫中心最宝贵的财富，录音案例分析一直是呼叫中心的重要工作。

通过案例分析会议的召开，可以激发员工的思维，让员工将日常考核内容、培训内容和理论知识与实践结合起来，加深理解；对于管理者而言，通过员工自身对案例的分析和梳理，往往能够让员工容易接纳一些工作方面的要求，并且通过一些典型案例将近期的工作目标顺利传达下去。

本任务要求学生掌握案例分析会的组织实施步骤以及案例分析的方法技巧，从而能够独立完成案例分析会的组织实施工作。

## 任务实施

### 1. 案例分析会的准备流程和要求

1）对近期的工作报表进行分析，了解近期座席代表工作中存在的一些问题。

2）依据当前存在的问题进行录音的听取和筛选，并且在筛选的同时进行初步的问题分析。

3）对本组人员质检分数较低或者较高的录音进行分析。

4）预计案例分析会的时间，根据时间的长短确定案例的个数、参加的人员等。

5）提前通知会议时间和地点以及参加人员。

6）案例分析会议前需要准备录音、音响、分析的内容、笔纸、安静的会议室。

7）案例分析会的最佳时间是40～60分钟，单次分析1～2段录音即可。

### 2. 案例分析会的步骤和内容

（1）明确召开案例分析会的目的和主题

质检专员与座席代表是监督与被监督的关系，因为有直接的利益关系，所以很容易产生对立和矛盾，案例分析会肯定要指出座席代表工作中的失误，难免使某些座席代表产生误解，认为质检专员存心挑毛病，案例分析会很容易就变成问题批判会。即使案例分析会的宗旨并不在此，但座席代表心理上总会有这样的感觉，容易产生抵触情绪。因此需要让座席代表明白案例分析会的目的，即提高呼叫中心服务质量。与座席代表加强沟通，达到双向沟通、互动学习的效果，让参加会议的座席代表能认识到自己不足的地方，并找到改进的方法，以及明确下一步的改进计划。

（2）确认关键指标和工作目标

对近期的数据进行简单展示，对下一步将要达到的目标进行分析和确认，根据数据情况阐述本次案例分析会的主要目的。

（3）对录音情况进行说明

阐述此次会议中所用到的录音选取方式和数量、时长等情况，并告诉与会人员在听取录音中需要关注哪些重点。

（4）具体录音情况说明

在选取某个录音后，需要对该录音的情况进行简单说明，例如座席代表情况、客户情况、是否有前期来电，如果该录音被质检抽取，也须说明质检评分情况。

（5）听取录音

第一遍：整通播放，记录客户的问题以及整通话务的感知。

第二遍：随时暂停播放，与会人员发现问题，思考问题，对比话术，解决问题。

第三遍：回顾性播放，更全面了解客户的问题所在，能更好体会客户的感知，根据客户的感知把握优秀录音技巧运用。

听过第一遍录音后，与会人员对录音已经有了初步了解，形成了自己的看法；第二遍则分段进行播放，大家共同讨论，充分剖析了解录音整体情况，有针对性地让与会人员领会优秀录音的精髓，提炼优秀话术，并在座席代表中推广应用持续完善话术脚本，提高整体服务品质。

（6）整体讨论

通过多个录音进行播放和初步交流后，将整个录音情况进行汇总讨论，与会人员针对所有录音情况进行一个比较全面和概括的沟通，发现优点，找到不足。

听完录音，进行讨论后，组织者或者质检专员需要分别对录音情况、与会人员表达的内容进行总结和引导，对录音中好的方面给予肯定和表扬，对于不足的地方进行分析和引导，提供好的解决方法。

（7）演练

当经过讨论发现问题，并且找到了问题解决方案后，需要进行一个简单的演练过程来进行强化和实践，可以两人相互练习，或者找人进行示范练习。

（8）效果评估表

案例分析会结束后，需要针对整个案例分析会的情况进行效果评估，由与会人员针对这次会议填写一些评分和意见建议，以便下次会议能够更加成功。

（9）会后持续跟踪

案例分析会不仅要注重过程效果，还要进行会后跟踪。可以通过一周的观察期，针对重点关注的座席代表通过录音抽听的方式，分析其是否有改善，没有改善的座席代表要回炉辅导，持续沟通直至其服务质量得到提升，做好服务质量提升工作的问题闭环。图 5-2-1 为案例分析会后跟踪流程。

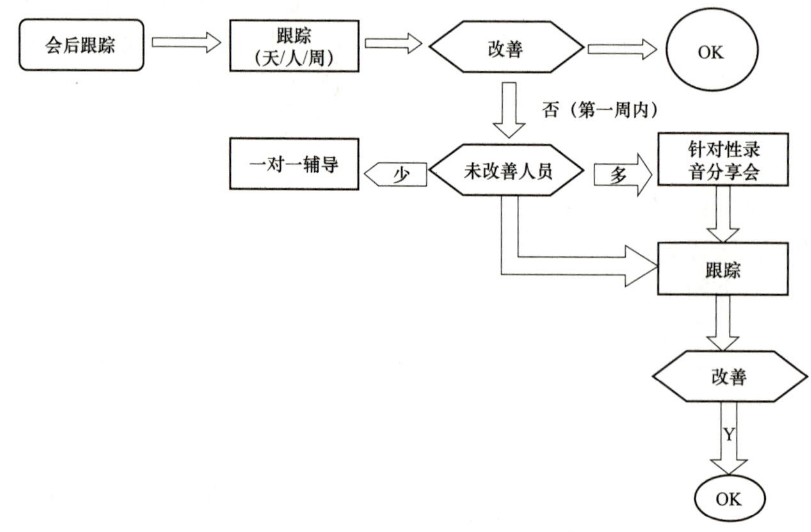


图 5-2-1　案例分析会后跟踪流程

为了鼓励座席代表将优化后的话术积极运用到工作中去，在接下来抽查的录音分析中针对改善明显的座席代表可以重点标识，罗列一个进步名单，每天在班组例会上给予表扬，同时进行适当的激励。这样有利于团队形成积极向上的工作氛围，为新话术的运用提供良好的氛围基础，从而真正实现通过录音分析有效纠偏；同时将提炼出的优秀话术、工作技巧运用到实际工作中去，起到推动服务质量提升的效果。

## 必备知识

### 1. 案例分析会的要素

（1）时间

案例分析会通常占用时间较长，所以开会密度不宜过大，建议两周左右召开一次，如果工作情况能够允许，可以选在工作时间内召开，时长建议 40～60 分钟，时间太短没有效果，时间太长又会引起大家不满。

（2）地点

案例分析会需要用到音箱设备，所以基本上只能在会议室进行，除非特殊情况可能会在工作现场进行。

（3）参加人员

案例分析会需要听取录音和大家沟通交流，相对来说用时较长，所以人数不宜过多，以小组为单位进行比较合理，临时参加的人员可能会有经理、主管等。

（4）组织方式

案例分析会通常由班组长或者质检专员组织，在会议室进行，偶尔也会由主管组织，这种情况主要是为了统一解决部门所存在的某类问题。

### 2. 案例分析的技巧要求

（1）养成手机录音的习惯

在呼叫中心，每天的质检监听中会遇到许多典型的录音，不论好与差，只要有代表性的都可进行收集。可建立一个文件夹对录音进行分类存储，比如，建立一个存放好的录音的文件夹、一个存放差的录音的文件夹，便于随时调用，而不是到了要做录音分析时才匆忙找几段录音，这样的录音往往没有什么代表性。

（2）素材整理和挑选

案例分析会以各项案例为会议内容，由于时间的限制，案例分析会要选择哪些案例、案例是否具有代表性、案例相关人员情况等都需要考虑进去，所以选择素材是案例分析会是否成功的重要前提，对于选什么、怎么选一定要做到心中有数。

（3）质检专员整体形象

每周的案例分析会是质检专员与座席代表针对业务沟通的交流平台，培训效果好坏与否、座席代表反应效果与质检专员都有很大的关联。一位举止大方、穿着得体却不失端庄的质检专员，会使座席代表对案例分析有很大的参与积极性。

（4）沟通表达技能与现场控制能力

质检专员的沟通表达技能和现场控制能力会直接影响案例分析会的效果。一位声音甜美、音量适中、富有亲和力、语言表达能力强且具备专业形象的质检专员会令人赏心悦目。如果质检专员音量小，吐字含混，坐在后排的与会人员会听不清楚，影响效果。一般大型的案例分析会均会使用话筒，以提高现场效果。在规模较大的情况下，质检专员有需要时也可使用培训工具。在日常工作中，质检专员可多看现场管理和控制现场氛围及交流的书籍，有助于提高案例分析会的质量。

（5）扎实的业务水平

案例分析过程中，对于录音中座席代表的话术是否标准、客户解决方案是否准确、处理的流程是否合理等都需要有一个非常准确无误的判断和解释，这就要求质检专员一定要有很高的业务水平，否则会议沟通的结果就得不到座席代表的认可，并且质检专员、运营管理者的威信也会受到损害。

（6）激发员工思维

案例分析会除了质检专员进行讲解和分析，大多数时间需要座席代表能够将自己的想法表达出来，所以议题一定要引起座席代表的兴趣，激发座席代表的思维，让每位座席代表将想法表达出来。

（7）引导话题观点

在整个会议过程中，座席代表思考问题的角度可能正确，也可能有偏差，那么就需要质检专员能够及时准确地把握切入点，引导座席代表的思路能够向正确的方面发展，这一点对于质检专员的能力要求较高。

（8）清晰的逻辑思维

案例分析会是一种以讨论为主的会议形式，每个座席代表都会产生不同的观点和想法，那么要保证整个会议能够达到预期目的，在引导座席代表观点的同时也应进行符合逻辑的表达，让大家能够自然地接受。

（9）较强总结能力

会议结束前一定要进行再次回顾，将整个案例分析会的成果一一进行阐述，这样才能让座席代表的思路更加清晰，防止出现讨论的时候热火朝天，讨论结束一哄而散，没有任何收获的情况。

（10）对事不对人

首先，要告诉座席代表会议的目的是对事不对人，目的是让座席代表通过案例分析在以后的工作中扬长避短。同时应该将录音的优点和缺点相结合进行评价，如果把一个录音批判得一无是处，可能会伤了座席代表的自尊心，同时也会影响跟座席代表的沟通。其次，录音分析时要有层次地进行，对于过长的录音，要分步进行点评。比如，录音中某个地方存在着不足或好的地方，可先暂停播放录音，先进行点评，这样可以加深座席代表的印象，而不是等一段录音全部播放完后再进行点评，这样座席代表往往只能记住其中的部分内容，难以全面了解。

## 任务拓展

**实训任务**：请阅读以下背景资料，以小组的形式开展一个案例分析会。

（1）按照背景内容进行角色划分；

（2）对每个环节进行设计和准备；

（3）模拟质检专员与班组长共同组织案例分析会。

**任务形式**：12人一组，按照角色分别扮演质检专员、班组长、座席代表、观察员。

**任务时限**：准备时间30分钟，演练时间10分钟。

**任务资料：**

1. 小组资料

A 组共 13 人，其中只有 5 名是老员工，入职时间都在两年左右，其他 8 名均是新员工。A 组自建立以来绩效指标一般，近期通过大家的努力，各项工作都有了很明显的进步，整个小组的业绩也有了提升。

2. 本次实训背景

最近一段时间，A 组整体绩效成绩中等，客户满意度水平发生了比较明显的下降，员工利用率也有所降低，而重复来电的比例也略微上升。经过和质检主管的沟通，发现最近的员工通话录音中确实存在一些问题，所以有必要进行一次案例分析会，找到这几项指标发生变化的原因，讨论如何提高和改进。有几个情况需要了解：

（1）录音分为四段，分别为两名老员工和两名新员工的录音；

（2）有一名新员工对于公布自己的通话录音非常不满；

（3）个别员工对班组长和质检专员的分析并不认可；

（4）有一名新员工一直不发言，怕得罪别人。

3. 各角色任务安排

（1）观察员角色：对班组长的表现进行点评和打分。

实训前的准备：

1）熟悉案例分析会的相关知识；

2）认真阅读背景资料；

3）仔细听取录音；

4）需要完成《案例分析会组织情况评分表》（见表 5-2-1）。

（2）模拟质检主管角色：要求以质检主管的角色参加到这次实训过程中。

1）实训前的准备：

① 熟悉案例分析会的相关知识；

② 认真阅读背景资料；

③ 认真听取录音并且进行质检评分；

④ 从自己职位的角度对内容进行分析。

2）实训过程中需要执行以下内容：

① 注意观察所有人员的表现；

② 回答大家针对质检提出的一些问题；

③ 配合班组长共同引导讨论方向，并且进行总结。

（3）模拟班组长角色：班组长是该情景训练的组织者，主持进行整个过程。

1）实训前的准备：

① 熟悉知识点；

② 熟悉背景资料；

③ 仔细听取录音资料；

④ 对录音资料和绩效数据进行分析；

⑤ 对人物角色进行分配；

⑥ 准备好相关工具和资料。

2）实训过程中，需要执行以下内容：

① 按照要求控制整个案例分析会的流程；

② 解决背景资料中所列出的一些问题；

③ 引导大家都能参与沟通和讨论。

3）实训结束后需要执行以下内容：

① 共同讨论整个会议中还存在哪些问题；

② 总结自己在会议中的表现。

评估方法见表 5-2-1 和表 5-2-2。

**表 5-2-1　案例分析会组织情况评分**

<table>
<tr><td>组长</td><td></td><td>部门</td><td></td><td>观察员</td><td></td></tr>
<tr><td>项目</td><td colspan="2">评分标准</td><td>分值</td><td>得分</td><td>备注</td></tr>
<tr><td rowspan="4">会议准备</td><td colspan="2">1. 角色分配是否明确</td><td>5</td><td></td><td></td></tr>
<tr><td colspan="2">2. 资料准备是否充分</td><td>5</td><td></td><td></td></tr>
<tr><td colspan="2">3. 是否提前进行了会议通知</td><td>5</td><td></td><td></td></tr>
<tr><td colspan="2">4. 音频文件和音响设备是否进行了检查并且进行了试播</td><td>5</td><td></td><td></td></tr>
<tr><td rowspan="2">会议组织</td><td colspan="2">1. 时间、地点、参与人员是否确认</td><td>5</td><td></td><td></td></tr>
<tr><td colspan="2">2. 人员召集过程是否有序</td><td>5</td><td></td><td></td></tr>
<tr><td rowspan="6">会议内容</td><td colspan="2">1. 会议流程是否正确</td><td>10</td><td></td><td></td></tr>
<tr><td colspan="2">2. 录音的分析是否到位</td><td>10</td><td></td><td></td></tr>
<tr><td colspan="2">3. 员工提出的问题是否进行了合理的解释</td><td>10</td><td></td><td></td></tr>
<tr><td colspan="2">4. 是否正确引导大家讨论</td><td>10</td><td></td><td></td></tr>
<tr><td colspan="2">5. 是否安排了主管进行发言</td><td>5</td><td></td><td></td></tr>
<tr><td colspan="2">6. 是否动员大家参与发言</td><td>5</td><td></td><td></td></tr>
<tr><td rowspan="2">会议总结</td><td colspan="2">1. 会议总结是否全面</td><td>10</td><td></td><td></td></tr>
<tr><td colspan="2">2. 是否达到预期效果</td><td>10</td><td></td><td></td></tr>
<tr><td colspan="3">合计</td><td colspan="3"></td></tr>
<tr><td colspan="6">整体评价</td></tr>
<tr><td colspan="6"></td></tr>
</table>

表 5-2-2　案例分析会效果评估

| 组长 | | 质检人员 | | 观察员 | | |
|---|---|---|---|---|---|---|
| 请对下面每一项进行评价，在相应分数上打 √ | | | | | | |
| 项目 | | 很差 | 差 | 一般 | 好 | 很好 |
| 会议内容 | 1. 案例是否具有代表性 | 1 | 2 | 3 | 4 | 5 |
| | 2. 录音分析是否到位，容易接受 | 1 | 2 | 3 | 4 | 5 |
| | 3. 自己的想法是否得到了充分的表达 | 1 | 2 | 3 | 4 | 5 |
| | 4. 会议内容是否严格按照流程进行 | 1 | 2 | 3 | 4 | 5 |
| 组织人 | 1. 组织者是否能掌握会议的进度，正确进行引导 | 1 | 2 | 3 | 4 | 5 |
| | 2. 组织者是否调动了大家的积极性，共同参与了讨论 | 1 | 2 | 3 | 4 | 5 |
| | 3. 质检人员是否对大家提出的问题都做了相应的回答 | 1 | 2 | 3 | 4 | 5 |
| | 4. 班组长和质检人员的分析是不是准确到位 | 1 | 2 | 3 | 4 | 5 |
| 收获 | 1. 对一些工作理念有了更深的理解 | 1 | 2 | 3 | 4 | 5 |
| | 2. 获得了一些新的工作技巧 | 1 | 2 | 3 | 4 | 5 |
| | 3. 通过录音分析也发现了自己的很多不足 | 1 | 2 | 3 | 4 | 5 |
| 整体评价 | 你对这次课程的满意程度 | | | | | |
| 平均分数 | | | | | | |
| 整体评价 | | | | | | |
| 对于本次会议你感觉收获最大的是哪些方面？ | | | | | | |
| 请对案例分析会提出自己的想法和建议： | | | | | | |
| 说明：1. 本表格在会议结束时进行填写及时上交；<br>2. 为了提高会议的质量请认真如实填写。 | | | | | | |

# 任务三　呼叫中心质检录音校准

## 任务情景

**花花**：查老师，我今天接到了一个组长的申诉，说我的质检评分不准确，故意给他们组员多扣分，我该怎么办呢？

**查老师**：你之前也做过组长，有没有遇到过这种情况呢？

**花花**：也遇到过，感觉被针对了。您知道座席代表的质检成绩与座席代表、组长的绩效工资都是挂钩的，质检成绩不好，我们的工资会被扣的。所以，现在我做质检都是要做两遍检查的，知道座席代表的不容易，不希望出现错扣、误扣的情况。没想到还是会有申诉，说同样的问题，其他质检专员都不扣分，只有我扣了致命错误分。

**查老师**：别慌，现在大多数的企业都还是采用人工质检的方式，就算一个人来评，也会因为主观感受不同，出现评分不同的情况。所以，我们每个月最少会做一次质检录音校准。

**花花**：录音校准？查老师，我今天的申诉录音，能不能请其他同事一起来校准呢？我想知道自己的问题在哪里。

**查老师**：可以，今天下午3点，我们质培部的所有同事共同来开一次质检录音校准会吧。

## 任务分析

质检工作要遵循“公平、公正、客观、及时、正确”等基本原则，这是对质检工作的整体要求，也是对每一位质检专员的要求。根据质检的原则，对每一个项目、每一个座席代表的质量考核尺度应该是一致的，此为“公平”；在质检过程中，要严格根据质量标准的要求来执行，此为“公正”；质检专员在质检过程中，要以客观事实为依据，而不能靠个人主观判定，这是“客观”；质检工作必须及时，在项目启动时就需要深入开展，由于在项目启动初期是最易出现问题的，所以，质检工作需要“及时”；从事质检的工作人员，需要掌握纯熟的业务技能，有能力正确判定各种问题，对发现的问题能够正确定位。只有遵循这样的原则来开展质检工作，才能起到有效控制质量的目的。

虽然呼叫中心已经有了确定的录音评定标准，但由于每个人的主观认识感受不同，对于同一段录音由不同的质检专员来评分也可能产生很大的差距，为了使打分标准统一，录音校准是不可替代的一项工作。

本任务要求学生掌握疑义录音的处理及质检录音校准工作的核心要求，从而能够真正做到 “公平、公正、客观、及时、正确”地完成质检工作。

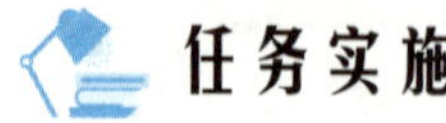

## 任务实施

### 1. 疑义录音反馈

质检专员依照质量监控标准对座席代表进行日常监控，通过在监控过程中发现问题，及时进行指正与辅导，提升座席代表的服务质量。

如座席代表对对质检结果存在异议，可在3个工作日内提出申诉，填写申诉单，向班组长提交申诉单，班组长需将申诉单提交至质检专员，若确实存在偏差，质检专员在接到申诉单的第二个工作日组织召开内部复核会议，就申诉内容进行复核，复核时间控制在2天内。复核小组包括全部质检专员和质检主管。复核结束后的第二个工作日由质检专员向申诉人解释复核结果，同时将复核结果进行公示。

### 2. 疑义录音申诉流程

申诉有效期为发布质检成绩评定日报的3个工作日内，否则视为认同结果，过期不予受理。即如果座席代表对录音评定成绩存在疑义，在成绩公布的3个工作日内，可提交质检结果申诉表。

座席代表质疑的问题由所在班组的班组长首先给予分析讲解，座席代表不认可再由现场主管进行分析讲解，若再不认可则由座席代表提交质检结果申诉表至班组长，班组长提交给现场主管再至对应质检专员，质检专员提交至质检主管，质检主管接到申述表后2个工作日内完成申述处理。

具体操作如下：

1）座席代表申诉需先经过班组长、现场主管审核后方可填写，提交给质检部门。

2）质检主管会同班组长、现场主管对申诉录音重新评定，并在当日提交评定成绩。

3）如果涉及客户感知的主观性扣分，由质检主管最终裁定。

4）最终申诉结果，班组长应在重新评定结果1个工作日内返回给申诉人，并由申诉人签字确认后由质检部门负责归档。

### 3. 校准会周期

1）新标准执行的第一个月，每周进行一次。

2）新标准执行的第二个月后，每两周进行一次。

3）新质检专员加入，随时进行一对一的背对背校准。

### 4. 校准会参与人员

质检部门所有人员、现场管理相关人员、座席代表、第三方质检公司（如果有的话）。

### 5. 校准的方式

在校准会上随意抽取2～6段录音，由与会所有人员进行评分，根据评分的结果对每个考核点进行校准，逐步达到统一的标准。

### 6. 质量监控校准规则

监控校准分为监控尺度校准和监控标准校准。

1）监控尺度校准定义：评分者保持统一和准确的评分尺度，以保证质检工作的有效性。

2）监控标准校准定义：评分者使用统一的、唯一的质检标准，以确保质检工作的质量。

质检部门定期召开质检校准会议。项目前期校准会议召开的频率为每周一次，项目上线正常运行后为至少每月一次。

质检录音校准：质检主管定期与项目运营组长、主管召开质检录音校准会议，召开频率至少每月一次。

### 7. 偏差校准的计算

质检专员打分时，有三种行为特别值得关注：

1）最常打的分数：例如打分的人在100次的打分当中，最常打出80分，这是落点分析所说的“平均值”。

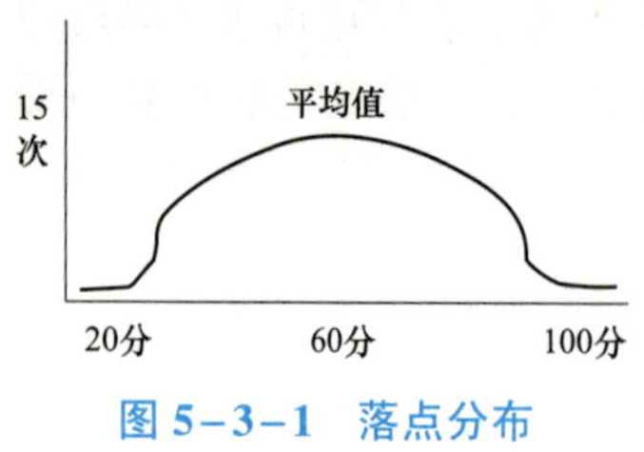

图 5-3-1 落点分布

2）最高和最低分的范围：有人会打出 20 分这种低分，有人内容不管有多差，最低只会打出 60 分，这是落点分析所说的“落点宽度”。

3）分数分布的形状：这就是概率学上的落点分布，一般分布的图形是一个倒放的钟，钟的顶端就是平均值。有人打出的图形是一个圆钟，有人打出的图形是一个方钟（分数大部分集中在平均值附近），有人打出的圆形是一个很扁很矮的碗钟（见图 5-3-1）。

如果质检专员在这三个行为特征上表现得非常不一致，那被质检的座席代表就会觉得很不公平，觉得标准不一致，打分方式不一致。

为了让质检专员这三个行为趋于一致，一般会先做出公司的一个标准落点分布图，然后将每个质检专员的落地分布跟标准分布图做差异分析，让质检专员知道自己的评分行为跟其他人的行为差异有多大。

### 8. 校准记录

校准记录能够及时体现质检过程中的关键问题和趋势。需要将校准案例收集在校准记录中，巩固和分享座席代表在处理客户来电过程中的最佳实践经验。与此同时，这还将有助于确定运营管理人员向座席代表提供他们所急需的培训或辅导。

## 必备知识

### 1. 消除座席代表对质检工作的抵触情绪

作为一名呼叫中心质检专员，不是机械和应付式地完成每天几十段录音监听和质检日志，也不是挑出座席代表的毛病，更重要的是如何去帮助座席代表认识到自己存在的不足，如何改善和提升座席代表的沟通、挽留和销售技巧，提高座席代表的服务水平，从而保证整体的服务质量，最大限度减少投诉的发生；同时质检专员要坚定自己的立场，不要过于在乎座席代表的评价而影响了工作状态。

座席代表与质检专员的对立情绪是呼叫中心管理者面临的难题之一。这种对立情绪的存在会降低座席代表绩效改进的意愿，引起座席代表的不公平感，甚至拒绝与质检专员合作，进而影响整个中心的质量改进。那么应该如何缓解或消除这种对立状态呢？

（1）端正目的

座席代表出现对立情绪的根源之一是他们认为质检工作的目的就是要抓他们的“小辫子”，扣除他们的绩效考核分数，从而最终影响到他们的薪酬与回报。而质检工作的真实目的应该是帮助座席代表提升他们的服务质量，多拿绩效分数，从而最终提高他们的薪酬与回报。其逻辑关系如下：

发现质量缺陷→进行反馈与辅导→后续改进→绩效提升→质检成绩改善→绩效工资提升。

也就是说，质检工作的首要目的是帮助座席代表提升与改进，而不是扣分与惩罚，后者只不过是一种督促与考核手段。而座席代表不理解质检工作的主要原因在于现在的很多呼叫中心不重视质检之后的反馈跟踪与辅导改善，没有人鼓励他们其实他们做得好的地方远比不好的地方多得多，没有人告诉他们做得不好的地方错在哪里，没有人教给他们如何做才能够改正错误。有的质检专员没有意识到反馈辅导的重要性，有的没有时间，有的人手不够，有的反馈只是走过场，并没有充分发挥反馈辅导的作用。座席代表得到的只是一张张需要自己去看的改进意见单、一个个罗列的扣分点、一次次的排名表、一张张被扣得乱七八糟的工资条，所以，最终座席代表对于质检工作持负面观点就毫不令人惊讶了。

因此，应该明白的是：监控收集数据，辅导改变行为，反馈辅导比监控更加重要。

（2）树立典范

端正了目的，安排好时间、人力，开始认认真真做座席代表反馈辅导工作之后，树立几个典范是有必要的。持续评估辅导后的座席代表改进情况，发现那些改进最快的座席代表，给予公开表扬与激励，并在他们的绩效薪酬中予以体现。当其他座席代表不断看到这样的场景后，“我要改进”的意愿就会越来越强烈。当然，这里还有一个前提，就是质量绩效的好坏真的会对座席代表的最终薪酬及其他回报有很大影响；如果影响不大，就会有相当数量的座席代表失去积极改进的愿望与主动性。

（3）讲究方法

任何人都希望自己被尊重，都有自尊心，都好面子。有句话说得好：“如果你尊重他们，他们会为你赴汤蹈火，在所不辞；如果你不尊重他们，给予再多的物质金钱，他们也终将离你而去。”在给予座席代表反馈辅导时，对座席代表应有的尊重是最基本的要求；否则，就有可能好心办坏事。

虽然质检工作的出发点是好的，但结果并不一定如你所愿，体现在具体工作中有两点。一是态度：不要给座席代表感觉到不平等或者是盛气凌人的架势，“我是来告诉你如何改正你的错误的”或者“我要找你谈谈”，这样会立刻触动座席代表大脑中的“威胁反应”机制，潜意识的拒绝与抵抗就会发生作用。二是方式：给予别人负面的反馈前，最好先给予正面的反馈，还要注意说话的用词与口气。另外，一定要“授之以渔”，这是座席代表后续改进的关键。如果讲了半天，座席代表对自己的错误完全认可，但就是没有人告诉他如何改正，怎样做才算正确，座席代表的服务质量仍旧不会得到提升。

（4）互动参与

质检标准一方面要反映客户需求，另一方面要充分吸取座席代表的意见。在标准的制定、修订和校准的过程中，座席代表的积极参与以及对他们的意见与建议的吸收，都是标准执行过程中得到他们理解和认同的重要前提。而在标准执行过程中，继续不断倾听他们的意见与反馈，使标准得到不断的修正与完善也是整个质检工作不可或缺的一环。另外，有些呼叫中心还采取了同事相互监控的措施，让座席代表亲自体验运用标准打分的过程，一方面可以相互学习与辅导，另一方面也让他们体会到了质检专员的工作流程与难度，从而多一些认同与支持。

### 2. QA 与 QC 的区别

现在很多呼叫中心很少区分这两个概念，事实上，质量管理（Quality Management，QM）严格意义上来讲应该包括了 QA 和 QC 两部分职能。其中，QA（Quality Assurance）即质量保障，管理的对象是群体或流程，负责管理组织绩效，主要角色是制定质量管理办法并且监督质量管理办法的执行；而 QC（Quality Control），也就是我们平时说的质检，面对的是呼叫中心个体，承担执行质量管理办法的功能。QA 的业绩是可以和部门绑定的，但 QC 的绩效考核必须放在一个独立的部门里面进行。QC 不能汇报给一线运营主管，因为 QC 和现场运营有利益上的冲突，所以必须背靠背。一般来说，QA 和 QC 要严格分开执行，好的

QC 一定可以完全站在客户的角度。

QC 主要以事后的质量检验类活动为主，默认错误是允许的，期望发现并选出错误。QA 主要是事先的质量保证类活动，以预防为主，期望降低错误的发生概率。

## 任务拓展

**实训任务：**请阅读以下的分析案例，撰写一份读后感，谈谈你对质检工作的认识，想要成为一名优秀的质检专员，应掌握哪些知识和能力。

**任务形式：**每个人独立完成，提交案例读后感 Word 文件。

**任务时限：**60 分钟。

**分析案例：**

### 质检专员的烦心事

在呼叫中心的人真没有几个会喜欢质检专员，包括本身从事质检岗位的人。

别的人不喜欢质检专员可以理解：有谁愿意接、打电话被人监听，偏偏干这事的人还是合理合法的，并且他还有权对你的电话横挑鼻子竖挑眼。

2012 年我从别的部门转岗进入客户服务部，对于呼叫中心管理我纯属门外汉，当时的第一个想法就是提高服务质量一定要在质检上下功夫，只有通过质检狠抓通话质量，才能在每月的全省评比中拿到好名次，于是想当然地干了许多现在想起来都觉得汗颜的事儿。

我做的第一件事就是要求质检专员加大质检力度：原先每天抽听或监听 20 个座席代表的电话增加到每天 30～35 个；座席代表在与客户沟通中只要出现不好的情况就狠狠扣分，让前台的座席代表们知道不好好接电话的后果是什么……

三个月下来，后果是质检和前台一开会就吵架，*N* 个座席代表在宣传栏上贴纸条痛骂质检专员，还有就是座席代表辞职率飙升……

这完全是出乎意料，当时真觉得痛彻心扉（当然这也是外行领导内行的必然结果）。痛定思痛，坐下来仔细思考这个问题：如何才能提升服务质量？如何才能让质检工作卓有成效？

我们先站在座席代表的角度换位思考一下：如果你整天要接几百个电话，面对形形色色的客户，有时还要受他们辱骂、百般刁难，时不时还要面对电脑或系统突然死机，另外还有许多新业务知识等着你学……正当你身心俱疲的时候，质检部门来了份报告，昨天你两次应答技巧不规范：语速较快、语言平淡、有吞字现象，要扣质检分。

如果你是座席代表，你的感受如何？

我当下意识到质检的作用不是单纯的做录音质检更不是用来扣分的，而是要帮助座席代表拿到满分！

大家都知道，座席代表出现服务质量的差错有其自身的原因：业务不熟悉、接电话时心不在焉、学习能力不强、应变能力欠缺……但可能更多的问题来自管理和组织的层面：如 FAQ 关键词查找不方便、没有总结和提炼话术、辅导培训不够、流程过于烦琐、班组长的现场支撑不到位等。所以质检专员如果只是单纯从录音监听上去裁定座席代表的服务质量，只知道一味地扣分而不做任何的总结辅导，那么又有哪位座席代表会对质检专员没有意见？有本事你来接接看！

要想做好质检工作，我认为可以从以下几方面入手：

## 一、简化质检标准

有专家提出录音质检应只检查三项：

1. 客户的问题有无解决；
2. 客户感知如何；
3. 公司利益是否受损。

其实越简单的东西越好去执行，也越好去评判。

很多大型呼叫中心的质检标准都有 20 条以上，甚至有误区会认为条数越多越细，那么质检方案越专业。其实不然，试想一个质检专员每天有数量的要求，然后还要机械性地填写表格、汇总，那么工作质量会不会下降？而往往复杂的质检方案也不能被运营部门所理解，到最后质检成绩成了鸡肋。

某大型呼叫中心的质检标准分了 100 项，这样的标准不光质检专员苦，座席代表也苦。

所以，简单的质检标准是非常重要的，建议最多不要超过 15 项。一家电信公司的质检标准只有 12 项，但丝毫不影响他们成为国内呼叫中心的标杆。

## 二、奖励为主惩罚为辅

以下是我在微博上看到的故事：一家自助餐厅老板因顾客浪费食物而提出“凡浪费食物者罚款十元”，结果生意一落千丈。后经人提点将售价提高十元，标语改为“凡顾客没有浪费就奖励十元”，带小孩的家长给小孩“节俭天使”称号并送小礼物，结果生意火爆且杜绝了浪费行为。

人心同此，年轻人出来工作，挣钱不是唯一目的，但是挣不到钱是绝对不可以的。有谁愿意整天被人扣钱？我们还是多想想如何奖励他们吧。

在此我需要特别提醒的是：慎用财务奖励！

很多管理者为了激励员工，会拍拍员工的肩膀说：“好好干，干好了给你加钱！”

财务奖励往往容易扼杀本质的满足感，如果用钱来奖励孩子阅读，孩子就学会了为钱而阅读，而不是为阅读而阅读。同样，如果你持续使用金钱奖励来鼓励员工做本来就是他们岗位职责分内该做的事，极可能渐渐破坏甚至摧毁来自工作本身的满足与成就感，同时也让员工忽略了做好工作的正当理由。

更好的激励是什么呢？它们是行为的自然结果。

为此，激励有几种方法可用：

1. 呼叫中心需要有自己的价值观，激励要和价值观结合起来；
2. 把短期利益和长期愿景联系起来；
3. 把重点放在长期利益上；
4. 和现有的胡萝卜与大棒联系起来。

## 三、抓重点问题，学会追根溯源

呼叫中心指标最难提升的就是录音抽查的质检成绩，这是呼叫中心公认的难题。为何？因为质检问题的辅导很难追踪改善效果。拿电信运营商来说，每个月总部业务抽查全国排名是各省呼叫中心工作中的重中之重，每个省都铆足了力气想要提升，可是要想有立竿见影的改善却可谓难上加难。

呼叫中心各项业务知识很多，而客户的问题却五花八门，此外，抽查发现座席代表某项业务知识不熟，质检部门下大力气对该项业务加强培训，可是客户再也没人会问同样问题。

所以单纯地针对业务知识来辅导是无效的，与其整天抓住座席代表的业务差错、专业用语、开头语，不如花点时间和力气去教教座席代表如何提升他们的应变能力、自我管理能力和思考能力。针对座席代表欠缺的能力来辅导，收集整理座席代表常犯的错误，归纳总结分析问题的根源出自哪里，透过现象看本质，并形成相应的解决办法。

有项工具可以帮助质检部门去分析问题找到问题的根源——质量管理控制图。

横轴是时间，纵轴取三个值：中间值取所有数值的平均值，上限是用平均值加一倍的标准差，下限是用标准值减去一倍的标准差。针对座席代表的某项服务质量波动较大，我们就可以采用“6、8、1、3、5”法则，找到异常情况的根源是什么，从而达到提升和改进的目的。

6：连续 6 个指标往上或往下；

8：8 个指标出现在均值的同一边；

1：1 个指标高于三倍的标准差；

3：3 个连续的指标中有 2 个落在以均值为中心的两倍标准差之外（这 2 个指标不必连续）；

5：5 个连续指标中有 4 个落在以均值为中心的一倍标准差之外（这 4 个点不必连续）。

可怕的不是发生了问题，而是不知道为什么发生，什么时候发生。

**四、用分群图来写质检分析报告**

质检报告也是质检专员心中的痛。

质检专员千辛万苦写出来的质检报告，周报、旬报，还有年报，说实话，这一堆堆的数字图表能被几个人真正看进去？因为厚厚的一沓可读性不强，每个星期的内容基本一致，说来说去也就那几个问题。同时，质检部门的同事也非常郁闷，辛苦了半天的成绩无人问津。

如果每份报告都能够发现问题、分析问题并且阐明解决问题的方法，质检报告写得人心服口服，质检专员也就不会觉得自己的工作是费力不讨好的吧。

很多人觉得呼叫中心的质检专员掌握着座席代表的“生杀大权”，但是美国管理大师埃尔菲告诉我们不要滥用权力，因为使用权力的代价太高：

首先，权力会破坏关系；

其次，权力会引起排斥抗拒；

再者，权力的效果不会持久。

人们如果是纯粹被畏惧所驱而从事生产，一旦畏惧移除，其生产动机也随着消失。

所以质检专员的工作不是用权力去扣分，而要想着如何去帮助座席代表提升改进。服务质量提升了，质检专员的工作也有了满足感和认同感！当然，质检专员也要加强业务学习，常常校准录音标准。

项目综合实训

# 项目六　呼叫中心运营与管理

## 学习目标

**知识目标：**

了解呼叫中心的呼叫中心成本与效益分析方法、要领。

**能力目标：**

能够掌握呼叫中心薪酬与绩效管理的要素和关键点，能够进行呼叫中心流程管理和汇报管理。

**素质目标：**

对呼叫中心的运营与管理工作高度重视，树立正确的管理理念，明确运营与管理工作的重要意义，培养精益求精的工匠精神。

## 项目描述

花花经过在呼叫中心多年的摸爬滚打，积累了很多运营管理经验，终于被集团总部晋升为新成立的外包型呼叫中心分公司的运营经理。花花终于得偿所愿，因为花花认为呼叫中心的运营管理者在外包型呼叫中心企业才会得到更多的锻炼，学习到更多的管理知识，积累更多的经验。毕竟外包型呼叫中心企业的角色是为第三方企业（也就是我们常常说的甲方）提供业务代运营工作，这种工作模式时时刻刻在甲方的监督中，既要代表甲方维护好甲方客户的关系，树立甲方在行业中的品牌形象，又要按照甲方的要求达到 KPI 要求。同时，外包型呼叫中心既要擅长承接呼出型呼叫中心业务，又要擅长承接呼入型呼叫中心业务，对于呼叫中心运营经理这个岗位的综合业务管理能力要求非常高。

就在刚刚，公司商务部的负责人提供了分公司成立以来第一份业务合同。花花明白，紧张忙碌的工作就要开始了。这是分公司成立的第一单，一定要做好严谨的运营管理体系。

### 北京天天出行科技有限公司服务流程外包合作协议

甲方：北京天天出行科技有限公司

地址：北京市海淀区

法定代表人：李四

乙方：北京华唐锦程服务外包发展有限公司

地址：北京市海淀区

法定代表人：张三

签订日期：2021 年 10 月 10 日

甲方同意将甲方的全部或部分确认新单业务外包至乙方，乙方同意接受甲方的委托，双方经过友好协商，根据《中华人民共和国民法典》有关规定，甲乙双方就外包合作事宜达成一致，并签订本合同。

### 1 双方保证及声明

1.1 为中华人民共和国合法设立并有效存续的经营实体。

1.2 有资格从事本协议项下之服务，而该服务符合其经营范围之规定。

1.3 其并非清算、解散或破产程序之主体。

1.4 可全权订立本协议，并履行其于本协议项下之义务。

1.5 其授权代表拥有充分授权代表其签署本协议。

1.6 协议一经签署，即对双方构成合法有效，具有约束力的协议。

1.7 本协议的签署与履行及根据本协议所计划的商业行为在任何方面均不违反中华人民共和国法律。

### 2 服务内容

甲方将本合同指定的客户服务业务外包给乙方，乙方利用其自身外包联络中心为甲方提供下述服务：

2.1 为保证外包业务正常开展，乙方在外包办公场所内提供供电、照明、饮水、门禁、中央空调、电梯、双回路电力保障等基础设备设施。

2.2 乙方按甲方要求提供符合要求的外包办公场所，并使用乙方提供的其他配套设施和服务进行包括但不限于以下服务业务：

2.2.1 天天出行客服业务，7×8 呼入业务；

2.2.2 经双方同意的其他电话呼入、电话呼出业务，如热线客服、电销外呼等。

2.3 乙方除负责提供充足的热线客服以达成甲方业务要求，同时按甲方要求配备必要的项目组长、项目质检员、项目主管、项目经理、培训师以及其他支持人员（上述人员与热线客服统称为“乙方人员”）对业务现场运行质量进行管理及监督，以保证业务质量。

2.4 乙方除负责提供实施甲方客服的场地及设施外，乙方作为劳动关系的一方须负责乙方人员人事管理和行政综合事务工作。

2.5 甲方负责制定外包业务开展中相关的业务规章、流程和政策，乙方人员在业务开展中应予以知悉并遵守。作为培训和运营的一部分，甲方向乙方提供信息，帮助乙方了解甲方外包业务的资源。

2.6 乙方向甲方提供本协议项下的客服业务外包服务，并承担本协议项下应由承包方承担的义务和责任。未经甲方书面同意，乙方不得将上述外包业务进行转包或委托其他人进行代理。

### 3 资源提供

甲乙双方提供以下设备，以完成双方约定的外包服务。

3.1 甲方提供业务平台及满足双方服务要求的不同权限的用户账号。甲方将提供话务平台、数据平台和其他必要的运营系统平台连接。乙方须提供一切及时协助，让甲方顺利完成前述条款内涉及的有关场地、机房、设备等的配置和调试。

3.2 乙方提供完成本合同约定服务所需的一切办公资源及设备，包括但不限于：

3.2.1　按照甲方指定任务量的需求，安排专门针对合作事项，安排足够的座席（首批达到160席，总座席数量视后续业务需要而定），为其每个座席提供电脑一台及其他必要设施，并提供以上办公设备的维护及监控。

3.2.2　机房网络设备、空调、UPS、监控等设备、设施由乙方进行购置、安装及维护。网络数据机房及本合作专用独立的网络，便于甲乙方运营期间双方网络的互通。

3.2.3　打印机、传真机各一台，并提供硒鼓、A4纸等办公相关耗材。

3.2.4　为甲方提供一部专属电话，供甲方驻乙方工作人员与甲方沟通及汇报工作使用。

3.2.5　负责工作人员所需要的外呼电话线路及录音存储，录音按月为周期打包下载并交付甲方。

## 4　外包业务管理

4.1　乙方有义务确保热线客服拥有足够的资质和技能，普通话标准。

4.2　乙方承诺提供的全部人员均合法受雇于乙方，且乙方已经根据《中华人民共和国劳动法》《中华人民共和国劳动合同法》等相关法律法规的规定与上述全体人员签订了劳动合同；双方认可并同意，甲方与乙方上述全体人员均不存在任何形式的劳动或劳务关系。

4.3　乙方人员上岗及在岗培训由乙方负责。甲方仅提供乙方前两批热线客服与产品相关的基础培训（包含合规要求、产品和流程），所有会涉及甲方外包业务的乙方人员都需要参加，以后由乙方自行实施培训。乙方需要提供相关场地和设施以支持培训需求。

4.4　甲方有权对乙方人员进行考核，考核合格的人员方可上岗；乙方员工未通过考核的，乙方应另行向甲方提供相应数量的工作人员。但双方确认，该类考核不表明甲方和乙方员工之间形成雇用劳动法律关系。

4.5　因考核不合格、缺勤、流失等情况发生时，乙方应及时补充甲方所需服务人员，甲方给予培训支援。

4.6　乙方人员需依照甲方现场管理的相关要求完成相关工作，包括但不限于以下内容：

4.6.1　根据业务范围负责热线客服业务；

4.6.2　依照规定指标按时完成业务考核指标；

4.6.3　为客户提供快速、准确、专业服务；

4.6.4　及时跟踪及处理客户反馈，维护客户关系；

4.6.5　处理现场突发事件和投诉；

4.6.6　完成本协议业务外包范围内由甲方交办的其他工作。

4.7　乙方服务时间、内容可根据甲乙双方实际情况经协商一致后进行调整。

4.8　乙方负责处理发生在运营现场的客诉。如乙方无法满足客户需求，安抚无效时，需按照甲方规定流程，将客诉升级至甲方处理。

4.9　乙方承诺，在协议期间及协议终止或解除后，乙方不得在未得到甲方授权的情况下以甲方的名义开展其他活动。

## 5　服务标准

5.1　乙方的服务质量需符合甲乙双方确认的服务规范（见附件1）。

5.2　外包实施过程中，乙方服务的全过程接受甲方的监督和检查。如乙方的服务未达到甲方的服务标准，乙方应在收到甲方通知后一个工作日内提出解决方案，并在经甲方同意后立即着手实施，且甲方有权按照附件1规定的标准扣减乙方服务费。

### 6 合作期限

6.1 本协议自2021年10月10日起生效，至2023年10月9日终止，有效期为两年。

6.2 本协议到期前三十（30）天，如双方有续约意向，双方应另行签订书面续约协议。如本合约到期前，双方未另行签订续约协议，也未提出终止意向的，则本协议期满后双方自动续约三（3）个月，续约一次。

6.3 如甲方希望改变乙方在本协议中所约定的服务，须提前三十（30）日向乙方提交书面意向。乙方将根据甲方的书面意向，及时提出服务变更方案，并向甲方提供成本（如有）方面的预算，以作为双方就相关改变另行协商之基础。

6.4 如果甲方对现有服务正式提出实质性和重大的变更，则双方将重新商定定价和计费。实质性和重大变更包括但不限于甲方要求乙方开展除现有业务之外的其他业务。针对需要重新谈判确定的定价和计费，双方将做出善意努力，及时完成谈判并签署补充协议。达成一致前，计费按原定价和计费方式进行。一旦双方签署补充协议双方的定价和计费方式将追溯至双方同意的变更日期。

### 7 甲方的权利和义务

7.1 在整个项目的实施过程中，积极配合乙方工作，提供必要的培训及技术支持。

7.2 与乙方共同对人员培训、话务现场、系统集成、运行等阶段实施结果进行审核检查，并提出建议和改进方案；乙方保证对甲方的服务监督积极配合。

7.3 提供明确的服务规范，并在项目实施过程中根据实际需要进行完善。

7.4 甲方需在每自然月5日前提出当月起第三个月的外包人力粗略需求，并于次月10日前对前述第三个月的外包人数进行再次确认，每月25日前提供次月班次，便于乙方安排。

7.5 甲方有权派工作人员驻乙方现场督导。乙方应配合甲方工作人员的工作。

7.6 甲方有义务提供足够数量的账户信息，以及团队人员层次匹配权限的工号供乙方工作人员登录甲方订单页面。

7.7 甲方负责业务平台的日常维护，保证业务服务平台运行正常。

7.8 严格按乙方规定的信息传递要求反馈各项报表，包括但不限于排班表、人均业绩量表等，对于签署协议后乙方另行要求甲方提供的新报表类型，可于双方沟通确认报表内容及提交时间后进行提报。

7.9 由于甲方原因造成的服务中断，服务中断时间不计入乙方的业务考核，因此造成的投诉，乙方不承担相应责任。

7.10 甲方在系统升级或服务内容变更时对乙方服务人员进行培训，培训完成后方纳入考核；如因甲方培训不当导致的错误，不计入乙方业绩考核，不影响相应费用结算。

7.11 因甲方系统（业务平台）问题导致乙方无法及时、主动规避的错误，由乙方及时提供证明资料，由此产生的乙方失误免责。

7.12 甲方应及时将与乙方相关的投诉告知乙方，双方进行处理并确认，确为乙方原因（包括人为故意或工作失误/疏漏）而产生的投诉，甲方因此而遭受的全部损失由乙方赔付；如遇节假日等特殊情况甲方无法及时发送报告时，应告知乙方，双方另行约定发送时间。因此造成的甲方损失，甲方有权直接从双方结算款中予以扣除。

7.13 甲方应每周定时将上一周的质控报告发给乙方质检人员，双方进行确认；如遇节假日等特殊情况甲方无法及时发送报告时，应告知乙方，双方另行约定发送时间。

7.14 如甲方话路不能满足业务需求的，需提前15个工作日与乙方对接使用乙方话路的需求，便于乙方对资源的调配。

7.15　甲方在接到乙方对于质控、投诉的申诉后，需在 3 个工作日内进行回复，如甲方未能如期回复的，应视为甲方认可乙方申诉事项并应当按照乙方的要求进行相应的处理。

7.16　此合同的业务周期是指甲方明确的使用乙方外包服务的日期，2021 年 10 月 10 日（以培训期开始为准）至 2023 年 10 月 9 日，甲方根据业务情况，可以适当延长，并提前 7 天通知乙方。

## 8　乙方的权利和义务

8.1　按本合同的时间要求完成项目进度中的各项工作，乙方保证本合同相关全部事宜由其完成，不得分包转包，否则，甲方有权随时解除本合同，乙方应按照本合同约定承担违约责任。

8.2　乙方应严格按照甲方设置的系统文件访问权限访问甲方系统，及对外进行电话业务。

8.3　提供履行本合同约定的服务所需的所有人员，并保证根据甲方的标准及要求为本项目服务选拔所有业务人员及管理人员；乙方项目工作人员为乙方雇员，由乙方自行招聘，保证其与其雇员之间法律关系应符合国家有关劳动法律法规规定，并根据《劳动法》《劳动合同法》等国家有关法律规范支付该项目工作人员的薪金、福利，并为其提供社会保障；由于乙方过错导致甲方被追溯有关法律责任，由此产生的损失赔偿由乙方承担。

8.4　保证严格遵守经乙方认可的甲方规定服务流程和服务质量要求。

8.5　严格按甲方规定的信息传递要求反馈各项报表，包括但不限于：话务报表、排班表等，对于签署协议后甲方另行要求乙方提供的新报表类型，可双方沟通确认报表内容及提交时间后进行提报。

8.6　乙方有义务及责任派项目管理人员与甲方协调配合工作，并负责对乙方项目工作人员的日常工作内容进行管理，并须严格按照双方约定的保密条款执行业务操作；乙方承诺并保证乙方人员严格履行本合同，如乙方人员出现违反服务流程、质量要求或保密义务的行为，则乙方应承担违约责任，并赔偿由于乙方的过错对甲方造成的直接损失。

8.7　乙方负责本业务相关设备及系统的日常维护，保证话路传递服务的正常进行。

8.8　如甲方使用乙方话路，在甲方停止使用后的 1 个月内，乙方应保留该电话号码，此期间内乙方不得自行使用或允许任何第三方使用该号码，否则，如因该号码的使用导致甲方遭受损失的，乙方承担相应责任。

8.9　应甲方要求，乙方免费为甲方驻乙方督导人员提供必要的培训教室、会议室、员工餐厅等设施，以保证甲方督导人员相应事项的正常开展。

8.10　乙方有义务及责任对甲方提供的登录账号、密码，合作过程中知悉的甲方信息（包括但不限于产品信息、消费者信息、经营信息等）进行保密，乙方除为此应制定严格的保密措施外，亦应与各业务层次人员签订相关保密协议。

8.11　乙方在接到甲方的质控报告、投诉报告后，3 个工作日内进行回复；乙方认为甲方质控报告、投诉报告不准确的，有权提出证据进行申诉；如乙方超过 3 个工作日未进行回复的，则视为乙方认同甲方质控报告、投诉报告。

8.12　乙方要按时、按量、保质地完成好甲方下达的任务量。当约定人数完不成规定任务量时，乙方增加人员或采用其他方式保证人员完成。如无法保证提供约定的人员数量累计 5 天以上，甲方有权立即停止合作或减少外包服务单量。

8.13 乙方应配合甲方工作需求，配备备用电路、备用网络，发电机等备用设备，如遇非甲方原因造成的损失，乙方承担全部责任。

### 9 故障处理机制

9.1 本合同有效期内，甲乙双方严格执行7天24小时到现场技术服务，并提供双方技术24小时业务对接人，联络方式以及备选人员（见附件2），确保故障可以在第一时间进行解决。

9.2 甲乙双方应及时将出现的故障及缺陷通知对方，并向对方提供有关工作日志和记录。

9.3 乙方设备、系统等出现故障的，乙方应在24小时内解决；如乙方未能在该规定时间内解决，造成未能按照甲方要求的服务标准提供服务的，甲方有权按照相关规定扣除乙方服务费用。

9.4 如因甲方原因造成网络、设备、平台不稳定而导致的系统问题，乙方不承担任何责任，且对网络不稳定期间受到影响的业务量不计入考核，不影响相应费用结算。

### 10 费用统计和结算

在本协议合作期间内，需由双方费用分担情况如下：

10.1 协议期间，甲方根据服务费基础标准和每月乙方业务考核指标实际完成情况，向乙方支付服务费。具体考核内容及服务费计算标准详见附件1和附件3。

10.2 本协议所约定的服务费计算标准及单价仅适用于本协议所列业务，如甲方根据本协议约定对乙方提供的服务内容作出重要和实质性变更的，则甲乙双方可对新的服务费计算标准予以协商后确定。甲方有权单方制定新的业务考核指标，乙方应予以接受。

10.3 乙方须配合甲方核对当月项目人数、工时等数据，并在每月5日前完成数据核对工作（如遇法定假日则时间顺延2日），如因乙方原因造成数据核对工作延误，后果由乙方承担。费用核对完毕后，由乙方根据各项数据出具结算函给甲方确认。甲方收到后应在3个工作日内核对完毕进行确认。如双方无异议，则甲方按照结算函的金额向乙方支付上月服务费用。

10.4 双方合作期间，除以上应付款项外，服务过程中系统产生的电话费用由甲方承担支付。

10.5 本协议有效期内，乙方应于每月15号前向甲方提供符合国家法律法规和标准的增值税专用发票，甲方在收到合规发票后的十（10）个工作日内将相应款项付至乙方指定账户。

10.6 基于本协议的服务所产生的税费由甲、乙方根据法律规定各自承担。

10.7 双方账户信息。

| 甲方 | | 乙方 | |
|---|---|---|---|
| 通信地址 | 北京市海淀区×××× | 通信地址 | 北京市海淀区×××× |
| 开户银行 | 工行清华园支行 | 开户银行 | 建行北大支行 |
| 银行账号 | ××××0165××46<br>××××××78 | 银行账号 | ××××0166××46<br>××××××30 |
| 税号 | ××××0500MA5××7JF00 | 税号 | ××××0900MA0××QDN00 |
| 财务联系人 | 马六 | 财务联系人 | 赵七 |
| 联系电话 | 186×××××××× | 联系电话 | 156×××××××× |

### 11 安全与保密条款

11.1 乙方知悉本协议签订和合作过程中甲方业务数据、系统信息、业务流程、培训及客户资料等均属商业机密，因乙方人员原因导致信息毁损或泄露，乙方须承担由此造成的一切损失。

11.2 乙方确保乙方人员及与业务外包相关的后台支持人员、人事管理人员等均接受过保密培训，熟悉并掌握相关保密规定。

11.3 为保证信息安全，甲方可在业务外包场所规定信息安全规定，乙方人员应予以遵守。

11.4 为保证信息安全，乙方应采取对业务外包场所严格的门禁管理和保安措施，未经甲方同意任何无关人员不得进入，甲方可视情况要求乙方调取监控录像和门禁记录进行安全检查，甲方可对安保提出要求和建议，乙方需予以配合。

11.5 本协议及本协议附件、本协议补充文件均属需保密内容，未经对方同意，双方不得将前述材料及材料涉及信息向第三方包括但不限于本方与该业务无关的人员披露。

### 12 协议变更、终止与转让

12.1 双方同意，如需对约定的业务考核指标以及其他协议操作细节进行调整，经双方项目负责人书面确认后具有法律效力。除此以外，由双方对本协议的变更，须另行签订补充协议予以确认。

12.2 本协议因任何原因终止，双方应积极配合处理过渡期内的相关业务安排，避免造成本协议约定业务损失。

12.3 本协议终止后，乙方应于 5 日内将甲方提供给乙方的客服账号、平台、系统、数据、资料、客户信息等全部移交给甲方且不得留存任何复制件。

### 13 违约和赔偿

13.1 除因天气、政府行为、运营商等不可抗力导致乙方所处城市、场地大面积以及持续出现电力、通信、设备故障等问题外，主要因乙方主观原因造成甲方无法实施业务，乙方应赔偿因业务暂停给甲方造成的一切损失，如因前述问题连续发生导致甲方业务暂停或受到重大影响，且乙方经甲方书面通知未能在合理期限内排除问题，甲方有权单方终止协议。

13.2 发生以下事件，甲方可立即单方解除协议，并要求乙方赔偿因过错方行为给甲方造成的损失，包括但不限于因过错方原因导致的罚款、赔偿、诉讼费、律师费、业务暂停造成的实际损失等：

13.2.1 乙方发生涉及甲方客户信息泄露的事件；

13.2.2 因乙方过失导致客户对甲方提起法律诉讼。

### 14 适用法律和争议解决

本协议应按照中华人民共和国的法律解释与执行。在本协议履行中产生的任何争议，应由各方友好协商解决；如协商不成，任何一方可向北京市朝阳区人民法院提起诉讼。

### 15 其他

15.1 本协议一式两份，各方持一份，自各方法定代表人（或授权代表）签字、加盖公章或合同专用章后生效。

15.2 本协议的所有附件和补充协议均为本协议不可分割的组成部分，与本协议具有同等法律效力。补充协议或附件与本协议有冲突的，以补充协议和附件为准。

| 甲方：北京天天出行科技有限公司 | 乙方：北京华唐锦程服务外包有限公司 |
|---|---|
| 签章： | 签章： |
| 法定代表人或授权代表： | 法定代表人或授权代表： |
| 年 月 日 | 年 月 日 |

**附件 1**

**表 1－1　考核指标**

| 指标名称 | 考核标准 | 考核占比 | 备注 |
| --- | --- | --- | --- |
| 接通率 | 90% | 30% | 1. 任一指标未达标扣当月服务费 1%；<br>2. 最高扣除比例 6%；<br>3. 连续 2 月不达标，甲方有权提前终止合同并不承担任何责任；<br>3. 考核方案自合同生效第二月开始执行 |
| 服务水平 | 80%/30 秒 | 15% | |
| 满意度 | 98% | 15% | |
| 质检合格率 | 90% | 5% | |
| 人均小时电话处理量（CPH） | 13 | 10% | |
| 首次解决率（1－升级量÷接通量×100%） | 95% | 25% | |

**表 1－2　质检标准**

| 监控类别 | 监控项目 | 规范 | 扣分原因 | 错误类型 |
| --- | --- | --- | --- | --- |
| 对话流程 | 标准话术使用 | 开头语：<br>上午/下午好，××女士/先生，很高兴为您服务 | 1. 未分时段主动问候；<br>2. 未使用标准结束语结束对话 | 非致命 |
| | | 结束语：<br>1. 请问还有其他什么可以帮您？<br>2. 感谢您的来电，稍后请对我的服务做出评价，祝您生活愉快 | 结束语与语境不一致 | |
| | 信息保密 | 对客户隐私及公司内部信息保密 | 主动透露客户信息（车辆信息、驾驶人信息 | 致命 |
| | 与客户友好愉快交流 | 正确使用功能键 | 1. 未使用“支持”时不与客户交流；<br>2. 错误使用静音键 | 非致命 |
| | | 主动为客户服务 | 一问一答机械沟通，缺乏主动服务意识 | 非致命 |
| | | 恰当使用礼貌用语，匹配客户语速 | 1. 漫不经心，语调懒散、冷淡；<br>2. 未委婉安抚或正确引导客户 | 非致命 |
| 解决方案 | 提问思路清晰，深入挖掘客户需求 | 适当使用开放或封闭提问方式，准确探询客户问题<br>获得有效信息 | 思路片面、混乱，表达含混不清：<br>1. 核实问题不够详细；<br>2. 未准确理解或未全面回答客户问题 | 非致命 |

续表

| 监控类别 | 监控项目 | 规范 | 扣分原因 | 错误类型 |
|---|---|---|---|---|
| 解决方案 | 解决方案准确、完整 | 充分利用现有政策/FAQ 提供解决方案 | 1. 提供错误信息或错误引导客户；<br>2. 未明确指导客户操作；<br>3. 未提供全部解决方案 | 致命 |
| | | 按已有流程或升级规范处理客户问题 | 1. 未依据现有流程处理；<br>2. 承诺客户反馈未升级工单 | 致命 |
| 工单记录 | QA 工单记录 | 如实记录客户问题并选择正确分类 | 1. 未记录或未完整记录客户问题；<br>2. 工单分类错误 | 非致命 |
| 满意度 | 客户满意度 | 客户对服务满意或认可 | 因员工问题导致客户评价不满意或未参评 | 致命 |
| | | 沟通中无禁忌词汇或表达方式 | 1. 质问、反问、推诿；<br>2. 打断客户或抢话未致歉；<br>3. 使用：工单、二线等；<br>4. 谩骂客户或与客户正面冲突；<br>5. 抨击其他公司产品 | 致命<br>致命<br>致命<br>致命<br>致命 |

**附件 2**

为确保北京天天出行科技有限公司外包项目的日常工作能够顺利及稳定，方便华唐锦程（北京）信息技术有限公司人员与外包项目人员密切沟通，关于业务调整以及沟通，甲乙双方分别指定各层级对接人，以便在出现问题时迅速响应，如有调整，双方另行书面确认。

表 2-1　各层级业务对接人名单

| 甲方公司 | 姓名 | 职务 | 联络电话 | 第二联络电话 | 电子邮件 |
|---|---|---|---|---|---|
| 公司层 | 王二 | 经理 | 186×××××××× | | wanger@tiantian.com |
| 运营层 | 孙三 | 主管 | 152×××××××× | | sunsan@tiantian.com |
| 运营层 | 王婷 | 主管 | 188×××××××× | | wangting@tiantian.com |
| 技术层 | 于工 | | 186×××××××× | | yugong@tiantian.com |

表 2-2　各层级业务对接人员名单（乙方）

| 乙方公司 | 姓名 | 职务 | 联络电话 | 第二联络电话 | 电子邮件 |
|---|---|---|---|---|---|
| 公司层 | 张三 | 商务部负责人 | 131×××××××× | | zhangsan@huatangjc.com |
| 运营层 | 花花 | 运营经理 | 159×××××××× | | huahua@huangtangjc.com |
| 运营层 | 贾七 | 项目主管 | 186×××××××× | | jiaqi@huatangjc.com |
| 技术层 | 唐九 | | 138×××××××× | | tangjiu@huatangjc.com |

附件 3

表 3－1　收费标准

| 天天出行客服服务结算方式 | 单价 | 业务类型 |
| --- | --- | --- |
| 客服代表 | 12 000 元・人$^{-1}$・月$^{-1}$ | 天天出行热线服务 |
| 管理人员 | 13 000 元・人$^{-1}$・月$^{-1}$ | 天天出行热线服务 |

备注：

1. 结算周期：自然月。

2. 结算标准：总服务费用为以下 6 项费用的累计，即：总服务费用＝客服代表费用＋项目组长费用＋项目质检员费用＋项目主管费用＋项目经理费用＋加班费用。

3. 客服代表费用结算说明：客服代表费用按照每月法定工作时长（8 小时工作制，每周 5 个工作日）对应的服务费用的标准计算，根据通过甲方培训且实际出勤的乙方客服在当月的出勤总时数确认，未通过甲方培训的人员其出勤时间不得作为甲方应付服务费的计算依据，仅在客服通过培训且经甲方确认可以正式上线之后，其出勤时间方可计入出勤总时数，项目组长、项目质检员、项目主管及项目经理的服务费用为 13 000/人，计算方法如上。

4. 加班费用结算说明：如甲方要求客服在每天（包括休息日，但不包括法定节假日）8 小时的工作时间之外延长工作时间的，超出每天 8 小时工作时间的服务费用，按照双方约定的服务费用的 1.5 倍计算；如甲方要求单名客服代表在法定节假日加班的，按照双方约定的服务费用的 3 倍计算。

花花看过外包服务协议后，准备开始着手项目管理体系建立，以确保项目优质运营。

在本项目中，通过学习一些管理工具的设计原理，学生能够针对一个典型的呼叫中心呼入客户服务项目进行成本与效益分析，建立项目薪酬绩效管理制度，建立呼叫中心业务流程及管理流程。

### 项目内容

- 呼叫中心成本与效益分析
- 呼叫中心薪酬与绩效管理
- 呼叫中心流程管理
- 呼叫中心汇报管理

## 任务一　呼叫中心成本与效益分析

### 任务情景

**花花经理**：马姐，咱们分公司第一个项目签下来了，我看了协议第一时间就来找您，需要您提供一些财务数据，我好做项目成本和效益分析，希望马姐多多支持！

**财务马姐**：花花经理你好，我也刚收到协议的原件，正在做备份呢。就知道你要来找我，我也正在为你统计数据呢，你要是不忙，咱们一起统计吧。毕竟新公司开业，很多成本数据你要做了解的。

**花花经理**：是啊，成本数据不了解可没办法运营项目啊。感谢马姐这么支持，那咱们就看看新公司的成本情况吧。了解成本，我也好尽快做出收益预估，评估项目风险。

**财务马姐**：花花越来越专业了，那就一起统计成本数据吧。

## 任务分析

呼叫中心行业在我国发展非常迅猛，越来越多的企业认识到呼叫中心的作用，纷纷自建或外包呼叫中心，然而对于这些已经运作的呼叫中心，无论是自建型的还是外包型的，都会面临着相同的困扰，就是如何有效降低成本提高收益。呼叫中心面临的成本主要有人力成本、管理成本、固定成本。如何使呼叫中心发挥最大的效应是行业面临的主要问题，同时也是所有呼叫中心目前急需解决的问题。合理的成本控制也是提高收益的方法之一。

本任务主要以外包型企业的呼入型业务为例，通过学习，学生能够针对呼叫中心项目制定项目成本核算表，进行成本和效益分析，从而能够快速确定项目收支平衡点。鉴于呼叫中心的效益提升方式会涉及不同的管理领域，所以呼叫中心效益提升方法在本书的其他任务和知识点中也会有不同角度的讲解。

## 任务实施

### 1. 认识呼叫中心企业的成本构成

外包型呼叫中心和自建型呼叫中心的成本构成基本相同，只是往往自建型呼叫中心的运营管理者往往将更多的管理精力放在客户的体验和满意度上，而外包型呼叫中心的运营管理者更加注重平衡客户的体验和项目的收益，更加关注成本的管理。从另一个角度来讲，通常企业将部分呼入呼出业务外包给外包型呼叫中心来运营也是一种成本节约，由此可以得知，企业建设呼叫中心选择外包型方式从成本上比自建型节约更明显。

充分了解自身企业的成本构成，是作为呼叫中心运营管理者的基本功课。通常呼叫中心的成本构成如下：

（1）管理费用

管理费用通常指公司的职能部门产生的相关费用，也就是说并不是项目运营自身直接产生的成本费用。职能部门通常有人力资源部、财务部、行政部、技术支持部等，管理费用通常包括：

1）职能部门人力成本：包括职能部门的人员工资、五险一金、绩效奖金等。

2）职能部门福利费用：包括职能部门人员的交通补助、用餐补助、手机话费补助、节日福利费。

3）饮用水费：主要指日常饮用水所产生的费用。

4）水费：指公司日常保洁用水产生的费用。

5）电费：职能部门日常办公用电。

6）办公网络费用：职能部门日常办公使用的网络费用。呼叫中心企业会将项目使用的网络和职能部门使用的网络分开，各自单独采购。

7）办公电话费：职能部门日常办公电话费用，通常指座机电话费用。

8）▲差旅费：职能部门产生的因公差旅费，这部分费用职能部门通常产生较少，多由商务部和项目运营部门产生。

9）▲宴请费：职能部门产生的因公宴请费用，这部分费用职能部门通常产生较少，多由商务部和项目运营部门产生。

10）▲市内交通费：职能部门在市内产生的交通费用，如财务部到税务局办理相关工作事宜产生的打车费用、地铁及公交费用；人力资源部到社保局办理相关工作事宜产生的打车费用、地铁及公交费用。

11）车辆维护费用：指公司自有车辆产生的燃油费、保养及维修费用、车辆保险费用等。

12）办公用品费用：指职能部门日常办公使用的打印纸、笔、本、硒鼓等办公用品及耗材费用。

（2）固定费用

固定费用通常指稳定支出且支出金额变化不大的费用。固定费用通常包括：

1）公司办公场地房租：指公司承租的办公场地全部面积的房租，包括公摊面积。房租费用相对固定，且会根据房屋租赁协议按季度或者某一固定时间约定支付。

2）公司办公场地物业费：指公司承租的办公场地全部面积的物业费，包括公摊面积。物业费费用相对固定，且会根据物业服务协议按季度或者某一固定时间约定支付。

3）公司办公场地房租取暖费：由地方城市统一供暖产生的费用视为取暖费，如自行使用中央空调等自发手段取暖，该笔费用应作为管理费用。取暖费指公司承租的办公场地全部面积的取暖费，包括公摊面积。取暖费用相对固定，且会根据地方取暖规定进行约定支付。

（3）项目人力成本

项目人力成本只针对该项目设定的工作岗位产生的相关人力成本。项目人力成本通常包括：

1）★项目人员工资：指项目各岗位人员的工资。工资通常有薪资结构，将根据管理者采取的管理方式进行设定。常见的基本构成为基本工资+绩效工资，也有的采取基本工资+岗位工资+绩效工资的结构形式。

2）★项目人员五险一金：指项目各岗位人员的养老保险、医疗保险、失业保险、工伤保险和生育保险，还有住房公积金。五险一金分为个人缴纳部分和公司缴纳部分，在呼叫中心的成本核算中，公司缴纳的部分同样要核算到成本中，这也是管理者较为容易忽略的一个成本费用。

3）★项目奖金提成：指项目中为了鼓励先进、鞭策后进而设定的关联个人项目业绩的奖金提成。

（4）项目福利费用成本

1）▲团队建设费用：指公司为了增强员工的团体意识和协作精神，用以提高团队合作、加强团队凝聚力而开展的相关活动产生的费用。

2）▲福利补贴费用：指为项目中各个岗位设立的手机通信费、用餐补贴、交通补贴、防暑降温等。

3）▲节假日福利费：指国家法定节假日为员工提供的福利产生的费用，如端午节、中秋节等费用。

4）员工宿舍租金：公司为员工提供的宿舍产生的租金，通常 7×24 小时的项目，公司会为夜班员工提供机动型宿舍。

5）员工宿舍水电网费：员工宿舍产生的水费、电费、网费。有些公司在制度中规定该部分费用由员工承担。

6）宿舍取暖费用：员工宿舍产生的冬季取暖费用，在这里特指城市统一供暖产生的取暖费。

7）班车费用：公司为员工提供通勤班车产生的费用。通常倒班较多的项目中，公司会提供班车福利。

（5）项目运营成本

项目运营成本指围绕项目运营开展相关工作过程中而产生的相关费用，通常包含：

1）招聘费用：指人力资源部门为了该项目招聘员工产生的费用，如人才市场、招聘网站、人力资源服务公司等招聘渠道建立过程中产生的费用。

2）▲培训费用：针对新员工业务培训及老员工岗中培训产生的讲师聘请费、课时费、培训材料费、场地使用等费用。需要注意的是，培训费用中还包含新员工进入试用期之前通过培训并且考核期间产生的培训补贴费用。

3）项目饮用水费：指项目运营过程中员工饮用水的费用。

4）项目电费：指该项目范围内所使用的用电设备产生的费用。

5）项目网费：指专属于该项目的运营商宽带月租费用，通常高标准的项目运营将会租赁两条不同运营商的宽带线路，一条日常使用，另一条用于应急使用。

6）项目点对点专线费用：点对点专线也叫数据专线，指项目发包方（甲方）要求的连接甲方机房和接包商机房的数据专线，用于数据安全、稳定传输。点对点专线的服务由电信运营商提供，通常费用较高。

7）▲项目办公用品费用：指项目运营过程中使用的办公用品和耗材产生的费用。

8）▲项目差旅费：指为了项目对外合作产生的差旅费。

9）▲项目宴请费：指项目运营过程中产生的宴请费用。

10）▲项目电话费：指项目运营过程中产生的电话费用。

11）项目税费：指通过该项目的运营，甲方定期结算服务费用而产生的税费。

（6）固定资产折旧费用

固定资产是指企业为生产产品、提供劳务、出租或者经营管理而持有的、使用时间超过 12 个月的、价值达到一定标准的非货币性资产，包括房屋、建筑物、机器、机械、运输工具以及其他与生产经营活动有关的设备、器具、工具等。呼叫中心企业的固定资产通常指房租、办公家具、电子设备。在本书中的教学案例中房屋为租赁形式，所以不做固定资产核算。

（7）无形资产摊销

无形资产摊销通常指呼叫中心软件系统的采购费用。

### 2. 明确呼叫中心各类成本的计算和分摊方式

在呼叫中心项目运营中，做好成本统计核算、设定好合理的成本分摊方式，就可以做好一份精准的项目经营收益报表。精准的项目经营收益报表将有助于运营管理者对项目进行全面掌控，及时发现项目运营问题，改善运营质量，提高项目收益。

呼叫中心项目运营前期做好成本核算、分摊以及及时更新成本变化，是项目运营管理的基础。下面是关于呼叫中心几类成本的核算和分摊方法：

（1）管理费用的核算及分摊

以月为单位，统计当月发生的各项管理费用，每项费用分别核算分摊。分摊原则为根据各项目具有生产能力的座席数量进行平均分摊。例如：在本教学任务中，天天出行项目具有生产能力的座席是“客服代表”和“管理人员”，详见协议中附件 3 的“表 3-1 收费标准”。假设该公司仅有这一个项目，客服代表数量为 60 人，管理人员数量为 8 人。公司管理费用当月为 35 000 元，那么管理费用分摊到每个座席的当月成本为：35 000÷(60+8)=514.71（元·席$^{-1}$·月$^{-1}$）。

管理费用的分摊方式关键在于一定要分摊到有生产能力的座席上，同时管理费用要分摊到该公司的所有项目中。如果公司有两个项目，每个项目有生产能力的座席数量均为 50 席，那么管理分摊费用则为 35 000÷(50+50)=350（元·席$^{-1}$·月$^{-1}$）。

管理分摊数据将根据每月有生产能力的座席数量的变化而变化。

（2）固定费用

固定费用的成本分摊方法与管理费用相同，即以月为单位，以各项目具有生产能力的座席数量作为基数进行分摊。需要注意的是，供暖费的分摊是要将当年一个供暖季的供暖费分摊到一年当中的 12 个月，而不是仅分摊到供暖季的月份中。

（3）项目人力成本

该成本的分摊方法与运营的成本分摊方法相同，需要将人力成本分摊到具有生产能力的座席中，即以月为单位，以项目内全部人力成本为基础，以具有生产能力的座席数量作为基数进行分摊。需要注意的是，有些项目，管理岗位是成本岗位，无法获得直接服务费收入，比如电话销售项目中，是由一线座席代表进行电话销售创造收益，管理岗位则无法直接创收。这种情况的成本分摊，就要将管理岗位的人力成本分摊到具有生产能力的座席中。

（4）项目运营成本及项目福利成本

该成本的分摊方法与运营的成本分摊方法相同，需要将运营成本、福利成本分摊到具有生产能力的座席中，即以月为单位，以项目内全部项目运营成本分摊到具有生产能力的座席中。需要注意的是，项目运营成本中的税费核算方法为增值税+附加税，其中，增值税的核算方式为项目收入÷1.06×6%，附加税的核算方式为增值税×12%。注意这里的核算方式是按照一般纳税人企业进行核算，项目收入为项目收款时的实际开发票金额。

（5）固定资产折旧

通常呼叫中心企业的办公家具折旧年限为 5 年，电子设备折旧年限为 3 年，也就是将相应设备的采购金额÷折旧年限÷12 个月，获得的结果再均摊到具有生产能力的座席中。

（6）无形资产摊销

呼叫中心软件系统的采购费用视为无形资产，通常折旧年限为 10 年，成本分摊方法为采购金额÷10 年÷12 个月，获得的结果再均摊到具有生产能力的座席中。

### 3. 制定项目成本核算表，确定营收平衡点

经过了前两步对于呼叫中心企业的成本构成和成本分摊的基本方法的了解，便可以开始对项目的成本进行核算，形成成本核算表。花花通过财务马姐获得了公司成本的相关数据，开始着手进行成本核算。花花获得的相关数据见表 6-1-1 和图 6-1-1，以及表 6-1-2～表 6-1-4。

表 6-1-1 北京华唐锦程服务外包有限公司场地面积数据

| 总面积 | 1 773.79 平方米 |
|---|---|
| 呼叫运营一区 | 207.5 平方米 |
| 呼叫运营二区 | 348 平方米 |

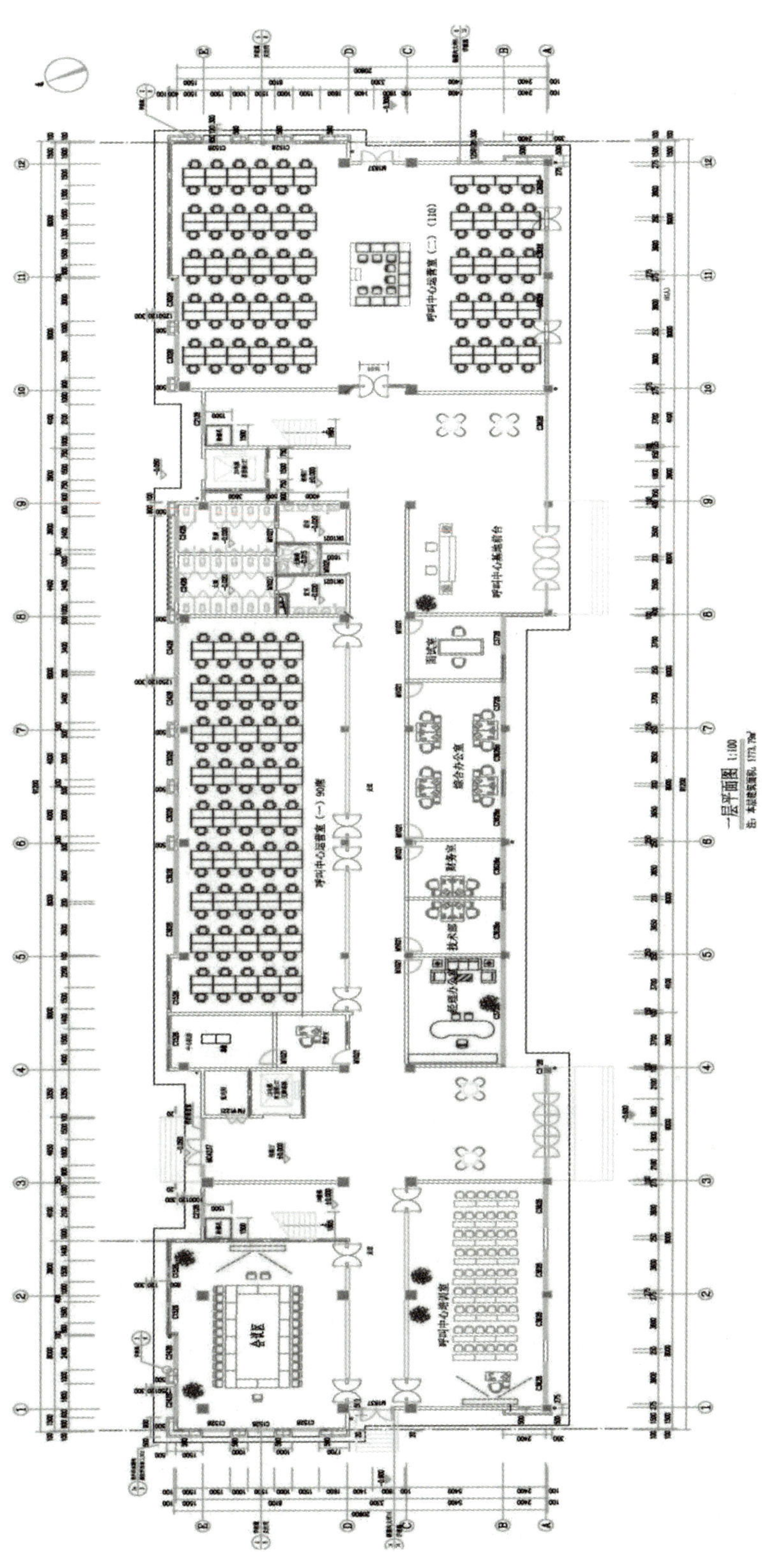

图 6-1-1　北京华唐锦程服务外包有限公司场地平面图

表 6-1-2　北京华唐锦程服务外包有限公司经营数据表

| 成本大类 | 成本项目 | 金额 | 备注 |
|---|---|---|---|
| 管理费用 | 职能部门人力成本 | | |
| | 饮用水 | 7 元・桶$^{-1}$ | |
| | 水费 | 7.4 元・吨$^{-1}$ | 日常保洁用水 |
| | 电费 | 1 元・度$^{-1}$ | |
| | 办公网络费用 | 300 元・月$^{-1}$ | 50 兆 |
| | 办公电话费用 | 200 元・月$^{-1}$ | |
| | 车辆维护费 | 2 000 元・月$^{-1}$ | |
| | 办公用品费用 | 500 元・月$^{-1}$ | |
| 固定费用 | 公司办公场地房租 | 5 元・平方米$^{-1}$・天$^{-1}$ | |
| | 公司办公场地物业费 | 1 元・平方米$^{-1}$・月$^{-1}$ | |
| | 公司办公场地取暖费 | 29 元・平方米$^{-1}$・供暖季$^{-1}$ | 供暖季为 4 个月 |
| 项目福利成本 | 员工宿舍租金 | 1 000 元・套$^{-1}$・月$^{-1}$ | 8 套宿舍 |
| | 员工宿舍水电网费 | 200 元・套$^{-1}$・月$^{-1}$ | 平均核算 |
| | 宿舍取暖费用 | 26 元・平方米$^{-1}$・供暖季$^{-1}$ | 供暖季为 4 个月 |
| | 班车费用 | 5 000 元・月$^{-1}$・辆$^{-1}$ | 两辆班车 |
| 项目运营成本 | 招聘费用—网站渠道 | 12 000 元・年$^{-1}$ | |
| | 招聘费用—人才市场 | 500 元・场$^{-1}$ | 每月 1 场 |
| | 招聘费用—人力资源服务公司 | 300 元・人$^{-1}$ | |
| | 项目饮用水费 | 7 元・桶$^{-1}$ | |
| | 项目网费（中国联通） | 2 000 元・月$^{-1}$ | 百兆企业级宽带 |
| | 项目网费（中国移动） | 1 800 元・月$^{-1}$ | 百兆企业级宽带 |
| | 项目电费 | 1 元・度$^{-1}$ | |
| | 项目点对点专线费用 | 20 000 元・月$^{-1}$ | 联通 |
| | 项目税费 | | |

表 6-1-3　北京华唐锦程服务外包有限公司职能部门人力成本数据表　　单位：元

| 北京华唐锦程服务外包有限公司职能部门人力成本数据表 | | | | | | | | | | | |
|---|---|---|---|---|---|---|---|---|---|---|---|
| 序号 | 部门 | 岗位 | 基本工资 | 岗位工资 | 绩效工资 | 工资总额 | 公司缴纳五险一金部分 | 交通补助 | 用餐补助 | 电话补助 | 小计 |
| 1 | 财务部 | 会计 | 3 000 | 1 000 | 2 000 | 6 000 | 2 580 | 100 | 100 | 100 | 8 880 |
| 2 | | 出纳 | 2 500 | 500 | 1 500 | 4 500 | 1 935 | 50 | 50 | 50 | 6 585 |
| 3 | 人力资源部 | 主管 | 3 000 | 1 000 | 2 000 | 6 000 | 2 580 | 100 | 100 | 100 | 8 880 |
| 4 | | 专员 | 2 500 | 500 | 1 500 | 4 500 | 1 935 | 50 | 50 | 50 | 6 585 |
| 5 | 技术部 | 主管 | 3 000 | 1 000 | 2 000 | 6 000 | 2 580 | 100 | 100 | 100 | 8 880 |
| 6 | | 专员 | 2 500 | 500 | 1 500 | 4 500 | 1 935 | 50 | 50 | 50 | 6 585 |
| 7 | | 专员 | 2 500 | 500 | 1 500 | 4 500 | 1 935 | 50 | 50 | 50 | 6 585 |
| 8 | 行政部 | 主管 | 3 000 | 1 000 | 2 000 | 6 000 | 2 580 | 100 | 100 | 100 | 8 880 |
| 9 | | 专员 | 2 500 | 500 | 1 500 | 4 500 | 1 935 | 50 | 50 | 50 | 6 585 |
| 10 | | 保洁员 1 | 2 500 | 0 | 0 | 2 500 | 1 075 | 0 | 0 | 0 | 3 575 |
| 11 | | 保洁员 2 | 2 500 | 0 | 0 | 2 500 | 1 075 | 0 | 0 | 0 | 3 575 |
| 12 | | 保洁员 3 | 2 500 | 0 | 0 | 2 500 | 1 075 | 0 | 0 | 0 | 3 575 |
| 13 | | 保安 1 | 2 500 | 0 | 0 | 2 500 | 1 075 | 0 | 0 | 0 | 3 575 |
| 14 | | 保安 2 | 2 500 | 0 | 0 | 2 500 | 1 075 | 0 | 0 | 0 | 3 575 |
| 15 | | 保安 3 | 2 500 | 0 | 0 | 2 500 | 1 075 | 0 | 0 | 0 | 3 575 |
| 总计 | | | 39 500 | 6 500 | 15 500 | 61 500 | 26 445 | 650 | 650 | 650 | 89 895 |

表 6-1-4　北京华唐锦程服务外包有限公司固定资产及无形资产数据表

| 序号 | 品名 | 单位 | 数量 | 单价/元 | 总价/元 | 折旧年限 | 用电量 |
|---|---|---|---|---|---|---|---|
| 1 | 呼叫系统服务器 | 台 | 4 | 30 000 | 120 000 | 3 | 1.6 kW·台$^{-1}$ |
| 2 | KVM 切换器 | 台 | 1 | 5 000 | 5 000 | 3 | 0.025 kW·台$^{-1}$ |
| 3 | 座席办公电脑 | 台 | 200 | 3 000 | 600 000 | 3 | 0.2 kW·台$^{-1}$ |
| 4 | 存储服务器 | 台 | 2 | 60 000 | 120 000 | 3 | 1.6 kW·台$^{-1}$ |
| 5 | 上网行为管理 | 台 | 2 | 20 000 | 40 000 | 3 | 0.1 kW·台$^{-1}$ |
| 6 | 防火墙 | 台 | 2 | 20 000 | 40 000 | 3 | 0.1 kW·台$^{-1}$ |
| 7 | 核心交换机 | 台 | 2 | 18 000 | 36 000 | 3 | 0.12 kW·台$^{-1}$ |
| 8 | 接入交换机 | 台 | 10 | 2 500 | 25 000 | 3 | 0.02 kW·台$^{-1}$ |
| 9 | 投影仪 | 套 | 2 | 7 000 | 14 000 | 3 | 0.29 kW·台$^{-1}$ |

续表

| 序号 | 品名 | 单位 | 数量 | 单价/元 | 总价/元 | 折旧年限 | 用电量 |
|---|---|---|---|---|---|---|---|
| 10 | 监控系统 | 套 | 1 | 35 000 | 35 000 | 3 | 0.42 kW·台$^{-1}$ |
| 11 | 门禁系统 | 套 | 1 | 15 000 | 15 000 | 3 | 0.05 kW·台$^{-1}$ |
| 12 | UPS 电源 | 台 | 1 | 100 000 | 100 000 | 3 | 待机耗电 0.2 kW·台$^{-1}$ |
| 13 | 激光打印机 | 台 | 2 | 2 000 | 4 000 | 3 | 0.495 kW·台$^{-1}$ |
| 14 | 彩色打印机 | 台 | 1 | 5 000 | 5 000 | 3 | 0.495 kW·台$^{-1}$ |
| 15 | 企业级话务耳麦 | 个 | 200 | 200 | 40 000 | 3 | 无 |
| 16 | 服务器机柜 | 台 | 2 | 4 000 | 8 000 | 5 | |
| 17 | 总经理办公室家具 | 套 | 1 | 8 000 | 8 000 | 5 | |
| 18 | 财务办公室家具 | 套 | 1 | 4 000 | 4 000 | 5 | |
| 19 | 技术部办公室家具 | 套 | 1 | 2 000 | 2 000 | 5 | |
| 20 | 综合办公室家具 | 套 | 1 | 6 000 | 6 000 | 5 | |
| 21 | 会议室家具 | 套 | 1 | 12 000 | 12 000 | 5 | |
| 22 | 培训室家具 | 套 | 1 | 15 000 | 15 000 | 5 | |
| 23 | 面试室家具 | 套 | 1 | 3 000 | 3 000 | 5 | |
| 24 | 办公工位 | 席 | 200 | 650 | 130 000 | 5 | |
| 25 | 网络布线 | 席 | 210 | 650 | 136 500 | 5 | |
| 26 | 呼叫中心系统软件 | 席 | 200 | 15 000 | 3 000 000 | 10 | |
| 合计 | | | | | 4 523 500 | | |

从花花目前获取到的数据来看，这些数据还不足以支撑进行项目成本核算，因为有些数据无法从财务角度获得，需要管理人员通过项目情况来具体制定。标注▲和★符号的需要管理人员根据实际情况具体制定，其中标注▲符号的是常规的变量成本，可以通过常规管理手段进行成本管控。标注★符号的和人力成本相关，是项目运营管理的关键重要成本，人力成本的制定不能朝令夕改，一旦确定不可以轻易变动。经过花花的思考，将标注▲符号的相关成本一一列出，见表 6–1–5。

表 6–1–5　▲符号成本预估

| 成本大类 | 成本项目 | 金额 | 注解 |
|---|---|---|---|
| 管理费用 | 差旅费 | 0 元/月 | 公司职能部门属于对内工作岗位，异地差旅情况较少，可忽略不计 |
| | 宴请费 | 500 元/月 | 主要用于人力资源部开拓招聘渠道使用 |
| | 市内交通费 | 200 元/月 | 日常办公预估 |

续表

| 成本大类 | 成本项目 | 金额 | 注解 |
| --- | --- | --- | --- |
| 项目福利成本 | 团队建设费用 | 50 元・人$^{-1}$・月$^{-1}$ | 暂定，根据项目运营情况灵活调整 |
| | 福利补贴费用 | 15 元・人$^{-1}$・月$^{-1}$ | 项目员工午餐补助，按天计算 |
| | 节假日福利费 | 10 元・人$^{-1}$・月$^{-1}$ | 主要针对端午节和中秋节制定的福利支出 |
| 运营成本 | 培训费 | 50 元・人$^{-1}$・月$^{-1}$ | 新员工培训补贴 |
| | 项目办公用品费 | 500 元・月$^{-1}$ | 前期预估，项目运营后可根据 3 个月的费用支出取平均值进行预估 |
| | 项目差旅费 | 1 000 元・月$^{-1}$ | 前期预估 |
| | 项目宴请费 | 1 500 元・月$^{-1}$ | 前期预估 |
| | 项目电话费 | 0 元・月$^{-1}$ | 该项目使用甲方线路，电话费由甲方支出。如果是呼出项目，可以根据每个座席代表每天外呼处理时长进行预估 |

从目前获取的相关数据来看，基础数据已经收集完毕，可以开始着手制定项目成本核算表。通常项目成本核算表是以月为单位进行核算，这样方便后面进行月度的项目收支平衡测算。所以项目成本核算表的制定首要条件是将基础数据进行月度支出预估。从目前的基础数据来看，水费、饮用水费、团队建设费用、福利补贴费用、节假日福利费、培训费如果进行月度支出预估，其影响因素是员工数量；电费的影响因素是用电设备及设备用电时长；项目人力成本的影响因素是组织架构设定、人员编制设定、薪酬绩效考核设定以及奖励制度设定。

首先，我们解决电费核算问题。从表 6–1–4 中来看，用电设备千瓦数（kW，即每小时用电量，2 kW 为 1 小时用 2 度电）已经明确，那么电费预估为，同种类用电设备总功率×每天用电小时数×设备每月使用天数×电费单价，就会获得该设备当月电费预估。花花很快计算出了电费支出预估表，见表 6–1–6。

表 6–1–6　电费支出预估表

| 品名 | 用电设备功率/kW | 数量 | 用电设备总功率/kW | 每天用电小时数 | 设备每月使用天数 | 月用电量 | 电费单价/元 | 小计/元 | 备注 |
| --- | --- | --- | --- | --- | --- | --- | --- | --- | --- |
| 呼叫系统服务器 | 1.60 | 4 | 6.40 | 9 | 31 | 1 785.60 | 1 | 1 785.60 | 项目为 7×8 小时运营模式，用电设备按照 9 小时满负荷运转。日常照明用电可忽略 |
| KVM 切换器 | 0.03 | 1 | 0.03 | 9 | 31 | 8.37 | 1 | 8.37 | |
| 座席办公电脑 | 0.20 | 200 | 40.00 | 9 | 31 | 11 160.00 | 1 | 11 160.00 | |
| 存储服务器 | 1.60 | 2 | 3.20 | 9 | 31 | 892.80 | 1 | 892.80 | |
| 上网行为管理 | 0.10 | 2 | 0.20 | 9 | 31 | 55.80 | 1 | 55.80 | |
| 防火墙 | 0.10 | 2 | 0.20 | 9 | 31 | 55.80 | 1 | 55.80 | |
| 核心交换机 | 0.12 | 2 | 0.24 | 9 | 31 | 66.96 | 1 | 66.96 | |
| 接入交换机 | 0.02 | 10 | 0.20 | 9 | 31 | 55.80 | 1 | 55.80 | |

续表

| 品名 | 用电设备功率/kW | 数量 | 用电设备总功率/kW | 每天用电小时数 | 设备每月使用天数 | 月用电量 | 电费单价/元 | 小计/元 | 备注 |
|---|---|---|---|---|---|---|---|---|---|
| 投影仪 | 0.29 | 2 | 0.58 | 8 | 22 | 102.08 | 1 | 102.08 | 项目为 7×8 小时运营模式，用电设备按照 9 小时满负荷运转。日常照明用电可忽略 |
| 监控系统 | 0.42 | 1 | 0.42 | 9 | 31 | 117.18 | 1 | 117.18 | |
| 门禁系统 | 0.05 | 1 | 0.05 | 9 | 31 | 13.95 | 1 | 13.95 | |
| UPS 电源 | 0.20 | 1 | 0.20 | 9 | 31 | 55.80 | 1 | 55.80 | |
| 激光打印机 | 0.50 | 2 | 0.99 | 9 | 31 | 276.21 | 1 | 276.21 | |
| 彩色打印机 | 0.50 | 1 | 0.50 | 9 | 31 | 138.11 | 1 | 138.11 | |
| 月电费金额预估 | | | | | | | | 14 785.85 | |

接下来，到了最关键的成本预估核算，就是人力成本核算。根据天天出行项目的协议条款来看，该业务为 7×8 小时的呼入业务，座席数量 160 席。对于座席代表花花按照 1:1.2 进行人力配比，也就是需要 192 名座席代表。花花快速得出了各运营岗位设定和人数设定，见表 6–1–7。

**表 6–1–7　天天出行项目人员配比表**

| 岗位 | 人数预估 | 配比原则 |
|---|---|---|
| 座席代表 | 192 | 1:1.2 |
| 运营经理 | 1 | 1 人 |
| 运营主管 | 5 | 约每 3 个组配备一名 |
| 班组长 | 16 | 每组 12 名座席代表 |
| 培训专员 | 3 | 约每 60 名座席代表配备一名 |
| 质检专员 | 6 | 约每 30 名座席代表配备一名 |
| 共计 | 223 | |

花花设定岗位和人数后，根据目前同类型项目各岗位薪酬水平，做出了各岗位薪酬结构，见表 6–1–8。

**表 6–1–8　天天出行项目各岗位薪酬结构表**　　单位：元

| 岗位名称 | 基本工资 | 岗位工资 | 绩效工资 | 工资总额 |
|---|---|---|---|---|
| 运营经理 | 8 000 | 4 000 | 8 000 | 20 000 |
| 运营主管 | 7 000 | 2 000 | 6 000 | 15 000 |
| 班组长 | 3 800 | 1 000 | 3 200 | 8 000 |
| 培训专员 | 3 800 | 1 000 | 3 200 | 8 000 |
| 质检专员 | 3 800 | 1 000 | 3 200 | 8 000 |
| 座席代表 | 2 500 | 200 | 1 800 | 4 500 |

数据整理完毕，制作项目成本核算表就尤为简单。表 6-1-9 为天天出行项目成本核算表。

表 6-1-9　天天出行项目成本核算表　　单位：元

| 成本大类 | 成本项目 | 月度支出/元·月$^{-1}$ | 备注 |
|---|---|---|---|
| 管理费用 | 职能部门人力成本 | 89 895.00 | |
| | 饮用水 | 420.00 | 职能部门 15 人，每人每月 4 桶水 |
| | 水费 | 1 761.20 | 全体员工 238 人，每人每月 1 吨水 |
| | 宴请费 | 500.00 | 主要用于人力资源部开拓招聘渠道使用 |
| | 市内交通费 | 200.00 | 日常办公预估 |
| | 电费 | 14 785.85 | 公司整体用电预估 |
| | 办公网络费用 | 300.00 | 50 兆 |
| | 办公电话费用 | 200.00 | |
| | 车辆维护费 | 2 000.00 | |
| | 办公用品费用 | 500.00 | |
| 固定费用 | 公司办公场地房租 | 274 937.45 | 公司整体租赁面积 1 773.79 平方米 |
| | 公司办公场地物业费 | 1 773.79 | |
| | 公司办公场地房租取暖费 | 4 286.66 | 供暖季为 4 个月 |
| 固定资产折旧 | 固定资产折旧费 | 63 714.00 | 固定资产金额÷折旧年限÷12 个月 |
| 项目人力成本 | 项目人员工资 | 1 159 000.00 | |
| | 项目人员五险一金 | 312 930.00 | 公司承担员工五险一金金额，按照工资总额的 27%核算（按照北京要求取相对值） |
| | 项目奖金提成 | | 暂不考虑 |
| 项目福利成本 | 员工宿舍租金 | 8 000.00 | 8 套宿舍，每套 70 平方米 |
| | 团队建设费用 | 11 150.00 | 项目员工 223 人 |
| | 福利补贴费用 | 72 753.75 | 项目员工午餐补助，按每月 21.75 有效工作日计算 |
| | 节假日福利费 | 2 230.00 | 主要针对端午节和中秋节制定的福利支出 |
| | 员工宿舍水电网费 | 1 600.00 | 平均核算 |
| | 宿舍取暖费用 | 1 213.33 | 供暖季为 4 个月 |
| | 班车费用 | 10 000.00 | 两辆班车 |

续表

| 成本大类 | 成本项目 | 月度支出/元·月$^{-1}$ | 备注 |
| --- | --- | --- | --- |
| 项目运营成本 | 招聘费用—网站渠道 | 1 000.00 | |
| | 招聘费用—人才市场 | 500.00 | |
| | 招聘费用—人力资源服务公司 | | 暂不考虑 |
| | 培训费 | | 暂不考虑 |
| | 项目办公用品费 | 500.00 | 前期预估，项目运营后可根据3个月的费用支出取平均值进行预估 |
| | 项目差旅费 | 1 000.00 | 前期预估 |
| | 项目宴请费 | 1 500.00 | 前期预估 |
| | 项目电话费 | | 该项目使用甲方线路，电话费由甲方支出。如果是呼出项目，可以根据每个座席代表每天外呼处理时长进行预估 |
| | 项目饮用水费 | 6 244.00 | 每人每周消耗一桶 |
| | 项目网费（中国联通） | 2 000.00 | 百兆企业级宽带 |
| | 项目网费（中国移动） | 1 800.00 | 百兆企业级宽带 |
| | 项目点对点专线费用 | 20 000.00 | 联通 |
| | 项目税费 | | 根据营业收入预估后核算计入 |
| 月度成本预估合计 | | 2 068 695.03 | |
| 平均成本 | | 9 276.66 | 223人 |

最后，开始测算收支平衡点。测算收支平衡点要先测算收益。在本项目中，服务费价格设定为座席代表12 000元·人$^{-1}$·月$^{-1}$，管理人员13 000元·人$^{-1}$·月$^{-1}$。如果按照花花设定的人员架构和数量来测算，31个管理人员（培训专员与质检专员视为班组长同级别），192名座席代表，每月收入为12 000×192+13 000×31=2 707 000（元）。按2707 000元的营业收入，需缴纳增值税 2 707 000÷1.06×6%=153 226.42（元），附加税为 153 226.42×12%=18 387.17（元），项目税费总计171 613.59（元）。按此进行核算，该项目每月经营利润为：2 707 000.00−2 068 695.03−171 613.59=466 691.38（元）。

在做项目成本核算的过程中要充分考虑合同条款的约束，在本项目合作协议附件1中有相应的付款约束条款：

① 任一指标未达标扣当月服务费1%；

② 最高扣除比例6%；

③ 连续2个月不达标，甲方有权提前终止合同并不承担任何责任；

④ 考核方案自合同生效第二个月开始执行。

根据上述条款进行分析，也就是KPI达标情况将影响服务费的结算，如果KPI达标是100%，那么做到94%以下就视为不达标，连续2个月不达标项目合作将终止。同时天天出行公司也为外包商提供了一个月的适应时间，也就是考核方案在第二个月开始生效。

假设KPI达标结果是95%，那么结算金额为2 571 650.00元，如果项目成本不变的情况下，项目经营利润为331 341.38元。虽然仍是盈利，但达标结果再低就要面临项目终止的情况。所以我们视这个2 571 650.00元的收入结果为盈亏平衡点。

其实盈亏平衡点并不难找，就是找到收入减支出后接近于0的那个数值。找到了项目盈亏平衡点也就判断出了第一个影响项目收益的风险因素。

本案例中的成本与收益核算并未考虑固定资产折旧带来的成本，只是从日常的支出与收益的角度进行分析。其实，影响呼叫中心项目收益的因素有很多，作为一名运营管理者要学会在运营数据和财务数据中找到这些关键因素，并且及时有效地加以改正，才能做到保证项目盈利并且可持续发展。

#### 4. 成本控制和效益提升的基本要素

有效的成本控制，可以节约成本，就是为项目创造利润。针对项目运营情况制定相关制度可以收到提高项目收益的效果。结合天天出行项目的成本数据，我们可以分析得出以下关于成本控制和效益提升的要素：

（1）成本控制要素

1）降低人力成本：从成本构成数据中可以看出，公司月度成本2 068 695.03元，直接人力成本为1 471 930.00元，可见人力成本占总成本的71%。所以制定良好的薪酬管理制度不仅能够降低人力成本，还可以提高收入。从这个公司的成本构成中可以看到，职能部门的人力成本接近9万元，可以通过精简人员的直接方法降低人力成本。

2）减少其他不必要的成本支出：天天出行项目的福利费用总和为11.8万元。而这个项目是7×8小时的工作，所以可以考虑减少宿舍数量，同时去掉班车福利。也可以将福利补贴费用去除，将这笔费用投入员工的奖励激励中去。

3）制定预算制度：在成本核算表中我们可以看到有很多不确定当月是否发生的费用，比如差旅费、宴请费等。所以建立一个严谨的预算审批制度可以良好地把控每月的费用支出，从而控制成本。

4）制定各项审批制度：严格的审批制度也是控制成本的有效方法。

（2）效益提升要素

1）制定科学的薪酬绩效管理制度：科学的薪酬绩效管理制度可以鼓励先进、鞭策后进，打造多劳多得的企业文化。

2）制定高效的质量管理制度：项目运营质量直接影响着KPI达成，也就直接影响项目收益。高效的质量管理制度可以提高项目运营指标、提升收益，同时也能够提高客户满意度。

3）建立培训体系：呼叫中心70%以上是人力成本，人员培训合格率的提升就是为项目创造收益。

4）合理控制人员流失：通过团队建设、组织能力提升培训、创造良好的企业文化氛围，都是有效降低人员流失的方法。

## 必备知识

呼叫中心的使命就是要做到客户满意、员工满意、企业满意。客户满意是核心的使命，也是呼叫中心存在的基本原因。员工满意也很重要，这不仅关系着呼叫中心的服务质量，也关系着企业的社会责任。企业满意则要在客户和员工满意的基础上，做到合理、有效的成本控制。

成本控制很重要，如果不计成本，获取客户满意和员工满意的管理工作将毫无技巧和能力可言，这是一个再简单不过的道理。但纵观社会上的众多呼叫中心，能做到合理、有效的成本控制并不多，这主要因为呼叫中心所属的呼叫中心行业有一定的专业性和闭合性，企业高层领导和人力、财务等部门往往不具备呼叫中心管理的专业性知识，无法有效考评呼叫中心绩效水平。很多企业为了解决这个问题，要么设置一个客服总监的高层管理职位，他需要具备考评客服中心绩效水平的能力；要么需要外聘咨询公司来监管，但这无疑又增加了很多成本。

近几年，呼叫中心在我国发展迅速，已经有越来越多的企业认识到呼叫中心的作用，纷纷自建或外包呼叫中心，然而对于这些已经运作的呼叫中心，无论是自建型的还是外包型的，都会面临着相同的困扰——如何有效降低成本。呼叫中心面临的成本主要有人力成本和通信成本。如何使呼叫中心收到最大的效益是同行业面临的主要问题，同时也是所有呼叫中心目前急需要解决的。

本任务的主题是成本与效益，在日常运营管理中，有效地降低成本也是另一种效益的提升，所以着重讲解成本控制。

### 1. 呼叫中心成本构成

呼叫中心成本从时间点划分可分为初建成本和运营成本。

1）初建成本：场地初建成本、设备初建成本、系统初建成本、网络初建成本、办公家具用品初建成本、各类手续办理和专属号码审批等成本。

2）运营成本：话费、人力成本、场地日常成本、耗材成本、设备和各类用品的维修折旧成本、系统维护成本等。

初建成本一般为一次性投资，鉴于呼叫中心往往已经建立而且初建成本在很大程度上取决于企业的定位，所以本书不做深入分析。

### 2. 如何有效控制成本

（1）人力成本控制

在呼叫中心里，大约有 75%的运营成本是与人力资源成本有关的，所以控制成本首先应该从“人”开始，这主要包括人才招聘、培训、减少员工流失率、提高员工利用率。

1）设计合理的架构。首先，呼叫中心架构要考虑前后线的合理比例，还有领导级的合理占比。根据呼叫中心行业国际标准，座席代表与班组长的比例应该是 15:1，主管与经理的比例是 6:1。香港的一项同类研究的结果也与此颇为相似，研究发现，呼叫中心优秀员工的比例为：座席代表占 87%，主管占 9%，经理级以上占 2%，其他管理人员占 2%。以上这些较规范的配比，可以为设计呼叫中心架构提供借鉴和参考。

其次，呼叫中心管理架构需要考虑具体需求，一般需要 1 名总经理的职能，下面分设业务运营、质检管理、人力资源、系统支持、客户关系管理（根据需要设置）这五项职能。再往下就是具体的座席代表队伍，座席代表一般 10～15 人编为一支团队，设 1 名班组长。具体的岗位需求量要根据呼叫中心规模、业务属性等情况进行设置。

最后需要特别指出的是，呼叫中心人力成本浪费最容易出现在多余的管理岗位上，这部分成本需要企业高度重视。

2）人才招聘。对于呼叫中心人才招聘，我们不仅应该关注应聘人员的综合素质，还要关注应聘人员的胜任性，并结合本中心的实际情况。“我们需要什么样特质的人”，以此来制定合理的招聘标准，从而招聘到最适合本岗位的人才，因为这样才能有效地降低后期的人才流失率。

呼叫中心招聘的员工最好以应届毕业生为主，减少社会人才招聘压力。管理人员需要在原有人员中选拔，自行培养，这样能大大减少管理人员的流失率。如果招聘同行业或者招聘有工作经验的管理人员，那么所需要的人力资源费用相对较高，这样也不稳定。此外，每年招聘时可采用集中招聘、集中培训的方式进行，也可大大减少每次的招聘及培训费用。

3）完善薪酬、福利体系。在同行业中提供有竞争力的薪酬水平，采用低工资高奖金的薪酬福利体系。表现优异的员工，相应的收入也较高，这能充分提高员工的工作积极性。

4）通过排班和现场管理提高座席代表利用率。座席代表数量基本固定后下一步工作就是要合理、有效地提高座席代表利用率。

绝大部分呼叫中心都需要排班，设置多少个班次，每个班次安排多少名座席代表是一项专业性工作。总体来说，无论采用经验预测还是采用 Erlang－C 公式推算，都需要以 SLA（服务等级协议指标）作为目标来合理安排。

另外呼叫中心还有一个“关键少数”的现象，即如果从 0 开始逐个增加座席代表数量，在座席代表数量达到第一个零界点前 SLA 始终在极低的范围内（如 15%）且增加缓慢，突破第一个零界点后每增加 1 名座席代表就能带来大幅的 SLA 增加，1 名甚至可增加近 15%。到达第二个零界点后 SLA 趋于稳定，之后再增加座席代表，SLA 提升的幅度特别小，可能不超过 0.5%。那么两个零界点中间增加的座席代表数量就被称为“关键少数”，对于一个 100 名座席代表的呼叫中心来说“关键少数”可能是 8～10 名座席代表，所以在班次座席代表数量固定的情况下呼叫中心的现场管理就显得十分重要，尤其在话务高峰时段每缺少 1 名座席代表，服务质量的下降都非常明显。

5）减少员工流失率。目前呼叫中心座席代表的流失率较高，这是呼叫中心行业很普遍的现象。而员工一旦流失，公司就要补充新人。一名新员工，从招聘、岗前培训、在线指导，直到能独立上线，至少也需要几个月的时间。如果员工流失率较高，会使人员招聘及培训费用大大增加，并且新人多时，其服务质量及客户满意度也会大大降低。

呼叫中心减少员工流失率的主要办法有：首先，建立有效的激励体系。主要的激励措施有绩效加分、荣誉称号、培训加分、岗位晋升。例如：可以每月按照应答电话量、通话时间、质量监控成绩等客观指标对员工进行“星级员工”评比活动，成绩最高的员工可选为星级员工。此外还可以设立“优秀录音”“优秀员工”“优秀团队”等评比活动，这些评比结果均可以记录到员工的个人档案中，在员工晋职、培养、工资晋档、奖金分配等方面优先考虑。

其次，晋升机制。对于各项考核优秀的员工，可以作为后备管理人员进行一段时间培养，培养结束后根据其对岗位的胜任程度安排不同的岗位。借此机会，激励员工努力学习，自觉提升。

6）提高现有员工业务水平、提高员工利用率。有效地提高员工利用率能够很好地节约人力成本。目前，可通过培养员工的综合素质和技能，采用轮岗的方式，让员工多学习呼叫中心不同岗位所必需的岗位技能，尽量做到每个人都能胜任不同岗位，在需要的时候随时进行岗位调配。

合理安排座席代表数量后还可以通过提高座席代表业务水平的方式来进一步提高员工利用率。这里需要考核的指标是平均处理时长、平均后处理时长和工时利用率等。

平均处理时长：代表座席代表平均每通电话与客户沟通的时长，因为有大量数据统计作为基础，可以不考虑小部分意外事件，所以座席代表沟通技巧越娴熟，平均处理时长就越短。

平均后处理时长：绝大部分业务在挂断客户电话后仍需要进行一些系统操作等后续工作，结束后才可以接进下一通电话。座席代表的业务操作能力越强，平均后处理时长越短。

工时利用率：各呼叫中心统计口径不一，工时利用率的考核还要兼顾座席代表培训、开会、吃饭、小休、上厕所等，但从考核角度来看更适合的计算方法应该是在一定时间段内，工时利用率=（座席代表总处理时长+总后处理时长）/班次工作时长。一般来说工时利用率可以代表座席代表工作的勤奋程度，但工时利用率不应要求过高，这样既不人性，也容易增加座席代表压力，不利于呼叫中心长期发展。上述计算方法的工时利用率应以 70%为目标更为妥当。

上述指标考核仅是评估方法，具体的改进工作应该由管理者通过培训管理、人员管理、质量管理、文化建设、绩效管理等手段去提高呼叫中心整体工作效率，这些工作实质上是呼叫中心管理最重要的工作和最长期的工作。

7）完善的培训体系。水平越高、越有经验的员工处理客户联络请求的用时越短。这也是为什么高流失率对呼叫中心所造成的损失是巨大的。完善的培训体系为降低人力资源成本起到了较大的作用。一些呼叫中心采取自己招聘员工自己培养的方式，因此一套完善的培训体系是必不可少的。例如，公司拥有丰富的培训教材、完善的试题库、精干的讲师团队，相应的培训体系越完善，对于培养新员工所需要的时间也将大大减少。当然呼叫中心要定期全面回顾和审核自己的招聘标准、培训体系，确保向一线岗位输送合格的人才。对于在岗的员工，呼叫中心要定期审核自己的激励制度、员工满意度情况，确保员工的工作积极性；还要通过质量监控，不断发现每个员工的不足，通过辅导和培训促使其改进与整体的技能水平差距，并通过相应的附加培训以及针对性的调整培训计划加以弥补。

那么，如何评估呼叫中心人力成本控制效果呢？

① 审视管理岗位的人力成本。首先，企业需要考察呼叫中心行业的总体水平，结合企业自身定位来合理制定各管理岗位的薪酬水平。

其次，企业需要参考本书之前提到的呼叫中心员工标准比例来检查企业的呼叫中心是否存在管理岗位冗余的现象。

最后，企业需要根据自身愿景并结合呼叫中心各项 KPI 来为呼叫中心各管理岗位设计合理的绩效考核机制。

② 关注 KPI。呼叫中心各项 KPI 的测量都具有真实性，企业可以直接观察 KPI 情况来评估呼叫中心是否存在人力成本浪费。

下面列举几项 KPI 的分析方法作为参考：

a. SLA：行业内普遍认可将 SLA 控制在 80%以上，可理解为客户基本不会产生“电话难打”的心理感受。如果企业非常想追求更高的服务质量，可将 SLA 控制在 85%～90%，但尽量不要高于 90%，坚决不能高于 95%，因为 SLA 一旦过高肯定会导致大量的成本浪费，越高浪费越严重。SLA 对客户满意的贡献不会超过 30%，更多的客户满意来源于座席代表的沟通技巧和业务技能。

b. 接通率：这项指标其实和 SLA 是相互映射的，当 SLA 达到 80%时接通率一般会在 90%以上，当 SLA 达到 90%时接通率一般会在 96%左右，而且接通率更像是以企业为核心的指标，SLA 更像是以客户为中心的指标，接通率的表达内容也不如 SLA 丰富，所以应更多关注 SLA，接通率仅作为辅助参考。

c. 工时利用率：需要与 SLA 和呼叫中心其他管理工作进行合并分析，如以一个月作为统计时间段，当 SLA 达到 80%时工时利用率控制在 75%左右更为妥当，当 SLA 达到 90%时工时利用率控制在 65%左右更为妥当。如工时利用率过高则代表座席代表压力过大，且座席代表得不到培训、活动等机会；如工时利用率过低则代表座席代表非工作时间过多，可考虑减少座席代表数量或安排更多的技能培训等辅助管理工作。

d. 平均处理时长：企业需要将此项指标进行同比和环比，同时考虑业务内容是否有改变。如果业务内容无改变，平均处理时长应有降低的趋势，如果没有则代表呼叫中心管理工作有欠缺。有一种情况例外，即呼叫中心早已走上正轨且其他所有指标均合理且优秀，这种例外情况不会太多，我们应该相信“管理总会做些什么”。

e. 客户满意度：客户满意度是对呼叫中心工作的最有效体现，可想而知，如果客户不满意，即使 SLA 等指标再优秀，呼叫中心的工作也是无用的，这本身就是最大的浪费。但客户满意度是一项很难测量的指标，现有的测量方式都无法有效体现，呼叫中心的客户满意度主要来源于 SLA、FCR、座席代表沟通技巧和座席代表业务技能。

f. FCR：首次解决率代表客户的诉求是否能通过一次沟通就得到有效解决。世界上很多专业咨询机构都做过统计分析，发现呼叫中心客户满意度第一来源就是 FCR，而且较高的 FCR 也代表流程的减少、代表成本的节省。

g. 投诉率、质检监控分数水平：企业可以通过这两项指标来简单评估呼叫中心座席代表整体的沟通技巧和业务技能的水平，以此来推断客户满意程度，检查呼叫中心管理工作的有效程度。

③ 统计分析两个平均成本指标。企业还可以统计一个月或一年中呼叫中心平均每通电话的成本和平均每名客户的服务成本，再将这两项指标进行月度或年度比较，以此来分析呼叫中心绩效的增减。

以年为例，首先计算呼叫中心的总体运营成本，这就要把上文介绍过的所有客服中心运营成本构成都计算在内。然后用总体运营成本除以全年的通话总量，就得出一年中呼叫中心平均每通电话的成本，这里需要注意的是，通话总量包括呼入和呼出两部分。同时，全年运营成本除以企业全年面向的客户总量，就得出一年中呼叫中心平均每名客户的服务成本。

这两项指标除了可以对比呼叫中心阶段性工作的进步，还可以直观地让企业感受其客户服务的单位成本，可以为企业整体的产品设计、价格设计、市场营销、服务规划等工作提供有效的参考。

（2）通信成本控制

1）提高首次解决率。首先，首次解决率在节约运营成本、提高客户满意度方面有极为重要的地位。据估计，行业内呼叫中心有 25%～30%的运营成本花在类似的重复呼叫及升级投诉处理上。针对提高首次解决率可以通过以下几种方式：

① 提高座席代表处理问题能力。为提高座席代表处理问题的能力，在培训过程中，要

重视倾听技巧和对客户需求准确把握能力的培训，以及根据客户需求及时帮助客户解决相应咨询问题能力的培训。

② 合理设计知识库。座席代表赖以生存的工具就是知识库，而知识库设计是否合理，查询是否便捷则直接影响到座席代表的效率。知识库的完善、维护，并保证把新的信息及时传达一线座席代表是很关键的。呼叫中心可以开发独立的内部网页，很多业务知识在网页上挂出，座席代表能够在第一时间查到相关准确信息，为客户提供答复。座席代表解决问题的时间缩短了，相应地接的电话量多了，成本也随之降低。

③ 优化路由选项。通过不断优化语音菜单及路由选项，减少客户的错误理解和选择，使客户能够准确接入相应的队列或技能组。

2）设置简洁的 IVR 流程。合理清晰的 IVR 提示及路由分配可以有效提高服务的针对性和准确性，降低转接率及错误率，从而提升处理速度。而运行稳定的桌面系统，内容完备、及时、查询方便的知识库系统也可以帮助座席代表迅速解决客户的问题，提高首次解决率，缩短平均处理时间。

3）自助服务。提倡客户通过网上、App 等方式自助解决问题，减少人工咨询量，这也可以有效降低成本。

## 任务拓展

**实训任务：**北京华唐锦程服务外包有限公司又承接了一个外呼项目，请结合该公司整体情况并根据外呼项目描述，制作一份该公司外呼项目成本核算表。

**任务形式：**每个人独立完成，提交 Excel 文件。

**任务时限：**30 分钟。

**项目背景：**

（1）电信增值类业务，外呼给客户销售 4G 套餐升级为 5G 套餐。

（2）销售成功一单甲方结算金额为 298 元。

（3）甲方提供数据，数据接通率大约为 60%。电话费由北京华唐锦程服务外包有限公司承担，0.9 元/分钟。

（4）甲方要求每人每天数据处理量不得少于 180 条，低于 180 条高于 160 条，结算金额×95%，低于 160 条，结算金额×90%。

**任务结果：**

（1）制定项目成本核算表，要求是明细表，有详细核算过程。

（2）找到收支平衡点，测算出每人每天至少成单多少个。

（3）外呼项目引入后，原有的天天出行项目成本是否有变化？

# 任务二　呼叫中心薪酬与绩效管理

## 任务情景

**花花经理：**戴经理你好，我今天准备和你一起讨论制定天天出行项目的薪酬和绩效考核制度，作为人力资源部经理，我想先听听你的想法。

**戴经理：**花花经理你好，我也正想和你沟通这个事情，我的专长是做人力资源管理，可以在薪酬结构上提出专业建议，但是绩效考核方面还是需要听你的建议，毕竟呼叫中心业务的考核指标我是外行。薪酬制定方面，我希望做一种鼓励多劳多得的制度，避免固定工资导致员工工作不积极的情况出现。同时还要考虑到公司收益。

**花花经理：**是的，我的思路基本和你一样。那咱们就开始商量起草吧。

**戴经理：**好的。

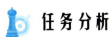

## 任务分析

呼叫中心薪酬与绩效管理是呼叫中心运营管理的核心之一，科学严谨的薪酬制度在有利于合理控制成本的同时，还能增强公司的凝聚力，建立稳定的员工队伍，吸引高素质的人才，激发员工的工作积极性，起到“鞭策后进、鼓励先进”的作用。

呼叫中心绩效管理是呼叫中心薪酬管理中非常重要的一环，是激励员工、有效管理员工的直接手段。通过绩效管理，提高员工工作积极性，提升呼叫中心服务质量。座席代表所表现出来的服务质量，代表客户对于呼叫中心的评价，也代表客户对呼叫中心所服务的企业品牌和产品的评价，是企业长远发展、维系客户、取得长远发展的保障。

相对于一般型企业管理来说，呼叫中心作为人力密集型企业，其绩效管理更强调数字化管理，绩效指标具有可量化的数据，并能够通过数据进行分析从而提升改善绩效指标、提升服务质量。

本任务主要结合天天出行项目讲解呼叫中心的薪酬结构设计原理、如何结合 KPI 设计绩效管理制度，要求学生能够独立设计薪酬管理制度，并能够找到改善绩效的关键因素。

## 任务实施

### 1. 第一步：认识薪酬结构

呼叫中心企业常见的薪酬结构为：基本工资+岗位工资+绩效工资+福利补贴+奖金提成。具体分析说明如下：

（1）基本工资

基本工资金额的设定通常参考本地最低工资标准，在最低工资标准之上进行设定，不同岗位、不同级别的基本工资还要参考该地区同行业的工资待遇进行设定。基本工资的发放与员工考勤相关联。

（2）岗位工资

岗位工资通常从管理角度考虑设定，即不同岗位、不同级别设置相应的岗位工资，同一岗位也可以设定不同级别的岗位工资，用以区别同一个岗位不同个体能力差异。

（3）绩效工资

绩效工资与该岗位的岗位职责紧密联系，通常通过 KPI 达成进行绩效考核。绩效工资一般设计为总工资的 40%～45%，设计绩效工资占比的时候后通常不考虑福利补贴和奖励提成。

（4）福利补贴

福利补贴指为项目中各个岗位设立的手机通信费、用餐补贴、交通补贴、夜班补贴、防暑降温等费用，其中用餐补贴、交通补贴的发放与员工考勤相关联。通常 7×24 小时的呼叫中心业务会设立一项夜班补贴，即上夜班的员工会获得夜班补贴，夜班补贴的金额设定在10～30 元。

（5）奖金提成

一般来讲，销售型呼叫中心企业或销售类呼叫中心项目在进行薪酬设计时会将奖金提成作为重要的组成结构，目的是鼓励多劳多得。

呼叫中心的薪酬设计应该围绕岗位开展，参照科学、规范的岗位管理体系，通过对岗位进行科学的评价，结合本地薪酬调查以及员工的能力进行评价；还要考虑企业的综合实力，如实际经营状况以及支付能力等因素，最终确定岗位薪酬方案。该薪酬结构设计可以展示岗位和能力的一致性、员工在岗位上的创造性以及岗位的价值性。

### 2. 第二步：制定薪酬结构基本制度

花花根据各薪酬结构的特点，结合天天出行项目的实际情况，制定了天天出行项目薪酬管理制度（见表 6-2-1）。

表 6-2-1　天天出行项目薪酬管理制度（各岗位薪酬结构）

| 文件名称 | 文件编号 | 文件版本号 | 密级 | 文件编制 | 批准人 | 文件生效日期 |
|---|---|---|---|---|---|---|
| 天天出行项目薪酬管理制度（各岗位薪酬结构） | HT-DD01 | 1.0 | A | 运营管理部 | 总经理 | 2021-07-07 |

## 天天出行项目薪酬管理制度
## （各岗位薪酬结构）

公司名称：北京华唐锦程服务外包发展有限公司

编写部门：天天出行项目运营管理部

**1　总则**

1.1　为规范天天出行项目（以下简称“项目”）薪酬绩效管理工作，建立科学、系统、公正的薪酬管理体系，构建“奖励先进、鞭策后进”的用人机制，提高员工工作积极性，根据《中华人民共和国劳动法》《中华人民共和国劳动合同法》的相关规定，结合公司实际情况，特制定本制度。

1.2　项目实行“密薪制”，呼叫中心员工负有保守薪酬秘密的义务。

1.3　本制度在客观评价岗位价值和充分调查行业企业薪酬水平的基础上，基于员工技能和工作绩效确定员工的薪酬，薪酬体系遵循以下原则：

1.3.1　满足一个前提，即满足公司财务支付能力的要求；

1.3.2　注重两个公司，即内部公平与外部公平：外部公平是薪酬水平与行业其他企业相比要有竞争力，内部公平是指公司内部薪酬水平要体现岗位价值和个人技能；

1.3.3　实现三项匹配，即个人基准薪酬与岗位相对价值相匹配、个人薪酬与工作绩效相匹配、薪酬总额与公司效益相匹配。

1.4　本制度由北京华唐锦程服务外包发展有限公司制定，公司运营负责人有修改、解释权。本制度由总经理审批通过后发布施行，并向项目全体员工公示。

续表

**2　薪酬结构**

2.1　薪酬结构见下表。

单位：元

| 岗位名称 | 级别 | 基本工资 | 岗位工资 | 饭补 | 交通补 | 全勤奖 | 绩效工资 |
|---|---|---|---|---|---|---|---|
| 运营经理 | — | 8 000 | 4 000 | 15 元/天 | 200 | — | 8 000 |
| 运营主管 | — | 7 000 | 2 000 | 15 元/天 | 150 | 300 | 6 000 |
| 班组长 | — | 3 800 | 1 000 | 15 元/天 | 100 | 250 | 3 200 |
| 培训专员 | — | 3 800 | 1 000 | 15 元/天 | 100 | 250 | 3 200 |
| 质检专员 | — | 3 800 | 1 000 | 15 元/天 | 100 | 250 | 3 200 |
| 座席代表 | 初级 | 2 500 | 200 | 15 元/天 | 100 | 200 | 1 800 |
| | 中级 | 2 500 | 400 | 15 元/天 | 100 | 200 | 2 000 |
| | 高级 | 2 500 | 600 | 15 元/天 | 100 | 200 | 2 400 |

2.1.1　天天出行项目呼叫中心薪酬由基本工资、岗位工资、绩效工资、各类补贴四部分组成。

2.1.2　工资按照级别进行划分，级别评定根据每月实际表现，结合本制度进行评定。

2.1.3　公司结合业务发展和员工表现情况设置奖金。

2.2　饭补核算说明：饭补金额 15 元/天，根据实际出勤天数核算。

2.3　交通补核算说明：当月满勤获得交通补，当月未达到满勤要求，根据实际出勤天数核算，例如：当月工天为 22 天，实际出勤为 20 天，则座席代表交通补核算方式为 100/22×20=90.9 元。

2.4　全勤奖说明：

2.4.1　当月满勤获得全勤奖金；

2.4.2　当月出现事假、病假、旷工情况不予发放全勤奖；

2.4.3　当月出现 2 次（含）以上的迟到、早退、换班情况不予发放全勤奖；

2.4.4　公司安排的倒休、调休情况不考虑在内。

**3　评级办法**

项目一线员工分为初级、中级、高级三个级别，现对评级办法规定如下：

3.1　升降级制度。升降级每月考评，考评升降级的核心指标为当月绩效达成比和当月出勤两个指标，绩效达成比为实际获得绩效工资/岗位绩效工资×100%。如张三为初级员工，岗位绩效工资为 300 元，当月实际获得绩效工资为 270 元，当月绩效达成比值为 270/300×100%=90%。

各级别升降级标准见下表。

| 级别 | 当月绩效达成比 | 当月出勤 |
|---|---|---|
| 初级 | 95%～90% | 全勤 |
| 中级 | ≥95% | 全勤 |
| 高级 | ≥98% | 全勤 |

3.1.1　初级员工当月绩效达成比≥95%且全勤，次月升为中级；

续表

| |
|---|
| 3.1.2 中级员工当月绩效达成比≥98%且全勤，次月升为高级；<br>3.1.3 高级员工当月绩效达成比≥98%且全勤，不再升级；<br>3.1.4 各级别当月绩效达成比同样视为降级条款，当月绩效达成比和当月出勤两者同步考核，如当月绩效达成比达标，但并未做到全勤，次月降级。<br>3.2 其他说明：<br>3.2.1 试用期员工参与绩效考评，但不参与评级，试用期结束转正后定为初级，转正后第二个月参与评级；<br>3.2.2 初级员工评级后降级情况处理办法：第一次降级按照原级别相关制度进行评定，即初级员工张三3月评定结果为降级（低于90%），4月份仍为初级员工；连续两次降级，则绩效工资整体为0；连续3次降级则返岗培训，培训期间只发放基本工资，如甲方不允许返岗培训，则直接开除。<br>**4 其他说明**<br>4.1 试用期员工基本工资为初级基本工资的80%，享受餐补、交通补、全勤奖待遇，且参与绩效考核。<br>4.2 本制度为试行版，公司有权根据项目运营进展情况进行合理化修改调整。<br>4.3 绩效工资考评办法会根据不同运营阶段需求进行调整，调整内容包括绩效工资额度、指标项增减、指标项考评标准等。 |

### 3. 第三步：设计绩效考核制度

建立规范、科学的绩效考核体系，有效实施绩效考核，能够整合并激活人力资源管理的各项职能活动，形成强大的内驱力和拉动力，通过持续的、动态的、双向的绩效沟通，能够不断地改善员工个人的绩效，最终实现企业整体绩效的提升。

绩效考核的方法很多，有360°考核法、目标管理法（MBO）、全方位考核法、关键绩效指标法（KPI）、平衡计分卡法等，就绩效考核的方法而言，没有优劣之分，只有适用之别，没有适合一切目标的通用考核方法。呼叫中心通常采取KPI法，其中重要的是确定绩效考核的指标结构体系、权重体系，也就是在众多的KPI中找到最重要的KPI，同时设定每一个KPI的权重比例。

在本案例中，我们需要根据天天出行项目的指标要求（协议中所描述的天天出行科技有限公司对项目的指标要求）中找到符合考评员工的KPI。天天出行项目的指标要求见表6–2–2，下面我们来进行分析。

表6–2–2 天天出行项目的指标要求

| 指标名称 | 考核标准 | 考核占比 | 备注 |
|---|---|---|---|
| 接通率 | 90% | 30% | 1. 任一指标未达标扣当月服务费1%；<br>2. 最高扣除比例6%；<br>3. 连续2个月不达标，甲方有权提前终止合同并不承担任何责任；<br>4. 考核方案自合同生效第2个月开始执行 |
| 服务水平 | 80%/30秒 | 15% | |
| 满意度 | 98% | 15% | |
| 质检合格率 | 90% | 5% | |
| 人均小时电话处理量（CPH） | 13 | 10% | |
| 首次解决率（1–升级量÷接通量×100%） | 95% | 25% | |

从表 6-2-2 中可以看出，无法考核到个人的指标有接通率和服务水平，而满意度、质检通过率、CPH、首次解决率都可以考量到个人。那么是不是天天出行项目的绩效指标就选择可以考量到个人的这四个指标呢？当然不是。我们可以看到接通率和服务水平在考核占比中一共占了 45%，这说明接通率和服务水平是很关键的结算考核指标，这两个指标能否达成，不仅决定着服务费用的结算，更影响项目能否持续经营下去。这就需要我们找到影响接通率和服务水平的其他指标来对座席代表进行考量。

那么哪些指标会影响接通率和服务水平呢？在不考虑排班合理性和座席代表数量是否充足的条件下，直接影响到个人的因素往往是一些时效性的指标，比如平均处理时长、事后处理时长、小休时长等，改善这些指标都可以提高接通率和服务水平。

我们再来分析满意度、质检合格率、CPH、首次解决率这四个可以考量到个人的指标是否适合纳入 KPI 中。满意度是其他指标不可替代的指标，通常都会纳入 KPI 中。质检合格率是绩效指标中最关键的，同样要纳入 KPI 中。CPH 指标很重要，但是平均通话时长和事后处理时长如果达标，CPH 自然也就会达标，所以 CPH 可以不纳入 KPI 中。首次解决率考量的是座席代表对于业务的掌握熟练程度以及沟通能力，首次解决率低可以通过业务和能力培训进行提升，也可以通过质检制度进行管理。是否将首次解决率纳入项目的 KPI 中还要根据项目运营的阶段来进行确定。基于以上分析，座席代表的 KPI 基本可以确定选择范围是平均处理时长、事后处理时长、小休时长、满意度、质检合格率、首次解决率。

那么班组长和主管的 KPI 该如何选择？首先我们可以了解到，班组长和主管作为管理者，主要目的和责任是要带领团队达到整体项目的考核指标。也就是说，除了考量个体的指标，还要融入团队的指标考核，也就是项目的指标考核，同时还要融入一些非呼叫中心运营指标的管理指标加以考核。一切指标选择的目的都是以公司利益最大化为基本原则，那么就要考虑引入哪些指标才能够帮助提高收益、减少支出、提高项目质量。常见的班组长和主管的非呼叫中心运营指标有员工利用率、员工流失率、出勤率、培训考核合格率等。而对于班组长和主管的运营指标，则可以选择接通率、服务水平、首次解决率纳入 KPI 中。

花花根据各岗位的特点，结合天天出行项目的实际情况，制定了天天出行项目绩效考核办法（见表 6-2-3～表 6-2-5）。

表 6-2-3 天天出行项目绩效考核办法（座席代表试行版）

| 文件名称 | 文件编号 | 文件版本号 | 密级 | 文件编制 | 批准人 | 文件生效日期 |
|---|---|---|---|---|---|---|
| 天天出行项目绩效考核办法（座席代表试行版） | HT-DD04 | 1.0 | A | 运营管理部 | 总经理 | 2021-07-07 |

**天天出行项目绩效考核办法**
**（座席代表试行版）**

公司名称：北京华唐锦程服务外包发展有限公司

编写部门：天天出行项目运营管理部

续表

**1　绩效工资考核办法**

1.1　绩效工资考量质检合格率、满意度、小休时长、平均事后处理时长、忙碌时长 5 个指标项达成情况，具体占比见下表。

| 指标项 | 绩效占比 | 初级绩效 | 中级绩效 | 高级绩效 |
|---|---|---|---|---|
| 质检合格率 | 30% | 90 | 150 | 240 |
| 满意度 | 15% | 45 | 75 | 120 |
| 小休时长 | 20% | 60 | 100 | 160 |
| 平均事后处理时长 | 20% | 60 | 100 | 160 |
| 忙碌时长 | 15% | 45 | 75 | 120 |
| 合计 | | 300 | 500 | 800 |

1.2　质检合格率考核办法。以月度为单位，以甲方质检标准为准绳，以甲方月度质检结果为衡量基础进行质检合格率指标项考量，从而获得该指标项最终绩效工资，质检合格率绩效工资＝考核系数×对应级别绩效工资，考核系数见下表。

| 当月个人质检合格率 | 考核系数 |
|---|---|
| ≥98% | 1.1 |
| 95%≤质检合格率＜98% | 1.0 |
| 90%≤质检合格率＜95% | 0.9 |
| 80%≤质检合格率＜90% | 0.75 |
| 70%≤质检合格率＜80% | 0.6 |
| 质检合格率＜70% | 0 |

1.3　满意度考核办法。满意度＝满意电话数量÷参评电话数量×100%（满意度数据获取渠道为系统）。以月度为单位，对当月个人满意度达成结果进行考量，从而获得该指标项最终绩效工资，满意度绩效工资＝考核系数×对应级别绩效工资，考核系数见下表。

| 当月个人满意度 | 考核系数 |
|---|---|
| ≥99% | 1.1 |
| 98%≤满意度＜99% | 1.0 |
| 95%≤满意度＜98% | 0.9 |
| 90%≤满意度＜95% | 0.8 |
| 85%≤满意度＜90% | 0.6 |
| 满意度＜85% | 0 |

1.4　小休时长考核办法。以月度为单位，以系统核算的当月个人平均每天小休时间为衡量标准，从而获得该指标项最终绩效工资，小休时长绩效工资＝考核系数×对应级别绩效工资，考核系数见下表。

续表

| 当月个人平均每天小休时长 | 考核系数 |
| --- | --- |
| ＜40 分钟 | 1.1 |
| 40 分钟≤小休时长≤45 分钟 | 1.0 |
| 45 分钟＜小休时长≤50 分钟 | 0.8 |
| 50 分钟＜小休时长≤60 分钟 | 0.6 |
| 小休时长＞60 分钟 | 0 |

1.5 平均事后处理时长考核办法。平均事后处理时长＝事后处理总时长÷电话接听总量，单位为秒。以月度为单位，以系统核算的当月个人平均事后处理时长为衡量标准，从而获得该指标项最终绩效工资，平均事后处理时长绩效工资＝考核系数×对应级别绩效工资，考核系数见下表。

| 当月个人平均事后处理时长 | 考核系数 |
| --- | --- |
| ＜6 秒 | 1.1 |
| 6 秒≤平均事后处理时长≤8 秒 | 1.0 |
| 8 秒＜平均事后处理时长≤10 秒 | 0.8 |
| 10 秒＜平均事后处理时长≤12 秒 | 0.6 |
| 平均事后处理时长＞12 秒 | 0 |

1.6 忙碌时长考核办法。以月度为单位，以系统核算的当月个人平均每天忙碌时长为衡量标准，从而获得该指标项最终绩效工资，忙碌时长绩效工资＝考核系数×对应级别绩效工资，考核系数见下表。

| 当月个人平均每天忙碌时长 | 考核系数 |
| --- | --- |
| ＜20 分钟 | 1.1 |
| 20 分钟≤忙碌时长≤25 分钟 | 1.0 |
| 25 分钟＜忙碌时长≤30 分钟 | 0.8 |
| 30 分钟＜忙碌时长≤35 分钟 | 0.6 |
| 忙碌时长＞35 分钟 | 0 |

1.7 话量提成规则。以月度为单位，以当月个人接听总电话量（外呼量不计在内）为核算基数，进行对应提成核算，提成规则见下表。

| 当月个人接听总话量 | 对应提成单价 |
| --- | --- |
| 0～1 399 通 | 0 元 |
| 1～1 400 通 | 0.15 元/通 |
| 1 401～1 749 通 | 0.2 元/通 |
| 1 750～2 249 通 | 0.25 元/通 |

续表

续表

| 当月个人接听总话量 | 对应提成单价 |
| --- | --- |
| 2 250 通以上 | 0.45 元/通 |
| 注：以上提成为阶梯式提成，举例说明如下。<br>例 1：员工张三当月接听电话总量为 2 992 通，其个人提成核算如下：<br>1 400×0.15+（1 750－1 400）×0.2+（2 250－1 750）×0.25+（2 992－2 250）×0.45=738.9（元）<br>例 2：员工张三当月接听电话总量为 1 399 通，则无话务提成。 | |

**2　其他条款**

2.1　本制度为试行版，公司有权根据项目运营进展情况进行合理化修改调整。

2.2　绩效工资考评办法会根据不同运营阶段需求进行调整，调整内容包括绩效工资额度、指标项增减、指标项考评标准等。

**表 6-2-4　天天出行项目绩效考核办法（班组长试行版）**

| 文件名称 | 文件编号 | 文件版本号 | 密级 | 文件编制 | 批准人 | 文件生效日期 |
| --- | --- | --- | --- | --- | --- | --- |
| 天天出行项目绩效考核办法（班组长试行版） | HT－DD03 | 1.0 | A | 运营管理部 | 总经理 | 2021－07－07 |

## 天天出行项目绩效考核办法
## （班组长试行版）

公司名称：北京华唐锦程服务外包发展有限公司

编写部门：天天出行项目运营管理部

**1　绩效工资考核办法**

1.1　绩效工资考量班组当月员工利用率、质检合格率、满意率、服务水平、首次解决率、接通率 6 个指标项达成情况，具体占比见下表。

| 指标项 | 绩效占比 | 对应绩效 |
| --- | --- | --- |
| 员工利用率 | 30% | 240 |
| 质检合格率 | 20% | 200 |
| 满意度 | 20% | 160 |
| 服务水平 | 10% | 80 |
| 首次解决率 | 10% | 80 |
| 接通率 | 10% | 40 |
| 合计 | 100% | 800 |

1.2　绩效工资核算公式。应发绩效工资=（班组员工利用率绩效工资×考核系数）+（班组质检合格

续表

率绩效工资×考核系数)+（班组满意度绩效工资×考核系数)+(班组服务水平绩效工资×考核系数)+(班组首次解决率绩效工资×考核系数）+（班组接通率绩效工资×考核系数)。

1.3　员工利用率考核办法。员工利用率=(处理总时长+事后处理总时长)/(登录总时长−培训总时长−用餐总时长−小休总时长)×100%。以月度为单位，以该班组当月员工利用率结果为考量标准，从而获得该指标项最终绩效工资，考核系数见下表。

| 当月班组员工利用率 | 考核系数 |
|---|---|
| ≥85% | 1.1 |
| 80%≤员工利用率<85% | 1.0 |
| 75%≤员工利用率<80% | 0.9 |
| 70%≤员工利用率<75% | 0.7 |
| 员工利用率<70% | 0 |

1.4　质检合格率考核办法。以月度为单位，以甲方质检标准为准绳（内部质检结果不计在内)，以甲方月度质检结果为衡量基础进行质检合格率指标项考量，从而获得该指标项最终绩效工资，考核系数见下表。

| 当月班组质检合格率 | 考核系数 |
|---|---|
| ≥98% | 1.1 |
| 95%≤质检合格率<98% | 1.0 |
| 90%≤质检合格率<95% | 0.9 |
| 80%≤质检合格率<90% | 0.6 |
| 质检合格率<80% | 0 |

1.5　满意度考核办法。满意度=满意电话数量÷参评电话数量×100%(满意度数据获取渠道为系统)。以月度为单位，对该班组当月满意度进行考量，从而获得该指标项最终绩效工资，考核系数见下表。

| 当月班组满意度 | 考核系数 |
|---|---|
| ≥99% | 1.1 |
| 98%≤满意度<99% | 1.0 |
| 96%≤满意度<98% | 0.8 |
| 90%≤满意度<96% | 0.6 |
| 满意度<90% | 0 |

续表

1.6　服务水平考核办法。以月度为单位，以该班组当月服务水平结果为考量标准，从而获得该指标项最终绩效工资，考核系数见下表。

| 当月班组服务水平 | 考核系数 |
| --- | --- |
| ≥90%/30 秒 | 1.1 |
| 80%/30 秒≤服务水平＜90%/30 秒 | 1.0 |
| 75%/30 秒≤服务水平＜80%/30 秒 | 0.9 |
| 70%/30 秒≤服务水平＜75%/30 秒 | 0.7 |
| 接通率＜70%/30 秒 | 0 |

1.7　首次解决率考核办法。首次解决率 = 1 – 升级量 ÷ 接起量 × 100%。以月度为单位，以该班组当月首次解决率为考量标准，从而获得该指标项最终绩效工资，考核系数见下表。

| 当月班组首次解决率 | 考核系数 |
| --- | --- |
| ≥98% | 1.1 |
| 95%≤首次解决率＜98% | 1.0 |
| 90%≤首次解决率＜95% | 0.8 |
| 80%≤首次解决率＜90% | 0.6 |
| 首次解决率＜80% | 0 |

1.8　接通率考核办法。以月度为单位，以该班组当月接通率结果为考量标准，从而获得该指标项最终绩效工资，考核系数见下表。

| 当月班组接通率 | 考核系数 |
| --- | --- |
| ≥98% | 1.1 |
| 96%≤接通率＜98% | 1.0 |
| 92%≤接通率＜96% | 0.8 |
| 88%≤接通率＜92% | 0.6 |
| 接通率＜88% | 0 |

**2　其他条款**

2.1　本制度为试行版，公司有权根据项目运营进展情况进行合理化修改调整。

2.2　绩效工资考评办法会根据不同运营阶段需求进行调整，调整内容包括绩效工资额度、指标项增减、指标项考评标准等。

2.3　本制度仅适用于天天出行项目，如出现更换项目，以更换后项目的薪酬制度为准。

表 6-2-5　天天出行项目绩效考核办法（运营主管试行版）

| 文件名称 | 文件编号 | 文件版本号 | 密级 | 文件编制 | 批准人 | 文件生效日期 |
|---|---|---|---|---|---|---|
| 天天出行项目绩效考核办法（运营主管试行版） | HT-DD04 | 1.0 | A | 运营管理部 | 总经理 | 2021-07-07 |

# 天天出行项目绩效考核办法
## （运营主管试行版）

公司名称：北京华唐锦程服务外包发展有限公司

编写部门：天天出行项目运营管理部

**1　绩效工资考核办法**

1.1　绩效工资考量项目当月内部质检合格率、首次解决率、接通率、服务水平、客户满意度五个指标项达成情况，具体占比见下表。

| 指标项 | 绩效占比 | 对应绩效 |
|---|---|---|
| 质检合格率 | 20% | 300 |
| 员工利用率 | 20% | 240 |
| 甲方指标达成占比 | 20% | 240 |
| 员工出勤率 | 15% | 180 |
| 员工流失率 | 25% | 300 |
| 合计 | | 1 200 |

1.2　绩效工资核算公式。应发绩效工资=（当月项目质检合格率绩效工资×考核系数）+（当月项目员工利用率绩效工资×考核系数）+（当月项目甲方指标达成占比绩效工资×考核系数）+（当月项目员工流失率绩效工资×考核系数）+（当月项目员工出勤率绩效工资×考核系数）

1.3　质检合格率考核办法。以月度为单位，以内部质检标准为准绳，以月度质检结果为衡量基础进行质检合格率指标项考量，从而获得该指标项最终绩效工资。试用期员工不在考核范围内，考核系数见下表。

| 当月项目内部质检合格率 | 考核系数 |
|---|---|
| ≥98% | 1.1 |
| 95%≤内部质检合格率＜98% | 1.0 |
| 90%≤内部质检合格率＜95% | 0.9 |
| 80%≤内部质检合格率＜90% | 0.6 |
| 质检合格率＜80% | 0 |

1.4　员工利用率考核办法。员工利用率=（处理总时长+事后处理总时长）÷（登录总时长-培训总时长-用餐总时长-小休总时长）×100%。以月度为单位，以该项目当月员工利用率结果为考量标准，从

续表

而获得该指标项最终绩效工资。试用期员工不在考核范围内，考核系数见下表。

| 当月项目员工利用率 | 考核系数 |
|---|---|
| ≥85% | 1.1 |
| 80%≤员工利用率＜85% | 1.0 |
| 75%≤员工利用率＜80% | 0.9 |
| 70%≤员工利用率＜75% | 0.7 |
| 员工利用率＜70% | 0 |

1.5　甲方考核指标达成考核办法。甲方考核指标标准见下表。

| 指标名称 | 考核标准 | 考核占比 |
|---|---|---|
| 接通率 | 90% | 30% |
| 服务水平 | 80%/30 秒 | 15% |
| 客户满意度 | 98% | 15% |
| 质检合格率 | 90% | 5% |
| CPH | 13 | 10% |
| 首次解决率 | 95% | 25% |

以月度为单位，针对以上 6 个指标的实际达成比进行考核。接通率达成比＝项目接通率÷甲方接通率标准；服务水平达成比＝项目服务水平÷甲方服务水平标准；满意度达成比＝项目满意度÷甲方满意度标准；质检合格率达成比＝项目质检合格率÷甲方质检合格率标准；CPH 达成比＝项目 CPH÷甲方 CPH 标准×100%；首次解决率达成比＝项目首次解决率÷甲方首次解决率标准。以上述 6 个指标达成比的平均值作为考核结果，从而获得该指标项最终绩效工资。试用期员工不在考核范围内，考核系数见下表。

| 当月甲方指标达成比 | 考核系数 |
|---|---|
| ≥99% | 1.2 |
| 98%≤达成比＜99% | 1.1 |
| 97%≤达成比＜98% | 1 |
| 95%≤达成比＜97% | 0.9 |
| 90%≤达成比＜95% | 0.8 |
| 85%≤达成比＜90% | 0.6 |
| 达成比＜85% | 0 |

1.6　员工出勤率绩效系数。以月度为单位，针对迟到、早退、旷工、事假、病假五种情况进行出勤率考评，出勤率＝实际出勤工时÷应出勤工时。例如 A 当月应出勤工时 174 小时，实际出勤 166 小时，出勤率＝166÷174＝95%。迟到、早退、旷工按照当日全体员工实际工时÷当日全体员工应出勤工时计算出勤率，例如：当日全体 100 小时工作量，一名员工迟到 1 小时，当日出勤率＝99÷100＝99%。

其中丧假、婚嫁、长病假不计在内。试用期员工同样考核。

续表

员工出勤率绩效系数见下表。

| 当月项目员工出勤率 | 绩效系数 |
| --- | --- |
| ≥99% | 1.1 |
| 98%≤员工出勤率＜99% | 1.0 |
| 95%≤员工出勤率＜98% | 0.8 |
| 90%≤员工出勤率＜95% | 0.6 |
| 员工出勤率＜90% | 0 |

1.7　员工流失率绩效系数。以月度为单位，员工离职且无法提前一个月申请、员工提前一个月申请离职且无法及时做人员补充、甲方决定某员工脱离项目的离职情况视为员工流失，员工提前一个月申请离职但在该员工离职前及时补充的情况下不计算在内。员工流失率绩效系数见下表。

| 当月项目员工流失率 | 绩效系数 |
| --- | --- |
| ＜3% | 1.1 |
| 3%≤员工流失率＜5% | 1.0 |
| 5%≤员工流失率＜7% | 0.8 |
| 7%≤员工流失率＜8% | 0.6 |
| 员工流失率＞8% | 0 |

**2　其他条款**

2.1　本制度为试行版，公司有权根据项目运营进展情况进行合理化修改调整。

2.2　绩效工资考评办法会根据不同运营阶段需求进行调整，调整内容包括绩效工资额度、指标项增减、指标项考评标准等。

2.3　本制度仅适用于天天出行项目，如出现更换项目，以更换后项目的薪酬制度为准。

## 必备知识

### 1. 呼叫中心薪酬概论

在当前的企业管理体系众多元素中，薪酬体系是最为重要的一种元素，薪酬是企业对员工给予的激励、回报或者酬劳。呼叫中心企业75%以上的成本来源于人力成本，而在呼叫中心运营管理范畴中，企业所面临的最根本、最艰难的一项内容就是薪酬管理。薪酬设计的思路即薪酬战略起到决定性的作用，对薪酬设计以及薪酬管理的实施效果也产生一定影响。呼叫中心运营管理者如果能够将项目特点和人力资源管理进行有效整合，并且达到项目所预期的经营结果，那么就需要科学、合理的薪酬体系作为支撑。

（1）薪酬基本理论

薪酬这个词语来源于美国“Compensation”，意思为平衡、弥补、补偿，潜在的含义是交换。在美国两位权威学者米尔科维奇和纽曼合著的《薪酬管理》一书中，对薪酬的定义是：

员工作为被雇佣方，取得的各种货币收入、实质意义的服务及福利之和。马克思在研究劳动报酬方面的理论认为：劳动报酬是指劳动者提供有效劳动后，根据按劳分配原则而获得的“个人消费品”。可见，薪酬的实质是一种能够进行平等交换的关系，是劳动者通过付出劳动所体现的劳动价值。由此可见，薪酬归根结底就是被雇佣方通过创造劳动价值，从而获得相应回报，也就是被雇佣方通过劳动获取的酬劳。

（2）薪酬体系的基本结构和基本形式

薪酬由非经济性薪酬和经济性薪酬两部分构成。

非经济性薪酬是指不用货币来衡量，但依然能够使员工心理愉悦的一些因素，这些因素由工作本身的内部因素和工作环境等外部因素组成，如获得的一些荣誉、公司组织的团队建设活动、公司提供的技能培训等。

经济性薪酬由直接性经济薪酬和间接性经济薪酬两部分构成。间接性经济薪酬指企业不以直接发放货币的形式向员工发放报酬，但是能给予员工生活或工作上的补助（如免费班车、免费宿舍、免费食堂、五险一金、带薪休假、福利、补助、优惠等）。直接性经济薪酬是企业按照具体标准为员工支付货币薪酬，包括基础工资、绩效工资、股权、奖金、津贴以及红利等。在经济性薪酬中，主要介绍以下 5 种形式：

1）基本工资：是指企业通过现金的方式对员工的劳动价值给予的报酬。基本工资是以工作的技能或价值为主要参照标准，忽略了员工的个体差异。企业在对基础工资进行调整的过程中可能会对以下四点因素进行考虑：一是社会因素以及生活水平的变化等；二是员工对工作薪酬观念的改变；三是员工的工作经验进一步丰富；四是工作技能进一步提高。

2）绩效工资：绩效工资是企业对员工已完成工作产生的成绩和价值的一种认可。绩效工资通常是按照员工的工作业绩而变化的，作为对基础工资的一种补充，所以，该工资是对员工完成工作的奖励和认定。

3）奖金提成：奖金提成是指企业对于员工的超额劳动成绩给予的劳动报酬。奖金是对员工完成超过工作要求所需的任务之后，为了激励员工所给予的报酬，主要用于超出生产或超出直接相关劳动力部分的薪酬。

4）补贴（津贴）：即附加薪酬，用于对劳动方面的酬劳进行补充，主要用于企业为做出特殊贡献或处在特殊岗位的员工发放的补助。尽管补贴（津贴）不是核心内容，只占据总体薪酬水平的一小部分，但在薪酬结构中作为一种补偿不可或缺。

5）福利：福利在薪酬体系中是一个不可替代的重要组成部分，企业通过一些福利待遇吸引、保留以及激励员工。福利是企业员工非常关注的一项薪资报酬，在薪酬体系中起着至关重要的作用。福利是不可替代的，它能够及时反映企业的目标，所以，员工的福利待遇对企业的长期发展有着至关重要的作用。

（3）薪酬制度设计的基本原则

1）公平性原则。薪酬制度设计者的主要任务是从企业实际情况出发，综合现行的薪酬结构进行公平性分析。公平性原则蕴含两个层面：第一，横向型公平。与公司内外进行同类型比较，横向对相近的岗位进行薪酬比较，如果结果没有过多差额，就被认为是公平的，结果相反的话则认定为不公平。第二，纵向型公平。如果员工都能够得到合理的付出与回报，即为纵向上的公平，反之则视为纵向上的不公平。

2）竞争性原则。薪酬作为企业使用的一种手段，目的是留住员工、吸引员工，因此要具备明显的薪酬优势：一方面，企业支付的薪酬要具有合理性和客观性，这样和其他竞争对手相比就容易吸引员工，招聘到具备实力的技能人才；另一方面，企业支付的薪酬要有优势，这样能够在吸引员工的前提下留住员工。毕竟员工的流失会直接影响项目的运营质量和团队稳定性。呼叫中心企业不能一味地通过提高薪酬待遇来建立优势，建立一个良好的企业文化、建立一个有效的职业生涯规划体系都是可以让企业具备同行业优势的手段。

3）透明性原则。薪酬是以货币形式支付劳动者报酬的一种方式，还能起到激发员工的工作积极性、鼓励员工为企业做出更多贡献的作用。因此，要通过公开、透明的薪酬体系，这个透明性原则并非员工与员工薪酬透明，而是一个优秀的薪酬规划可以让员工清楚企业制定薪酬的方法和原则，以及自己的付出能获得多少薪酬。透明的薪酬体系能够让员工清楚知道自身与企业通过薪酬产生的联系，带动员工的工作劲头，激发员工的潜能，提升员工的工作热情，达到薪酬制定的目的和收到良好的激励效果。另外，企业薪酬的制定一定要和员工的工作成绩挂钩，制定的时候尽量避免其他与工作成绩无关的项目，既可以减少薪酬成本，又能合理、有效地激励员工。

4）激励性原则。企业除了可以通过绩效评估评定员工的薪酬和奖金等，还能达到以下预期：首先，员工可以查找出不足，不断完善自己，提升自己在工作中的表现；其次，良好的绩效考核体系，能够展现出企业的发展战略和展示出员工的发展前景，二者协调发展才能促进企业发展；再次，通过绩效结果，运用正向激励和反向激励的方式对优秀员工和表现不优秀的员工给予奖罚，区别对待。

### 2. 呼叫中心绩效管理

（1）绩效管理的概念与 KPI 的含义

绩效管理是指保证绩效考核顺利实施和绩效考核结果科学性的系统和机制的总称。它是依据组织的战略计划而制定，为了保证组织目标顺利执行的一整套全面的动态的考核与评价体系，它既是管理思想的具体体现，也是考核的具体操作方法。绩效管理是企业绩效管理系统的一个子系统。

KPI 是反映个体与组织关键业绩贡献的评价依据和指标。KPI 是指通过对组织内部某一流程的输入端和输出端的关键参数进行设置、取样、计算及分析，用以衡量流程绩效的一种目标式量化管理指标。

（2）建立绩效考核制度的目的

既然绩效管理是组织运行的关键手段，而绩效考核又是绩效管理的关键环节，那么绩效考核体系就是一个组织必须具备的管理工具。通过建立绩效考核体系并付诸实施，可以使组织有效地了解到目标的达成情况，可以及时发现阻碍组织目标有效完成的原因并予以解决，绩效考核的结果可以为员工的调配和员工的培训与发展提供有效信息。因此，绩效考核是组织十分需要的一项活动，建立系统的绩效考核制度更是组织必不可少的重要活动。

（3）呼叫中心引入 KPI 的目的

KPI 管理在国外呼叫中心是非常普遍的。呼叫中心的运营管理引入 KPI，除了借以建立服务品质管理体系，还可以通过它将外包型呼叫中心引入绩效机制。其目的是：

1）设定明确的服务指标，使员工清楚地知道公司和客户对服务水平和质量的要求。

2）加强管理层和一线员工对服务质量的责任感。

3）帮助管理层客观地评估运作表现，而不是靠主观的感觉判断。

4）利用客观的数据分析问题所在并采取纠正及预防措施。

5）降低运作成本。

引入 KPI 管理的好处是：可以让呼叫中心的管理层更客观和有效地评估呼叫中心管理人员的表现、整体管理素质和运营的效益；同时，呼叫中心管理人员和一线人员也有一个明确的目标作为参照。

（4）设立绩效目标的原则

1）目标导向原则。依据企业总体战略目标设立团队或个人具体目标。

2）SMART 原则。即目标要符合具体的（Specific）、可量化的（Measurable）、可实现的（Attainable）、合理的（Realistic）、有时限的（Time-bound）。

① S（Specific）：指设定目标时要具体明确，尽可能量化为具体数据。

例如，在呼叫中心，如果设定的目标是要提供标准化的服务，那怎样具体明确标准化的服务是什么呢？可以从几个方面去明确，比如座席代表要使用标准化的礼貌用语，使用规定好的标准化的服务流程等。

② M（Measurable）：指设定的绩效目标要可测量、可描述。最好能够量化，这样绩效目标会清晰，否则单靠主管的描述无法进行考评。

在呼叫中心如果设定绩效目标时要提高客户满意度，这个目标就很模糊无法考评，如何才能算作提升了客户满意度，员工并不清楚，无法按照这个模糊的目标去提升绩效，考评时主管也很难判断是否达到了预期目标。因此，在设定客户满意度这样的绩效目标时，可以设定客户满意度达到 90%，这样就非常明确了，考核时也非常容易判断是否达成了预期的绩效目标。

③ A（Attainable）：指可接受的、可实现的目标。不能把过于有难度，肯定无法达成的目标强加给员工，必须设立合理的、可达成的绩效目标才会对绩效考评起到积极有效的作用。

例如，在呼叫中心给座席代表制定绩效目标的时候，如果制定电话首次解决率在一个月内均为 100%，这个目标对于座席代表来说就很难接受，即使接受也很难达成，这样就失去了绩效考核的意义。应该将此目标确定在一个合理且通过座席代表努力改善能够达到的范围内，或者根据座席代表的情况和工作性质，制定得稍具挑战性，但必须是可以达成的范围之内的目标。

④ R（Realistic）：指合理的，在现实状况下可操作的、可实现的、符合资源供给的有效的绩效目标。

例如，在呼叫中心，把服务水平（及时率）从原先的 85/15（85%的电话在 15 秒内接通）提高到 95/10（95%的电话在 10 秒内接通），这个目标其实可以实现，只要在话务量不变的情况下增加座席代表数量就可以，但是相应的成本会提高。这就需要从企业层面进行考虑，是否有必要提高服务水平，提升到这个程度的服务水平是否值得，是否具有可操作性等问题。

⑤ T（Time-bound）：时限性要求，即设定的绩效目标要在什么时候实现。

在设定绩效目标的时候，满足以上几个原则还不够，还必须有时间要求，否则其他一切绩效目标都缺乏有效性。在公司管理中，作为管理者经常会遇到一个问题，就是安排给下属的任务往往不知道什么时候才能收到反馈，很多时候是管理者在部署任务的时候也没有明确时间节点，这就会造成工作效率低下，这也是管理过程中的疏忽和漏洞。

例如，在呼叫中心，绩效目标要求在下班前或者本周星期几几点将质检错误率下降到 1.5%，那么这个时间就是时效性要求。没有时效要求的目标没有办法考核，也会带来考核的不公平，同时会导致上下级质检对目标轻重缓急的认识程度不同，引发质疑和冲突。

3）执行原则。绩效考核能否成功的关键在于执行，所以企业应该形成强有力的执行文化，不断消除在实施绩效考核过程中的各种困难和障碍，使绩效考核真正成为推动企业管理创新和提升效益的有效手段。

（5）KPI 在绩效考核中的应用

1）常见的绩效考核中的 KPI 见表 6–2–6。

表 6–2–6　常见的绩效考核中的 KPI

| 成本指标 | 质量指标 | 生产效率指标 |
| --- | --- | --- |
| 每通电话成本 | 质量分数 | 处理量 • 人$^{-1}$ • 月$^{-1}$ |
| 每分钟电话成本 | 客户满意度 | 员工利用率 |
|  | 重复处理率 |  |
| **座席指标** | **服务水平指标** | **话务指标** |
| 员工利用率 | 平均应答时长 | 平均处理时长 |
| 员工流失率 | 呼叫放弃率 | 事后处理时长 |
| 客户代表占比 | 服务水平 | 首次解决率 |
| 员工任用期 | 平均等待时长 | 自助服务率 |
| 员工满意度 | 平均保留时间 | 转接率 |
| 考勤 | 客户耐心度 |  |
| 培训时间 | 忙线比 |  |
| 遵时率 |  |  |

2）KPI 的价值。了解各项 KPI 的价值，能够帮助管理者快速确定每一个指标所反映出来的信息，从而能够快速地根据项目情况确定绩效考核的 KPI（见表 6–2–7）。

表 6–2–7　KPI 的价值

| 指标 | 价值体现 |
| --- | --- |
| 客户满意度 | 客户忠诚度的驱动因素。满意的客户会产生多次购买，同时也会向更多的人推荐 |
| 员工满意度 | 满意的员工会让缺勤率和员工流失率降低，提高客户满意度及生产效率，以及更好地提高呼叫中心整体绩效 |
| 员工流失率 | 能够反映出呼叫中心正向积极/负面消极的一些因素，过高的流失率将产生较高的成本付出，管理和保持适当的流失率意味着更有经验的员工队伍、较低的平均通话时长、更高的服务质量 |
| 服务水平 | 比较准确地衡量客户的体验，是预算编制及资源规划的关键指标 |
| 平均应答时长 | 与其他指标一起来评估呼叫中心的绩效表现（单一指标不能很好地反映典型的客户经历） |
| 呼叫放弃率 | 与其他指标一起来评估呼叫中心的绩效表现，不提倡独立地看待呼叫放弃率指标 |
| 电话接听质量 | 能够衡量客户服务质量，用来加强和改善培训，识别企业范围内的问题等 |
| 首次解决率 | 作为阶段性指标，具有非常重要的意义，能够提升客户满意度，改善成本效率 |
| 预测准确率 | 准确的业务量预测是业务计划制订、预算编制和人员排班等工作的关键前提 |

续表

| 指标 | 价值体现 |
| --- | --- |
| 工时利用率 | 会对服务水平产生重要影响，是所有呼叫中心都应该重视的核心指标，并可作为座席代表的个人绩效考核指标 |
| 座席占用率 | 对于预算编制和资源计划是很关键的指标，也是影响员工流失的关键指标之一 |
| 平均通话时长 | 精确的 AHT 预测对于资源计划、预算编制、预排培训时间等都是非常关键的 |
| 实际执行与预算对比 | 假设预算的编制是为了满足呼叫中心的运营管理需求，确保运营管理目标的实现以及对企业整体战略的有效支持 |

3）KPI 在应用时需要注意的问题。一些 KPI 具有相互关联的绩效驱动因素。比如，通过对客户满意度的驱动因素进行分析，发现首次解决率是呼叫中心测量指标里与客户满意度关系最为密切的，同时，提高首次解决率也是降低运营成本的最佳方法之一。

除了指标之间的相互关联，还有一些成反比关系的指标，服务水平与座席占用率之间就存在这样的关系。提高服务水平，意味着增加人员，让更多的人员来处理和完成同量的工作，结果是每人都不会很忙，座席占用率也就比较低。同样，如果提高座席占用率，意味着减少人员投入，结果是每个人都要做更多的工作，减少空闲时间，但是这样一来会影响服务水平，恶化下去，就会导致员工流失率的提高。由于两者之间是成反作用的，所以不能期望同时改善这两个指标，甚至不能在保持一个指标不变的情况下，改善另一个指标。在进行人员配置和排班，以及设定服务水平时，应确保对座席占用率指标的关注，并找到某种平衡。

此外，许多指标之间也存在着潜在的冲突，比如强调平均处理时长，直接影响通话量，使客户满意度下降，强调服务水平会影响平均应答时长，造成员工超负荷工作，直接影响员工流失率。

（6）绩效反馈

1）绩效反馈的主要内容和目的。绩效反馈是绩效管理过程中的一个重要环节。绩效考核本身不是目的，而是一种手段，进行绩效考核的根本目的，是通过明确员工和组织的绩效现状及其与各项绩效标准之间的差距，对错误的和有缺陷的工作行为进行修订，从而改进和提高员工个人和组织的整体绩效。总结起来，绩效反馈的主要内容和目的有以下几方面：

① 将绩效结果反馈给员工。在进行绩效反馈时，首先要将最终的绩效考核结果告知员工，且预测可能产生的影响（如提升、加薪、换岗等），同时接受员工的质疑和申诉，如有必要需重新调整和修正绩效评价结果。

② 肯定成绩，激励员工继续努力和提高绩效。强化激励理论认为，对一种行为的肯定或否定的后果（报酬或惩罚），至少在一定程度上会决定这种行为在今后是否会重复发生。根据强化的性质和目的可把强化分为正强化和负强化。在管理上，正强化就是奖励那些组织上需要的行为，从而加强这种行为；负强化就是惩罚那些与组织不相容的行为，从而削弱这种行为。

在进行绩效反馈时，根据强化激励理论，我们在将焦点集中在找出绩效中存在的问题的同时，也应注意对员工有效业绩的认可，肯定员工所取得的成绩，使员工充分认识自己的成就和优点，激励员工继续努力和提高绩效。而且，由于并不只是寻找员工绩效的不足，也增加了绩效反馈的可信程度。

③ 探讨和分析影响绩效完成的主要原因。为了有效地改善员工不良的绩效，管理者应与员工一起探讨和分析影响绩效完成的主要原因，然后就如何解决这些问题达成共识，为有针对性地进行指导、制订绩效改进计划提供依据。

④ 向员工传递组织的期望。在进行绩效考核的最后，管理者必须向员工传递组织的期望，指出员工有待改进的方面，并就下一步的绩效目标达成一致。在传递期望时，管理者要建设性地进行批评，指出问题和不足，即便表现优秀的员工，也有需要提升的空间。在明确不足与差距后，依据组织的期望，管理者应与员工共同制定具体的绩效改善目标，然后确定检查改善进度的日期。

2）绩效考核结果的面谈。绩效反馈主要通过绩效面谈的方式进行。在每个月、半年、年终考核周期结束后，管理者与员工要进行面谈，半年、年终还需要详细填写绩效面谈记录表，依据面谈结果评价员工绩效考核体系对企业发展目标的有效程度，并在此基础上对系统作必要的修订。

绩效面谈既是一种机会也可能是一种风险。由于管理者必须传递表扬和建设性批评两方面的信息，所以管理者与员工双方都有“动怒”的时刻。在这样的谈话中，管理者主要关注的是如何既强调了员工表现中的积极性方面，同时就员工如何改进进行讨论。

（7）绩效考核结果的申诉

员工如对绩效考核组织流程、结果等有异议，可以通过以下绩效申诉程序进行申诉：

1）向考核小组提出申诉材料，包括相关依据。

2）考核小组审核员工申诉材料，调查相关情况。

3）如申诉属实，可以采取重新考核、调整考核成绩等方式解决，并应对相关责任人进行处理。

4）绩效申诉是员工的合理权力之一，考核小组应对绩效申诉给予正面答复。

## 任务拓展

**实训任务：**根据任务要求完成相关的制度。

**任务形式：**每个人独立完成，提交 Word 文件。

**任务时限：**30 分钟。

**任务要求：**

（1）制定一个有效提升 AHT 指标的激励制度。

（2）为班组长制定一个评级制度。

（3）结合座席代表绩效考核办法中的 KPI 制定一项处罚制度，目的是促进 5 个指标的达成。

# 任务三　呼叫中心汇报管理

## 任务情景

**花花经理：**总经理您好，天天出行项目已经试运营两个星期了，我和管理团队每天都忙得团团转，感觉乱糟糟的，没有章法，很多事情交代下去以后，我要是不主动问就很难得到工作反馈。您看项目流程也基本建立起来了，怎么感觉还是缺少些什么呢？

**总经理：**是不是你现在具备发现问题的方式，也能够找到解决办法，但是工作交代以后反馈很慢，有些时候还会忘记？

**花花经理：**是的，是的，就是这个状态，每个人都很忙，但好像又没有忙在点儿上。

**总经理：**项目刚开始，有这种情况很正常，更何况你头一次独立带领团队做这么重要的项目。我建议你建立一套汇报管理制度，方便运营管理信息的收集、整理、制定解决办法、分工和反馈，配合你的绩效管理制度，很快就有效果啦！

**花花经理：**哎呀，我怎么把这么重要的管理工作忘记了呢，还是缺少经验。您说的这个我会制定，我先制定一个初步的草案，然后还需要您帮我把把关、提提建议。

**总经理：**好的，期待你的反馈！

## 任务分析

呼叫中心运营质量的持续改进依托于完善的管理制度的建立。在众多管理制度中，汇报制度是运营管理数据整理、问题发现、问题解决的载体。汇报是记录呼叫中心各项工作过程和结果、承载各项运营管理数据，以及向公司相关部门传递业务数据和业务动态的主要方式。汇报中的内容和数据一方面是呼叫中心各项工作的体现，另一方面也可为公司提供用于市场决策的数据支持和内容依据。因而，对呼叫中心的各类报告实施有效管理，形成工作报告从制作、审阅、报送到归档整理的良好工作流程，已成为呼叫中心运营管理中非常重要的一环。

呼叫中心的汇报管理通常包括各类报表、例会、口头和书面四个部分。本任务主要讲解汇报制度的建立原理及注意事项，要求学生能够独立制定汇报制度。

## 任务实施

### 1. 第一步：制定项目例会制度

例会是一级管理者部署、了解、检查、督促工作的重要管理形式和管理手段，是必要的和合适的。例会根据周期的不同有季度例会、月度例会、周例会、日例会等；根据管理范围不同有公司例会、部门例会、项目例会、班组例会等；根据会议形式的不同有正式会议、现场会议、碰头会等；而根据内容的不同，例会就更多，比如经营管理例会、经济活动分析例会、绩效评估会例会、质量例会等。

虽然例会的周期、范围、形式、内容不同，但基本要求和注意事项都有共同之处：

1）例会的主题应明确：应有相对明确的主题、相对固定的参会人员、相对结构化的会议流程。

2）例会的召开时间应严肃：按照其管理特性，应有较明确的时效性，因此，通常按时召开；不能有时开、有时不开，这样执行者就会无所适从；即使因为情况特殊不开，也应在相关事项得到提前沟通落实的情况下，正式通知取消。

3）例会应注意效率：有话则长，无话则短，不要为开会而开会。

4）例会的重点要突出：必须紧紧围绕会议的主题，以及和主题相关的工作目标的推进落实来开展。

5）例会准备要充分：会前应根据会议要求做充分准备，避免会上无准备的讨论，无法形成会议决议，最好会前开展具体议题征集和相关情况了解。

6）例会结论要明确：应针对相关事项的要求，做出明确的会议决议，形成会议纪要，并下发执行。

7）例会要求要落实：例会不光是布置工作，同时也要检查工作，历次例会的要求，都要在例会上跟进落实情况，情况变化了，需要及时调整要求，形成新的决议。

制定例会制度并不难，难点在于例会如何执行更有效果。表 6–3–1 和表 6–3–2 是花花制定的例会制度。

表 6–3–1　天天出行项目例会制度

此制度是为了传递天天出行项目相关通知、指示，达到信息顺畅，完善管理，适用于天天出行项目全体管理人员。

**1　早晚班会**

1.1　座席代表、组长每天提前 15 分钟到岗召开班前会，由本组组长主持召开简短的班前会；

1.2　根据周盈亏目标制定每日工作量，并与员工在班前会上达成一致；

1.3　班前会上，组长将质检中发现的问题进行讲解指正，将业务变更做相关的培训，向每位座席代表及时传达项目内部的相关通知，并对座席代表进行激励演讲；

1.4　班前会上，由组长总结前一天的工作情况，并提出要求。

**2　项目周例会**

2.1　项目内部周例会定于每周二 14:00 召开，由项目经理主持，项目主管、质检专员全部参加；

2.2　项目经理总结上一周的工作情况，着重指出其中的优点和不足，带领参会人员进行分析讨论，总结经验，找出问题原因，并进一步提出工作要求；

2.3　项目经理将项目内部近期的重大活动、通知、指示进行传达，使项目管理人员及时了解项目内部各项工作的进展和业务发展情况；

2.4　项目管理人员对工作可以提出自己的意见和建议，再由会议讨论后确定工作方向。

2.5　各项目主管展示团队各项 KPI 完成情况以及完成 KPI 分析、下周工作计划；

2.6　质检专员展示上周每个团队质检合格率达成情况、质检合格率分析、重点问题描述；

2.7　对工作中遇到的问题进行交流探讨，寻找解决办法，并相互学习、帮助；

2.8　根据月度盈亏目标分解制定每个小组每周盈亏目标；

2.9　部署下一周的工作内容；

2.10　会议记录由天天出行项目主管、质检专员轮流记录，会后邮件发送项目质检主管、组长、主管、经理。

注：周例会时间建议控制在 1 小时左右，会议前填写会议签到表。

**3　项目月例会**

3.1　项目内部月例会定于每月 5 日前召开，由项目经理主持，项目主管、组长、质检专员全部参加；

3.2　项目经理总结上个月项目的工作情况，着重指出其中的优点和不足，带领参会人员进行分析讨论，总结经验，找出问题原因，并进一步提出工作要求；

3.3　天天出行项目管理层展示团队各项 KPI 完成情况以及完成 KPI 分析、上月工作总结、下月工作计划；

续表

| |
|---|
| 3.4 质检专员展示上月每个团队质检合格率达成情况、质检合格率分析、重点问题描述；<br>3.5 对工作中遇到的问题进行交流探讨，寻找解决办法，并相互学习、帮助；<br>3.6 根据整个项目月度盈亏数据，制定本月盈亏目标到每个小组；<br>3.7 部署下一月的工作内容；<br>3.8 会议记录由天天出行项目主管、组长、质检专员轮流记录，会后邮件发送项目质检主管、组长、主管、经理，抄送运营副总。<br>注：月例会时间建议控制在 2.5 小时左右，会议前填写会议签到表。<br>**4 质检案例分享会**<br>4.1 每组每两周开一次质检案例分享会，由质检专员主持，每组的座席代表、组长全部参加；<br>4.2 质检专员展示本组近两周每个座席代表质检合格率完成情况、总结近两周出现最多的问题；<br>4.3 质检专员根据最近出现的问题进行质检校准；<br>4.4 质检专员和组长与质检合格率较低的座席代表交流探讨，寻找解决办法；<br>4.5 会议记录由质检专员记录，会后邮件发送所有参会人员，抄送项目主管、经理。<br>注：质检案例分享会时间建议控制在 45 分钟左右。<br>**5 绩效沟通分析会**<br>5.1 绩效变更会：<br>5.1.1 月初绩效变更之前提前 5 天与考核人员沟通，由项目经理主持，考核人员全部参加；<br>5.1.2 绩效沟通完毕后在新绩效方案处签字确认。<br>5.2 月度绩效沟通会：<br>5.2.1 每月 10 日发放工资之前，上级对下级进行绩效谈话，沟通绩效完成情况；<br>5.2.2 沟通内容：上月各项 KPI 完成情况、需要改善方面以及下月目标制定；<br>5.2.3 绩效沟通完毕后签署绩效面谈表。<br>注：月度绩效沟通会每位座席代表的沟通时间建议控制在 20 分钟左右。<br>**6 运营部门例会**<br>6.1 运营部门例会定于每周五 14:30 召开，由运营副总主持，运营项目经理全部参加；<br>6.2 总结上一周的工作情况，就上一周的工作情况交换意见，着重指出其中的优点和不足，参会人员进行分析讨论，找出问题出现原因，以及共同寻求合理的解决办法，并进一步提出工作要求；<br>6.3 就项目状态将双方近期的重要通知和业务变动交换意见，使双方项目管理人员及时了解项目内部各项工作的进展和业务发展情况，由会议讨论后确定工作方向；<br>6.4 双方对工作中遇到的问题进行交流探讨，寻找解决办法，并相互学习、帮助；<br>6.5 例会中要确定下一步的工作内容。<br>会议记录由行政部记录，会后发送所有参会人员，并抄送运营副总、常务总经理。 |

表 6-3-2 会议记录

NO：

| 时间 | | 地点 | |
|---|---|---|---|
| 主持人 | | 记录人 | |
| 参加人员 | | 会后签字 | |

续表

| 会议主旨 | |
|---|---|
| 预定讨论事项 | |
| | |
| | |
| 会议情形与讨论事项 | 结论与完成日期 |
| | |
| | |
| | |
| | |
| | |
| | |
| | |
| | |
| | |
| | |
| | |
| | |
| | |
| | |
| | |
| | |

### 2. 第二步：制定报表汇报制度

报表是记录呼叫中心各项工作过程和结果、承载各项运营管理数据，以及向公司相关部门传递业务数据和业务动态的重要载体。报表中的数据既是呼叫中心各项工作的体现，又可作为公司进行市场决策的依据。

表 6-3-3 是花花经理汇总的天天项目各类报表。

表 6-3-3　天天项目各类报表汇总

| 序号 | 频率 | 报表名称 | 内容 | 格式 | 发送人 | 收件人 | 抄送人 | 截止时间 |
|---|---|---|---|---|---|---|---|---|
| 1 | 每日 | 工作日志 | 1. 当日工作完成情况；<br>2. 早班会内容；<br>3. 当日出勤；<br>4. 未出勤原因（未出勤人员应在上班 1 小时内取得联系，或联系其家人，确认安全）；<br>5. 现场巡视情况；<br>6. 人员辅导 | Excel | 组长、主管、质检 | 主管/项目经理 | 项目经理 | 下班后 1 小时内 |

续表

| 序号 | 频率 | 报表名称 | 内容 | 格式 | 发送人 | 收件人 | 抄送人 | 截止时间 |
|---|---|---|---|---|---|---|---|---|
| 2 | 每日 | 组长录音监听 | 1. 完成指定组上个班次每人一段的录音抽测；<br>2. 完成本组上个班次录音抽检的反馈，并及时对员工进行一对一辅导；<br>3. 分析不合格录音原因 | Excel | 组长 | 运营组长（对应组长）/运营主管 | 项目经理 | 00:00 之前 |
| 3 | 每月 | 小组月报 | 1. 盈亏数据；<br>2. 关键指标分析；<br>3. 质检成绩分析；<br>4. 人员分析；<br>5. 本月工作总结（主要工作内容及措施、团队建设、现场管理、重点问题分析）；<br>6. 下月工作计划、工作目标 | PPT | 组长 | 项目经理 | 主管 | 每月 5 日前 |
| 4 | 每日 | 人力汇报 | 本项目每日人力情况、出勤情况 | Excel | 运营主管 | 人力资源总监 | 项目经理、运营副总 | 日报：次日 10:00 之前 |
| 5 | 每日 | 运营日报 | 1. 当天人员出勤情况；<br>2. 各项 KPI 完成情况；<br>3. 任务完成情况；<br>4. 夜班统计 | Excel | 运营主管 | 项目经理 | 运营副总 | 次日 10:00 之前 |
| 6 | 每月 | 月报 | 1. 本月人员整体出勤情况；<br>2. 项目 KPI 完成情况以及数据分析；<br>3. 项目收入情况；<br>4. 本月工作目标及重点工作；<br>5. 下月工作计划；<br>6. 人员情况及需求 | PPT | 运营主管 | 项目经理 | 组长 | 每月 3 日 12:00 之前 |
| 7 | 每日 | 每日盈亏表 | 1. 前一日订单处理量、项目收入；<br>2. 夜班补贴；<br>3. 员工工资、管理层工资支出；<br>4. 项目摊销 | Excel | 项目经理 | 运营副总 | 总经理、财务 | 次日 18 点前 |
| 8 | 每周 | 周报 | 1. 本周人员整体出勤情况；<br>2. 项目 KPI 完成情况以及数据分析；<br>3. 下周工作目标及重点工作；<br>4. 下周工作计划；<br>5. 人员情况及需求 | PPT | 项目经理 | 运营副总 | 总经理、运营主管 | 周一 18:00 之前 |

续表

| 序号 | 频率 | 报表名称 | 内容 | 格式 | 发送人 | 收件人 | 抄送人 | 截止时间 |
|---|---|---|---|---|---|---|---|---|
| 9 | 每月 | 月报 | 1. 本月人员整体出勤情况；<br>2. 项目 KPI 完成情况以及数据分析；<br>3. 项目收入情况；<br>4. 本月工作目标及重点工作；<br>5. 下月工作计划；<br>6. 人员情况及需求 | PPT | 项目经理 | 运营总监 | 运营主管、质检主管、总经理、总经理助理、人力资源总监 | 每月 3 日 12:00 之前 |
| 10 | 每周 | 质检周报 | 1. 一周数据汇总；<br>2. 本周与上周质检合格率完成对比；<br>3. 重点问题强调、改善建议 | Excel | 质检专员 | 运营主管、项目经理 | 运营副总 | 周二 22:00 之前 |
| 11 | 每月 | 质检成绩汇总表 | 座席代表当月质检成绩明细单 | Excel | 质检专员 | 项目经理 | 运营组长、运营主管 | 每月 1 日 20:00 之前 |
| 12 | 每月 | 质检月报 | 1. 质检数据汇总；<br>2. 每个团队质检数据分析；<br>3. 质检工作完成情况；<br>4. 工作中遇到的问题；<br>5. 工作安排 | PPT | 质检专员 | 运营组长、运营主管、项目经理 | 运营副总 | 每月 3 日 20:00 前 |
| 13 | 每月 | 案例库 | 每日累计的经典案例 | Excel | 质检专员 | 运营组长、运营主管、项目经理 | 运营副总 | 周二 12:00 之前 |

### 3. 第三步：制定工作汇报规范

如果说呼叫中心搭建起了企业客户和企业自身信息沟通的桥梁和纽带，那么担负起由呼叫中心向企业内部传输信息重责的就是各类汇报。而汇报规范则能够使这些传输的信息更为准确和完整、更为规范和明确、更为及时和有效。因而，按照科学规范的方法对汇报工作实施有效管理，将成为呼叫中心管理者日常管理工作中一项非常重要的工作任务。并且，作为呼叫中心的管理者还必须根据不断产生的新问题、新动态，适时适当修订汇报规范。

表 6–3–4 是花花经理起草的工作汇报规范。

表 6–3–4　工作汇报规范

**1　工作汇报的基本原则**

工作汇报最重要的是提出解决问题的方案而不是简单地提出问题，汇报需要解决的问题是，需预先准备好方案，请示上级领导是否能够执行，避免直接询问上级领导解决方法。另外工作汇报尽量直奔主题，简明扼要；尽量陈述事实，适当表明立场和态度；分清职责，不要只谈问题，不谈解决方法。

**2　工作汇报的方式选择**

日常工作汇报一般可分为口头汇报和书面汇报，对于如何选择恰当的汇报方式，应遵循如下原则：

续表

时效性：口头汇报的优点是及时便捷，适用于紧急、临时性事件的批复处理；书面汇报特点是时效长，常用于文件留存和审阅的工作请示及汇报。

准确性：口头汇报适合一些简短明了的事件，或者是上级领导已经了解的事件只需请示其处理意见或结果的。书面汇报适用于需要详细、系统性汇报的工作。

正式性：采用书面报告的形式要显得正式和庄重，更有逻辑和条理性，容易把问题讲透讲明白。口头汇报比较适合与上级领导进行深入的交流探讨，从而取得工作共识。

注：微信工作沟通只适用非正式场合，为了避免信息的遗漏或信息的追溯查实，所以重要的工作汇报应使用邮件方式。

**3 工作汇报的时机**

3.1 上级领导要求的周期性汇报，例如日报、周报、月报、例会。

3.2 上级领导临时交代任务完成时，可简短汇报工作完成情况。

3.3 阶段性工作进行到一定程度（或周期），要向上级领导汇报当前进度、预期完成时间等。

3.4 预料工作会延时，要及时向上级领导汇报，提出解决方案及预期完成时间等。

**4 邮件汇报规范**

4.1 邮件必须填写标题，日常报表类邮件应保持与报表文件名称一致。

4.2 正确选取收件人及抄送人，收件人或抄送人按照职位从大到小或从小到大排序。

4.3 字体规范（微软雅黑），字号统一（最大不超过四号，最小不小于五号），字间距恰当，段落间保持 1.5 倍行间距。

4.4 邮件正文汇报内容要求简洁，尽量能够在一个页面中完整展现。如内容过多，可通过附件形式提交，并在文中进行摘要重点内容。

4.5 邮件正文中表格，应适当调整格式大小，表格内容居中显示，条框清晰。如果内容较多或格式错乱，可以采用粘贴为图片的形式，报表以附件形式提交。

4.6 问题的叙述尽量采用项目符号、序号等方式进行逻辑分段描述。

4.7 重点分析和结论采用底色加深（或更改字体颜色）的方式进行标注。

4.8 如邮件带有附件，邮件正文需提示收件人进行查看。

4.9 邮件发送前应认真检查错别字，及对应附件是否上传。

4.10 邮件使用规范邮件签名，应包括本人的姓名、工作单位、职位、联系方式等。

4.11 工作邮件需使用企业邮箱，如没有企业邮箱，应采用姓名全拼、手机号码、英文名称等简单通用的邮箱地址（163、sohu、sina、hotmail 等），避免使用 qq 邮件进行正式的工作汇报。

**5 口头汇报规范**

5.1 汇报前一定要有充分的准备，抓住重点，拟好提纲。

5.2 要实事求是地反映运营真实情况，提前准备数据来说明问题。

5.3 汇报时提出解决问题的方案而不是简单地提出问题。

5.4 向上级领导汇报工作的主要内容：

5.4.1 上级领导布置任务的落实情况；

5.4.2 周期内项目的人员、运营、经营指标情况及与上阶段的趋势对比；

5.4.3 工作中遇到的新情况、新问题；

5.4.4 改进和提高工作的方法和建议；

5.4.5 员工的现状及其对工作的意见和要求等；

5.4.6 周期中的主要成绩和经验；

5.4.7 周期中的教训和体会。

## 必备知识

### 1. 呼叫中心例会制度内容及例会执行

（1）呼叫中心例会制度内容

1）会议目的：会议要达到的目的或效果；

2）会议内容及安排；

3）会议时间：定期会议的具体时间，不定期会议的召开方式；

4）会议地点；

5）会议人员：参加会议的有关人员，通知负责人及通知方式；

6）会议记录；

7）会议要求：会议前准备工作、记录要求、考勤要求、现场纪律等。

（2）例会的执行

1）会议的根本目的：开会不是走形式，也不是完成任务，会议的根本目的是要解决问题。如每天的班前会是要明确当天的工作任务和目标，周例会是要总结一周工作成绩和问题，表扬大会就是树立榜样、塑造典型、激励大家。

2）会议主题的确定：每一次会议都必须有一个明确的会议主题，解决某一个问题，组织学习某项知识或内容，探讨某个议题或决策，或者根据目前出现的问题，有针对性地采取一些措施，通过会议的形式来解决，这些都是会议的主题。尤其是业务开展上的困境，有很多主管往往找不到原因，其实业务开展的不利，除了客观原因，主观原因大多数还在于业务人员自身能力的不强，针对这些问题，同样可以开展一系列的学习、培训会议。

3）会议气氛的控制：会议气氛的控制也相当重要，在一个良好、热烈的氛围中召开的会议，会充分调动大家的积极性，激发大家的主人翁精神，增强责任心；反之，如果会议死气沉沉，成了一言堂，这个会议是起不到应有效果的。

4）会议决议的形成：开会的目的是要解决问题，那么会议就要会而要议、议而要决，但在现实中，往往都是会而不议、议而未决。

5）会议信息的传达：如前所述，会议在某种时候，实际充当的是一种沟通工具、信息传达载体，同样的信息，会上宣布和会下传达，其效果和意义是完全不一样的。领导者应该学会处处留心，留意公司的每一个有价值的信息，好的或坏的，激励的或告诫的，都可以，并在会上向大家传达和宣布，保证每次会议都有新的信息给大家，这样就会大大提高会议的效果。

6）培养员工的列席：对一些优秀员工，要让他明白领导对他的重视，不需要清清楚楚地告诉他，只需要请他列席一次重要会议，并请他主动发言一次，那么比亲口告诉他公司是多么重视他的效果要好得多。这个时候，会议在领导者手中又是另一种工具，一种激励员工士气的工具。

7）尖锐问题的处理：有时候，有的员工会借会议提出一些尖锐的问题，或者是本不属于此次会议的问题，故意出难题为难领导，为了避免难堪，可以明确告诉他，这个问题不属于本次会议议题，下去再解决。有些问题可以公开讨论，那么就大家表态，有些问题不能公开讨论，那么一定不能公开。

## 2. 呼叫中心报表及汇报

（1）呼叫中心的报表种类

1）按照报送对象可分为内部报表和外部报表；

2）按照报送内容可分为绩效报表、业务报表和总结类报表；

3）按照报送周期可以分为日报、周报、月报、半年报/年报。

（2）报表的准备工作

1）收集数据：需要将业务数据和数字业务整理完成，并汇总起来备用。

2）分析数据：整理完毕，需要将重心放在数据的变化中，找出数字的关联性，发生变化异常的问题点。

3）按汇报情况进行制作：按照报表报送的对象，呼叫中心的报表可分为内部报表和外部报表。内部报表主要用于呼叫中心的内部运营管理，外部报表主要用于呼叫中心向客户方或其他部门报送呼叫中心所处理的各项业务内容。

（3）呼叫中心报表分类

1）呼叫中心内部报表：分为运营报表和质检报表。呼叫中心运营报表主要分析内容为座席代表服务态度、座席代表服务是否专业、座席代表业务熟悉程度、呼叫中心资源分配情况、业务流程的合理性、工作效率。呼叫中心质检报表分析内容包括每日监听明细、每周/每月质量报表、每周/每月案例分析报表、阶段培训计划报表、质量趋势预测报表等几大方面。

2）呼叫中心外部报表：主要用于各类业务数据统计，如分时段来电量分析、呼叫中心各类业务量统计、呼入电话类型统计、呼出电话类型统计、邮件、传真、信件等业务类型统计等。

（4）报表规范

1）报表分类规范：将呼叫中心的所有报表按照下述字段标准进行分类整理，制作出完整的呼叫中心统计报表汇总明细文档，此文档将作为对报表工作实施有效管理的基础依据。分类字段及其标准为：

① 报表名称：根据报表用途和内容统一规范命名。

② 报表内容：对报表的用途和内容进行简单描述。

③ 报表格式：Word、Excel、PPT。常见的报表形式多为PPT，PPT展现的方式言简意赅，而且能突出重点问题。而Excel只能展现数字的变化，并不能说明产生的前因后果。

④ 统计周期：根据实际情况设定数据统计周期，可以是自然日、周和月，也可是非自然日、周、月。日报，一般是前一日的运营情况，比如发生的问题、如何解决的、日后的改善等。周报，通常是要包括整周的运营情况、人员情况及业务问题的反馈，对下周工作的展望。月报，更为关注本月度的业务变化，为下月的工作安排重点。

⑤ 报表报送人：指定专人负责报表的制作、报送和归档整理工作，一般为呼叫中心的报表专员。

⑥ 报表接收人：根据报表的用途和内容，设定不同的接收人。一般情况下，内部报表接收人为呼叫中心内部的管理人员，部分报表也需要报送给呼叫中心全体成员；自建呼叫中心外部报表接收人为公司相关部门（多为销售部门、产品部门和渠道推广部门）以及呼叫中心的上一级领导。外包呼叫中心外部报表接收人为客户方接口人。

2）报表制作规范：

① 格式规范：各类报表必须按照规定的格式和模板进行制作。需要提前根据呼叫中心统计报表汇总明细文档，制作出不同报表的规范模板，而后在制作报表时，必须严格按照规范模板来制作，以达到工作的标准化和规范化。

② 内容规范：分析报表中反映的问题要明确、翔实，对问题的解决要跟踪，有处理结果，对本周期的突出事例要进行重点分析。报表内容要求客观、准确、简洁、数字准确，文字表达流畅、到位。

③ 命名规范：报表名称要按照规定统一命名，以呼叫中心统计报表汇总明细中的报表名称作为主名，以时间、日期为记录、检索字段作为附名，例如，20200601 呼叫中心品质管理日报、20200601－0607 呼叫中心业务分析周报、202006 呼叫中心月度工作报表等。

3）报表报送规范：报表报送负责人要按照呼叫中心统计报表汇总明细中关于报表的统计周期、接收人和报送时间的规定，按时组织报送各类报表，不得出现延误现象。呼叫中心需要提供给外部门的各类工作报表必须经过严格审阅后方能报送，审阅人一般为呼叫中心的部门总监、经理或主管。

4）报表存档规范：各类报表在制作、报送完毕之后，还必须按照一定的规范归档整理，以便于后续查找。呼叫中心所有的报表除报送负责人自行整理归档外，还必须按照规定的存放路径和方法统一归档保存，由网管负责对所有报表进行备份。在制定存放的文件结构和路径时，内部报表的文件存放结构和路径为部门－报表种类－时间－报告，外部报表的文件存放结构和路径为报表种类－时间－报告，此举的目的是简化存放及检索的路径。

5）报表管理规范：呼叫中心所有报表的基本管理权限在报表专员，即报表专员会按照呼叫中心统计报表汇总明细和上述具体规定对各报表报送负责人的工作进行检查，对出现的问题上报相关人员予以解决。

## 任务拓展

**实训任务：** 选出一个小组组织召开一次数据分析会议。

**任务要求：** 要求会议整体时间不超过 30 分钟，要明确会议内容、目的，并形成会议结论和后续工作分工。会议结束后，全班同学点评。

# 参考文献

[1] 赵溪. 呼叫中心运营与管理［M］. 北京：清华大学出版社，2019.
[2] 赵溪，石云，李百惠. 客户中心能力成熟度模型［M］. 北京：清华大学出版社，2020.
[3] 石云，李百惠. 呼叫中心绩效管理与数据分析［M］. 北京：清华大学出版社，2020.
[4] 张立平，丁海防. 呼叫中心管理实务［M］. 北京：中国人民大学出版社，2021.
[5] 赵溪. 呼叫中心运营与管理［M］. 北京：清华大学出版社，2021.
[6] 刘宇. 国家信息化计算机教育认证 CEAC 指定教材：呼叫中心座席员培训教程［M］. 北京：人民邮电出版社，2020.
[7] 胡捷伦. 呼叫中心流程管理［M］. 北京：清华大学出版社，2019.